U0839912

东汉——隋常用词演变研究

（修订本）

汪维辉 著

2017年·北京

本书修订得到教育部人文社会科学重点研究基地

浙江大学汉语史研究中心的项目资助

本书初版荣获：

江苏省哲学社会科学优秀成果二等奖(1999—2000 年度)

第九届北京大学王力语言学奖金二等奖(2001 年)

中华人民共和国教育部第三届中国高校人文社会科学研究优秀成果奖语言学二等奖(2003 年)

序

本书是汪维辉同志在他的博士论文基础上修改而成的。两年多前，当我读到他的博士论文时，十分欣喜。自己是搞汉语史研究的，除了语法外，也做过一些词汇研究。在跟几位同道交谈中，大家都认为，汉语史研究有两项基础性的工作必须做。一是有计划、有选择地开展各代的专书研究，全面考察、描写其中的语言现象。专书研究是断代研究的基础，而断代研究又是整个汉语史研究的基础。另一项是系统开展词汇史尤其是常用词演变史的研究。词汇史的研究跟语音史和语法史相比最为薄弱，最近20年的词汇研究侧重于对疑难词语的考释，而对常用词、对某一历史时期词汇系统的研究则很少着力，因此读到维辉同志的大作时感到难能可贵，很有会心之感。

词汇史研究不易，首先须要拿出勇气来面对数量浩大的历史文献资料，在勾稽、归纳、统计、判断上要做到准确、科学，谈何容易！没有良好的词汇学理论基础，没有扎实的古汉语专业知识，没有沉下心来做学问的踏实学风，是很难、也不愿从事这方面的研究的。

本书所讨论的41组常用词都建立在丰富可靠的语料基础上，作者不仅排列用例，详加描写，而且还采用统计频率、考察词的组合关系等方法来说明同义词的演变交替过程；每组词讨论后都有小结，使人于纷繁中得其要领；文中的注释重在辩正语料、介绍有关观点与文献，包含了很大的学术信息量，可以说是正文的有机组成部分。

本书虽以资料丰富翔实见长，但在总结规律、进行理论思考上也很见功夫。书中对常用词演变自身规律的探求、对常用词历史演变基本类型的归纳,以及对判断新词替换旧词的标准的设定等,都很有见解,多所创获。作者对问题考虑细密、周全,处理谨慎。如对统计数据的局限性的认识,对构词语素旧成分有时比新成分更有能产性的认识,对前人有所研究的均予称引,对不详者暂予存疑等,都体现了实事求是的严谨学风。这种学风贯穿于全书,增强了这部著作在学术上的严肃性与科学性。

维辉同志当年是师从著名语言学家张永言先生攻读博士学位的,张先生学识广博,兼通中外,富有独特的学术眼光,于汉语词汇史研究尤有专攻。名师出高徒,信不虚也。这篇序言本应由张先生来写,我是没有资格代庖的,但张先生近年身体不适,深受病痛折磨,嘱我代写,我难辞先生之诚意,写下上述感想,权为序。

江蓝生

1999/11/9　于北京听雨斋

目　录

第一章　概论

第一节　汉语词汇史研究的简要回顾

本书旨在探讨汉语词汇史的核心课题——常用词演变问题。拟先从中古(东汉—隋)汉语入手。

在汉语史诸部门中，词汇史向来比较落后[①]。造成这种局面一方面是由于词汇研究本身难度大[②]，另一方面也有着深刻的历史原因和认识原因。在讨论本课题之前，有必要对汉语词汇史研究的历史和现状以及相关的问题作一个简要的评述。

汉语历史词汇的研究有着悠久的历史，留下了丰富的遗产。

在 20 世纪 40 年代以前，这种研究基本上是在传统训诂学的范

---

① 吕叔湘先生曾指出："汉语史研究中最薄弱的部分应该说是语汇的研究。"(《汉语研究工作者的当前任务》，《中国语文》1961 年第 4 期，页 4)又说："汉语的历史词汇学是比较薄弱的部门，从事这方面研究的力量跟这项工作的繁重程度很不相称。"(《新版〈敦煌变文字义通释〉读后》，《中国语文》1982 年第 3 期，页 235)(又分见《吕叔湘文集》第 4 卷，商务印书馆，1992，页 38、228。)

② 在语言的三要素中，词汇是最纷繁复杂的部分，最不容易找出其构成和演变的规律。关于这个问题，学者们多有论述。房德里耶斯(J. Vendryes 1921/1992)说过："词汇之所以有趣，正在于它的复杂性。"(页 214)符淮青先生(1996b)曾说："汉语词汇学的研究比起其他语言学科来显得薄弱，词汇学面对的是数量庞大的语词材料，不管是共时、历时的研究，还是专书、专类词语的研究，都要求较长的、甚至是多年的积累。……在这个领域要求更多的踏实苦干的精神，要求付出更艰辛的劳动。"("结语"，页 400)又参看美国历史语言学家马尔基耶尔(Yakov Malkiel)的论述，见徐通锵(1984)页 210；贾彦德(1992)有关语义研究的论述(页 17—18)等。

畴内进行,研究对象主要是先秦两汉传世文献典籍中的疑难词语,以综合运用文字、音韵、训诂等各方面的知识为主要手段,以阐明词语的确切含义(有时还包括探明词语的得义之由等)为主要目的,取得了一大批引人注目的考释成果,为整理上古典籍和研究上古汉语作出了卓越的贡献。

20世纪40年代以后,这一研究传统得到继承并有新的发展,除继续考辨上古汉语的词语以外,主要表现为研究范围的扩大和研究对象的拓展。开风气之先的是张相先生。他的《诗词曲语辞汇释》一改传统训诂拘守先秦两汉典籍的积习,大胆地把研究范围扩大到唐宋以降的诗词曲,用清代学者的一套方法来考释诗词曲中"字面生涩而义晦"和"字面普通而义别"的词语,取得了丰硕的成果。张相先生的开创性工作影响深远,在一定程度上改变了传统训诂学在以后几十年里的走向。继之而起的有蒋礼鸿先生,他的传世之作《敦煌变文字义通释》把研究材料拓展到19世纪末发现的敦煌文献,研究对象则主要为唐宋时期的俗语词,并注意在精密考释的同时对俗语词的来龙去脉作史的探讨,把汉语历史词汇和传统训诂学的研究带入了一个新的境界。随着唐宋口语、俗语词研究的日趋兴盛,学者们一方面把研究范围继续往下延伸到元明清,另一方面则往上向魏晋南北朝溯源。这后一方面的工作似可以郭在贻先生为代表。郭先生说过:"关于汉语词汇史的研究,魏晋南北朝这一段向来是最薄弱的环节。"[①]近三十年来,经过郭在贻等先生的大力倡导和身体力行,魏晋南北朝词汇研究已经由冷落而繁荣,取得了一批重要的成果,专著如

---

① 见《读江蓝生〈魏晋南北朝小说词语汇释〉》,《中国语文》1989年第3期;又收入《郭在贻语言文学论稿》,浙江古籍出版社,1992,页328;《郭在贻文集》,中华书局,2002,第三卷页490。

林，各擅胜场，单篇文章多至难以计数。

以上这些成果是应当充分肯定的，它们丰富了传统训诂学的内容，对古籍整理、辞书编纂等都具有不可低估的价值，也为建立汉语词汇史积累了许多有用的材料。但是也应该指出，这些研究基本上还是属于训诂学的范畴，是传统训诂学的延伸和扩展。从严格意义上说，还称不上"词汇史"。①

汉语史包括语音史、语法史和词汇史三个分支。语音史脱胎于传统"小学"中的音韵学。音韵学跟解读古书是一种间接关系，黄侃先生说过：文字音韵要落实到训诂上，训诂要落实到经典上。可见文字、音韵跟"经典"之间还隔着一层训诂。因此音韵学比较容易摆脱经学附庸的地位而独立为一门现代意义上的学科，加上音韵学研究对象系统性强，所以早在 20 世纪 20—30 年代，它就完成了从传统语文学的一个门类向独立的汉语语音史的历史转变。此后断代语音系统的研究和语音发展史的研究都取得了重要的成果，在汉语史诸部门中走在了前列。汉语真正语法学的诞生是在 19 世纪末，它一开始就是一门独立的学科，不存在为解读古书服务的问题。汉语语法史的成立虽稍晚于语音史，约在 20 世纪 30—40 年代，但它的研究对象和研究目的都是明确的，半个多世纪以来也取得了长足的发展。训诂学是直接为解读古书服务的，它要摆脱"经学"（或者说"古籍学"）附庸的地位很不容易；而训诂学跟词汇史又有着千丝万缕的联系。词汇史发展迟缓，这是一个重要原因。

① 有学者对此有不同看法，可参看：王云路、方一新《汉语史研究领域的新拓展——评汪维辉〈东汉—隋常用词演变研究〉》，《中国语文》2002 年第 2 期（本书附录三）；方一新《训诂学与词汇史异同谈》，《历史语言学研究》第六辑，商务印书馆，2013。

训诂学与词汇史有密切的联系,又有本质的区别。训诂的目的是"明古",训诂学的出发点是为了读古书——读懂古书或准确地理解古书。因此,那些不必解释就能理解无误的词语,对训诂学来说就没有多少研究价值。词汇史则颇异其趣,它的目的是为了阐明一种语言的词汇的发展历史及其演变规律,而不是为了读古书,尽管不排除客观上会有这种功用。所以,在训诂学看来没有研究意义的词汇现象,从词汇史的立场去看可能恰恰是极为重要的问题。比如作为语言词汇的核心的"常语",向来是训诂学者认为可以存而不论或者无烦深究的。然而,要探明词汇发展的轨迹,特别是从上古汉语到现代汉语词汇的基本格局的变迁,即后者逐步形成的渐变过程,则常用词的衍变递嬗更加值得我们下功夫进行探讨。而这正是词汇史异于训诂学之处。因为不对常用词作史的研究,就无从窥见一个时期的词汇面貌,也无以阐明不同时期之间词汇的发展变化,无以为词汇史分期提供科学的依据。当然,常用词演变研究也只是词汇史的一个方面,一个重要的方面。词汇史所包含的内容还应当更全面,更丰富。在语言学界一直存在着一种模糊认识,有意无意地将训诂学和词汇史混为一谈,以为考释疑难词语和抉发新词新义就是词汇史研究的全部内容。这种认识对词汇史研究的开展是很不利的。这两门学问各有其不可替代的价值,并无高下之分,由于研究目的不同,看问题的角度、所用的方法和材料等等都有所不同。在目前词汇史研究还很薄弱的情况下,有必要分清两者的关系,尤其是它们的区别。

在20世纪20—30年代,以黎锦熙先生为首的一批学者曾经花费巨大的精力编纂《中国大辞典》,想要"给四千年来的语言文字和它所表现的一切文化学术等结算一个详密的总帐,……规模务求大,材料务求多，时间不怕长，理想尽高远”[①]。这部《中国大辞典》的主旨之一是“探讨古今用语之变迁”，“所有古今单字及连绵两字以上之复合词或成语，概行采集，务求得其本始，明其流变”，“全书的第一个原则是：每一个词（包单字说）都要顺着它的时代（就可能的范围说，是从西元前十六世纪的甲骨文字到现代的国语和方言，绵亘约三千六百年），叙明它的‘形’‘音’‘义’变迁的历史”[②]。在编纂计划中明确提出了“国语常用词”的概念。在材料收集方面，此书很注重“唐宋以来（约在第八九世纪以后）用近代语写成之文学作品，如诗，词，曲，白话小说，歌谣等；又佛家及儒门之语录，书札，以至现代之语体书报等”[③]。在八九十年前即有这样的眼光和周密的计划是很了不起的。虽然由于时局变迁，这个雄心勃勃的计划未能如期完成[④]，但已经取得了不少“副产品”，如黎锦熙《宋元语词广证》十卷、《中国近代语研究提议》一篇、《近思录释词》一卷（附《索引》一卷）、《“爸爸”考》一篇、何容《说现行语中之“爸爸”与“父亲”》一篇、刘复《“打”雅》一卷、《释“吃”》一篇、鄭侯《“打”字别用类例》一篇，等等[⑤]。这些工作可以看作早期对汉语常用词历史演变的初步探索。

首先明确提倡“词汇史”研究的则当推王力先生。早在20世纪40年代初，王力先生就撰文指出：“古语的死亡，大约有四种原因：……第二是今字替代了古字。例如‘怕’字替代了‘惧’，‘绔’字替

① 黎锦熙《国语运动史纲》卷3“大辞典编纂处之成立”节，上海商务印书馆，1935，页200。

② 此句引文见上引书页304。

③ 以上引文除另加注者外均见上引黎锦熙书所录《中国大辞典编纂处计画书》，页201—202。

④ 半个多世纪以后编纂出版的《汉语大词典》才圆了几代学人的“大辞典”梦。

⑤ 参看黎锦熙上引书卷4“大辞典编纂处的工作”节所录《中国大辞典编纂处第六次报告书》（1934年5月），页304以下。

代了‘裈’。第三是同义的两字竞争，结果是甲字战胜了乙字。例如‘狗’战胜了‘犬’，‘猪’战胜了‘豕’。第四是由综合变为分析，即由一个字变为几个字。例如由‘渔’变为‘打鱼’，由‘汲’变为‘打水’，由‘驹’变为‘小马’，由‘犊’变为‘小牛’。”[①]又说：“无论怎样‘俗’的一个字，只要它在社会上占了势力，也值得我们追求它的历史。例如‘鬆紧’的‘鬆’字和‘大腿’的‘腿’字，《说文》里没有，因此，一般以《说文》为根据的训诂学著作也就不肯收它(例如《说文通训定声》)。我们现在要追究，像这一类在现代汉语里占重要地位的字，它是什么时候产生的。至于‘脖子’的‘脖’，‘膀子’的‘膀’，比‘鬆’字的时代恐怕更晚，但是我们也应该追究它的来源。总之，我们对于每一个语义，都应该研究它在何时产生，何时死亡。虽然古今书籍有限，不能十分确定某一个语义必系产生在它首次出现的书的著作年代，但至少我们可以断定它的出世不晚于某时期；关于它的死亡，亦同此理。……我们必须打破小学为经学附庸的旧观念，然后新训诂学才真正成为语史学的一个部门。”[②]王先生所说的“新训诂学”，实际上就是词汇史。后来他又在《汉语史稿》第四章“词汇的发展”中勾勒了若干组常用词变迁更替的轮廓。我觉得不妨把这样的一组组词叫作“古今词”[③]，我们可以给它下一个定义：同一个指称对象(或者说“义

① 《古语的死亡残留和转生》，原载《国文月刊》第9期，1941年7月；收入《龙虫并雕斋文集》第1册，中华书局，1980，页414。

② 《新训诂学》，原载《开明书店二十周年纪念文集》(1947)；又收入《龙虫并雕斋文集》第1册，页321。

③ 这是由“古今字”类推而来的一个名词。段玉裁曾经管这种语言现象叫“古今语”。《说文·尗部》：“尗，豆也。”段玉裁注：“尗、豆古今语，亦古今字。此以汉时语释古语也。”段氏说尗和豆是古今语，是对的；说它们也是古今字，则不妥。参看裘锡圭先生《文字学概要》页273，商务印书馆，1990。蒋绍愚先生(1989，页6)和王政白先生(1992，代序页8)都曾经谈到“古今同义词”，实际上也是指的这种现象。又，王凤阳先生(1993/2011)称“‘舟’、‘船’是古今词”(页243)，“‘忒’和‘差’是古今词”(页491)，可见王先生已先我使用这个名称。

位”），在不同的历史时期用两个以上不同的词来表示，这样的一组词就叫作“古今词”。一组古今词内的各个词，时代上有先有后，相互之间往往有递嬗更替的关系。这里所说的“古今”也是一个相对的概念，先秦为古则两汉为今，两汉为古则魏晋南北朝为今，余可类推。王力先生的《汉语史稿》在20世纪50年代末出版以后，陆续有学者对王先生所论及的各个新词出现的时代上限提出修正，但讨论对象基本上没有超出他举例的范围，且仅以溯源（找出更早的书证）为满足。溯源当然是词汇史研究的一个方面，而且是相当重要的一环，因为不明“源”就无从探讨“流”；但是仅仅溯源是远远不够的。令人遗憾的是，除了上述这些零星的补充修正以外，王力先生所倡导的“词汇史”构想实际上并没有得到应有的响应和积极的实施。

进入改革开放的新时期以后，古汉语疑难词语的考释和新词新义的探究呈现一派繁荣兴旺的喜人景象，大型历史性语文辞书《汉语大字典》和《汉语大词典》也相继陆续问世，汉语历史词汇的研究取得了长足的进步。但从事真正意义上的词汇史研究的人却依然稀如凤毛麟角。除从语法史的角度对一部分虚词作过一些史的探讨以外①，实词方面的研究成果很难见到，常用词演变这一课题更是很少

---

① 对虚词的来源及其发展过程作史的探讨的成果比较多，如冯春田《近代汉语语法问题研究》（山东教育出版社，1991）、《近代汉语语法研究》（山东教育出版社，2000），刘坚等《近代汉语虚词研究》（语文出版社，1992），曹广顺《近代汉语助词》（语文出版社，1995），李宗江《“即、便、就”的历时关系》（《语文研究》1997年第1期），马贝加《近代汉语介词》（中华书局，1999）等。

有人涉及[①]。

在近年出版的《蒋绍愚自选集》中，蒋先生多次论及常用词演变研究的问题[②]，还有专文《白居易诗中与“口”有关的动词》[③]，分析探讨了与“口”有关的四组动词从《世说新语》到白居易诗到《祖堂集》的发展演变情况，并运用了判别新词与旧词的两种基本方法——统计

---

① 郑奠先生的《汉语词汇史随笔》(《中国语文》1959年第6、7、8、9、11、12期、1960年第3期、1961年第3、4、6期连载)是较早从史的角度对汉语常用词中的实词进行探讨的佳作，值得称道。参看符淮青(1996b)对该文的介绍和评价(页223—224)。王力主编的《古代汉语》“常用词”部分曾提到过一些常用词的古今差别，但都很简单，断定新词的始见时代又往往偏晚。任学良(1987)曾对此有所订补，大都属于提前新词新义的始见时代，而所引例证往往未必可靠。在本书所讨论的41组常用词中，王编《古代汉语》曾提及过的有如下各组：寡/少(104.“寡”字条，105.“少”字条，1/149—150)，视/看(129.“望”字条，1/217)，入/进(194.“进”字条，1/318)，坚/硬(280.“坚”字条，2/426)，疾、速/快(410.“快”字条，2/583)，目/眼(429.“目”字条，2/592)，寝、寐/卧、眠、睡(502.“寐”字条，3/806)，求、索/寻、觅(560.“寻”字条，3/930)，归、返、还/回(578.“回”字条，3/938)，足/脚(632.“脚”字条，3/958)，甘/甜(677.“甘”字条，3/1076)，寒/冷(681.“寒”字条，3/1078)，木/树(705.“木”字条，3/1088)，涕/泪(722.“涕”字条，3/1095)，居/住(752.“宿”字条，3/1191)，书/写(853.“写”字条，4/1330)等。王凤阳先生(1993/2011)的《古辞辨》是一部辨析古汉语义近词的巨著，全书共辨析条目1403组，单词4000余个，本书所讨论的41组词书中大部分都收入论列了。此书以辨析词义的异同为职志，条分缕析，细致入微，具见功夫，对古汉语教学和词义研究很有参考价值。“古今词”问题虽然也时有涉及，但并非作者关注的重点，故往往语焉不详，对词的时代性的论断也多嫌粗疏。王政白先生(1992)的《古汉语同义词辨析》有时也论及“古今同义词”的时代关系问题。张双棣先生的《吕氏春秋词汇研究》和魏德胜先生的《〈韩非子〉语言研究》(参看第二章　语义研究(上)，页10—66)也曾论及一部分常用词在战国时期的变化。此外有少量单篇论文曾涉及这一领域，如：解海江、张志毅《汉语面部语义场历史演变——兼论汉语词汇史研究方法论的转折》(《古汉语研究》1993年第4期)；李宗江《“进”对“入”的历时替换》(《中国语文》1997年第3期)；董志翘《再论“进”对“入”的历时替换——与李宗江先生商榷》(《中国语文》1998年第2期)；吕东兰《从〈史记〉、〈金瓶梅〉等看汉语“观看”语义场的历史演变》(《语言学论丛》第二十一辑，商务印书馆，1998)等。

② 如《近代汉语词汇研究》中的“常用词演变的研究”节、“各阶段词汇系统的描写”节，又如《关于汉语词汇系统及其发展变化的几点想法》一文中对《祖堂集》里“木/树”“道/路”“言/语/说”等几组同义词的考察(此文原载《中国语文》1989年第1期)等等。

③ 原载《语言研究》1993年第2期。

使用频率和考察词的组合关系。蒋先生从理论和实践两方面所作的探索，无疑将对推进汉语词汇史的研究产生重要影响。张永言先生也曾经尝试通过考察个别词语的消长与更替（如：言—说，他人—傍人，有疾—得病）来探讨作品语言的时代特征①。此后，张先生又和笔者合写了《关于汉语词汇史研究的一点思考》一文②。此文从分析8组同义词语在中古时期的变迁更替入手，对常用词演变研究问题作了初步探索，目的是为汉语词汇的史的发展理出一点线索，或者说寻找一种方法或途径，以期改变目前有关研究工作中畸轻畸重的局面，使疑难词语考释与常用词发展演变的研究齐头并进，相辅相成，从而逐步建立科学的汉语词汇史。

最近笔者欣喜地读到了李宗江先生的新著《汉语常用词演变研究》（汉语大词典出版社，1999）。全书分“专题讨论”和“论文”两部分，“专题讨论”部分共谈了八个问题：1. 关于研究对象的界定；2. 衍生性演变；3. 交替性演变；4. 常用词演变的原因；5. 常用词演变研究所要回答的问题；6. 常用词演变研究的方法；7. 常用词演变研究的意义；8. 常用词演变研究存疑。“论文”部分则收入了李先生近年来已发表和新撰写的讨论常用词演变问题的专题文章十篇，除两篇谈“入—进”的历时替换外，其余主要讨论虚词。这是本研究领域内的第一部专著，是迄今为止既有理论又有实践、对汉语常用词演变问题进行全面论述的最新成果。

---

① 参看张永言《从词汇史看〈列子〉的撰写时代》，载《季羡林教授八十华诞纪念论文集》（上卷），江西人民出版社，1991。蒋绍愚先生曾就此文提出设想，“可以根据一些常用词语的更替来考察词汇发展的阶段”（1991年9月13日致张永言先生信）。

② 载《中国语文》1995年第6期。以下简称《思考》。

第二节　常用词演变研究的意义及本书的宗旨

本书所用的术语分两套,从大到小依次是:词汇—常用词汇—基本词汇;词—常用词—基本词。不过为了方便起见,"常用词"这个名称既用来指称"常用的词",也用来指称"常用词的集合"(即"常用词汇"),这也符合一般的使用习惯。

本书所说的"常用词",跟词汇学上所用的概念含义有所不同[①]。首先,"常用词"是跟"疑难词语"相对待的一个概念,一般而言,本书所研究的对象是从训诂学的立场看基本上没有考释必要和价值的那一部分词[②]。其次,使用频率不是本书确定常用词的主要依据,更不是唯一依据。我们所说的常用词,主要是指那些自古以来在人们的日常生活中都经常会用到的、跟人类活动关系密切的词,其核心就是基本词。最后,有些词虽然很常用,但跟词汇的历时更替关系不大,也不在我们的讨论范围之内,比如专有名词、一些新生事物的名称(如魏晋南北朝时期产生的众多佛教名词、现代汉语中的"电视""出租车""网络"等)。

常用词是词汇系统的核心部分,它起着保证语言的连续性和为创造新词提供基础的重要作用。就数量而言,它在整个词汇库中所占的比重并不太大,但是它具有常用性和稳定性两个显著的特点。常用词的常用性决定了它的出现频率高,使用范围广。就古代文献语言而言,常用词不管在哪类文体中都必然经常出现,这跟有些口语词和俗语词只出现于相应的通俗文体的情形很不相同。常用词的稳

---

① 符淮青先生给常用词所下的定义是:"常用词就是当代社会生活中最常用的词。它可以是基本词汇中的词,也可以是一般词汇中的词。常用词的确定完全根据词在最流行的书刊上运用的频率。"见符淮青《现代汉语词汇》,北京大学出版社,1985,页163。(增订本,2004年)

② 当然,这两类词也并不就是截然分开的,有少量交叉的情况。

定性跟语法结构相类似[①]，一些基本的常用词可以历经几千年而不变。只要观察一下活的语言，我们就能对常用词的稳定性问题有一个清楚的认识。中华人民共和国成立以后，汉语词汇发生了很大的变化，几乎每个时期都有一大批新词产生，同时有一批旧词被淘汰。把改革开放前后的报刊拿来作个粗略的比较，就能充分证明这一点。可是绝大部分常用词并没有发生什么变化，跟那些“活跃词汇”相比，它们显得格外地平静和稳定。如果常用词也像那些“敏感词汇”那样活跃多变，那就会引起语言的混乱，损害语言的交际功能。从这个意义上说，常用词的变化对整个词汇系统而言就是一种根本性的深层次变化；就整个语言系统而言，这种变化也意味着语言的某种本质上的改变，具有跟音韵系统、语法结构的改变同等重要的意义。汉语词汇史是研究汉语词汇历时变化的一门科学，理应对在词汇系统中具有举足轻重地位的常用词的演变进行研究。假如我们对这样一批最常用的词的来龙去脉、递嬗变迁都说不清楚，那就谈不到汉语词汇史的建立。因此，词汇史的研究不但不应该撇开常用词，而且应该把它放在中心的位置，只有这样才有可能把汉语词汇从古到今发展变化的主线理清楚，也才谈得上科学的词汇史的建立。其意义可能还不仅止于此，常用词的稳定性使得它的变化在短时间内难以观察到，只能在较长的历时变化中加以研究。我们把这项工作做好了，也许能为普通语言学理论作出有意义的贡献。当然要做到这一点不是件容易的事，但这应当成为我们的努力方向。

但如上所述，以前由于没有分清词汇史与训诂学的区别，研究汉语历史词汇的学者们对这个问题并没有明确的认识。由于历来不重视常用词演变研究这一课题，可以说，汉语词汇史的研究迄今尚未触

---

① 有人甚至认为“语法可能比基本词汇变得快”，参看徐通锵(1984)页219—220。

及问题的核心。

常用词演变研究不仅是词汇史的中心内容,与古籍整理和大型语文辞书的编纂也有着密切的关系。

常用词使用频率高,经常出现在人们的口头和笔下,很难作伪,是从语言角度判定作品时代的一个可靠根据[①]。早期汉译佛经中有许多译人不明的“失译”经,我们在研究中发现,从常用词的角度去推定这些经的实际翻译时代是一条有效的途径(当然还要结合其他证据)。对一些作者和时代不明的传世中土典籍也可以从这个角度进行探讨。假如我们能把一批常用词的产生时间及更替过程调查清楚,得出确凿可靠的结论,这样的成果对于考定疑伪古籍的相对年代无疑是会大有帮助的。此外,常用词演变研究还大有助于古籍的校勘,本书在引用语料时常常涉及这一问题。

由于历来不重视常用词演变研究这一课题,这部分词的演变历史至今说不清楚,差不多还是一片空白。这种局面也给大型历史性语文辞书的编纂带来了困难,《汉语大字典》和《汉语大词典》[②]在处理这些条目时问题很多,亟待修订。主要问题有两个:一是许多常用词的始见书证普遍偏晚,没有溯到源头;也有个别所引书证不可靠,始见时代应该推迟的。二是对一些常用词的义项划分不合理或义项漏略,释义不准确。虽说就一般情况而言常用词在词义的理解上不会有什么问题,但也不尽然。有些最常见的词,词典恰恰

---

① 张永言先生所撰写的《从词汇史看〈列子〉的撰写时代》一文就是一个很好的范例。梅祖麟《从语言史看几种元杂剧宾白的写作时期》(载《语言学论丛》第十三辑)一文讨论关汉卿《窦娥冤》《救风尘》中的宾白是否关汉卿本人所作,日本学者佐藤晴彦用语言标准给冯梦龙所编纂的“三言”中的作品断代,都以常用词和语法成分作为考察的标准,受到学者们的赞赏。参看蒋绍愚(1994b),页295—303;李宗江(1999),页97—102。

② 以下简称《大字典》《大词典》,有时合称“二典”。

给讲错了。因此常用词的研究同样有助于古书的训释。在本书讨论相关各条时，对这些问题一般都作必要的考辨，可供“二典”修订时参考①。

常用词还可以作为判断语料价值高低的一条有效标准。我们常常说某书口语色彩浓，语料价值高，某书则较低或相反。这样说的时候往往只是凭语感，是依据直觉所作出的模糊判断，有时也能够零星地举出几个俗语词来，但大都缺乏普遍的可比性，因为那些俗语词并不一定在每种语料里都出现。常用词则不然，一些基本的常用词必定经常性地出现在各种文体中，这就有了可比性，衡量语料反映口语程度的高低就有了客观可靠的标准。只要需要，完全可以用量化的方法作出相当准确的估价。如果再结合俗语词和语法特点等诸方面的因素进行综合考察，结论自然会更可靠。

常用词演变研究是一项十分繁重和难度很大的工作，如果加上古今方言的因素，问题就更加复杂，不是少数人在短时间内能做好的。我们在《思考》一文中曾经说过“这项工作也许需要几代人的共同努力”的话，经过一段时间的实践，我深切地感到这并非危言耸听。常用词的演变更替每个时代都在发生②。我们的初步设想是分段分组进行。按照目前的一般看法，可以先粗略地把整个汉语史分为上古汉语、中古汉语、近代汉语三大段，每一段选取若干组有变化的常

---

① 本书所讨论的41组常用词，在溯源方面大都参考了“二典”所引的始见书证。要是没有这样一个参照系，我们的研究工作将要困难得多，所以“二典”的历史功绩是应该充分肯定的。“二典”所提供的始见书证有问题时，则附带加以辨正。

② 当然，各个时代在变化速度与规模上并不一样。在东汉以前的上古汉语里，看来战国是一个变化比较剧烈的时期，产生了一批新成分，如眼、泪、脚、船、狗、戴、看、睡、卧、眠、挂、盖、放、瘦等等，其中有许多在东汉以后取代了旧成分并一直沿用到现代汉语。魏德胜(1995)认为：“战国时期是汉语词汇发展史上新的一页。它同春秋时代词汇的语义系统有很大差别，是明显的两个阶段。”(页101；又参看页7、8、66、140等)这个看法是对的。

用词,弄清它们在这一时期的发展变化情况。在目前起步阶段,有必要强调“个案研究”(case study)的重要性,即把一组一组词的新旧递嬗关系和演变更替过程扎扎实实地描写清楚。只有把这项基础工作做好了,才有可能撰写汉语常用词演变通史,也才谈得上探索变化背后的规律。我们选择中古(东汉—隋)作为突破口,除了个人兴趣和条件的因素外,主要是考虑到中古时期在汉语发展史上的独特地位和高度重要性。中古是先秦以来的上古汉语第一次发生重大变化的时期,唐宋以后许多迥异于上古汉语的白话成分往往可以把源头上溯到魏晋南北朝乃至东汉,这已经为大量的研究结果所证明。就词汇而言,中古也是从上古的文言词汇向近现代白话词汇过渡的转折点,它为近代汉语词汇基本格局的形成打下了基础。在常用词方面,据我们的初步调查,至少有下列各组词在这一历史阶段有过程度不等的变化或更替:

目/眼,涕、泣/泪,面/脸,足/脚,腹/肚,肤/皮,体/身,屎(矢)/粪,叟/翁,子、息/儿,他人、异人/旁(傍)人/别人,盗、劫/贼、偷,曲/歌,言、语/话,冠/帽(務、冃),笄/簪,裳/裈、裤(绔、袴),袂/袖,履/鞋(鞵),栉/梳,衾/被,囊/袋(帒),笏/手板,梃/杖,矢/箭,书/信,室/房,户/门,牖、向(嚮、鄉)/窗(囱、窓、牕、牎),庠、序、学/校,庖/厨,肆/店,壁/墙,隅/角,道/路,疆/境(竟),舟/船(舩、舡),舆/车,日/天,宵/夜,祀、载、岁/年,豕、彘/猪,犬/狗,鹜/鸭,翼/翅(翄、狿、翨),巢/窠、窝,木/树,本、柢(氐、蒂)、株/根,薪/柴,菽/豆,所/处(chù),侧、畔、旁(傍)/边,中、内/里,二/两,重/层,余、予、吾、言、卬、朕/我,斯、兹、是/此,孰/谁,他、异、余/别,何、焉/那(nǎ)(以上名词、方位词、数词、量词、代词);

衣、冠、服/著(着)、戴,视、相/看(翰),求、索/搜、寻、觅,寝、寐/卧、眠、睡,寤(悟)、觉/醒,食、啖/吃(喫),言、云、曰/话、说、道

(噵),呼(謼)/唤、叫(嘂、噭),歌/唱,诵、读/念,讽、诵/倍(背),禀、告/关、白,应、对/答,诲/教,让/责,詈/骂,呕(欧)/吐,使、令/教(交),允、许/听、准,识、知/解、晓,思/忆,思/想,忧/虑,忧/愁,怨/恨,愠、怒/恼,畏、惧、恐、怖/怕,击/打,执、持、握、秉/将、捉,擒(禽)、捕/捉、拿,树、艺、植(殖)/种,采/摘,刈、获/割,置/安、著、放,安/装,排/推,舂/捣,伐/斫、砍,悬(县)/挂(掛、絓),携/带,佩/带,启/开,闭/关,覆/盖,负、荷/担,置、释/放,书/写、抄(钞)、誊(誊),锲(契)/刻,濯、浣、沐、浴、洒、沫(湏、靧、頮)/澡、洗,曝(暴)/晒,焚、燔/烧,易、更/改、换,化/变,赠/送,拭/揩,抚/摸,探/摸,攘、盗、窃/偷,掩/遮,庾、匿/藏,购/买,鬻、售/卖,负/输,涉/豫(预),立/树、竖,建、筑、作、立、为/起、盖、架、戴,窥(镜)、鉴/照(镜),踞/蹲,作/起(身),践/踏,踊、跃/跳、透,逐/追,之、适、如/往、去,格、至/到,徙/迁,还、返(反)、归/回(迴、廻),入/进,访/候,徯、俟(竢)、须(嬃)、待/候,距/离,当、遭、遇/逢,升、登/上,宅、居、处(chǔ)、止/住,息、止、休/歇,生/活,度(日)/过(日),落/下,倾/倒,崩/塌,余/剩,益、增、加/添,亡、丧/失,欲/拟,须/要,宜、当/应、合,能/解(以上动词、助动词);

善、美/佳、好,恶/丑,愚/痴(癡),瘠(膌)、癯(臞)/瘦(腹),痛/疼,误、谬(缪)、差、忒、爽/错,温/暖(煖、焕),寒/冷,贫/穷,赡/足,速、迅、疾/快(駃)、驶,缓、迟/慢,怠、惰/懒,博/广,广/阔、宽,迫、狭、隘/窄(笮、筵),明/亮,夙/早,晏/夜、晚,故/旧,盈/满,厌(餍)/饱,柔/软(媆),坚、刚/硬(鞕、鞭、鞕),固/牢,甘/甜(甛),诚/真,诈、伪/假,危/险,异、奇/怪,燥/干(乾),寡、鲜(尠、尟)/少,下/低(以上形容词);

咸、佥、皆、悉/全、都、总,惟(唯)/独,唯(惟)、仅/劣、正(政)、止、只,仅/才(财、裁、纔),甚/极、大、过、雅、酷、特、太,至、最/极,徒/空、唐,必/定,恒/常,亟、屡/数,乍/暂,原(元)/本,尝/经、曾,向(来)/适(来),犹(由、猷)、尚/故、仍,复/又,亦/也,既/业、已,始/方,俄、俄而、俄然/寻,即/便、仍,信、诚、实、苟/真,且/将,姑/且,毋(無、无)、勿/莫,自/从,迨、及/乘,因/坐、缘,于/在,故、是故、是以/所以(以上虚词)。

变化的广泛和深刻是相当惊人的。由于各方面条件的限制,我目前还不可能对这一时期常用词演变的全貌作出系统的描述。本书只是在《思考》一文的基础上,扩大考察的范围,从上面所列的不完备清单中选取41组常用词(暂时只限于名词、动词、形容词三类实词)①,进行较为深入细致的描写,以期对中古汉语常用词的变迁情况有更多的了解,对常用词演变的一般规律有所揭示。近代汉语以前的汉语常用词主要是单音词,即使到了现代汉语,口语里常说的一些基本词很多还是单音节的。所以本书所讨论的基本上是单音节词(只有“他人、异人/旁(傍)人/别人”组是例外)。以后有条件时再扩展到复音词。

我们所说的常用词更替,一般是就义位而言,而不是以词为单位②。因为常用词往往是多义词,其中某一个义位原来由甲词表示,后来变成由乙词表示,这就是更替。但甲词不妨仍存在,它的其他义位继续由它承担。如果就“词”而言,新旧常用词大都不是一对一的关系,而是一对多、多对一,异常错综复杂。换言之,我们所要探究的是某一个“所指”的“能指”在历史上发生过什么变化,发生在何时,是

---

① 虚词既是语法史的研究对象,也是词汇史的研究对象。有许多虚词同时也是常用词,自然也在我们的论题范围之内。不过如上文所述,已有不少论著从语法史的角度对虚词的历时更替作过探讨,所以本书暂不涉及,留待以后再作系统的研究。

② 蒋绍愚先生(1989)曾正确地指出:“在讨论词义的发展变化和同义词、反义词等问题时,都不能笼统地以词为单位,而要以义位为单位。”(页38)

怎么发生的。具体地说，本书的主要任务有三个：

1）大体考订每一组常用词的更替从何时发生，到何时完成；

2）尽可能把演变更替的过程描写出来；

3）总结常用词演变的一般规律。

同时根据我们的研究结果对汉语词汇史的分期问题提出一些看法。

综上可知，本书的研究对象是中古时期发生过历时更替的41组常用词。毫无疑问，常用词的历时更替只是常用词演变当中比较重要的一类，并非全部，常用词演变研究所包含的内容应该更广泛。

第三节　材料与方法

汉语史的研究迄今还只能依据传世的和出土的文献资料来进行。各个时期文献资料的数量和性质是不一样的。综观东汉魏晋南北朝时期的文献典籍，我觉得有两个主要的特点：一是反映口语的程度不太高；二是口语成分常常和文言成分交织在一起，因此语料的语言成分较为复杂。

东汉—隋的文献资料总量不算少，但反映口语程度高、对语言史研究价值大的语料并不太多，像敦煌文书、禅宗语录、话本小说等等那样在数量上和质量上都比较理想的语言史料在这一时期很难找到。根据含口语成分的多少，比较而言，这一时期的语料可以大致分成三类：

1）反映口语程度较高的，如汉译佛经、小说、民歌、某些杂著①、史书中的一些对话、文人所作的某些俳谐文字②、一部分私人书信、

---

① 如《肘后备急方》《齐民要术》等。

② 中国文人向来有重雅轻俗的传统，在文学作品中用大白话是被人看不起的，如《晋书·束皙传》说："〔皙〕尝为《劝农》及《饼》诸赋，文颇鄙俗，时人薄之。"（5/1428）而使用方言土语则是常见的调笑手段，因此他们有时就故意作一些谐谑调笑的文字来过过用俚词俗语为文赋诗的瘾。

"杂帖"、狱辞等;

2)比不上第一类,但对口语还能有所反映的,如诗歌[①]、史书、某些文人著述、时人对先秦古籍的注疏等[②];

3)很少或者几乎不反映口语的典雅文言,如郊庙歌辞、燕射歌辞、鼓吹曲辞、诏书、大部分文人赋、颂、诔、铭、奏疏等。

众所周知,这种分类是粗线条的,实际情形相当纷乱复杂。我们的研究基本上是以第一类为"核心资料",第二类为"辅助资料",第三类资料则主要是作为一个文言的参照系用来与口语进行比较,有时也用来检测口语词汇进入书面语的程度。

下面讨论一下佛经语言的口语化和史书语料的时代性这两个具体问题。

1. 佛经(特别是东汉三国的早期译经)语言的口语化问题

在常用词的使用上,早期佛经基本上是选用当时人口头说的那些词语,大多没有明确的避俗意识;或者说,开始时那些对汉语并不精通的外来传教者根本还不具备这种避俗求雅的语言能力,要到康僧会等人以后方有避俗的倾向。所以我们常常看到这样的情形:佛经语料使用新兴常用词往往要比中土文献早一个节拍,如"眼、泪、脚、翅、船、树、边、著、看、打、晒、住、痴"等都是。这一点已

---

① 文人诗歌的语言差异很大,如齐梁以后的文人诗,语言清新自然,接近实际口语,不避以俗词入诗,跟魏晋时期形成鲜明的区别,实已成为唐诗的先声。这些诗对汉语史的研究自然具有较高的价值。但是文人诗的用词似乎有其独特的要求,同样是很俗的词,"眼、泪、看、觅、挂、盖"等在诗中不但不避,反而很受诗人们的偏爱;而"脚、打、住"等则很少用,但这些词在小说中又用得很多。看来诗人们对"俗词"自有其一套审美标准。用入矢义高先生的话来说,入诗的词语"是经过措词(diction)的筛子筛选过的","但是,那'筛子'到底是怎样一种原则类型呢?要对此下一个形式定义,是不容易的事情。"参看入矢义高《白居易作品中的口语表达》,董志翘译,《传统文化与现代化》,1996年第6期,页86、88。

② 我们把不易归入第一类和第三类的语料统统看作第二类。

经足以证明佛经语料的独特价值。但是也有相反的情形，如“挂、换”等中土文献颇为常用的词，在佛经中却用得很少，原因待考。佛经语料很复杂，有些问题颇为费解。我们在研究这一时期的语言的时候，应该把佛经与中土文献结合起来，这样得出的结论才会更全面准确。

2. 关于史书语言的时代性问题

对待史书语料，有两种不同的处理办法：传统的做法是以所记时代为准，如《后汉书》就看成是代表后汉的语言，《晋书》代表晋代的语言。这样做当然存在着很大的缺陷，因为史书所据的史料虽然大多承自前代，但毕竟是经过编纂者改写过的，遣词造句不可能没有更动（当然改动的程度也因人而异）。另一种意见是史书语料主要应看作修史者的语言。此说以柳士镇先生为代表[①]。目前汉语史学界大部分学者都倾向于对史书语料持慎重态度，不轻易把某史作为某时的语料来用。我认为史书语料是一种复杂的混合体，需要作具体分析，不宜一概而论。鲁国尧先生在《“隶书”辨》一文中举书证时，即将《史记》《汉书》《后汉书》所载的诏疏文赋特列其主名，“以示其语言的时代性”，而与司马迁、班固、范晔的语言相区别[②]。一般来说，史书中的对话部分也是比较接近当时人的语言的，因为史家在描述人物时往往有意识地注意到语言的个性化和真实性，裴松之就说过这样的话：“凡记言之体，当使若出其口。”[③]此其一。唐朝史臣跟六朝史家及文学家相比，在用语上往往反而显得拘谨和求雅，所以唐修正史

---

① 参看柳士镇《〈世说新语〉〈晋书〉异文语言比较研究》，《中州学刊》1988年第6期；又中国人民大学报刊复印资料《语言文字学》1989年第1期；又收入其《语文丛稿》，南京大学出版社，1998。

② 此文作于1978年，原载《语言学论丛》第七辑，商务印书馆，1981，页99以次。

③ 《三国志·魏志·陈泰传》裴注(3/642)。

中,“改俗为雅”的多,“改雅为俗”的少[①]。所以就一般情况而言,史书中出现的那些俗语俗词,大多是保存前代的原貌,较少出自后人的改写。我们可以拿来作为所记时代的语料使用,至少作为旁证材料是没有问题的。此其二。其三,如上文已经提到的,各部史书之间也存在着差异,比如沈约的《宋书》就比魏收的《魏书》语料价值高得多,不宜以同一个标准和尺度去刻板地对待[②]。

语料的准确可靠是保证研究结论具有科学性的必要前提。本书撰写过程中在核实引例出处上曾经花费很多的时间和精力。比如鲁迅先生纂辑的《古小说钩沉》,口语成分很丰富,是研究六朝语言的学者们经常利用的一部书。但此书鲁迅先生生前并未最后校订,也没有正式出版,文字颇多讹误,直接引用缺乏可靠性。本书在利用此书时只是把它作为一个线索,凡是引自常见类书的,都一一作了核对,校正了文字,并注明出处及页码;同时仍注明《钩沉》的页码,以示不敢抹杀前贤的劳动。限于时间和条件,有些例句尚未核实。本书所引的例句,绝大部分是笔者直接采自原书的第一手材料,为了便于复核,大都注明出处和页码;转引他书的也尽可能核对了原文并注上页码。

常用词演变的研究方法和传统的词语考释方法很不一样。词语考释的主要目的是确定词义,所以它需要搜集各种能证明词义的材

① 上揭柳文(1988)的论证已经证明了这一点,他说:“当然也有一些相反的情况,即《世说》沿用了上古书面语中的词汇,而《晋书》则以魏晋南北朝期间新生的口语词汇入书,但为数极少。”(页 100)同样的情形也发生在唐宋人编纂的类书中,参看拙文《唐宋类书好改前代口语——以〈世说新语〉异文为例》,(台湾)《汉学研究》第 18 卷第 2 期(2000 年 12 月),又收入《汉语词汇史新探》,上海人民出版社,2007。

② 关于史书语料的性质和研究价值问题,方一新先生在前人的基础上又有深入的研究。他把史书中的材料分为“原始资料”和“其他资料”两大类,“原始资料”包括三个方面:1. 奏疏,文书;2. 信札,家书;3. 诏令,手敕。“其他资料”则包括“人物对话”和“一般叙事语”。对每一类材料的性质和价值都作了精辟的论述。参看方一新《东汉魏晋南北朝史书词语笺释》“前言”第贰、叁部分,黄山书社,1997,页 7—16。

料，特别是例句，通过排比归纳等方法以阐明词的确切含义（有时也包括词的得义之由等）；而常用词演变研究的目的则是为了明变，它要求把问题放到更广阔的语言背景中加以考察，调查语言资料的量很大，既要有足够长的时间跨度，又要兼顾各种文体，分析也更需要注意横向和纵向的联系以及新旧成分的比较，要求从宏观上把握演变发展的总体脉络。作者花了很大的力气搜集了大量的第一手语料，至于如何驾驭和分析这些材料，还处在不断的探索之中。目前所采用的方法主要仍是定性分析与定量分析相结合，具体地说，就是典型例句与统计数据相配合。引用例句，一般是早期的尽量多引，到后面则只引少量有代表性的。由于这一时期的文献语料基本上还是以文言为主而或多或少地夹杂了一些口语成分，所以统计数字往往并不一定能很好地反映事实真相。在这样的情况下，分析新旧词组合关系的差异、出现语境的不同以及进行相互比较等就显得很有必要，定量分析有时只是一种辅助手段。当然也有只用统计数据就能有效说明问题的时候。总之，定性分析和定量分析是结合起来使用的，以有利于说明问题为原则。

结合现代方言来研究历史上的常用词变迁，是一个行之有效的办法，也是一片有待开辟的广阔天地[①]。限于时间和能力，本书在这

---

① 徐通锵先生（1991）说过："汉语的方言异常分歧，对汉语史的研究来说，这是得天独厚的条件。……把汉语方言的活材料和历史上遗留下来的文字、文献的死材料紧密地结合起来，这是汉语史研究的一条有效的途径。"（页 6）又说："把语言的空间差异同'历史上的旧材料'结合起来探索语言的历史发展，前景是广阔的。……总之，把语言的空间差异和语言发展的时间序列结合起来，定能在语言研究中取得一些突破性进展。"（页 152）相关的论述还有很多，如鲁国尧先生《欣喜·忧虑——序董志翘〈《入唐求法巡礼行记》词汇研究〉》一文（原载董志翘《〈入唐求法巡礼行记〉词汇研究》页 1—15，中国社会科学出版社，2000；又刊于《语言研究》2001 年第 1 期；又收入《鲁国尧语言学论文集》，江苏教育出版社，2003），李如龙先生《汉语方言学》第七章"汉语方言词汇的历时比较"节（高等教育出版社，2001，页 115—128），等等，读者自可参看。

方面只是偶尔涉及,作了一些尝试,全面系统的研究有待将来展开。

此项工作的研究手段亟待改进,主要是对语料的处理应由目前的手工操作改为电脑化操作。眼下我们的语料调查、收集、统计和分析基本上还停留在手工劳动的原始阶段,费时费力,而且容易出现错漏。有时在茫茫书海中发现一两条新的例句,就可以重新改写研究结论;为了得到一个可靠的统计数据,常常得花上一两天的功夫,结果还不一定绝对准确。把大量的时间和精力耗费在语料的处理上,严重地束缚了我们的手脚,影响了工作效率。如果能把一大批重要的语料输入电脑,编制相应的程序,使得我们所需要的材料可以随心所欲地召之即来,一查即得,那么我们工作的效率和准确性将大为提高。当然,语料的电脑化处理并不能代替直接阅读原始文献;但是作为一种辅助手段,它确实能使我们的研究工作如虎添翼。令人欣喜的是,近年来海峡两岸都有不少单位正在加紧建设大规模的汉语史语料库,并已经取得了可观的成绩。这项工程意义重大,功德无量。这既是研究工作的客观需要,也是科学发展的必然趋势。我们期待着两岸的各个单位之间能够精诚合作,使得适用于汉语史研究的大型语料库能早日顺利建成,并且实行资源共享,使它发挥最大效能。相信到那时,汉语史研究中主要靠语料取胜的局面将得到改变,大家可以把主要精力放到更高层次的研究上去,汉语史研究将进入蓬勃发展的新时期。

第二章　东汉—隋常用词演变研究：名词

同一个事物在不同的历史时期用不同的词来指称，这是词汇历时更替的典型现象。在汉语发展史上，发生过历时更替的名词为数不少，在三类实词中仅次于动词。名词的历时替换大多属于完全性替换，即新词和旧词的词汇意义（指称对象）基本一致，只不过是换了一个说法，新旧词之间的意义关系一般来说比较单纯，如“目—眼”“翼—翅”“囊—袋”“舟—船”等；也有少数名词的新旧更替情况比较复杂，在某一历史时期指称对象并不完全一致，如“足—脚”等。这里我们选取十组名词来考察它们新旧更替的过程，其中“侧、畔、旁（傍）/边”和“中、内/里（裹、裡）”两组是方位词，也附在名词里一并加以讨论。

1. 目/眼[①]

王力先生说：“《说文》：‘眼，目也。’《释名》：‘眼，限也。’可见汉代已有‘眼’字。但战国以前是没有‘眼’字的。战国时代也还少见，汉代以后才渐渐多见。‘眼’在最初的时候，只是指眼球。……这样，它

① 参看齐冲天《汉语基本词汇的发展及有关问题》“（四）眼睛的问题”节，《内蒙古师大学报》1960 年第 1 期，页 89—95；王凤阳（1993/2011）“目 眼 睛 眸 瞳”条（页 129—130）；黄金贵（1995/2016）“95. 眼 · 目”条（页 337—339）；管锡华（1998/2000）“目 眼”条（页 123—125/203—207）。

是和'目'有分别的。后来由于词义的转移,'眼'就在口语里代替了'目'。"①

就目前所掌握的材料看,秦以前典籍中"眼"共5见,除王力先生所引的《战国策》《庄子》《周易》各1例外,另2例是:

(1) 赵王游于圃中,左右以菟与虎而辍之,虎盼然环其眼。王曰:"可恶哉,虎目也!"左右曰:"平阳君之目可恶过此。见此未有害也,见平阳君之目如此者,则必死矣。"(《韩非子·外储说右下》)

(2) 陈有恶人焉,曰敦洽雠糜,椎颡广颜,色如漆赭②,垂眼③临鼻。(《吕氏春秋·遇合》)

用例确实不多。

方一新先生曾列举约20条书证证明"眼"字在汉魏六朝文献中就常作"目"讲,并非如王力先生在另外两个地方所讲的那样到了唐代"眼"才成为"目"的同义词④。这个意见无疑是对的。方文所举"眼"当"目"讲的最早一条书证是《史记·孔子世家》的"眼如望羊",其实这个例子还不够典型,因为字书多释此"眼"为"眼神;眼光;眼力";《史记》中还有一例"眼"是确凿无疑等于"目"的,即《大宛列传》:

---

① 《汉语史稿》下册,页499。王力先生的说法可能是本于元代的戴侗。徐灏《说文解字注笺》"眼"字下引戴侗曰:"眼,目中黑白也。《易》曰:'为多白眼。'合黑白与匡谓之目。"

② 旧本作"浃赪"。许维遹改从"漆赭",陈奇猷谓当作"浃赪",见陈奇猷《吕氏春秋新校释》,上海古籍出版社,2002,页831—832。

③ 旧校云:"眼一作发。"陈奇猷云:"垂眼临鼻,状恶之极,若作'垂发'则不若'垂眼'之恶也。"(同上,页832)

④ 方一新《"眼"当"目"讲始于唐代吗?》,《语文研究》1987年第3期;王云路、方一新《中古汉语语词例释》"眼"条,页425—427。

"其人皆深眼，多须髯。"[①]"眼"和"目"在先秦汉语中确有分别，"眼"都是指眼球；这种分别西汉时还存在，但已不是那么严格。早期医籍《素问》和《灵枢经》中有一些用例可以证明这一点：

(3) 足太阳气绝者，其足不可屈伸，死必戴眼。(《素问》卷6"三部九候论篇第二十"，318)按：张介宾注："戴眼者，睛上视而瞪也。"

(4) 风入系头，则为目风，眼寒。(又卷12"风论篇第四十二"，602)按：张介宾注："……风邪入之，故为目风。则或痛或痒，或眼寒而畏风羞涩也。"

(5) 五藏六府之精气皆上注于目而为之精，精之窠为眼，骨之精为瞳子，筋之精为黑眼，血之精为络，其窠气之精为白眼，……(《灵枢经》卷12"大惑论第八十"，12a)

这些"眼"都仍指眼球。"白眼""黑眼""戴眼"的说法在医籍中常见。但在说到人体经络的时候，既说"目系"，也说"眼系"，说明"眼"已可以用同"目"。这跟上引《史记》例所反映的情况是一致的[②]。在"眼"字用得较多的一部西汉著作——《说苑》中，情形相同。此书"眼"共出现3例：

(6) 而抉吾眼，著之吴东门，以观越寇之入灭吴也。(《正谏》)

(7) 五采曜眼，有时而偷；茂木丰草，有时而落。(《谈丛》)

(8) 故三月达眼而后能见，七月生齿而后能食，期年生膑而后

---

① 《汉书·西域传上·大宛国》作"其人皆深目，多须髯"。此或为班固改俗为雅。"深眼"跟《世说新语·排调》所说"康僧渊目深而鼻高"的"目深"指的是一回事。《高僧传》卷4"康僧渊"正作"鼻高眼深"。

② 《史记》中指"眼球"义的"眼"有如下一些用例：聂政大呼，所击杀者数十人，因自皮面决眼，自屠出肠，遂以死。(刺客列传，8/2524)必树吾墓上以梓，令可以为器；而抉吾眼县吴东门之上，以观越寇之入灭吴也。(伍子胥列传，7/2180)太后遂断戚夫人手足，去眼，煇耳，饮瘖药，使居厕中，命曰"人彘"。(吕太后本纪，2/397)

能行,……(《辨物》)

除例(6)是指“眼球”外,其余2例都已是泛指“眼睛”。

到了东汉,“眼”用例渐多,“眼”和“目”的分别已不复存在,例如:

(9) 太守苏定,张眼视钱,𥅦眼讨贼,怯于战功,宜加切敕。(马援《平交趾上言》,《全后汉文》卷17,562b)

(10) 伏见交趾七郡献生龙眼等。(唐羌《上书陈交趾献龙眼荔支事状》,又卷49,744a)按:“龙眼”是果名,反映了老百姓命名时的实际口语。

(11) 鱼首而鸟身,三足而六眼。(王延寿《梦赋》,又卷58,791a)

(12) 眼睚隅以睆恤,视职睫以映睉。(又《王孙赋》,同上)

(13) 陛下圣泽,以臣尝在近密,识臣状貌,伤臣眼目,留心曲虑,特加遍覆。(张俊《假名上邓太后书谢减死》,又793a)

(14) 请复重陈其面目:鸱头鹄颈獦狗啄,眼泪鼻涕相追逐。……面目芒苍如死灰,眼眶白陷如羹杯。(戴良《失父零丁》,又卷68,849a)比较王褒《僮约》:“目泪下落,鼻涕长一尺。”(《全汉文》卷42,359b)

(15) 唇实范绿,眼惟双穴。(繁钦《明□赋》,又卷93,976b)

(16) 莎车之胡,黄目深精,员耳狭颐;康居之胡,焦头折頞,高辅陷口,眼无黑眸,颊无余肉;罽宾之胡,面象炙猬,顶如持囊,隅目赤眦,洞頞仰鼻。(繁钦《三胡赋》,又卷93,977a)

(17) 咸姣丽以蛊媚兮,增嫮眼而蛾眉。(张衡《思玄赋》,又卷52,760b)①比较张衡《舞赋》:“腾嫮目以顾眄,眸烂烂以流光。”(又卷53,769b)

---

① “嫮眼”即《楚辞·大招》“嫮目宜笑,蛾眉曼只”的“嫮目”。

(18) 初得之三两日，目赤如鸠眼。(《金匮要略论》卷3“百合狐惑阴阳毒”,33b)

(19) 头重不欲举，眼中生花。(《伤寒论》“辨阴阳易差后劳复病证并治法第十四”,294b)

(20) 身冷若冰，眼睛不慧，语言不休。(又“辨不可下病脉证并治法第二十”,300a)比较：热多者，目赤脉多，睛不慧。(同上,302a)

(21) 睫，插也，接也，插于眼眶而相接也。(《释名·释形体》)

(22) 两头纤纤月初生，半白半黑眼中睛。(《艺文类聚》卷56引古诗[①])

(23) 即断其头，置高楼上，谓之曰：“日月炙汝肉，飘风飘汝眼，炎光烧汝骨，鱼鳖食汝肉，汝骨变形灰，有何所见？”(《吴越春秋·夫差内传第五》)

上述例子中出现了“张眼、�眼、龙眼(植物名)、眼目、眼泪、嫮眼、鸠眼、眼睛、眼眶、眼中睛”等组合。

东汉翻译佛经从一开始就用“眼”而很少用“目”,“眼”占了压倒多数，例子不胜枚举。略引数条：

(24) 眼见色，亦不喜亦不恶。(安世高译《长阿含十报法经》卷上,1/235c)

(25) 若有人病，若目痛若目冥，持摩尼珠近眼，眼病即除愈。(支娄迦谶译《道行般若经》卷2,8/436a)

(26) 已稍近尊十种力，肉眼、慧眼、道眼、法眼、佛眼，过度众冥，尽入诸功德行。(又《屯真陀罗所问如来三昧经》卷上,15/349a)

---

① 逯钦立题作《古两头纤纤诗》,见《先秦汉魏晋南北朝诗·汉诗》卷12,页344。

(27) 眉髭绀青色,眼睑双部当,白毫天中立,今笑唯愿闻。天眼已了朗,道眼已备通,法眼与慧眼,此四已成具。(支曜译《成具光明定意经》,15/455b)

我们调查了现存安世高和支娄迦谶两家的所有译经共 29 部[①],“眼”和“目”的出现次数是 247:21,其中“眼目”连文 4 次。

“眼”在佛经中有如下一些组合:佛眼、德眼、肉眼、天眼、慧眼、黠慧眼、法眼、净眼、道眼、一眼、两眼、眼本、眼根、眼识、眼病、眼睑、眼泪、眼睛、眼精、眼眩、眼华[②]。“眼目”连文也常见,这是因为现代汉语表示人和动物的视觉器官的双音词“眼睛”那时还是偏正结构,指眼中的瞳子(早期写作“眼精”),所以就只好用一新一旧两个同义成分来组合成一个双音词。“眼睛”成为“眼”的通称可能是唐代以后的事情[③]。

把东汉佛经和同时期的中土文献相比较,不难看出:前者在常用词的使用上更贴近口语,而典雅的诗文赋颂之类则具有较强的“避俗”意识,“口语成分只能在这里那里露个一鳞半爪”[④]。而且一般而言,口语成分要进入这些高文典册中,大概是在已经被人们说得很熟了之后,文人们在写作时也许是不自觉地流注到笔端的。因此,我们根据佛经材料,并结合中土文献的用例,可以作出这样的推断:“眼”

① 佛经翻译时代和译者的确定依据吕澂《新编汉文大藏经目录》。

② 就是现代汉语的“眼花”。

③ 《大词典》所引的最早书证是:唐韩愈《月蚀诗效玉川子作》:“念此日月者,为天之眼睛。”唐韩偓《蜻蜓》诗:“碧玉眼睛云母翅,轻于粉蝶瘦于蜂。”(7/1218)今按,《御览》卷 366 引蒋济《蒋子》:“语曰:两目不相为视。昔吴有二人,共评王者,一人曰好,一人曰丑,久之不决。二人各曰:‘汝可来入吾目中,则好丑分矣。’王有定形,二人察之有得失,非苟相反,眼睛异耳。”(2/1687a;又《全三国文》卷 33,1241a)这个“眼睛”已经可以看作“目”的同义词,尽管当时人也许还是理解成“眼中之睛”的。对此秦桦林《也说身体词“眼睛”的始见年代》(待刊)有考辨,该文立足于出土文献的实际用例,通过考察“眼”与“睛”二字各自的出现时间,以及“目、眼、睛”语义场在不同历史时期的演变情况,指出“眼睛”一词可靠的始见年代大约在唐代初期。

④ 吕叔湘先生语,见于他为江蓝生《魏晋南北朝小说词语汇释》所作的“序”。

在口语中取代“目”不会晚于汉末[①]。“眼”字从战国开始出现，到汉末发展成熟，这是符合常用词演变的一般规律的。

魏晋以后，“眼”又有新的发展，主要表现在两个方面：

一是除佛经中继续沿用外，在中土文献中的使用也渐趋普遍，例子难以计数。不仅大量出现在口语色彩较强的小说、民歌等文体中，而且在诗文、史书等高文典册里也常可见到。例如：

(28) 回头四向望，眼中无故人。(《文选·陆云〈答张士然〉诗》李善注引魏文帝诗)

(29) 或斩手足，或凿眼，或镬煮之。(《三国志·魏志·董卓传》，1/176)

(30) 其饶须者则自称于羝根，其眼大者自称李大目。(又《张燕传》注引《典略》，1/262)

(31) 今部曲皆年耆，卧在床席，非糜不食，眼不能视，气息裁属者，凡三十七人。(又《陈思王曹植传》注引《魏略》载植上书，2/575)

(32) 形生有极，嗜欲无限。达鼻耳，闭口眼。(仲长敖《歌》，《晋诗》卷15，中/952)

(33) 欲语口无音，欲视眼无光。(陶渊明《拟挽歌辞三首》之二，又卷17，1013)

(34) 振玉下金阶，拭眼瞩星兰。(《七日夜女郎歌九首》之七，又卷19，1053)

(35) 断析义恭支体，分裂肠胃，挑取眼精，以蜜渍之，以为鬼

① 吴金华先生认为，“眼”在口语里代替“目”，至迟在三国时代。见《佛经译文中的汉魏六朝语词零拾》，《语言研究集刊》第2辑，江苏教育出版社，1988；又收入《古文献研究丛稿》，页41。另可参看汪维辉《〈说苑〉与西汉口语》“目/眼”条，《汉语史研究集刊》第十辑，巴蜀书社，2007。

目粽。(《宋书·江夏王刘义恭传》,6/1651)

(36) 此亦眼不能见其睫耳。(《颜氏家训·涉务》,318)比较:杜子谏楚庄王曰:"臣患王之智如目也,能见百步之外,而不能自见其睫。"(《韩非子·喻老》)

《世说·雅量8》:"〔王夷甫〕在车中照镜,语丞相曰:'汝看我眼光[①]乃出牛背上。'"《高僧传》卷1"康僧会":"〔支亮〕眼多白而睛黄,时人为之语曰:'支郎眼中黄,形躯虽细是智囊。'"又卷2"卑摩罗叉":"叉为人眼青,时人亦号为'青眼律师'。"《宋书·颜竣传》有所谓"鹅眼钱"(7/1963),《魏书》人名有"傅竖眼""杨大眼""骞小眼"等,《水经注》中有"虎眼泉""返眼泉"等泉名,这些都是当时口语的实录。到了南北朝的文人诗里,"眼"的使用频率已明显高于"目"。

二是这一时期"眼"表现出很强的构词能力,这是基本词汇最显著的特征之一。除上面提到的一些组合外,由"眼"构成的词语有:左眼、双眼、眉眼、泪眼、俗人眼、千里眼、醉眼、怒眼、开眼、闭眼、在眼、照眼、卖眼、青眼、白眼、青白眼、心眼、满眼、碧眼、耀眼、触眼、乱眼、举眼、眩眼、懒眼、晃眼、送眼、曼眼、媚眼、明媚眼、清明眼、眼分、眼色、眼境、眼界、眼患、眼疾、眼医、眼明(眼明袋、眼明囊)、眼前、眼笑、眼花、眼中、眼中人、眼学、眼膜、眼语、眼瞤、眼泣、眼光、眼耳、眼角、蟹眼汤、鱼眼汤[②]等等。其中许多是不能用"目"来替换的(如加点的那些),有些与用"目"构成的文言词语语序不同,如眼耳/耳目。《水经注》里还有了"泉眼"这样的词[③]。

以上事实表明,至迟六朝后期"眼"在文学语言中也逐步取代了"目"。不过,此后"目"并未退出文言词汇系统,而是跟"眼"长期并

① 《晋书·王衍传》改为"目光",显系改俗为雅。

② "蟹/鱼眼汤"这类词语常见于《齐民要术》中,用以指水沸的程度。

③ 卷2"河水二",页177。

存；“目”的动词义（用眼睛看/示意）也没有被“眼”所替代。

小结：表示人和动物的视觉器官的词，上古汉语用“目”。战国时出现了“眼”，但西汉以前“眼”和“目”在词义上是有区别的：“眼”多指眼球；东汉以后这种区别不复存在。至迟到汉末“眼”已在口语中替代“目”，六朝后期在文学语言中这种替代也已完成①。但此后“目”并未完全退出文言词汇系统。唐代开始说“眼睛”；现代汉语通常说“眼睛”，有时也单说“眼”②。

2. 涕、泣/泪（淚）③

上古汉语管眼泪叫“涕”，也叫“泣”④，而把鼻涕叫作“洟”或“泗”⑤。

---

① 无独有偶，俄语中也发生过“目→眼睛”的替换，潘允中《汉语词汇史概要》说：“汉语基本词汇这些复杂现象，可以拿 M. C. 古勒车娃的话来解释：‘基本词汇并不是孤立的东西，它也受到语言中许多规律的影响。这些规律有时向完全不同的方向发生作用，可以破坏基本词汇所固有的规律，比方俄语 oko（目）为 глаз（眼睛）代替了，并不等于说 oko 根本不属于基本词汇，从立陶宛语中保存到今天的相当于 oko 的 akis（眼睛），可以得到旁证。’”（原注：参看 M. C. 古勒车娃：《研究语言的基本词汇的任务》，1954 年 2 月号《新建设》有译文摘要。）（上海古籍出版社，1989，页 46）

② 但闽语至今仍只说“目”或“目珠”而不说“眼”；除了闽语，眼睛说“目珠”还通行于一些客方言，但不单说“目”，有的也同时说“眼珠”（如梅县）。参看李如龙主编（2002），页 309。具体分布请参看曹志耘主编《汉语方言地图集·词汇卷》“059 眼睛”地图。可见常用词的新旧更替在各地方言中是不平衡的，就“目/眼”组而言，古老的闽语和一部分客家话直接沿用了上古的词（或以之为词根构成双音词），没有经历中古时期的新旧更替。

③ 参看任学良（1987）“泪”字条（页 151）；王凤阳（1993/2011）“涕 泣 泪 洟 泗”条（页 145）。

④ “泣”本是动词，《说文·水部》：“无声出涕曰泣。”后来引申为兼作名词，指眼泪。

⑤ 《说文·水部》：“洟，鼻液也。”段玉裁注：“古书‘弟’‘夷’二字多相乱，于是谓自鼻出者曰涕，而自目出者别制泪字，皆许不取也。”《易·萃·上六爻辞》：“赍咨涕洟，无咎。”陆德明释文引郑玄注：“自目曰涕，自鼻曰洟。”《诗·陈风·泽陂》：“寤寐无为，涕泗滂沱。”毛传：“自目曰涕，自鼻曰泗。”任学良（1987）云：“我们认为，泪和涕是口语、文言的不同，不会因为文字上容易混而造一个泪词，段氏把文字和语言混为一谈了。至于表泪的文言词‘涕’用作鼻涕，可能是假借字或形近而误。”（页 151）

“泪”在战国时期也已经出现[①],如:

(1) 孤子唫而抆泪兮,放子出而不还。(《楚辞·九章·悲回风》)

(2) 愁思无已,叹息垂泪。(宋玉《高唐赋》,《全上古三代文》卷10,73b)[②]

(3) 和乃抱其璞而哭于楚山之下,三日三夜,泪尽而继之以血。(《韩非子·和氏》)

(4) 高渐离击筑,荆轲和而歌,为变徵之声,士皆垂泪涕泣。(《战国策·燕策三》)

但据目前所知,先秦文献中仅此数例而已。西汉继续沿用,如:

(5) 卫君垂泪而拜其臣民曰:“寇迫矣,士民其勉之!”(《贾谊新书》卷6“春秋”)

(6) 病不见士之视者,死不见士之流泪者。(《韩诗外传》卷1)

(7) 微大为心痹,引背,善泪出。(《灵枢经》卷1“邪气藏府病形第四”,22a)

(8) 目黄泪出。(又卷3“经脉第十”,7a)

(9) 五藏化液:心为汗,肺为涕,肝为泪[③]……(《素问》卷7“宣明五气篇第二十三”,上/367)《素问》中“泪”字多见,不备引。

---

① 王力先生主编的《古代汉语》说:“注意:上古没有‘泪’字,凡‘泪’的意义都说成‘涕’。”(页1095)王力先生在《汉语词汇史》中也说:“上古时期‘泪’叫‘涕’不叫‘泪’。”(《王力文集》第11卷,山东教育出版社,1990,页599)这个说法不够确切。参看任学良(1987),罗正坚《读王力〈汉语词汇史〉札记》,《中国语文》1993年第3期,页235—236。不过罗文把托名蔡琰的《胡笳十八拍》(应为唐人所作)和所谓“汉乐府”《焦仲卿妻》(当是晋朝人所作)都当作上古时期的材料则欠妥。

② 此例承向熹先生惠示,谨此致谢。

③ 《灵枢经》作“肝主泣,肺主涕”(卷12“九针论第七十八”,5b),可资比较。

(10) 左右悲而垂泪兮，涕流离而从横。（司马相如《长门赋》）

(11) 目泪下落，鼻涕长一尺。（王褒《僮约》，《全汉文》卷42，359b）

(12) 故闻其悲声，则莫不怆然累欷，撆涕抆泪。（王褒《洞箫赋》，同上，354b）

(13) 斯乃仰天而叹，垂泪太息曰：……（《史记·李斯列传》，8/2550）

但从总体上说，是以用"涕""泣"为常，"泪"还远不能跟它们相抗衡。从东汉中期开始，"泪"的使用才明显地增多。如：

(14) 观是身有发毛爪齿……大便小便泪汗洟（宋元明三本作"涕"）唾……。（安世高译《七处三观经》，2/878c）

(15) 佛说是语，释提桓因则自泣泪出。（支娄迦谶译《屯真陀罗所问如来三昧经》卷下，15/365c）

(16) 五百弟子，信龙为害，莫不涕泪："可惜尊人，为龙所害。"（昙果共康孟详译《中本起经》卷上，4/150b）按：此例"涕泪"用作动词，意为流泪。

(17) 垂泪抆眼，而作颂曰：……（同上）

(18) 王即堕泪曰：……（同上，154b）

(19) 王闻是语，即复流泪。（又154c）

(20) 众女惊怖，泣泪悔过。（又卷下，158a）

(21) 王即离席，挥（宋元明三本作"流"）泪对曰：……（又160b）

(22) 泪下哽咽，悲不能言。（昙果共竺大力译《修行本起经》[①]卷上，3/464b）

---

① 此经《大正藏》和《中华藏》均题作"竺大力共康孟详译"，此据吕澂《新编汉文大藏经目录》题作"昙果共竺大力译"（编号0816）。下同。

(23) 眼泪鼻涕,涎出相属。(又卷下,466b)

(24) 骞特长跪,泪出舐足,见水不饮,得草不食,鸣啼流涕,徘徊不去。(同上,468a)

(25) 老母寡妻,设虚祭,饮泣泪,想望归魂于沙漠之表,岂不哀哉!(汉章帝刘炟《还北单于南部生口诏》,《全后汉文》卷5,497b)按:"泣泪"同义连文。

(26) 于是孟尝君喟然太息,涕泪承睫而未下。(桓谭《新论·琴道》,又卷15,553a)按:"涕泪"同义连文。

(27) 泪汍澜而雨集兮,气滂浡而云披。(冯衍《显志赋》,又卷20,578b)

(28) 不觉流涕之覆面也。……故便忍悲挥戈,收泪告绝。(臧洪《答陈琳书》,又卷68,846b)

(29) 眼泪鼻涕相追逐。(戴良《失父零丁》,又849a)

(30) 何此声之悲痛兮,怆然泪以潸恻。(蔡邕《瞽师赋》,又卷69,854a)

(31) 常在柩旁,耳闻叔名,目应以泪。……臣问:"乐为吏否?"垂泣求去。(蔡邕《为陈留太守奏上孝子程未事表》,又卷71,863a)按:前用"泪",后用"泣",一新一旧,意思相同。下面的例(34)也是如此。

(32) 闻之者悲伤,见之者陨泪。(祢衡《鹦鹉赋》,又卷87,942b)

(33) 农夫释耒,商人空市,随舆饮泪。(阙名《汉故益州太守北海相景君碑》,又卷98,1000b)

(34) 道阻而且长,远望泪如雨。……绝翰永慷慨,泣下不可止。(阙名《费凤别碑》,又卷103,1029a)

(35) 同胞恻怆,涕泪交零。(阙名《安平相孙根碑》,又卷

104,1034a)

(36) 顾见农夫,泣泪路隅,皆怀凄怆,哀我惠君。(阙名《绥民校尉熊君碑》,又卷105,1040b)

(37) 长吟兮永叹,泪下兮沾衣。(徐淑《答秦嘉诗》,《汉诗》卷6,188)

(38) 当言未及得言,不知泪下一何翩翩。……道逢亲交,泣坐不能起,从乞求与孤买饵。对交啼泣,泪不可止。(《乐府古辞·妇病行》,又卷9,270)

(39) 孤儿泪下如雨。……泪下渫渫,清涕累累。(又《孤儿行》,271)按:"泪"是眼泪,"清涕"是清鼻涕。

(40) 踌躇顾群侣,泪落纵横垂。(又《艳歌何尝行》,272)

(41) 引领还入房,泪下沾裳衣。(《古诗十九首》之十九,又卷12,334)

(42) 出门东向望,泪落沾我衣。(《古诗三首·十五从军征》,336)

(43) 伍子胥膝进,垂泪顿首曰:……(《吴越春秋·阖闾内传第四》)

(44) 心惙惙兮若割,泪泫泫兮双悬。(又《勾践入臣外传第七》)

汉魏时期的翻译佛经已经以用"泪"为主。佛经中"泪"的有些组合是"涕""泣"很少用或根本不用的,如眼泪、目泪、悲泪、堕泪、拭泪、泪出等。"流泪、挥泪、垂泪、泪下"等已经成为佛经中最常见的说法,取代了正统文言的"流涕/泣,挥涕/泣,垂涕/泣,涕/泣下"等;后者虽然还偶见使用,但数量上已远不能跟前者相比。

魏晋以后,"泪"的出现频率激增,且多见于文人诗赋。像下面这样的例子,都足以证明"泪"是当时的口语词:

(45) 望其碑者莫不流涕,杜预因名为堕泪碑。(《晋书·羊祜传》,4/1022)[①]

(46) 又令医术人羊志哭殷氏,志亦呜咽。他日有问志:"卿那得此副急泪?"(《宋书·刘怀慎传》,5/1386)

(47) 故渔者歌曰:巴东三峡巫峡长,猿鸣三声泪沾裳。(《水经注》卷34"江水二",2834)[②]

(48) 顾长康拜桓宣武墓,作诗云:"山崩溟海竭,鱼鸟将何依!"人问之曰:"卿凭重桓乃尔,哭之状其可见乎?"顾曰:"鼻如广莫长风,眼如悬河决溜。"或曰:"声如震雷破山,泪如倾河注海。"(《世说·言语95》)

不过在较早的文人作品中"泪"的出现频率往往还不占上风,如《世说新语》中"泪""涕""泣"的出现次数为5∶14∶2[③]。到六朝后期,这种情况有了根本的改变,如《洛阳伽蓝记》"泪"和"涕"的出现次数是5∶2。"泪"的组合关系有:雨泪,垂泪(2见),拭泪,辞泪俱下。"涕"则为"掩涕"和"流涕",都是承用旧有的成词。两者的差别是很明显的。在南北朝后期的文人诗里,"泪"的数量也已超过了"涕"和"泣",如沈约诗中"泪""涕""泣"的出现次数是8∶2∶0,庾信诗为13∶1∶1。

根据上面事实可以推定:"泪"在口语里取代"涕""泣"不晚于汉末;在文学语言中,到六朝后期"泪"也已占据主导地位。"泪"取代"涕、泣"跟"眼"取代"目"基本上是同步的,两者在更替时间和过程上十分相似。

在"泪"替换"涕、泣"的过程中,这一组词出现了一种很特别的现

---

① 《水经注》卷28"沔水中"作"杜元凯谓之堕泪碑"(2388)。

② 逯钦立题作《巴东三峡歌二首》,见《晋诗》卷18,中/1021。

③ 统计数字据张万起《世说新语词典》。"涕""泣"均只计名词用法,下同。

象:文言中虽有专指鼻涕的“洟”和“泗”,但实际上很少使用。由于“泪”的侵入,原来“涕、泣—洟、泗”相对立的格局被打破,“涕”逐渐由专指眼泪转而兼指鼻涕[①],“洟、泗”被淘汰出这一语义场。经过调整后,成为“泪—涕”相对立的新格局。这一格局后来就一直维持到现代汉语,只不过是把单音词变为双音词罢了:眼泪—鼻涕。这个局面在口语中的形成不晚于西汉。王褒《僮约》:“目泪下落,鼻涕长一尺。”泪、涕分得清清楚楚。但在书面语中,“泪”挤掉“涕”,“涕”专指鼻涕的过程却延续得很长,“涕”“泪”曾经长期并存,同指眼泪[②],形成一种纷繁错综的局面。甚至可以说,在正统文言里,“涕”始终是“泪”的同义语,而很少当“鼻涕”用。或者说,在文言词汇系统中,表示“眼泪”的词有两个:涕,泪。如果加上“泣”,那就是三个[③]。却没有表示鼻涕的专用词,只是在需要的时候才借用“涕”来代指一下[④],如:

(49) 鄗人有得脡酱而美之,及饭,恶与人共食,即小唾其中。共者怒,因涕其酱,遂弃而俱不得食焉。(桓谭《新论·谴非》,《全后汉文》卷14,542a)按:此例用作动词,指

① 蒋绍愚先生(1989)把“涕”由指眼泪变为指鼻涕这样的词义演变现象称作“易位”(页81)。

② 邯郸淳《孝女曹娥碑》:“观者填道,云集路衢。流泪掩涕,惊恸国都。”(《全三国文》卷26,1196b)《高僧传》卷1“帛尸梨密”:“既而挥涕收(《出三藏记集》作‘抆’)泪,神气自若。”(30)“涕”“泪”都同指眼泪,是典型的例子。

③ “泣”主要用作动词,作名词用的数量虽然不及“涕”,但它并未退出文言词汇系统,经常组成“泣泪”“泣涕”“涕泣”这样的同义连文。

④ 在文人作品中,要说到鼻涕的时候看来并不多,远不能跟需要说到“眼泪”的概率相比。但是在医籍中,“涕”“泪”向来分得清清楚楚,如《灵枢经》中眼泪叫“泪”或“泣”,“涕”则专指鼻涕。又如《素问》:“年六十,阴痿,气大衰,九窍不利,下虚上实,涕泣俱出矣。”(卷2“阴阳应象大论篇第五”,上/95)“涕”指鼻涕,“泣”指眼泪,故云“俱出”。因为那是作为医学术语来用的,不能含糊。参看《素问》卷24“解精微论篇第八十一”,页513—516。医书中所谓“清涕”“浊涕”“青黄涕”等,都是指鼻涕。

“擤鼻涕”。

为了避免误解,往往还需要特别加上“鼻”字,如:

(50) 鼻涕目泪,口中流涎。(支谦译《太子瑞应本起经》卷上,3/475b)

(51) 从鼻中涕(三本作“洟”)出,从口涎唾出。(三国失译《杂阿含经》,2/495c)

(52) 刘道真年十五六,在门前弄尘,垂鼻涕至胸。(《御览》卷38引《语林》,1/178b;《钩沉》138)

绝大部分情况下“涕”仍是指眼泪。于是就有了这样的怪现象:“涕泪”大部分是同义连文,指眼泪;有时则是两个并列的成分,分指鼻涕和眼泪。有的时候则很难分清究竟是属于前者还是后者,也许使用的人本身就是含糊其辞、未予细分的。所以说,文人作品中“涕”“泪”经常并用[①],并不是实际口语的反映,而是文学语言中新旧成分同时并存的一种现象。我们注意到,“涕”“泪”混用的情况在佛经中不多,但在康僧会所译的《六度集经》等务求典雅的经中,却常常混用,这正反映了当时文学语言的特点。文人作品用“涕”用“泪”也因人而异,有意求雅的作家往往还是多用“涕”,如阮籍、嵇康等。陆机诗中“涕”“泪”出现频率大致相等。

这个例子给我们以如下启示:看来汉语自古以来就存在着“文言词汇”和“口语词汇”这样两个既有联系又有区别的词汇系统[②],在很

① 有时在同一段文章或一首诗的上下句里,忽而用“泪”,忽而用“涕”,而同指眼泪。

② 梅维恒(Victor H. Mair)说:“我相信文言和白话实际上属于完全不同的语言范畴,前者是一种远离言语的半密码,后者跟活的汉语的口头形式具有紧密的一致。”又说:“语言资料表明,文言和白话从它们能被追溯到的时代起,一直就是两个有区别的系统。”见 Victor H. Mair, “Buddhism and the Rise of the Written Vernacular in East Asia: The Making of National Languages”(佛教与书面白话在东亚的兴起:民族语言的形成), *The Journal of Asian Studies* 53, no. 3(August 1994), p. 708。

多情况下,两者各自使用不同的词语来表示同一个概念。当然也有同用一个词语的,因为毕竟都是汉语。而口语词汇进入文学语言有一个"挤入→并存→取代"的过程。由于文言词汇系统有着很强的保守性,这一过程的完成并不容易,在中古时期的书面语言中,往往只到"并存"这一环节就终止了,能够实现"取代"的不多。仔细研究这三个环节,揭示其中的规律,应该是今后汉语词汇史研究中一个有意思的课题。

小结:"泪"取代"涕、泣"的时间和过程跟"眼"取代"目"十分相似:"泪"也是始见于战国,不晚于汉末在口语中取代了"涕、泣",六朝后期在文学语言中也已占据主导地位。"泪"取代"涕"以后,"涕"并未退出文言词汇系统,而是作为"泪"的同义词与"泪"长期并存,当"鼻涕"用的时候反而很少。这是古汉语口语词汇进入文言词汇系统后所产生的一种独特的语言现象。

3. 足/脚[①]

王力先生指出:"《说文》:'脚,胫也';《释名》:'脚,却也,以其坐时却在后也'。可见'脚'的本义是小腿。……但是,到了中古,'脚'在基本词汇中已经代替了'足',这里有一个典型的例子:'潜无履,王弘顾左右为之造履。左右请履度,潜便于坐伸脚令度焉。'(晋书·陶潜传)"[②]其实王力先生所举的这个例子并不很典型,"伸脚"也可以理解成"伸腿",今天吴方言大部分地区仍管腿叫脚,如宁波话让人把

① 参看洪诚(1984)页101;王凤阳(1993/2011)"股 髀 胫 腓 脚 足 腿"条(页138);黄金贵(1995/2016)"107. 趾(止)·足·脚(腳)"条(页366—367)。江蓝生(1988)也曾论及"脚"的词义变化(页98—99)。

② 《汉语史稿》下册,页500。

腿伸直就说“脚伸直”，人死了可以说成“脚一伸去了”。而且从当时的语言习惯来看，此例“伸脚”的“脚”解释成“腿”也许更符合原意（详下）。不过，“脚”有“足”义的始见时代，后来经过学者们的考订，已经把它提前到了三国①。

我们考察了汉魏六朝时期的文献用例，发现“脚”取代“足”的过程相当复杂，现有的看法有必要修正。

从东汉开始，“脚”在文献中的出现日趋增多②，这里酌引部分用例：

（1）高脚疾步，受肩善趋。日走千里，贾市有得。（《易林》卷9“晋之泰”）比较：大足长股，利出行道。（又卷12“困之豫”）

（2）问曰：“阳病十八，何谓也？”师曰：“头痛，项腰脊臂脚掣痛。”（《金匮要略论》卷1“脏腑经络先后病脉证”，11a）

---

① 参看董志翘《“脚”有“足”义始于何时？》，《中国语文》1985年第5期；吴金华《“脚”有“足”义始于汉末》，《中国语文》1986年第4期（又收入《古文献研究丛稿》，页59—60）。吴文所举后汉康孟详译《兴起行经》实际译者和时代均不详（参看吕澂《新编汉文大藏经目录》，页68），因此只能根据他所引的《汉书》如淳注及旧题三国支谦译《撰集百缘经》2例，把始见书证的时代暂时定在三国。又参看吴金华《佛经译文中的汉魏六朝语词零拾》“脚”字条，《语言研究集刊》第2辑，江苏教育出版社，1988；又收入《古文献研究丛稿》，页42。杨琳《词例求义法新论——兼谈相因生义说的问题》则认为“‘脚’在具体语境中特指足的出现时代跟小腿义的产生时代同样悠久”（《南开语言学刊》2009年第2期，页127），可以参看。

② 在早期医籍《灵枢经》中有一些“脚”的用例，究竟是指哪一部分不易断定，姑且引在这里以供进一步研究：项、背、腰、尻、腘、踹、脚皆痛。（卷3“经脉第十”，7a）其病，足中指、支胫转筋，脚跳坚，伏兔转筋。（卷4“经脉第十三”，3a）邪在肝，则两胁中痛，寒中，恶血在内，行善掣节，时脚肿。（卷5“五邪第二十”，1a）《素问》中也有这样的例子：脾病者，身重、善肌、肉痿，足不收，行善瘈，脚下痛。（卷7“藏气法时论篇第二十二”，354）“脚下痛”又见《素问》卷20“气交变大论篇第六十九”（下/231，242）。肾雍，脚下至少腹满，胫有大小，髀骭大跛，易偏枯。（卷13“大奇论篇第四十八”，上/677）伏菟上各二行行五者，此肾之街也，三阴之所交结于脚也。（卷16“水热穴论篇第六十一”，100）

(3) 乌头汤方，亦治脚气疼痛不可屈伸。（又卷5“中风历节”，49b）

(4) 坐而下一脚者，腰痛也。（《伤寒论》卷1“平脉法”，213b）

(5) 其索手脚者，欢喜与之；其欲取头者，其心倍悦。（支娄迦谶译《阿阇世王经》卷上，15/390b）

(6) 骨节处处分解，散在异处：脚骨在一处，膊骨、髀骨、腰骨、脊骨、肩骨、项骨、髑髅骨，各在一处。（东汉失译《苦阴经》，1/848a）

(7) 身体殊大，臂脚盘（宋元明三本作“蟠”）结。（又《大方便佛报恩经》卷2，3/136a）

(8) 父母寻时杻械恶友手脚。……尔时恶友手脚杻械，颈项枷锁。（又卷4，146c）比较：若有施诸比丘衣被饮食者，当断汝手足。（同上，147b）

(9) 游行阿鼻狱，刀轮为脚足。（又《受十善戒经》，24/1028a）

(10) 何谓五种天？第一曲脚天，第二顶上天，……（又《分别功德论》卷1，25/31b）

(11) 母即抱儿脚不放。（又卷3，25/39b）

(12) 前有燥地，目视而两脚不随。（马第伯《封禅仪记》，《全后汉文》卷29，633a）

(13) 便斗，或伤头，或截头；或伤臂，或截臂；或伤脚，或截脚。（支谦译《释摩男经》，1/848c）按：“脚”跟“臂”或“手”相对，可见是指整条腿。

(14) 更相荷枕，臂脚垂地。（支谦译《太子瑞应本起经》卷上，3/475b）

(15) 时婆罗门发脚未远，即作是念：……（旧题支谦译《菩萨

本缘经》[①]卷中,3/60a)

(16) 俱柱杖翘一脚,向宫门立。……稽首接足,慰劳之曰:"所由来乎?苦体如何?欲所求索,以一脚住乎?"(康僧会译《六度集经》卷2,3/8a)

(17) 王怒,拔剑截其右臂,……又截其左手,一问一截,截其脚,截其耳,截其鼻,血若流泉,其痛无量。(又卷5,25b)按:"臂""手""脚"都应该指整条手臂和整条腿。

(18) 展言愿复一交,余知其欲突以取交中也,因伪深进,展果寻前,余却脚鄛,正截其颡,坐中惊视。(《三国志·魏志·文帝纪》注引曹丕《典论·自叙》,1/90)

(19) 馥走上楼,收得馥大儿,槌折两脚。(又《袁绍传》注引《英雄记》,1/193)

(20) 谧望见王,交脚卧不起。(又《曹爽传》注引《魏略》,1/289)

(21) 逵怒,收之,数以罪,挝折脚。(又《贾逵传》,2/481)

(22) 有人病两脚躄不能行,轝诣佗。(又《华佗传》注引《佗别传》,3/802)

(23) 左脚膝里上[②]有疮,痒而不痛。(又803)

① 近年来有些学者提出《菩萨本缘经》并非支谦所译,翻译年代可能在西晋之后。参看:颜洽茂、熊娟《〈菩萨本缘经〉撰集者和译者之考辨》(《浙江大学学报》2010年第5期);陈祥明《从语言角度看〈菩萨本缘经〉的译者及翻译年代》(《长江学术》2010年第2期);王毅力《从语言角度看〈菩萨本缘经〉之译者译年》(《五邑大学学报》2011年第2期)等。为慎重起见,本书引用此经均题作"旧题支谦译"。

② 《搜神记》无"上"字。

(24) 君欲堕车折脚，宜戒慎之。……祭祀既讫，则刍狗为车所轹，故中梦当堕车折脚也。(同上《周宣传》，3/811)

(25) 兄弟躄来三十余载，脚如棘子，不可复治。(又《管辂传》注引《辂别传》，3/813)

(26) 一男持弓箭，头在壁内，脚在壁外。(又 814)

(27) 跪拜申一脚。(又《乌丸鲜卑东夷传》，844)

从上述引例中不难看出，"脚"在汉魏时期除一部分仍用作原义指"小腿"外，最常见的用法是统指下肢。所谓"挝(槌)折脚""曲脚"等，都应该是就整条腿而言。关于人腿部的病痛，东汉魏晋南北朝几乎都用"脚"而很少用"足"，如跛脚、损脚、患脚、脚患、脚跛、脚疾、脚弱、脚痛、脚酸、脚挛、脚风挛、脚气、脚上气、脚无力、脚偏小等，这些"脚"字都是统指整条腿或腿上的某一部位，而不是专指脚掌。这一点在以下几个例子中看得很清楚：

(28) 姜维之出，时论以嶷初还，股疾不能在行中，由是嶷自乞肆力中原，致身敌庭。(《三国志·蜀志·张嶷传》注引《益部耆旧传》，4/1055)按：所谓"股疾"，和"脚疾"应是同义语。

(29) 修之后坠车折脚，辞尚书，领崇宪太仆，仍加特进、金紫光禄大夫。以脚疾不堪独行，特给扶侍。(《宋书·朱修之传》，7/1971)比较：高祖还彭城，与共登城，泰有足疾，特命乘舆。(《宋书·范泰传》，6/1616)[①]

(30) 后以脚疾，遂废于里巷。……又以其蹇疾，与诸镇书：……(《晋书·习凿齿传》，7/2154)按：可见"脚疾"

① 《宋书》"脚疾"有 11 例，而"足疾"仅此一例。

即指瘸腿,“脚”是整条腿。

这一时期“脚”的出现频率很高,对象广泛。在用于动物和器具时,“脚”基本上都是指整条腿[①],如:

(31) 黑脚,犈。(《尔雅·释畜〔牛属〕》)

(32) 毕方鸟在其东,青水西。其为鸟,人面,一脚。(《山海经·海外南经》)

(33) 飞鸟铩羽,走兽废脚。(《淮南子·俶真》,又《览冥》)

(34) 捧兔辚鹿,射麋脚麟。(《史记·司马相如列传》载其《子虚赋》,9/3003)《集解》引郭璞曰:“脚,掎足。”《索隐》:“脚麟,韦昭云‘谓持其一脚也’。司马彪曰‘脚,掎也’。《说文》云‘掎,偏引一脚也’。”按:《子虚赋》原文的“脚”是用作动词。

(35) 三态者便举前两脚掣车走。(支谦译《马有八态譬人经》,2/507a)

(36) 云何畜生?无脚、两脚、四脚、脚多。(又《阿毗昙甘露味论》卷上,28/966c)

(37) 比丘挽索,羂其手得(三本作“节”),系著床脚。(旧题支

---

① “脚”指动物腿的用法战国已有:马前不得进,后不得退,遂避而逸。因下抽刀而刎其脚。(《韩非子·外储说右下》)东汉佛经中常说到“象脚”。指器物的“脚”则似乎是魏晋时期产生的新用法,最常见的是“床脚”,还有“车脚”“鼎脚”“楼脚”“箭脚”等。《齐民要术》中还有了“雨脚”(指密集落地的雨点)“山脚”等说法:截雨脚即种者,地湿,麻生瘦。(卷2“种麻第八”,118)种欲截雨脚。(又“胡麻第十三”,149)汉道士从外国来,将子于山西脚下种,极高大。(卷10“五谷、果蓏、菜茹非中国物产者·盘多一一四”,848)盆中浸小麦,即倾去水,日曝之。一日一度着水,即去之。脚生,布麦于席上,厚二寸许。(卷8“黄衣、黄蒸及糵第六十八”,532)缪启愉校释:“脚生:指小麦种子萌发时最初长出的幼根。”说明这一时期“脚”字由于使用频繁而产生了许多新用法。

谦译《撰集百缘经》[1]卷 3,4/216c)

(38) 犬之有韩卢,马之有骐骥,犹人之有圣也。名号等设,骐骥与韩卢并是,宁能头尾相当,八脚如一,无有先后之觉矣。(孔融《圣人优劣论》,《全后汉文》卷 83,923b)

(39) 天方明,河欲清;鼎折脚,金乃生。(黄武中产儿语,《魏诗》卷 12,541)

(40) 因取大刀断犬腹近后脚之前,以所断之处向疮口。(《三国志·魏志·华佗传》,3/803)

(41) 木牛者,方腹曲头,一脚四足,……曲者为牛头,双者为牛脚,横者为牛领,转者为牛足,……前脚孔分墨二寸,……前杠孔去前脚孔分墨二寸七分,……后脚孔……后脚孔……。前后四脚,广二寸,厚一寸五分。……孔径中三脚杠,长二尺一寸,……(《三国志·蜀志·诸葛亮传》注引《诸葛亮集》载其作木牛流马法,4/928)按:由此例可见"脚"和"足"的区别:"脚"指整条腿,"足"才是脚掌。

(42) 太原人夜失火,出物,欲出铜鎗,误出熨斗,便大惊惋,语其儿曰:"异事!火未至,鎗已被烧失脚。"(《类聚》卷 73

---

① 此经是否为支谦所译,学者们有不同看法。参看季琴《三国支谦译经词汇研究》第五章《〈撰集百缘经〉的作者及成书年代考辨》(浙江大学 2004 年博士学位论文)。辛岛静志《〈撰集百缘经〉的译出年代考证——出本充代博士的研究简介》(《汉语史学报》第六辑)指出:"日本的佛教学专家早已认为,这部经典的译出应该在五世纪以后。最近,出本充代博士详细地考证了,在六世纪初,它还没出现或者还没有为一般人所知。"陈祥明《从语言角度看〈撰集百缘经〉的译者及翻译年代》(《语言研究》2009 年第 1 期)认为:"《撰集百缘经》与十八部支谦译经的语法和词汇特色各异。它们可以证明《撰集百缘经》非是支谦所译,该经的翻译年代不早于西晋,很可能是两晋之际或东晋以降的译作。"季琴《从语法角度看〈撰集百缘经〉的译者及成书年代》(《语言研究》2009 年第 1 期)也认为:"从语法的角度看,《撰集百缘经》的译者确实不是支谦,其成书年代可能晚于三国"。另可参看季琴《从词汇角度看〈撰集百缘经〉的译者及成书年代》(《宗教学研究》2006 年第 4 期)等。为慎重起见,本书引用此经均题作"旧题支谦译"。

引《笑林》,1/1255;《钩沉》185)

(43) 宋武手答云:"床不须局脚,直脚自足。钉不烦银渡,铁钉而已。"(《续谈助》卷4引《小说》,77—78;《钩沉》211)

(44) 井旁局脚食床,容一人坐。(同上,80;《钩沉》216)

(45) 有蟹焉,筐大如笠,脚长三尺。(《御览》卷942引《述异记》,4/4186a;《钩沉》282)

(46) 取蜘蛛,生断去脚,吞之即愈。(《御览》卷743等引《幽明录》,4/3296a;《钩沉》385)

(47) 后晓去,女衣裙开,见龟尾及龟脚。(《广记》卷469引《续异记》,3865;《钩沉》519)

(48) 马溺溅鳖,缩头藏脚。(《御览》卷932引《志怪》,4/4143b;《钩沉》536)

(49) 牛筋狗骨之木,鸡头鸭脚之草。(《洛阳伽蓝记》卷1"瑶光寺",46)

只有个别例子看来是指脚掌,但笼统地看作下肢也未尝不可:

(50) 马脚触尘,皆成金沙。(昙果共竺大力译《修行本起经》卷上,3/463a)

(51) 骞特自念言:"今当足蹹(元本、三本作'踏')地,感动中外人。"四神接举足,令脚不著地。(又卷下,468a)

(52) 时流离王即以酒饮五百黑象,极令奔醉,脚著铁甲,鼻系利剑。即声恶鼓,放诸群象,踏诸释子。(东汉失译《大方便佛报恩经》卷5,3/151c)

(53) 牛脚比丘者,……此比丘脚似牛甲。(又《分别功德论》卷4,25/40c)

(54) 时有一大龟,以脚蹹船,船破没海。(慧觉等译《贤愚经》卷4,4/378b)

随着时间的推移,“脚”专指脚掌的例子有缓慢增多的趋势;但一直到隋末,“脚”主要用以统指下肢的局面并无明显改变。例如:

(55) 庾玉台常因人,脚短三寸,当复能作贼否?(《世说·贤媛22》)[①]比较:长股之国在雄常北,被发。一曰长脚。(《山海经·海外西经》)

(56) 脚不支身,喘不绪气。(《南齐书·虞玩之传》载其上表,2/610)

(57) 崇乃伤腰,融至损脚。时人为之语曰:“陈留、章武,伤腰折股。贪人败类,秽我明主。”(《魏书·宣武灵皇后胡氏传》,2/339)按:“脚”等于“股”。

(58) 昔荷圣王眄识,今又蒙旌贲,甚愿诣阙谢恩;但比腰脚大恶,此心不遂耳。(《梁书·何胤传》载胤语,3/738)

也就是说,在整个东汉魏晋南北朝时期,至少90%以上的“脚”是指整条腿或小腿,真正可以确认是指脚掌的“脚”字相对数量不多[②]。不妨把我们所收集到的一般认为确指脚掌的例子全都列在这里[③]:

---

① 《世说新语辞典》释此“脚”字为“小腿”(页212),《世说新语词典》“脚”字条未出此例,但从各义项下所注的次数可以看出,是把此例归入“脚丫子”义下的(页443)。恐怕都欠确当。“脚短三寸”是说整条腿比别人短三寸,未必是“小腿”短三寸,更不应该是“脚丫子”短三寸。比较:周张元一腹粗而脚短,项缩而眼跌,吉项目为“逆流虾蟆”。(《广记》卷254“吉项”条引《朝野佥载》,1979)又,《世说·品藻67》:“嵇公勤着脚,裁可得去耳。”上引两本词典都释此“脚”字为“脚丫子”,也可商。“勤着脚”犹今言“腿上使劲儿”,“脚”正是指整条腿,而不单是脚丫子。徐震堮《世说新语校笺》云:“〔嵇公二句〕《高僧传》作‘嵇努力裁得去耳’。‘努力’正是‘勤着脚’注脚。”

② 黄金贵(1995/2016)谓脚“大量用为今义(引者按,即指脚掌),是在唐代,多用于语体作品”(页367),这是对的。《汉书·贾谊传》颜师古注:“足下曰跖,今所呼脚掌是也。”可见唐代口语中像“脚掌”这样的词也产生了。《大词典》“脚掌”条未举例,可补。

③ 其中有些例子董志翘(1985)和吴金华(1986、1988)已引。但董文所引《山海经》郭璞注多例,有的是否指脚掌尚难断言,此处从略。

(59) 右一味,以浆水一斗五升煎三五沸,浸脚,良。(《金匮要略论》卷5“中风历节”,49b)①

(60) 材官之多力,能脚踏强弩张之,故曰蹶张。(《汉书·申屠嘉传》注引“如淳曰”,7/2100)

(61) 六者,地有热沙,走行其上烂人脚。……六者热沙剥(三本作“濼”)烂其脚。(东汉失译《杂譬喻经》卷下,4/510a)

(62) 时此化王得彼书已,蹋著脚底,告使者言:……(旧题支谦译《撰集百缘经》卷9,4/248a)

(63) 稽首作礼,取水洗脚。(西晋竺法护译《普曜经》卷7)

(64) 宝屐堕水,一只著脚,便自取去。(又《生经·佛说五仙人经》)

(65) 手则挈网,脚则顿机。(西晋安法钦译《阿育王传》卷1)

(66) 吾额上无生骨,眼中无守精,鼻无梁柱,脚无天根,背无三甲,腹无三壬,此皆不寿之验。(《三国志·魏志·管辂传》,3/826)按:“天根”指脚后跟。

(67) 其人行,脚跟不著地也。(《山海经·海外北经》“〔跂踵国〕其为人大,两足亦大”郭璞注,289)

(68) 柔利国在一目东,为人一手一足,反膝,曲足居上。(《山海经·海外北经》,279)郭璞注:一脚一手反卷曲也。

(69) 足,脚。(《尔雅·释言》“趾,足也”郭璞注)

(70) 救卒死而壮热者,矾石半斤,水一斗半,煮消以渍脚,令没踝。(《肘后备急方》卷1“救卒中恶死方第一”,369a)

---

① 此“脚”似当指脚掌。如此则“脚”字今义的产生时间可再上推到东汉。

(71) 此塔前有佛脚迹[①]，起精舍，户北向塔。（《法显传·摩竭提国巴连弗邑》，104）

(72) 见池水边有一人，长壮、黑色、发黄、眼青，以脚钩兼鱼[②]，口呼禽兽，禽兽来便射杀，无得脱者。（又《伽耶城、贝多树下》，123）

(73) 今人形小，缘梯上，正得至昔人一脚所蹑处。（又《达嚫国》，138）

(74) 若如是不得，当求脚迹。（东晋佛陀跋陀罗共法显译《摩诃僧祇律》卷13）

(75) 或濯脚于稠众，或溲便于人前。（《抱朴子·外篇·刺骄》）

(76) 羲之脚不践地，十五年无由奉展。（王羲之《杂帖》，《全晋文》卷24，1597b）

(77) 羊了不眄，唯委脚几上，咏瞩自若。（《世说·雅量42》）

(78) 长者唾时，左右侍人以脚蹋却。……于是长者正欲咳唾时，此愚人即便举脚蹋长者口，破唇折齿。……以是之故，唾欲出口，举脚先蹋，望得汝意。（求那毗地译《百喻经》卷3"蹋长者口喻"，4/551b）

(79) 高祖奋怒，命左右录来，欲斩之。藩不受命，顾曰："藩宁前死耳！"以刀头穿岸，劣容脚指，于是径上，随之者稍多。（《宋书·胡藩传》，5/1444）

(80) 复值寒雪，士卒离散，永脚指断落，仅以身免。（《宋书·张茂度传附张永传》，5/1514）

---

① 章巽校注：丽本作"佛迹"。《水经·河水注》各本引文亦作"佛迹"。（109）

② 章巽校注：东本、开本、镰本、丽本作"以脚钩鱼"。（130）

(81) 小雪,晷长一丈一尺八分。当至不至,来年蚕麦不成,多病脚腕痛。(《后汉书·律历志下》"大雪"梁刘昭注,11/3080)

(82) 迦叶又言:"汝与佛叠僧伽梨衣,以足蹈上。是汝之罪!"阿难言:"尔时大风卒起,无人助我,风吹来堕我脚下,非不恭敬故蹈佛衣。"(《出三藏记集》卷1引《大智度论》,7)

(83) 王后为跋摩立精舍,躬自引材,伤王脚指。(《高僧传》卷3"求那跋摩",106)

(84) 乃自起以左脚蹑室西石壁,壁陷没指,既拔足,水从中出。(又卷10"诃罗竭",380)

(85) 俄而有人从郫县来,过进云:"昨见硕公在市中,一脚著履,漫语云:'小子无宜适,失我履一只。'"进惊而检问沙弥,沙弥答云:"近送尸出时怖惧,右脚一履不得好系,遂失之。"(又"邵硕",389)

(86) 乃觉脚下如有一物自敲,复见赤光在前,乘光至岸。(又卷12"道冏",462)

(87) 赞者曰"履着脚",竖亦曰"履着脚"也。(《御览》卷499引《笑林》,3/2281b;《钩沉》182)

(88) 因仰头视屋,俯指帝脚,忽然不见。……仰头看屋,而复俯指陛下脚者,脚(据《御览》卷1引补),足也,愿陛下宫室足于此也。(《广记》卷118等引《幽明录》,822—823;又见《祖台之志怪》;《钩沉》321)

(89) 左右巧者潜以脚画神形,神怒曰:"速去!"(《殷芸小说》卷1)

(90) 乃入海四十里,见海神,左右莫动手,工人潜以脚画其状。神怒曰："帝负约，速去！"始皇转马还，前脚犹立，后脚随崩，仅得登岸。（《水经注》卷14"濡水"引《三齐略记》，1264）

(91) 便投水就之，体既浮涌，脚似履地。（《广记》卷110等引《冥祥记》，752；《钩沉》600）

(92) 于夜梦一沙门以脚蹈之[①]，曰："咄咄，可起！"（《珠林》卷17引《冥祥记》，53/410c；《钩沉》614）

(93) 袜，脚衣。（《玉篇·衣部》）[②]

(94)《十咏二首·脚下履》（沈约诗题，《梁诗》卷7，1653）

(95) 脚著花文履，耳穿明月珠。（高允《罗敷行》，《北魏诗》卷1，2201）

(96) 头去项，脚根齐。驱上树，不须梯。（《魏书·尔朱彦伯传》载洛中谣，5/1666）

(97) 火笼恒暖脚，行障镇床头。（阴铿《秋闺愁诗》，《陈诗》卷1，2457）

(98) 河神巨灵，以手擘开其上，以足蹈离其下，中分为两，以利河流。今观手迹于华岳上，脚迹在首阳山下，至今犹存。（《搜神记》卷13，320/159[③]）

(99) 发棺视之，女体已生肉，姿颜如故，右脚有履，左脚无也。（《搜神后记》卷4，46/27）

(100) 至河，无舟楫，后乃负帝以济河，河流迅急，惟觉脚下如有乘践，则神物之助焉。（《拾遗记》卷6"后汉"，148）

---

① 《广记》卷110作"以足蹑之"（757）。

② 《集韵·月韵》"韈"字下云："《说文》：'足衣也。'"

③ 本书引《搜神记》、《搜神后记》、《西京杂记》、殷芸《小说》诸书，依原书标明条次（斜杠前的数字）和页码（斜杠后的数字）。

(101) 县中一鬼,长三丈余,跂上屋,犹垂脚至地。(《广记》卷319引《幽明录》,2526;《钩沉》394)

(102) 会稽人吴详,见一女子溪边洗脚,呼详共宿。(《御览》卷716引《志怪》,3/3176a;《钩沉》535)

(103) 尔夜岸[①]下大暗,纯是刺棘,不得下脚。(《系观世音应验记》59,《应验记》56)

(104) 古语云:华岳本一山当河,河水过而曲行,河神巨灵,手盪脚蹋,开而为两,今手足之迹仍存。(《水经注》卷4"河水四",312)

(105) 忖留乃出首,班于是以脚画地,忖留觉之,便还没水。(又卷19"渭水下",1581)

(106) 此像每夜行绕其坐,四面脚迹,隐地成文。(《洛阳伽蓝记》卷4"永明寺",238)

(107) 凡瓜所以早烂者,皆由脚蹑及摘时不慎,翻动其蔓故也。(《齐民要术》卷2"种瓜第十四",157)

(108) 先燥晒,欲种时,布子于坚地,一升子与一掬湿土和之,以脚蹉令破作两段。(又卷3"种胡荽第二十四",207)

(109) 于木槽中下水,脚踏十遍。(又卷5"种红蓝花、栀子第五十二",371)

(110) 以手痛挼乳核令破,以脚二七遍蹴乳房,然后解放。羊产三日,直以手挼核令破,不以脚蹴。(又卷6"养羊第五十七",431)

(111) 内豆于窖中,使一人在窖中以脚蹑豆,令坚实。(又卷8"作豉法第七十二",562)

---

① 董志翘先生《〈观世音应验记三种〉译注》据《续高僧传》改作"崖"。(页180、182)

(112) 于木槽内,以汤淘,脚踏。(又卷9"飧、饭第八十六",648)[①]

(113) 辉推主堕床,手脚殴蹈,主遂伤胎。(《魏书·刘昶传》,4/1312)

(114) 潜赴江畔,蹑屩徒步,脚无全皮。(又《萧宝夤传》,1313)

(115) 佛即出脚,普示众会,一切见佛足底轮相,端严昞著,文理如画,分别显了,观之无厌。(慧觉等译《贤愚经》卷2,4/363c)

(116) 时婆罗门嫌王头臭,即便掷地,脚蹋而去。(又卷6,390a)[②]

这一时期"脚"和"足"是一种什么关系呢?随着"脚"的大量使用,"足"的出现频率明显降低,这说明一部分"足"被"脚"替代了。"足"除了指脚掌外,也可以用来统指下肢[③],比如:

(117) 留赞字正明,会稽长山人。少为郡吏,与黄巾贼帅吴桓战,手斩得桓。赞一足被创,遂屈不伸。……因呼诸近亲谓曰:"……而我屈躄在闾巷之间,存亡无以异。今欲割引吾足,幸不死而足申,几复见用;死则已矣。"亲

---

① 《齐民要术》中"足"大大多于"脚"。"脚"除用于雨、麦芽、牛马、山等外,用于人时只有1处是指"小腿":大如靴雍,小如人脚蹲肠。(卷9"作脺、奥、糟、苞第八十一",630)余下的6例(见上引)都是指脚掌。这一现象值得注意。"脚"从指"小腿"转移到专指"脚掌"可能正是发生在北方方言中,在贾思勰的口语里这种转变已较明显。

② 上引例子中的"脚",从上下文看都应该是指脚掌。不过李宗江先生认为,上引这些"确指脚掌"的例子"不是很可靠,这些例顶多能算是在从'小腿'到'脚掌'过渡中的现象,所指比较模糊。我认为要证明'脚'确有'脚掌'义最有说服力的例子是'脚'与'胫'或'腿'出现在相区别的上下文中"(1997年9月13日致笔者信)。这个看法很有道理。

③ "足"可以泛称下肢,黄金贵(1995/2016)有详细论证(页366—367),可参看。

戚皆难之。有顷,赞乃以刀自割其筋,血流滂沱,气绝良久。家人惊怖,亦以既尔,遂引申其足。足申创愈,以得蹉步。(《三国志·吴志·孙峻传》注引《吴书》,5/1445)按:这个"足"就是指腿而不是脚掌。

(118) 夜四更中,惠遥唤向暂来。往视,祥仰眠,交手胸上,足脡(軑鼎切)直,云:"可解我手足绳。"曰:"上并无绳也。"祥因得转动,云:"向有人众,以我手足,鞭捶交下,问'何故啮虱?'……"(《御览》卷951引《宣验记》,4/4223a;《钩沉》549)按:此例中的诸"足"字也是指整条腿。

指动物的四肢和器物的脚时,既可用"足",也可用"脚",虽有文白之别,但指的都是整条腿,如:

(119) 有兽焉,其状如鹿而白尾,马足(一作"脚")人手而四角。(《山海经·西山经》)按:"足""脚"异文。

(120) 四人各捉马一足,倏然便到河上。……遂复捉马脚涉河而渡。(《广记》卷320引《续搜神记》,2536)按:"足""脚"同义。

这一时期"脚"所替代的除了少部分指脚掌的"足"外,主要就是统指下肢的那部分"足"。在特指脚掌时,往往仍用"足",如:

(121) 叔谓胡曰:"汝既已知善之可修,何宜在家?白足阿练,戒行精高,可师事也。"长安道人足白,故时人谓为"白足阿练"也。(《珠林》卷6引《冥报记》,53/315a;《钩沉》630)按:这是时人给长安道人取的绰号,应该是用的当时口语。

(122) 逊下床送之,始蹑履而还暗,见炳脚间有光,可尺许,亦得照其两足,余地犹皆暗云。(《广记》卷326引《冥祥记》，2585；《钩沉》638）按：此例上用"脚"，下用"足"，意义上似有所区别：前者指腿（主要当是小腿），后者指脚掌。

《说文·肉部》："脚，胫也。"这一义项虽然在先秦文献中能得到证明[①]，但也并不是绝对的，如"膑脚"的"脚"就是指膝盖骨而不是小腿[②]。因此从先秦起"脚"可能就存在着一种混指的倾向。到了汉魏时期，"脚"就不再限于专指小腿，而可以泛指整条腿了。王力先生曾以《说文》的说解和《释名》"脚，却也，以其坐时却在后也"为据，认为"'脚'的本义是小腿"[③]，可是在《释名》中还有这样的例子：

(123) 两脚进曰行。行，抗也，抗足而前也。（《释姿容》）

(124) 超，卓也，举脚有所卓越也。（同上）

(125) 骑，支也，两脚枝别也。（同上）

(126) 裈，贯也，贯两脚上系要中也。（《释衣服》）

可见在刘熙的语言里，"脚"已经可以统指下肢了[④]。这一义项在魏晋南北朝被广泛地使用，使"脚"跟"足"在指下肢这一点上成为同义词。可能正是由于"脚"和"足"的这种部分同义关系，加上有时候并不需要那么清楚地区分腿和脚掌[⑤]，使得人们容易含混地认为"脚"

---

① 参看王力上引书。"脚"和"胫"应该存在音转关系，是一对同源词。

② 王凤阳先生（1993/2011）云："'膑脚'就是剔去膝盖骨，使小腿无法活动。"（页138）这也是一种解释。

③ 参看王力上引书。

④ 《释名》中"脚"指下肢（有时也指小腿），"足"指脚掌，分得很清楚。

⑤ 这种现象在指人或动物肢体的一类词中是普遍存在的，如"手"既可指手掌，也可指整条手臂。在人体部位和肢体名称中，常有用上位词指称下位词的现象，即可用表全体（总称）的词来指部分，如"眼"既可指整个"眼睛"，也可指"眼球"，"头痛"不一定是整个头部都痛，等等。参看蒋绍愚先生（1989）对"肱"的分析（页121）。

就是“足”的同义词,于是在一部分方言里,“脚”就成了“足”的等义词并取而代之。现代方言“脚”的词义基本上以长江为界,长江以北“脚”专指脚掌,长江以南“脚”统指下肢(包括腿和脚)[①],后者跟汉魏六朝时期“脚”的用法是完全一致的[②]。据此我们推测,“脚”取代“足”可能经历了两个阶段:第一阶段是代替了“足”统指腿和特指脚掌的用法,在六朝完成。这里的关键是“足”确实具有这两种功能。现代吴语等南部方言口语不说“足”而只说“脚”,不管是整个下肢还是脚丫子,都可以用“脚”一个词来指称,这说明统指的“脚”完全可以取代“足”。第二阶段是“脚”再缩小范围专指脚掌,而其他部位由“腿”(大腿、小腿)来指称,这就是现代汉语普通话和长江以北大部分方言今天所具有的情形。“脚”在一定的上下文中专指“脚掌”,开始时可能只是作为“整条腿”的一个义位变体而出现的,在汉魏六朝时期,情形大概就是如此,当时“脚掌”并没有成为“脚”的一个独立义位。后来这个义位变体用得多了,就渐渐地独立为一个固定的义位,而统指下肢的义位反而消失了。这个过程的最终完成,是要在“腿”取代了“股”“胫”以后,这时候原先由“股、胫、足”三个词构成的一个最小子语义场就变成了由“腿(大腿、小腿)”和“脚”两个词构成了。

---

① 参看曹志耘主编《中国语言地图集·词汇卷》“068 ‘手’和‘脚’的词义”。

② “脚”统指下肢的例子唐以后仍多见,如王梵志诗《他家笑吾贫》:“吾无呼唤处,吃饱常展脚。”项楚先生注:展脚:伸开两腿。《景德传灯录》卷五“台山隐峰禅师”:“师一日推土车次,马大师展脚在路上坐。师云:‘请师收足。’大师云:‘已展不收。’师云:‘已进不退。’乃推车碾过,大师脚损。”(页29、33。着重号为引者所加。)王梵志诗中也有“赤脚”的说法(《双盲不识鬼》,页64),“脚”肯定是指脚掌。但在当时人的语言意识里,恐怕并未把它分作两个义项,正如今天长江以南的广大方言区一样。

据我们的初步考察，这一阶段的完成大约在元代以后[①]。

《大词典》“脚”字条云：

① 人与动物腿的下端，接触地面、支持身体和行走的部分。《墨子·明鬼下》：“羊起而触之，折其脚。”汉邹阳《狱中上书自明》：“昔司马喜膑脚于宋，卒相中山。”……⑤器具的支撑；东西的下端。《南史·宋纪上·武帝》：“宋台建，有司奏东西堂施局脚床，金涂钉，上不许。使用直脚床，钉用铁。”(6/1271)

这里的两个义项都存在问题。义项①犯了以今义释古义的毛病。如果“折其脚”的“脚”是指脚掌，那就讲不通了。《墨子》的“脚”还是指“小腿”。从“脚”字的历史发展着眼，比较妥当的办法也许是把“小腿”“下肢”和“脚掌”区分为独立的三个义项。义项⑤则引例太晚，指器物的支撑的“脚”早就有了，详上文。

小结：“脚”的词义发展和取代“足”的过程颇为复杂。从先秦起，“脚”就存在着泛指人体及动物下肢的倾向，在东汉魏晋南北朝时期，这一用法得到空前的发展，并取代了相应的文言词“足”，当时“脚”的词义和今天的吴方言等长江以南的大部分方言类似。这是“脚”字历史发展的第一阶段。“脚”进一步发展成为专指脚掌，是唐以后的事

---

① 王力先生(1958/1980)曾引用《玉篇》“腿，腿胫也”，并举了唐人诗文中用“腿”字的三个例子(页574)。据目前所知，“腿”字见于文献的时代还可以提前：或当风卧湿，为冷所中，不速治，流入腿膝，为偏枯。(《肘后备急方》卷4，453a)〔决〕鼻断领牛，杖打过腿髆。(《王梵志诗·贮积千年调》，571)真大成《关于常用词“腿”的若干问题》(载《语言研究》2012年第3期)对“腿”的始见年代、早期“腿”的所指、“骽”字及“腿”的兴起与“脚”义演变等问题论述甚详且确，可参看。另据董志翘(1997/2000)研究，圆仁《入唐求法巡礼行记》中“表示‘足’义的凡7处，一律用‘脚’，也就是说，在晚唐时代的口语中，‘脚’在与‘足’的竞争中已取得绝对优势。”(页123/226)王凤阳(1993/2011)则认为：“正式用‘腿’来表示‘胫’、‘股’之合是明代以后的事。”(页138)

(但在六朝后期的北方话中已经可以看出端倪),是它的第二阶段。这一阶段并未在所有的方言里都完成,直到今天,长江以南的广大地区仍停留在第一阶段的状态。现有大型历史性语文辞书对"脚"字的释义有待补充修正。

4. 他人、异人/旁(傍)人/别人

指"别的人",上古汉语说"他人"[①],也说"异人"[②],中古汉语多说"旁(傍)人"[③],近、现代汉语则说"别人"(有时也说"旁人")。粗略地说,在汉语发展史上,表示这同一个概念,三个阶段用了三个不同的词。

就目前所知,"旁(傍)人"一词始见于西汉[④],如:

(1) 女倚柱而啸,旁人闻之,莫不为之惨者。(《列女传》卷三"鲁漆室女")

(2) 军人有病疽者,吴子自吮其脓,其母泣之。旁人曰:"将军于而子如是,尚何为泣?"(《说苑·复恩》)

(3) 去家日久,思忆其妻,〔遂画其〕像,向之而笑。傍[⑤]人见,以白王。(《类聚》卷32〔页561〕、《御览》卷381〔页1758〕引《说苑》)

---

① 如《诗·郑风·褰裳》:"子不我思,岂无他人?"又《小雅·巧言》:"他人有心,予忖度之。"

② 如《诗·小雅·頍弁》:"岂伊异人?兄弟具来。"不过例子不多。参看张玉金《西周汉语代词研究》,中华书局,2006,页306。

③ 还有"余人",本书暂不讨论。

④ 友生胡波博士告知:"旁人"一词在睡虎地秦简中就有用例,但当为"旁边的人"。例如:鸟兽能言,是妖也,不过三言。言过三,多益其旁人,则止矣。(《睡虎地秦简·日书甲种》59背壹—60背壹)有贼杀伤人冲术,偕旁人不援,百步中比野,当赀二甲。(《睡虎地秦简·法律答问》101)

⑤ 《御览》作"旁"。

居延汉简中亦有用例，指交易的证人，如：

(4) 建昭二年闰月丙戌，甲渠令史董子方买障卒□威裘一领，直七百五十，约至春钱毕已。旁人杜君隽。(26·1)[①]

(5) □置长乐里乐奴田卅五亩，贾钱九百，钱毕已。丈田即不足，计亩数环钱。旁人淳于次孺、王充、郑少卿，古酒旁二斗，皆饮之。(557·4)[②]

东汉以后逐渐多用起来。有指"旁边的人"的，如：

(6) 左右旁人，皆无香薰之饰，但布帛耳。(汉明帝马皇后《辞封舅氏诏》，《全后汉文》卷9,517a)

(7) 夫卫菹子路而汉烹彭越，子胥勇猛不过子路、彭越，然二士不难发怒于鼎镬之中，以烹汤菹汁渖漎旁人。(《论衡·书虚》,1/182)

(8) 颍川张钦孟孝，吴楚反，与亚夫常为前锋，陷阵溃围。傍人观曰："壮哉此君！"(应劭《风俗通义》，《全后汉文》卷38,680a)

(9) 然，夫人将闻密言者，必心不自知前也。头面相近，傍人知之，令为言者得害矣。(《太平经丙部卷三十五·兴善止恶法第四十三》,50)

(10) 与人语言也，傍人见之，非尤其言。(《太平经庚部卷一百十四·不孝不可久生诫第一百九十四》,440)

(11) 时宫在坐上，面赤，傍人皆觉之。布以宫大将，不问也。(《三国志·魏志·吕布传》注引《英雄记》,1/224)

(12) 佗令温汤近热，渍手其中，卒可得寐，但旁人数为易汤，

---

① 谢桂华、李均明、朱国照《居延汉简释文合校》，上册，页38，文物出版社，1987。

② 同上书，下册，页653。

汤令暖之。(又《华佗传》,3/800)

(13) 司马文王与禅宴,为之作故蜀技,旁人皆为之感怆,而禅喜笑自若。(又《蜀志·后主传》注引《汉晋春秋》,4/902)

(14) 长之年十五丧父,有孝性,哀感傍人。(《宋书·良吏传·阮长之》,8/2268)

(15) 帝生不逮密太后,及有所识,言则悲恸,哀感傍人。(《魏书·世祖纪》,1/107)

(16) 涕泪交下,悲感傍人。(又《太武五王列传·元彧》,2/420)

(17) 使西出市沐猴,系母臂,令傍人搥拍,恒使作声。(《搜神记》卷3,60/36)

(18) 数数如此,傍人怪之。(又卷12,306/151)

(19) 有雌雄,雄急而雌缓。急者不过半日间,缓者经宿。其旁人常有以救之,救之少迟则死。(又309/153)

(20) 及当死,果此人行刑。旁人皆为求属,璞曰:"我托之久矣。"(《搜神后记》卷2,24/15)

(21) 其人既失两手,使傍人割里肉以为两臂,宛然如旧也。(《拾遗记》卷9"晋时事",208)

(22) ……敦默然。傍人为之反侧,充晏然,神意自若。(《御览》卷492引《郭子》,3/2250b;《钩沉》170)

(23) 忽见鬼满前,而傍人不见。……魂落屐上,指以示人:"诸君见否?"傍人并不见。(《广记》卷327引《述异记》,2592;《钩沉》306)

(24) 旁人见识此胡者,死犹未殡。(《广记》卷386引《幽明录》,2993;《钩沉》382)

(25) 自婕妤以下二百余人,上幸之如平生,而傍人不见也。(《御览》卷88引《汉武故事》,1/421a;《钩沉》469)

(26) 又曰:"此神也,不可争。"傍人悉闻。(《御览》卷932引《许氏志怪》,4/4144b;《钩沉》538)

(27) 傍人及邻里,并闻其语及杖声。(《珠林》卷6引《冥报记》,53/314c;《钩沉》630)

(28) 世高向之胡语,傍人莫解,蟒便还隐。(《出三藏记集》卷13《安世高传》,510)

(29) 王怒,欲诛谶,谶曰:"王以法故杀之,我以亲而葬之,并不违大义,何为见怒?"傍人为之寒心,其神色自若。(又卷14载《昙无谶传》,539;又《高僧传》卷2"昙无谶",76)

(30) 须臾还卧,颜色更悦,因谓傍人云:"吾其去矣。"(又卷6"释僧济",234)

有相当于"别人,其他人"的,如:

(31) 自今以后,手书相闻,勿用旁人解构之言。(《后汉书·隗嚣传》载东汉光武帝刘秀手书报隗嚣,《全后汉文》卷2,485a)

(32) 夫言语自从心腹中出,傍人反得知之,是身中神告也。(《太平经钞乙部·录身正神令人自知法》,22)

(33) 自言有功于天地旁人也,是其大愚之剧者也,子复慎之。(《太平经丙部卷四十七·上善臣子弟子为君父师得仙方诀第六十三》,119)

(34) 或有用祝独愈,而他傍人用之不决效者,是言不可记也。(《太平经丙部卷五十·神祝文诀第七十五》,154)按:"他傍人"当是"他人"和"傍人"的混杂形式。

(35) 内学才太过者,多入大邪中,自以得之也,不与傍人语,反失法度而传妄言也。(《太平经戊部卷七十·学者得失诀第一百六》,229)

(36) 然,多者则其上书者便自传相畏,恐事漏泄,见得长短,反为欺上,为傍人所上,故尽实核□□,乃敢言之也,不□□不敢言。……犹为旁人所得长短,故善恶都毕出,天乃大喜,灾除去,与流水无异也。(《太平经己部卷八十六·来善集三道文书诀第一百二十七》,266)

(37) 为一人议,中悔而止,或为旁人所止,上书便在方道中止,意以其所匿事罪之。(同上,273)

(38) 四人共上书,中辄有畏事不真者,为傍人所得,长短为罪名固固耶,将似类真也,其不信者,乱四时也。(同上,272)

(39) 或言人且度去,或言人且富而贵,或言人且贫而贱,或誉旁人,或毁旁人,或使人大悦喜,或使人常苦大忿。(《太平经己部卷九十八·神司人守本阴佑诀第一百五十六》,358)

(40) 明王好之,因而征索召取,百姓俱言"善哉",俱言"大吉",是其人也,旁人为其说喜。(同上,360)

(41) 有大命赦天下,诸所不当犯者尽除,并与孝悌力田之子,赐其彩帛酒肉,长吏致敬,明其孝行,使人见之。傍人见之,是有心者可进爱,有善意相爱,此皆天下恩分,使民顺从。(《太平经庚部卷一百十四·孝行神所敬诀第一百九十二》,436)

(42) 犹以晦暟种夫深芬,闿手覆种,孳有万亿,旁人不睹其

形,种家不知其数也。(康僧会《安般守意经序》,15/163a)[①]

(43) 孤之精诚,足以达君;君之察孤,足以不疑。但恐傍人浅见,以蠡测海,为蛇画足。(《三国志·魏志·王修传》注引《魏略》,2/348)

(44) 郎为傍人取,负侬非一事。(《子夜歌四十二首》之十五,《晋诗》卷19,中/1041)

(45) 伏自寻省,废昏立明,事非为己。庐陵之事,不由傍人,内积萧墙之衅,外行叔段之罚,既制之有主,臣何预焉。(《宋书·谢晦传》载晦上表,5/1357)

(46) 忆眠时,人眠强未眠。解罗不待劝,就枕更须牵。复恐傍人见,娇羞在烛前。(沈约《六忆诗四首》之四,《梁诗》卷7,中/1663)

(47) 妾心徒自苦,旁人会见嗤。(梁简文帝萧纲《妾薄命篇十韵》,又卷20,下/1903)

(48) 与郎相知时,但恐傍人闻。(《黄淡思歌》,又卷29,下/2155)

(49) 武帝欲杀乳母,乳母告急于东方朔,朔曰:"帝忍而愎,旁人言之,益死之速耳。……"(《西京杂记》卷2,32/9)

值得注意的是,汉末的道教著作《太平经》中"傍(旁)人"颇为常见,而且大部分是指"别人,其他人"。这应该是当时口语的反映。

有些例子所指不那么明确,似乎两者兼而有之,这一方面反映了词义从具体到抽象的发展过程,同时也是词义模糊性的一种表现。如:

---

① 安世高译的《安般守意经》则仍用"他人"而未见"旁人"。

(50) 登高远眺望,魂神忽飞逝。奄若寿命尽,旁人相宽大。(蔡琰《悲愤诗》,《汉诗》卷7,200)

(51) 前当生两儿,一儿先出,血出甚多,后儿不及生。母不自觉,旁人亦不寤,不复迎,遂不得生。(《三国志·魏志·华佗传》,3/802)

(52) 先此一年,当独见一白狗,而旁人不见也。……欻见白狗,问之众人,悉无见者。(又《朱建平传》,3/809)

(53) 死后复传之旁人,乃至灭门。(《肘后备急方》卷1"治尸注鬼注方第七",386a)

(54) 傍人有闻者,用其言而取之。(《列子·周穆王》)[①]

(55) 尝遇康昕,昕自谓笔道过识,识共昕各作右军草,傍人窃以为货,莫之能别。(《高僧传》卷4"竺法潜附康法识",157)

(56) 何独离娄意,傍人但未听。(魏收《看柳上鹊诗》,《北齐诗》卷1,下/2269)

开始时"旁(傍)人"当是指"旁边的人",词义比较具体,这从目前所见的最早用例(1)(2)(3)中看得很清楚。我们还可以拿"傍臣"来作一个比较:

(57) 即敕傍臣,悉收子曹。(支谦译《义足经》卷上,4/177a)

"傍臣"为佛经中常用语,指在旁的大臣。由此可证"旁(傍)人"本来也是指"旁边的人"。"旁(傍)人"指"旁边的人"并不妨碍它可以取代"他人",因为"他人"在具体的语境中同样可以只指"旁边的人",如:

(58) 丧主哭泣,他人就歌舞饮酒。(《三国志·魏志·乌丸鲜

---

① 《列子》用"傍人",正是此书系魏晋人伪托的一条证据。参看张永言先生《从词汇史看〈列子〉的撰写时代》一文"傍人"条(页193)。

卑东夷传》,3/855)

后来“旁(傍)人”由指“旁边的人”引申扩展为泛指除自己(有时也包括听话者)以外的其他人,不管他们是否在旁边。但是并非时间越往后“旁(傍)人”指“别人”的例子越多,这从上引例句中可以看出。又如南朝齐求那毗地译的《百喻经》中“傍(旁)人”凡 14 见,除一例可解作“别人”外,其余都指“旁边的人”。也就是说,“旁(傍)人”是指“旁边的人”还是指“别人”,跟时代的先后关系不大。[1]

虽然在某些场合“旁(傍)人”和“他人”接近等义,可以相互替换,但一直到隋代,在大多数情况下两者实际上还是有所分工的:指不在旁边的“别人”时多用“他人”,相当于“别人”的“旁(傍)人”则常常包括旁边的人。《世说新语》中“旁(傍)人”和“他人”各 2 见,可以用来作一对比:

(59) ……敦默然。旁人为之反侧,充晏然,神意自若。(《方正 28》)

(60) 玄应声恸哭,酸感傍人。(《夙慧 7》)

(61) 宁可不安己而移于他人哉!(《德行 31》)

(62) 且不爱其亲而爱他人者,不为悖德乎?(《言语 7》)

虽然两本《世说新语》专书词典对上引例中“旁(傍)人”和“他人”的解释无别,都是“别人,其他人”,但实际上两者的区别还是很明显的:“旁(傍)人”指在旁的其他人,而“他人”则没有这种语义限制。也就是说,“旁(傍)人”实际上暗含有空间概念,而“他人”以及后来的“别人”则不具备这一语义特征。

《颜氏家训》中“旁(傍)人”见到 3 例:

---

① 《汉书·萧望之传附萧育传》“何暇欲为左右言”颜师古注:“左右者,言与同列在其左右,若今言旁人也。”可见到唐代口语中“旁人”仍指“旁边的人”。

(63) 惟友悌深至,不为旁人之所移者免夫!(《兄弟》,23)

(64) 今世文士,此患弥切,一事惬当,一句清巧,神厉九霄,志凌千载,自吟自赏,不觉更有傍人。(《文章》,238)

(65) 学为文章,先谋亲友,得其评裁,知可施行,然后出手;慎勿师心自任,取笑旁人也。(同上,256)

这几个"旁(傍)人"虽然未必仅限于指"旁边的人",但它们包括了"旁边的人"则是很显然的。同书中"他人"的用例远多于"旁(傍)人",用法都跟《世说新语》相同,如:

(66) 兄弟之际,异于他人,望深则易怨,地亲则易弭。(《兄弟》,26)

(67) 其门生僮仆,接于他人,折旋俯仰,辞色应对,莫不肃敬,与主无别也。(《风操》,125)

这些"他人"一般来说是不能用"旁(傍)人"来替换的。这说明在当时"旁(傍)人"并未能完全取代"他人"。

也许正是"旁(傍)人"所指不够明确和语义上有局限性,在指"其他人"这一意义上,唐以后才又被新起的"别人"所取代了。

《大词典》"旁人"条云:

① 他人,别人。南朝宋鲍照《代别鹤操》:"心自有所存,旁人那得知。"……② 旁边的人。清王士禛《池北偶谈·谈异四·银杏》:"友人不应,问再三不已,旁人皆匿笑。"(6/1592)

把"他人,别人"和"旁边的人"划分为两个义项是妥当的,但所引的始见书证都可提前;②义就引了这么一个例子,尤其显得太晚,也太少,而且把两个义项产生的先后顺序给颠倒了。又,《大词典》未立"傍人"词条,"旁人"条又未说明"也作'傍人'",宜补。

近、现代汉语中最常用的“别人”,唐以前已经见到少量用例[①],据谭代龙《汉文佛典里的“别人”考》(《语言科学》2006 年第 3 期)研究,最早见于北周天和五年(570 年),稍后的隋阇那崛多译《佛本行集经》中也有用例,如:

(68) 时彼世中正定深满功德威持呪神王者,亦非别人,即是海妙深持自在智通菩萨摩诃萨是也。(北周阇那耶舍译《大乘同性经》卷 1,16/646b)

(69) 复有别人,来乞于愿,随愿亦成。(隋阇那崛多译《佛本行集经》卷 34,3/814b)[②]

到唐代就比较常见了,《王梵志诗》:“埋向黄泉下,妻嫁别人用。”(《得钱自吃用》,页 127)“奴婢换曹主,马即别人骑。”(《有钱不造福》,页 693)这是唐代口语的真实反映。

小结:上古汉语说“他人”,正统文言一直沿用。西汉产生了“旁(傍)人”,汉末魏晋南北朝时期用例较多,说明在当时的口语中“旁(傍)人”已占有一定的地位。不过“旁(傍)人”多用以指称“旁边的人”,作“别人,其他人”讲时也常常包括“旁边的人”,词义有模糊性和局限性,数量上也未超过“他人”。说明在当时“旁(傍)人”并未完全取代“他人”。近、现代汉语中最常用的“别人”,唐以前已经见到少量用例。

5. 翼/翅(翄、翍、翨)[③]

鸟类和昆虫的翅膀,上古汉语叫“翼”,也叫“羽”;中古开始叫

---

① 《大词典》“别人”条未举书证。

② 以上信息承友生胡波博士告知,谨致谢忱。

③ 参看王凤阳(1993/2011)“翼 翅”条(页 124);黄金贵(1995/2016)“79. 翼 · 翅(翄、翍)· 羽 · 翮 · 翎”条(页 288—290)。黄先生认为“翼”和“翅”的差别是:“翼”指张展的翅膀,“翅”指收闭的翅膀。恐怕未必。两者的差别主要应在时代上。

“翅”;现代汉语则用双音词“翅膀”。

《说文·羽部》:“翄,翼也。从羽,支声。狴,翄或从氏。”《说文·飞部》:“䳭,翄也。从飞,異声。翼,篆文䳭,从羽。”《玉篇·羽部》:“翅,翼也。”可见“翼”和“翅”是同义词。先秦“翅”字已见,但用例极少[①],如:

(1) 俯噣白粒,仰栖茂树,鼓翅奋翼,自以为无患,与人无争也。(《战国策·楚策四》)

西汉偶见使用,如:

(2) 为凤凰作鹑笼兮,虽翕翅其不容。(《楚辞·严忌〈哀时命〉》)旧校:“翅,一作翼。”

(3) 西结境于赵,而北达于燕,三国布翄,则从不待约而可成也。(《史记·楚世家》,5/1730)

(4) 奋翼鼓狴,方三千里。(又1731)

(5) 南越宾服,羌僰入献,东瓯入降,广长榆,开朔方,匈奴折翅伤翼,失援不振。(又《淮南衡山列传》,10/3088)

(6) 故群臣议以为匈奴困于汉兵,折翅伤翼,可遂击服。(《盐铁论》卷8“西域第四十六”)

---

① 《韩非子·喻老》:“右司马御座而与王隐曰:‘有鸟止南方之阜,三年不翅,不飞不鸣,嘿然无声,此为何名?’王曰:‘三年不翅,将以长羽翼。……’”这个“翅”是动词,“展翅”的意思。另有一个“翨”字,《说文·羽部》:“翨,鸟之彊羽猛者。从羽,是声。”段玉裁注:“按:当作‘猛鸟也,彊羽’,转写误耳。《周礼》:‘翨氏掌攻猛鸟’,‘以时献其羽翮’。此释《周礼》,故云‘猛鸟’也。猛鸟羽必彊,故其字从羽,此与‘赤羽’‘尾长’皆从羽,文法正同。大郑‘翨’读为翅翼之翅,以是声、支声皆在十六部,翨当即是翅之奇字;后郑以经云‘献羽翮’,则训翨为鸟翮,是声、鬲声亦同十六部也。翮,羽茎,举翮以该羽。许与二郑说异。”《周礼》“翨氏”的“翨”字,郑司农(大郑)认为就是“翅”的异体,《龙龛手镜》和《字汇》都把“翨”看作“翅”的俗字或异体。(参看《大字典》)不过郑玄和许慎都不这样解释,所以这个例子暂时存疑。王凤阳(1993/2011)云:“‘翅’是秦汉以后才开始出现的,可能是方言。”(页124)时代尚可略为提前。

(7) 其后齐有飞鸟,一足,来下,止于殿前,舒翅而跳。(《说苑·辨物》)

东汉魏晋南北朝,“翅”的用例渐趋增多;到六朝后期,“翅”就用得十分普遍了。可以推测,至迟在隋以前,“翅”在口语和书面语中都已替代了“翼”①。下面酌举部分例子:

(8) 鸡鸣不鼓翅,国有大害。(《隋书·五行志上》引京房《易飞候》,3/360)

(9) 弱鸡无距,与鹊交斗。翅折目盲,为鸠所伤。(《易林》卷1“乾之遁”,又卷14“旅之小畜”)

(10) 白鸟衔饵,鸣呼其子。斡枝张翅,来从其母。(又卷3“小畜”;又卷9“晋之震”、卷12“升之解”、卷15“涣之咸”。文字略有不同)

(11) 奋翅鼓翼,将之嘉国。愆期失时,反得所欲。(又卷5“随之小畜”)按:“奋翅鼓翼”又见卷11“损之观”、卷14“丰之需”、卷15“节之遁”。

(12) 举翅摅翼,跂望南国。(又卷12“困之家人”)②

(13) 幡比翄回集,贰双飞常羊。(《汉书·礼乐志》,4/1061)颜师古注引文颖曰:“舞者骨腾肉飞,如鸟之回翅而双集也。”

(14) 鸿鸬兮振翅,归雁兮于征。(《楚辞·王逸〈九思·悼乱〉》)

(15) 譬若有大鸟,其身长八千里若二万里,复无有翅,欲从忉利天上自投来下至阎浮利地上。……何以故?其身长

---

① 某些固定搭配除外,如“蝉翼”似未见到“蝉翅”的例子。

② 以上是《易林》“翅”字的全部用例,在同时代著作中是出现频率很高的,但全书仍以用“翼”为常。

大及无有翅。(支娄迦谶译《道行般若经》卷 5,8/453c)

(16) 天化作金翅鸟,飞来捧钵去。(昙果共竺大力译《修行本起经》卷下,3/470a)按:"金翅鸟"为佛经中习用语,不说"金翼鸟"。

(17) 其雁敛身拥翅往趣。(东汉失译《大方便佛报恩经》卷4,3/146b)

(18) 时有一雁,……即鼓两翅,来投雁王。……尔时一雁,悲鸣欢喜,鼓翅随逐。(同上,147c)

(19) 十三年后,身生两翅,行啖人。(又《杂譬喻经》卷上,4/503c)

(20) 凡鸟自死,口不闭、翅不合者,不可食之。(《金匮要略论》卷 24"禽兽鱼虫禁忌并治",195a)

(21) 愿为双鸿鹄,奋翅起高飞。(《古诗十九首》之五,《汉诗》卷 12,330)

(22) 鸿雁出塞北,乃在无人乡。举翅万里余,行止自成行。(曹操《却东西门行》,《魏诗》卷 1,354)

(23) 恒窜伏以穷栖,独哀鸣而戢羽。冀大纲之解结,得奋翅而远游。(曹植《白鹤赋》,《全三国文》卷 14,1129b)

(24) 目如擘椒,跳跃二翅。(曹植《鹞雀赋》,又卷 14,1130a)

(25) 若能控奔骥以接驽乘,则力追者万群;倾修翅以顾短翮,则归飞者如云。(闵鸿《与刘子雅书》,又卷 74,1452b)

(26) 闭以雕笼,翦其翅羽。(《文选·祢衡〈鹦鹉赋〉》)李善注:"翅,翼也。"

(27) 譬如雀飞,意随其两翅,意为身神,两翅为魂魄。(支谦译《四愿经》,17/536c)

(28) 如蝗虫翅所有风力,不能吹动须弥山王。(旧题支谦译

《菩萨本缘经》卷中,3/62c)

(29) 凡二日蝗生,……至今生翅能飞。(何桢《笺》,《全晋文》卷32,1640a)

(30) 奋翅不得起,抚翼无所翔。(傅玄《鹰赋》,又卷45,1719a)按:傅玄赋中"翅"字屡见,不备引。

(31) 彼村人则言:"汝何以不飞耶?我见此间道人皆飞。"道人方便答言:"翅未成耳。"(《法显传·达嚫国》,138)

(32) 路边生草,悉作人状,操持兵弩,牛马龙蛇鸟兽之形,白黑各如其色,羽毛、头目、足翅皆备,非但仿佛,像之尤纯。(《搜神记》卷6,161/87)

(33) 白鸟朱冠,鼓翼池干。举修距而跃跃,奋皓翅之𦐇𦐇。(《西京杂记》卷4,97/26)

(34) 鹰则有青翅、黄眸、青冥、金距之属。(又106/30)

(35) 孟夏之时,凤、鹊皆脱易毛羽。聚鹊翅以为扇,缉凤羽以饰车盖也。(《拾遗记》卷2"周",55)按:此指羽毛。

(36) 王驭八龙之骏:……八名挟翼,身有肉翅。(又卷3"周穆王",60)

(37) 时越嶲之南献背明鸟,形如鹤,……闻钟磬笙竽之声,则奋翅摇头。(又卷8"吴",184)

(38) 水中有白蛙,两翅,常来去井上。(又卷9"晋时事",209)

(39) 荧火[①]大如蜂,声如雀,八翅六足。(又卷10"岱舆山",231)

---

① 齐治平校:《稗海》本、程荣本"荧火"并作"萤火"。按《尔雅·释虫》:"荧火,即照。"注:"夜飞,腹下有火。"则荧火即萤火也。

(40) 初,骏之立也,姑臧谣曰:"鸿从南来雀不惊,谁谓孤雏尾翅生,高举六翮凤皇鸣。"(《晋书·张轨传》,7/2234)

(41) 寒鸡思天曙,拥翅吹长音。(刘伶《北芒客舍诗》,《晋诗》卷1,上/552)

(42) 刻木作班鵻,有翅不能飞。(《欢闻变歌六首》之四,又卷19,中/1050)

(43) 惭无黄鹤翅,安得久相从。(鲍照《与荀中书别诗》,《宋诗》卷8,中/1290)

(44) 可怜云中燕,旦去暮来归。自知羽翅弱,不与鹄争飞。(又《咏双燕诗二首》之二,中/1311)

(45) 惊身蓬集,矫翅雪飞。(鲍照《舞鹤赋》)

(46) 鸟散放行路,井中百翅不能飞。(《读曲歌八十九首》之二十七,《宋诗》卷11,中/1341)

(47) 有人遗其双鹤,少时翅长欲飞,支意惜之,乃铩其羽。鹤轩翥不复能飞,乃反顾翅垂头,视之如有懊丧意。(《世说·言语76》)

(48) 又梦凤凰从天飞下青溪宅斋前,两翅相去十余丈,翼下有紫云气。(《南齐书·祥瑞志》,2/345)

(49) 还上辇,辇上金翅无故自折落地。(又《五行志》,2/380)

(50) 海鸥群翔,荣祖登城西楼弹之,无不折翅而下。(又《垣荣祖传》,2/530)

(51) 伯玉又梦太祖乘船在广陵北渚,见上两掖下有翅不舒。……有六龙出,两掖下翅皆舒,还而复敛。(又《荀伯玉传》,2/572)

(52) 阴鸟阳禽,春毛秋羽。远翅风游,高翮云举。(又《张融传》载其《海赋》,3/726)按:《南齐书》中"翅"字屡见,不备引。

(53) 良久，有一大鸟堕地而死，度其两翅，广数十里。(《初学记》卷30引《孔氏志[怪]》，3/730—731；《钩沉》329)

(54) 后旦将渡，辄见一折翅鸭，舒翼当梁头，逆唼僧群，永不得过。……群之将死，为众说云："年少时尝打折一鸭翅，将或此鸭因缘之报乎？"(《珠林》卷61引《冥祥记》，53/764c；《钩沉》571；此事又见《高僧传》卷12"释僧群"，445)

(55) 疑其有术，问之，云："两腋各有肉翅。"(《绀珠集》卷2引《小说》；《钩沉》227)

(56) 何异刖夫之陟太山，无翅而图升虚乎！(《出三藏记集》卷6载谢敷《安般守意经序》，247)

(57) 终为著翅之暴狸，飞沉受困而难计。(又卷7载竺佛念《王子法益坏目因缘经序》，278)

(58) 鹈鸰摇羽至，鹎鶋拂翅归。(刘孝绰《校书秘书省对雪咏怀诗》，《梁诗》卷16，下/1839)

(59) 丹鸡翠翼(《文苑英华》作"羽")张，妒敌复专场。翅中含芥粉，距外耀金芒。(刘孝威《斗鸡篇》，又卷18，下/1869)

(60) 惟有三青鸟，敛翅时逢迎。(梁简文帝萧纲《祠伍员庙诗》，又卷21，下/1944)

(61) 奇声传迥涧，动翅拂花林。(又《赋得舞鹤诗》，又卷22，下/1960)

(62) 口衔长生叶，翅染昆明苔。(又《咏飞来鸂鶒诗》，又1973)

(63) 天衣疑拂石，凤翅欲凌空。(庾肩吾《咏同泰寺浮图诗》，

又卷23,下/1989)

(64) 阳鸟一转翅,千里定非虚。(又《咏风诗》,又1997)

(65) 不如天渊水中鸟,双去双飞长比翅。(费昶《行路难二首》之二,又卷27,2083—2084)按:比较文言说法"比翼":宁与黄鹄比翼乎?将与鸡鹜争食乎?(《楚辞·卜居》)

(66) 风急金乌翅自转,汀长锦缆影微悬。(沈君攸《桂楫泛河中》,又卷28,下/2111)

(67) 鸡有胡髯、五指、金骹、反翅之种。(《齐民要术》卷6"养鸡第五十九"引《广志》,447)

(68) 斩翅。(又450)按:上文作"斩去六翮"(449)。

(69) 上黄用鸡鸭翅毛刷之。(又卷9"炙法第八十",623)

(70) 峰形疑鸟翅,塞路似狼居。(萧悫《奉和望山应教诗》,《北齐诗》卷2,下/2278)

(71) 石关鱼贯上,山梁雁翅行。(庾信《伏闻游猎诗》,《北周诗》卷2,下/2361)

(72) 露盘高掌滴,风乌平翅回。(又《凤凰阐弘二教应诏诗》,又2362)

(73) 伏辕终入绊,垂翅犹离缴。(又《和张侍中述怀诗》,又卷3,下/2381)

(74) 璇极龙鳞上,雕甍鹏翅张。(又《登州中新阁诗》,又2375)

(75) 解翅莲花动,猜群锦臆张。(又《斗鸡诗》,又卷4,下/2399)

(76) 雊声风处远,翅影云间连。(陈后主叔宝《雉子斑》,《陈诗》卷4,下/2504)

(77) 露下緌恒湿,风高翅转轻。(王由礼《赋得高柳鸣蝉诗》,《隋诗》卷7,下/2729)

鼓翅、奋翅、振翅、举翅、张翅、拥翅、敛翅、折翅、垂翅、两翅等已成为常见的习惯搭配,取代了相应的文言说法;"翅"的对象也不限于鸟类,可以是昆虫、人、马和其他哺乳类动物。可见"翅"字应用范围之广。我们看到,汉魏佛经中早已以用"翅"为常,而同时期的中土文献主要还是用"翼",再次显示了佛经用词的口语化特征。有意思的是,康僧会译的《六度集经》例外地用"翼"而不用"翅",如:

(78) 山有巨鸟,张翼塞径,与龙一战焉。龙为震电击鸟,堕其右翼。(康僧会译《六度集经》卷5,3/26c)

(79) 猴众各行,见鸟病翼。(又27a)

这正是此经译者求文风格的反映[①]。

晋代郭璞(276—324)注《尔雅》,注语中只用"翅"而不用"翼",可以看作是当时口语的真实反映。例如《释鸟》篇下列各条:"鶬,乌鶵",郭注:"水鸟也。似鶂而短颈,腹翅紫白,背上绿色。""鼯鼠,夷由",郭注:"状如小狐,似蝙蝠,肉翅,翅、尾、项、胁毛紫赤色。""鹭,舂鉏",郭注:"白鹭也。头、翅、背上皆有长翰毛。""鹊鵙丑,其飞也翪",郭注:"竦翅上下。""鸢乌丑,其飞也翔",郭注:"布翅翱翔。""鹰隼丑,其飞也翚",郭注:"鼓翅翚翚然疾。"昆虫的翅膀也一律称"翅",见于《释虫》篇的有如下各条:"蝝,蝮蜪",郭注:"蝗子未有翅者。""�𧒂,螇蚸",郭注:"今俗呼似蜙蝑而细长、飞翅作声者为螇蚸。""蜚,飞蠊",郭注:"有翅。""蝇丑扇",郭注:"好摇翅。"

当然,由于文人作品的保守性,即使在使用口语词较多的南北朝

① 参看俞理明(1993)对康僧会及此经的有关论述(页18—19)。

诗歌[①]中,“翼”和“翅”的出现次数仍然相差悬殊,约为170∶30,不过如上所论,这并不能代表实际口语。

《大字典》“翅”字条云:

> ① 鸟类的飞行器官。……又昆虫的飞行器官。唐齐己《蝴蝶》:“翠囊丹心冷,香凝粉翅浓。”(5/3342—3343)

按,“昆虫的飞行器官”义引例太晚,旧题支谦译《菩萨本缘经》中已有“蝗虫翅”,见上引例(28),《尔雅》郭璞注也多有用例,《齐民要术》又有“虻翅”(见卷4“栽树第三十二”,256)。

至今闽语、粤语、客家话和吴语、湘语、赣语区的不少地方仍管翅膀叫“翼”或“翼X”[②],跟上古汉语的情形一致(有的地方只是在词根“翼”的基础上加了一个语素使之变成双音词)。可见词汇的发展在各地方言中是不平衡的,“翅”替换“翼”主要是在官话地区。

小结:名词“翅”始见于战国晚期,但西汉以前例子很少。东汉文人作品中例子仍不多。在东汉三国的佛经里,表示“翅膀”的概念则已是基本上用“翅”而很少用“翼”了。晋代以后,文人作品中“翅”的使用也日趋增多;到南北朝后期,已用得相当普遍。据此推测,口语中“翅”替代“翼”当不晚于汉末;到六朝后期,“翅”在书面文学语言中也已经占据了一定的地位。

6. 囊/袋(帒)

总的说来,古称囊,今称袋,虽然两者的所指未必完全相同。

---

① 包括逯钦立辑校《先秦汉魏晋南北朝诗》中的宋诗、齐诗、梁诗、北魏诗、北齐诗、北周诗、陈诗、隋诗。

② 如温州说“翼”也说“翼膀”,宁波说“翼梢”,长沙说“翼胛”也说“翅膀”,双峰、梅县说“翼胛”,厦门说“翼”也说“翼股”,福州说“翼”也说“翼翼”,等等,参看《汉语方言词汇》(第二版)页83。

“袋”在口语里取代“囊”应该是在唐以前。

《玉篇·衣部》:“袋,囊属。亦作帒。”这是字书对“袋”字的最早记录。《大词典》所引的始见书证为《隋书·食货志》“以布袋贮之”(9/46),《大字典》则首引《南史·杨鸦仁传》“作五袋盛之”(1283),都嫌晚。据目前所知,“袋”字最早见于晋葛洪撰、梁陶弘景补的《肘后备急方》中,有十余例,例如:

(1) 桃仁三升,去皮,捣,著器中,蜜封头,蒸之,一炊倾出,曝干,绢袋贮,以内二斗酒中。(《肘后备急方》卷3“治卒上气咳嗽方第二十三”,428b)

这些例子是否出自葛洪之手,颇值得怀疑;不过推测“袋”的出现大概不会晚于梁代。南北朝作品中“袋”的用例时有所见,如:

(2) 惠生初发京师之日,皇太后敕付五色百尺幢千口、锦香袋五百枚。(《洛阳伽蓝记》卷5“闻义里”,329)按:“袋”字有三种本子作“囊”。

北周庾信有《题结线袋子》诗,见《北周诗》卷4(页2407)。

在北魏的《齐民要术》中“袋”字已经十分常见,共出现20次,都是在贾思勰自著的部分,有绢袋(5例)、布袋(4)、毛袋(3)、纸袋(2)等,还有加“子”尾的“袋子”(4)。下面举部分例子:

(3) 蓼作菹者,长二寸则剪,绢袋盛,沉于酱瓮中。(卷3“荏、蓼第二十六”,215)

(4) 数回转使匀,举看有盛水袋子,便是绢熟。(又“杂说第三十”,239—240)

(5) 杀花法:摘取,即碓捣使熟,以水淘,布袋绞去黄汁;更捣,以粟饭浆清而醋者淘之,又以布袋绞去汁,即收取染红,勿弃也。(卷5“种红蓝花、栀子第五十二”,366)

(6) 盖冒至夜,泻去上清汁,至淳处止,倾著帛练角袋子中悬

之。(同上,367)

(7) 水和酒糟,毛袋盛,渍蹄没疮处。(卷6"养牛、马、驴、骡第五十六",412)

(8) 毛堪酒袋,兼绳索之利。(又"养羊第五十七",428)

(9) 屈木为棬,以张生绢袋子,滤熟乳著瓦瓶子中卧之。(同上,432)

(10) 取好淳酪,生布袋盛,悬之,当有水出滴滴然下。(同上,433)

(11) 若十石米酒,炒三升小麦,令甚黑,以绛帛再重为袋,用盛之,周筑令硬如石,安在瓮底。(卷7"法酒第六十七",526)

(12) 抟作小饼,如神麴形,绳穿为贯,屋里悬之。纸袋盛笼,以防青蝇、尘垢之污。(卷8"作豉法第七十二",565—566)

(13) 取车辙中干土末,绵筛,以两重帛作袋子盛之,绳系令坚坚,沉著铛中。(又"羹臛法第七十六",593)

(14) 袋盛举置。(卷9"饼法第八十二",635)

《齐民要术》中未见"橐";有"囊"9例,其中3例出自引文,所以在贾思勰自著部分"袋"和"囊"的出现次数实际上是20:6。现将这6个"囊"全引如下:

(15) 檗熟后,漉滓捣而煮之,布囊压讫,复捣煮之。(卷三"杂说第三十",226)

(16) 若路远者,以韦囊盛之。(卷四"种栗第三十八",292)

(17) 胡椒六十枚,干姜一分,鸡舌香一分,荜拨六枚,下箍,绢囊盛,内酒中。(卷七"笨麴并酒第六十六",520)

(18) 然后盛以绢囊,沉之于美酱中,须则取食。(卷八"八和

斋第七十三”,572)

(19) 菰米饭法:菰谷盛韦囊中;捣瓷器为屑,勿令作末,内韦囊中令满,板上揉之取米。(卷九“飧、饭第八十六”,651)

其中例(15)(17)(18)的意义跟“袋”完全一样,另外2例中的“韦囊”则为“袋”所无。看来“囊”和“袋”在织造原料与用途上可能还有一定的差别,不过这种差别已经很小,一共就2例,而且都是“韦囊”。

以上事实清楚地表明,在北魏后期的北方话里,“袋”差不多已经取代了“囊”。

到唐代,“袋”字极为常见,有各种各样的袋。《庄子·胠箧》:“将为胠箧、探囊、发匮之盗而为守备。”成玄英疏:“囊,袋。”这是以当代口语解释古词。《王梵志诗》中“袋”出现7例,均喻指人体,有脓血袋、破皮袋、尿屎袋、粪袋等;在日僧圆仁的《入唐求法巡礼行记》(838—847)中,“袋”共5见,除1例指米袋的“好恶异袋”外,其余4例为“赐紫金鱼袋”(2例)和“赐绯鱼袋”(2例)。唐制,五品以上官员,给随身鱼符,皆盛以袋,谓之“鱼袋”①。以上两种语料中均未出现“囊”字。这些事实都充分表明,在唐代,“囊”早已被“袋”所代替了,以至于政府颁赐给官员的官阶标志都以“袋”为名而不称“囊”,说明“袋”在文学语言中也已排斥了“囊”。据此推测,“袋”在口语中取代“囊”的过程早在唐以前就已经完成了。

小结:据目前所看到的材料,“袋”字的最早用例见于晋葛洪撰、梁陶弘景补的《肘后备急方》中,在文献中出现的时间大概不晚于梁,推测它在口语中产生当更早一些。在北魏贾思勰的《齐民要术》里,“袋”的用量已经占压倒多数,不过“囊”和“袋”在织造原料与用途上

---

① 参看《唐会要》三一“鱼袋”。

可能还存在着微小的差别。“袋”全面取代“囊”不会晚于隋;唐代以后,口语中就一律说“袋”了。

7. 舟/船(舡、舡)[①]

“舟”和“船”都见于先秦载籍,但“船”的出现要晚于“舟”,始见于战国文献,使用频度大大低于“舟”[②]。扬雄《方言》卷九说:“舟,自关而西谓之船,自关而东或谓之舟。”《说文·舟部》:“船,舟也。”“舟,船也。”可见两者只是地域方言的差别,词义相同。也许在扬雄记录《方言》的时候这种差别还存在[③]。这两个词在正统的文言词汇系统中一直长期并存着,但口语的情形并非如此。现代汉语各地方言都只说“船”而不说“舟”[④],这种局面在口语中的形成至少可以上推到西汉后期。段玉裁《说文解字注》于“舟,船也”下注云:“《邶风》:‘方之舟之。’传曰:‘舟,船也。’古人言舟,汉人言船。毛以今语释古,故云舟即今之船也。”已经指出了这一点。

在《史记》里,用“船”的数量已大大超过“舟”,两者的出现次数为

① 参看王政白(1992)“舟 船”条(页 132);王凤阳(1993/2011)“舟 船 航 艘”条(页 243—244);黄金贵(1995/2016)“244. 窬(俞)·舟·船(舡、舡)”条(页 863—866);管锡华(1998/2000)“舟 船”条(页 132—134/217—222);汪维辉《〈僮约〉疏证》(载李浩、贾三强主编《古代文献的考证与诠释——海峡两岸古典文献学国际学术会议论文集》,上海古籍出版社,2006);汪维辉《〈说苑〉与西汉口语》(《汉语史研究集刊》第十辑,巴蜀书社,2007)。

② 《周易》《诗经》《周礼》《仪礼》《论语》《老子》《尔雅》有“舟”无“船”;《吕氏春秋》“舟”“船”的出现次数为 26:13;《庄子》是 23:4;《墨子》32:6;《韩非子》7:3。张双棣(1989)认为舟和船“是一对方言同义词”,参看他对《吕氏春秋》中这组词使用情况的分析(页 109,又 4)。魏德胜(1995)指出:船“在战国时用得比较普遍,《庄子》中出现 4 次,《墨子》中出现 6 次,《战国策》《管子》等书中也都有用例,……从典籍看,产生于战国中后期,使用频率还不很高。”(页 12)

③ 魏德胜(1995)则认为:“‘舟’‘船’虽有方言差异,但很快都进入了通语,从典籍看,二词并不存在方言差异。至战国时期,二词同义,同时见于书面语中。”(页 61)

④ 参看《现代汉语方言大词典》第 4 卷“船”字条,页 3890。

92∶28[①]。“舟”的组合有：扁舟、荡舟、舟楫、乘舟、行舟、不系之舟、轻舟、舟中、沉舟、吞舟之鱼、舟舆、舆舟；“船”的组合有：楼船（45见）、发船、刺船、乘船、濯船、出船、船中、大船、船人、戈船、浮船、焚船、檥船、船漕、沉船、习船者、舫船、方船、行船[②]。此外“舟船”连文1次。可以看出，“舟”的组合基本上是承用先秦的一些惯用法，而“船”的组合则反映出它在实际口语中的活跃程度。我们据此可以大致推断，在司马迁的语言里，“船”实际上可能已经取代了“舟”[③]。

东汉和三国翻译佛经基本上只用“船”而绝少用“舟”，只有康僧会译的《六度集经》中“舟”“船”并用，这正反映了此经语言的趋雅风格[④]，如：

（1）车马舟舆，众宝名珍。（卷1，3/1a）

（2）还国，置舟步行。（又3c）

（3）国政杌其手足，截其耳鼻，败舡流之。……引舟著岸。（卷2，6c）

（4）愿速严舟，临时相迎。……船寻其后，有蛇趣船。（卷3，15b）

此经“舟”“船”混用，同一段文字中忽而用“舟”，忽而用“船”，看来是任意的，并不存在什么词义差异。在东汉三国的文人赋中则几乎还是一律用“舟”而很少用“船”，跟佛经形成鲜明的对比。我们可以相信，至迟在东汉中期，“舟”已经被淘汰出口语，而成了一个

---

① 《论衡》中这个数字反而颠倒了，为15∶16。但从组合关系中仍可看出，活跃在口语中的应是“船”。

② 加点部分为两者共有的组合。

③ 管锡华（1998/2000）的考察结论是：“‘船’进入书面语是在战国初期，至迟不晚于战国中期。但战国至秦，‘舟’的使用仍然占绝对优势。而到了《史记》，‘船’占了绝对优势，基本替代了‘舟’，‘舟’成了古词语，绝大多数只保留在成语成词之中。《史记》给我们提供了‘船’替代‘舟’的准确时间是西汉。”（页133/221）

④ 参看俞理明（1993）页18—19。

文言词;南北各地口头上都只说"船"了[①]。原先的方言差别变成了文白差别。

在同时期的中土文献中,虽然"舟""船"并用,但"船"的出现数量明显比以前增多,而且用法灵活,组合能力强。这些也曲折地反映出当时的口语真相。例如:

(5) 桃花水出,船槃皆至。(东汉光武帝刘秀《诏来歙》,《全后汉文》卷1,478b)

(6) 船车大小二千艘。(马援《将入九真上言》,又卷17,562b)

(7) 算至车船,赀及六畜。(陈忠《议救西域疏》,又卷32,650b)按:可比较文言说法"舟舆"。

(8) 廪君乘土船,下至夷城。(应劭《风俗通义》,又卷38,685b)

(9) 十七日复过文昌泰陵,至天船积水间。(李郃《因天变上顺帝书》,又卷48,733a)按:此为星座名[②]。事物的命名多用口语词。

(10) 斯契船而求剑,守株而伺兔也。(张衡《应间》,又卷54,774b)按:可比较成语"刻舟求剑":遽刻其舟曰:……(《吕氏春秋·察今》)

(11) 及溺呼船,悔之无及。(董卓《到渑池上书请收张让等》,又卷68,851a)

(12) 昔赤壁之役,遭离疫气,烧船自还,以避恶地。……往年在谯,新造舟船。(阮瑀《为曹公作书与孙权》,又卷93,

---

① 东汉安世高和支娄迦谶的译经可以代表当时洛阳一带的方言;三国吴康僧会和支谦的译经则可代表建康一带方言。

② 《晋书·天文志上·中宫》:"〔太陵〕北九星曰天船,一曰舟星。"(2/297)

974a)

(13) 桂树为君船，青丝为君笮。(《鼓吹曲辞·上陵》，《汉诗》卷 4，上/158)

(14) 欲归家无人，欲渡河无船。(又《悲歌》，又卷 10，上/282)按：这就可看作是当时口语的实录。

(15) 水中之马，必有陆地之船，但有意气不能自前。(又《前缓声歌》，282)

(16) 狄之水兮风扬波，船楫颠倒更相加。(《琴曲歌辞·将归操》，又卷 11，上/300)按：可比较文言说法"舟楫"。

(17) 下船登高防，草露沾我衣。(王粲《从军诗五首》之三，《魏诗》卷 2，上/362)

(18) 倍恩者苦枯，蹶船常苦没。(甄皇后《塘上行》，又卷 4，上/407)

(19) 诏青、兖、幽、冀四州大作海船。(《三国志·魏志·明帝纪》，1/109)

"楼船"为汉魏人习用语，不说"楼舟"。"土船"似乎也不说成"土舟"。"挽船士"当是时人的口头称呼，常见于文人诗题中，如：《于清河见挽船士新婚与妻别诗》(徐幹诗题，《魏诗》卷 3，上/378)、《见挽船士兄弟辞别诗》(曹丕诗题，又卷 4，上/404)等。在《三国志》及裴注中"船"的出现频率高于"舟"，有的地方连用多个"船"字，如 1/187 页连用 5 个"船"1 个"舟"，3/847 页连用四五个"船"。

小结："舟"和"船"从先秦起就是等义词，但产生有先后。在先秦西汉，它们之间可能是方言与通语之别；至迟从西汉后期起，它们之间的关系变成文白之别。汉语全民口语用"船"作为水上交通工具的总称至少已有两千多年的历史。

8. 木/树[①]

《说文·木部》:“树,木[②]生植之总名。从木,尌声。尌,籀文。”从早期用例和古文字字形来看,“树”的本义应该是动词“种植”,即《尔雅·释地》所说:“树,种也。”而非木本植物的总称,许君所释有误。不过这也从侧面说明东汉后期“树”的核心义位已经是“树木”了。

“树”早在先秦就可以作名词用,“树木”同义连文也常可见到。但从总体上看,表示“树木”的概念先秦以用“木”为常,在数量上“木”占绝对优势;在“树”的名词(树木)和动词(种植;树立)两种词性中,也以后者占多数。像《尚书》《易经》《诗经》《论语》《孟子》里的“树”都是动词,不当“树木”讲[③]。

《史记》表示“树木”仍以用“木”为常,“树”的动、名二义出现次数

---

① 参看王凤阳(1993/2011)“树 木”条(页 76);管锡华(1998/2000)“木 树”条(页 117—120/193—198)。王先生谓“到了唐宋时代,‘树’和‘木’基本上成为同义词了”,恐怕还应大大提前。另可参看汪维辉《〈僮约〉疏证》(载李浩、贾三强主编《古代文献的考证与诠释——海峡两岸古典文献学国际学术会议论文集》,上海古籍出版社,2006);汪维辉《〈说苑〉与西汉口语》(《汉语史研究集刊》第十辑,巴蜀书社,2007);汪维辉《“树”字札记二则》(载《语言之旅——竺家宁教授七秩寿庆论文集》,台湾五南图书出版公司,2015)。

② 大徐本无“木”字,此据小徐本。

③ 在先秦文献中,“树”的名词用法等于或超过动词用法的是《庄子》和《吕氏春秋》这两部书,两书中还有了“大树”这样的搭配(又见于《逸周书·月令解》和《礼记·月令》),与先秦常见的“大木”形成对比。此外,《墨子》一书“树木”同义连文出现 5 次,也是数量比较多的。张双棣(1989)认为:“大约在战国初期,‘树’引申为名词,表示‘树木’之义。春秋以前的作品如《诗经》均没有用例,《左传》始见,共 4 例,……”(页 101,又页 12—13)魏德胜(1995)说,“‘树’的树木义的产生在春秋时期已有些迹象”,也引《左传》中的 4 个例子为证。他认为:“战国中晚期,‘树’的名词义已完全确立了。”“‘木’,先秦一直是常用词,产生早,甲骨文中已是基本词了。到战国末期,使用频率还相当高,远远超过同义词‘树’。”(页 52—53)任学良(1987)也曾论及先秦的“树”字,参看页 69、149。

为 30∶22(其中作量词 4 次)[①]。在搭配上,有巨树、道树、冢树、湘山树、众树、树下、树枝等。特别值得注意的是“棠树”(《燕召公世家》2见)、“树枝”(《田单列传》)和作量词用的“千树枣/栗/橘/萩”(《货殖列传》)这三种情况。下面略加讨论。

“棠树”即棠梨树,这种以小名冠大名的“某某树”格式是现代汉语最常用的称树方式。据目前所知,这种格式最早出现于战国后期的文献中,《楚辞》和《吕氏春秋》都有用例,《楚辞》的两例都是“桂树”:嘉南州之炎德兮,丽桂树之冬荣。(《远游》)[②]茝兰桂树,郁弥路只。(《大招》)《吕氏春秋》中数见,如:邻父有与人邻者,有枯梧树。其邻之父言梧树之不善也,邻人遽伐之。(《去宥》)南至交阯、孙朴、续樠之国,丹粟、漆树、沸水、漂漂、九阳之山。(《求人》)这是用作山名[③]。《淮南子·地形》及《山海经·海外南经》都有“三珠树”,也早于《史记》。但从总体上说,在先秦西汉这种格式还是罕见的,而且汉魏以后一般也很少用“木”来构成这个格式[④]。

《史记·田单列传》:“遂经其颈于树枝,自奋绝脰而死。”“树枝”是口语词,相应的文言词是“木枝”,如《韩非子·扬权》:“为人君者,

---

① 根据《史记索引》统计(页 1051)。

② 黄灵庚《楚辞章句疏证》云:“屈、宋辞赋,凡树木皆作木,不作树,此‘桂树’之称不合其例,旧当作‘桂木’。《七谏·自悲》‘好桂树之冬荣’,后因东方朔改也。”(中华书局,2007,第三册,页 1795)按:黄氏之说失于武断,谓“旧当作‘桂木’”,后来因东方朔《七谏·自悲》中有“好桂树之冬荣”之句而把《远游》中的“桂木”也改成了“桂树”,纯属臆测,并无版本依据。事实上屈、宋辞赋中并未见到“桂木”的用例,凡树木也未必“皆作木,不作树”,《橘颂》就有“后皇嘉树,橘徕服兮”作“树”的明证。

③ 同篇上文有“攒树之所”,“攒树”也是地名。陈奇猷《吕氏春秋新校释》云:“‘攒树之所’疑即《淮南·时则训》‘树木之野’。《汉书·司马相如传》注、《文选》班固赋注引《苍颉篇》皆云‘攒,聚也’。‘攒树之所’即树木丛生之所,故与《淮南》‘树木之野’同义。”(上海古籍出版社,2002,页 1528)

④ 《御览》卷 954 引《幽明录》:“得一柏树,……柏木粉碎。”此类例子罕见。正统文言照例是直接称呼树名,如“松、柏、桑、梓”等,而不说“某木”。

数披其木,毋使木枝扶疏;木枝扶疏,将塞公闾,私门将实,公庭将虚,主将壅围[①]。数披其木,无使木枝外拒;木枝外拒,将逼主处。”[②]《史记》中的这个例子有可能是本于《说苑·立节》:“遂悬其躯于树枝,自奋绝脰而死。”除这两例外,东汉以前的文献中只有《管子·轻重丁》中还见到过一例:“桓公曰:‘五衢之民,衰然多衣弊而屦穿。寡人欲使帛布丝纩之贾贱,为之有道乎?’管子曰:‘请以令沐途旁之树枝,使无尺寸之阴[③]。’”根据王国维、罗根泽、马非百等人的意见,《管子·轻重篇》乃西汉人的伪托之作[④],那么其中出现“树枝”一词也就不足为奇了。在先秦汉语中,称说树木的某一部分照例要说“木X”,而不说“树X”,如《楚辞·离骚》:“擥木根以结茝兮,贯薜荔之落蕊。”又《九歌·湘君》:“采薜荔兮水中,搴芙蓉兮木末。”又《湘夫人》:“嫋嫋兮秋风,洞庭波兮木叶下。”而到了东汉佛经里,就几乎一律说“树X”了(详下),可见《史记》中的这例“树枝”在“树”替换“木”的过程中具有标志性的意义。

作量词用的“树”似乎不能换成“木”,而且前此未见[⑤],此后则时有沿用,如:

(1) 南山一树桂,上有双鸳鸯。(《古绝句四首》之四,《汉诗》卷12,343)

---

① “囷”原作“围”,据顾广圻、松皋圆、陈奇猷说改,详参陈奇猷《韩非子新校注》上册,页177—178,上海古籍出版社,2000。

② “木枝”一词实际上很少使用,传世的先秦典籍中仅此一见而已。

③ 按:《管子·轻重戊》作“今吾沐涂树之枝,日中无尺寸之阴”。

④ 参看马非百《论管子轻重上——关于管子轻重的著作年代》,载其《管子轻重篇新诠》卷首,中华书局,1988。

⑤ 太田辰夫认为《史记》的这几个“树”是否即为量词还有待于更多材料的证明,见所著《中国语历史文法》(东京:江南书院,1958;中译本(修订译本)页150,北京大学出版社,2003)。今按,从我们下面所引的例子来看,《史记》中这几个“树”字看作量词应该不成问题。

(2) 淮北荥南河济之间,有千树梨,其人与千户侯等。(《事类赋注》卷27引《裴子语林》,《钩沉》159)

(3) 李衡则橘林千树,石崇则杂果万株。(沈约《郊居赋》)

(4) 原陵五树杏,空得动耕人。(梁元帝萧绎《幽逼诗四首》之四,《梁诗》卷25,下/2061)

(5) 龚遂为渤海,劝民务农商,令口种一树[①]榆……(《齐民要术·序》,8)

(6) 洛阳北邙张公夏梨,海内唯有一树。(又卷4"插梨第三十七"引《广志》,284)[②]

(7) 贫儿二亩地,干枯十树桑。(《王梵志诗·贫儿二亩地》,739)

王褒《僮约》:"舍后有树,当裁作船。"《汉书·王吉传》:"东家有大枣树垂吉庭中,……里中为之语曰:'东家有树,王阳妇去;东家枣完,去妇复还。'"(10/3066)《汉书·五行志》载成帝时歌谣:"邪径败良田,谗口乱善人。桂树华不实,黄爵巢其颠。"(5/1396)这都是西汉口语用"树"的明证。

东汉时期,"树"的使用已经相当普遍,"某某树"也常见。下面酌引一些例子:

(8) 循枝上下,适与风遇。颠陨树根,命不可救。(《易林》卷6"噬嗑之明夷")

(9) 余见其庭下有大榆树,久老剥折。(桓谭《新论·辨惑》,《全后汉文》卷15,551a)

(10) 女贞之树,柯叶冬生。(郑众《婚礼谒文赞》,又卷22,

---

① 缪启愉校云:金抄、黄校、张校作"树",同《汉书·龚遂传》;明抄、湖湘本等作"株"。

② 《齐民要术》中此种"树"字屡见,不备引。

592a)

(11) 岩石松树,郁郁苍苍。(马第伯《封禅仪记》,又卷29,633a)

这是东汉初文人笔下用“树”的例子。

(12) 太山岩石松树,郁郁苍苍如云中。(应劭《风俗通义》,《全后汉文》卷37,680b)

(13) 可剥树枝。(崔寔《四民月令》,又卷47,729b)按:此文中“树枝”数见。

(14) 乃观荔支之树,……(王逸《荔支赋》,又卷57,784b)

(15) 庇庛兮枯树,匍匐兮岩石。(王逸《九思·悯上》,785b)

(16) 天乃大风,偃木[①]折树。成王发书感悟,备礼改葬,天乃立反风,其木树尽起。(张奂《应诏上书言灾应》,又卷64,822a)按:常见的词序是“树木”,“木树”连文则少见。

(17) 玉树青葱,鸾鹤并栖。(刘梁《七举》,又卷64,826b)

(18) 汉安帝时,有异物生于长乐宫延年厩后柏树及永巷南园合欢树,议者以为芝草也。(仲长统《昌言下》,又卷89,956b)

在《论衡》里,“树”的名词用法已经超过动词用法(40∶21),组合关系除已见于《史记》的巨树、冢树、棠树、树枝等外,还有树上、桃树、珠树等,“树木”连文11次。表示“树木”的“木”字共104见(其中“草木”31,“树木”11),数量上还是远多于“树”。随着“树”指树木的增多,“木”除了指树木外,在《论衡》中还多用以指五行之一和“木头(的)”。在组合关系上,“树”和“木”看不出有什么明显的差异,既有

① “木”配“偃”是用《书·金縢》:“凡大木所偃,尽起而筑之。”此承张永言师赐教,谨致谢忱。

“桃树”也有“桃木”,既有“珠树”也有“扶桑木”,既有“巨树”,又有“大木”。看来在王充的书面语里,“树”和“木”还处于混用的状态。而在东汉初崔篆所作的《易林》[①]中,则已经以用“树”为主。

到了东汉佛经,我们看到的情形就明朗化了,几乎已经是“树”的一统天下,不仅在数量上“树”与“木”相比占了绝对优势,而且在组合关系上“树”也表现出活跃的生命力:一是有关树木本身的名词几乎都用“树”来作限定语,如树叶、树枝、树皮、树干、树根、树顶、树头、树林、树神、树王、树荫等;二是“某某树”的格式广泛使用,几乎所有的树名后面都可以加上一个“树”字,例如:拘耆树、元吉树、须波罗致树、尼拘类树、尼拘陀树、阎浮树、娑罗树、贝多树、旃檀树,等等,凡是翻译外来树名,一律称“树”而不称“木”;三是修饰“树”的词语多而自由,构成的词语很丰富,例如:干树、丛树、父树、心树、好树、奇树、药树、果树、杂宝树、七宝树、天树、佛树、剑树等。“种树”在先秦西汉是同义并列结构,动词,如:

(19) 举事慎阴阳之和,种树节四时之适。(《韩非子·难二》)

(20) 所不去者,医药卜筮种树之书。(《史记·秦始皇本纪》,1/255)

到三国佛经里就都已经是动宾结构了,如:

(21) 譬如是天下种树,若干色、种种叶、花实各异。(支谦译《大明度经》卷2,8/485c)

---

① 《易林》旧题西汉焦延寿撰,据牟庭相、余嘉锡、胡适等人考证,应为崔篆所作。参看胡适《易林断归崔篆的判决书》,《历史语言研究所集刊》第二十本(1948),中华书局1987年重印本;余嘉锡《四库提要辨证》卷13“子部四·《易林》”条,中华书局,1985。崔篆曾仕王莽新朝,见《后汉书·崔骃传》(6/1703—1708)。当然,坚持认为今本《易林》为西汉焦延寿所撰的也大有人在,可参看陈良运《焦氏易林诗学阐释》下编“《易林》作者考辨及其他”,百花洲文艺出版社,2000。本书暂取崔篆说。

(22) 譬若如种树者,从润泽得生芽。(又《私呵昧经》,14/812a)

(23) 譬如种树,稍稍生芽,后生茎节、枝叶、花实。(又813c)[①]

这些都充分证明在晚汉口语中早就是说“树”而不说“木”了[②]。根据佛经材料并结合中土文献来看,“树”取代“木”估计当不晚于两汉之交[③]。也就是说,现代汉语木本植物统称为“树”的格局远在公元1世纪初期左右就已经基本形成。

“树”取代“木”以后,“木”尽管还保留在文学语言里,但在“树木”意义上已经丧失了构造新词的能力,使用范围大受限制,出现频率大为降低。在魏晋南北朝的文人诗文中,一般场合都已用“树”而“木”用得很少,“某某树”成为树木名称的最普遍格式,由“树”构成的词语十分丰富多彩,如芳树、芬树、香树、高树、短树、祥树、玉树、瑶树、琼树、琪树、琅玕树、珍珠树、碧树、青树、绿树、黛树、红树、绛树、赤树、朱树、白树、素树、黄树、绮树、丽树、艳树、云树、春树、秋树、冻树、寒树、炎树、遐树、远树、近树、杂树、深树、幽树、重树、细树、密树、夜树、晚树、苦树、毒树、荒树、枯树、疏树、薄树等等。在文言词汇系统中,“树”尽管未能彻底挤掉“木”,但“木”已明显退居很次要的位置。

小结:名词“树”始见于春秋战国之交,在先秦汉语中就得到了相当的发展。在东汉初的《易林》里,已是以用“树”为主,《论衡》中“树”

---

① 中土文献也是如此,如:数年,迁扬州牧,教民耕田种树理家之术。(《后汉书·酷吏列传·樊晔》,9/2491)“种树”和“耕田”“理家”并列,都是动宾结构。

② 《说文·艸部》:“蓏,在木曰果,在艸曰蓏。”许慎注《淮南子》则云“在树曰果”(见段注)。一用文言词,一用口语词。此例承鲁国尧师赐告,谨致谢忱。

③ 管锡华(1998/2000)认为:“到《史记》虽然二词(指木、树)仍然都用,但若除去引用先秦典籍,则是绝大多数用‘树’,很少用‘木’,‘树’已基本替代了‘木’。”(页119/197)

的名词用法也超过了动词用法；到了东汉中后期的翻译佛经中，表示“树木”的概念几乎已经是“树”的一统天下。据此推测，“树”在口语中取代“木”当不晚于两汉之交。现代汉语木本植物统称为“树”的格局远在纪元前后就已经基本形成。在魏晋南北朝的文学语言里，“树”也已基本替代“木”。不过，在文言词汇系统和现代汉语书面语里，“木”仍可以指树木，也就是说，作为木本植物通称的词，春秋以前的汉语中是一个——木，战国以后则有两个——树、木。

9. 侧、畔、旁(傍)/边[①]

表示“在某物旁边”的方位词[②]，先秦主要用“侧”，偶尔也用“旁(傍)”和“畔”，如：

(1) 齐尝大饥，道旁饿死者不可胜数也。(《韩非子·外储说右上》)

(2) 决漳水，灌邺旁。(《吕氏春秋·乐成》)

(3) 游于江潭，行吟泽畔。(《楚辞·渔父》)[③]

在先秦典籍中，这类“旁”用得最多的是《吕氏春秋》，共5次，而“侧”全书一共才4见，而且没有一例是直接放在名词后面的[④]。用“旁”多于用“侧”的现象在《史记》中有了进一步的发展，全书“旁”共113见，用作此义的有48次，“傍”16见，用作此义6次，加起来共54次。搭配范围也有所扩大，可用在“江、河、海、冢、石、右”以及表示建

---

① 参看王凤阳(1993/2011)“方 旁 傍”条和“方 面 边”条(页18、40)。

② 本条所讨论的仅限于这一组词直接放在名词后面的用法，放在动词、介词和“之、其、一、两、四”等字之后的均除外。

③ “畔”字用法有局限，例子也极少。

④ 其中1例位于介词“于”后，3例位于“之”后。(感谢胡波博士指出这一点。)又，张双棣(1989)曾论及“旁”与“侧”的关系，说“‘侧’较古而‘旁’晚出”，对先秦时期各部书中“旁”“侧”的使用情况有详细的统计和分析(页17)。虽然他所讨论的“旁”和“侧”不限于本条所论列的范围，但仍有参考价值。

筑物、人、天体(如北斗、日)等名词的后面。而“侧”全书37见,如此用的仅5次,均为“帝侧”,用法单一。“边”在先秦西汉基本上不如此用,《韩非子·外储说右下》:“今王良、造父共车,人操一边辔而出门闾,驾必败而道不至也。”似可看作此种用法的雏形。《灵枢经》:“头入发一寸傍三,各三,凡六痏;更入发三寸边五,凡十痏。”(卷5“热病第二十三”,11a)“边”跟“傍”对文同义,是指“两边”和“两旁”[①]。《后汉书·黄琼传》注引《说苑》:“伯奇入园,后母阴取蜂十数置单衣中,过伯奇边曰:‘蜂螫我。’”(7/2039)此文不见于今本《说苑》,但是似可旁证方位词“边”字在西汉应该已经产生了。

到了东汉,“边”开始迅速增多,翻译佛经中尤为习见。《广雅·释诂四》:“边,方也。”[②]《玉篇·辵部》:“边,畔也。”都记录了这一事实。这里酌举一部分东汉的例子:

(4) 雄处弱水,雌在海边。别离将食,哀悲于心。(《易林》卷15“兑之复”)

(5) 道畔巨树,堑边长沟,所居昭察,人莫不知。(《论衡·自纪》)

(6) 何等为多与?当如上头说。亦从父母得爱敬难,兄弟亦敬难,妻子亦敬难,儿从奴婢亦敬难,知识边人亦敬难,五种亲属皆敬难。(安世高译《七处三观经》,1/878b)

(7) 从是岸边,致渡岸边。……譬如船渡,舍是岸边,致渡岸边。(又《阴持入经》卷下,15/179b)

(8) 最恶行者便自然大火边,亦若干百千乌鸦鹰鹞共会。(又《道地经》,15/233c)

---

① 参看河北医学院校释《灵枢经校释》,人民卫生出版社,1982,上册,页425—427。

② 王念孙疏证:“《士丧礼》注云:‘今文旁为方。’”

(9) 正使怛萨阿竭阿罗呵三耶三佛寿如恒边沙,劫尽度人,人展转自相度,其所生者宁有断绝时不?(支娄迦谶译《道行般若经》卷1,8/430c)按:"恒边沙"系译经中常语。

(10) 若久在善师边者,当为是菩萨摩诃萨可说,闻者不恐不怖不畏。(又卷3,438b)

(11) 譬若有黠人,拖(一本作"施")张海边故坏船补治之,以推著水中,持财物置其中,便乘,欲有所至。(又卷5,452a)

(12) 于坐四面化作琉璃池水,周匝池边皆有珍宝栏楯及七宝池陛。(又卷10,474c)

(13) 譬如王边臣难当,如是舍利弗,魔及魔天官属,不能当如来无所著等正觉。(又《阿閦佛国经》卷下,11/759b)

(14) 菩萨行布施度无极,积累德本,持愿无上正真道,得在阿閦佛边。(又761c)按:本段"得在阿閦佛边"重复6次。

(15) 我所教授诸弟子及余弟子皆共合会,常令在阿閦佛刹诸弟子众边。(又762b)

(16) 敕令城郭诸街市里皆而扫除,以华香从之;道边者皆施帷帐幢幡而起除之。(又《阿阇世王经》卷上,15/396c)

(17) 近泥兰禅河边有梵志,姓迦叶氏,字郁俾罗。(昙果共康孟详译《中本起经》卷上,4/149c)

(18) 庐舍止处,列居水边。(又151c)

(19) 如来到门,闭而不通,便止舍边大丛树下。(又卷下,163a)

(20) 欲得火者,复当在此右边还归去者,当与汝火。(东汉失译《大方便佛报恩经》卷3,3/139a)

(21) 于后一时,有一土蚤来至虱边,问言:"汝云何身体肌肉

肥盛?"(又卷4,148a)

(22) 又云:"从诸比丘边闻。"(又卷6,155c)

(23) 若白衣边有事,必在众结;若聚落有事,亦在众结;若于五众边有事,必在比丘、比丘尼边结。(又156a)

(24) 夫受戒法必从他人边受。于何人受? 五众边受。(又卷6,160a)

(25) 而众生或自从佛得度,或从弟子,或遗法中而得度者。言九十那由他众生者,直佛边得度者。(又161a)

(26) 自知始入母胎胞时、住时、出时、于十方面行七步时,无人扶持,作如是言:"我今此身是最后边。"(又卷7,164b)

(27) 佛便作变化,三面皆自然有大涧,所向不得过,唯于佛前有道径。从人白言:"瞿昙边有道过矣。"(又《杂譬喻经》卷上,4/505b)

(28) 昔舍卫国梵志长者出城游戏,展转到祇桓边。(同上)

(29) 譬如贾人到愚冥人边,出绝好摩尼珠以视愚人。(又《拔陂菩萨经》,13/924a)

(30) 穷人住在树边。(又《栴檀树经》,17/750c)

(31) 于母、姊妹、比丘尼边作不净不?(又《受十善戒经》,24/1023b)

(32) 天神常在人边,不可狂言。(《太平经卷一百十四·大寿诫第二百》,458)

(33) 水银入人耳及六畜等,皆死。以金银着耳边,水银则吐(徐彬注:吐疑是出)。(《金匮要略论》卷24"禽兽鱼虫禁忌并治",200a)

(34) 城东门之外有墠,墠边有阪,茅蒐生焉。(《诗·郑风·

东门之墠》"东门之墠，茹藘在阪"郑玄笺）

（35）文籍虽满腹，不如一囊钱。伊优北堂上，抗（《诗纪》作"肮"）脏倚门边。（赵壹《秦客诗》，《汉诗》卷6，上/190）

（36）青青河边草，绵绵思远道。（蔡邕《饮马长城窟行》，又卷7，192）可比较：青青河畔草，郁郁园中柳。（《古诗十九首》之二，《汉诗》卷12，上/329）

（37）马边县男头，车后载妇女。（蔡琰《悲愤诗》，又199）

（38）顺帝之末，京师谣曰："直如弦，死道边；曲如钩，反封侯。"（《后汉书·五行志》、《文选·袁淑〈白马篇〉》李善注、《御览》卷767引应劭《风俗通义》）

（39）作舍道边，三年不成。（《后汉书·曹褒传》载汉章帝引谚，5/1203）

（40）城郭路边，草生作人状。（《续汉书·五行志》注、《御览》卷994引《风俗通义》）

（41）海边有流尸，露冠绛服。（黄翻《上言流尸事》，《全后汉文》卷82，913b）

（42）遂进道而少前兮，得平丘之北边。入匡郭而追远兮，念夫子之厄勤。（班昭《东征赋》，又卷96，987a）

（43）有兰生甘泉殿边房中。（《太平寰宇记》引《汉旧仪》）

佛经用例大大超过中土文献，再次显示出两种语料在反映口语方面的差异。在早期用例中，最常见的是"岸边、水边、河边、池边、海边、道边、路边"这些组合，从中可以看出方位词"边"从表"边际"义的名词发展而来的轨迹。同时我们注意到，在佛经中"边"还常常用在表人的名词后边，构成"某某人边"这样的组合。这种"边"字有的仍是表示"旁边"的实义，有的则已虚化，意义只相当于"处"，为唐五代用例(如见于变文者)开其先河,如(22)(23)(24)(25)(29)(31)等例[①]。这后一种用法尤其值得注意,方位词"边"虚化成不表示什么实际的意义,如东边、上边、里边、这边、前边、左边等,最初可能正是从上述用法开始的。这样的用法在中土文献中出现得要晚得多,而在东汉佛经中已经常可见到;而且东汉佛经里实际上已经有了"右边""最后边"这样的虚化用法。这一方面再次证明了佛经用词(尤其是常用词)贴近实际口语这一事实,另一方面也提示我们,方位词"边"在东汉佛经普遍采用之前,在口语中肯定已经经历了一个较长的发展阶段,也就是说,它的产生可能比我们现在所能见到的最早书证的时代要早。

魏晋以后,"边"在中土文献中的使用也呈迅猛发展的势头,在南朝文人诗中尤为常用,例子多得难以计数,几乎所有能带"边"的名词后面都可以加上"边"。限于篇幅,不再一一引例,只把带"边"的组合作一个不完全的列举[②]:江边[③]、湖边、恒水边、野水边、溪边、塘边、濑边、渭桥边、井边、井口边、船边、船舷边、荷叶边、国界边、市边、须弥边、山边、丹丘边、塞边、墓边、祠边、坛边、薪聚边、官牧边、车边、椁户边、塔边、楼边、间边、户边、院边、篱边、墙边、灶边、瓮边、瓯边、窗边、床边、卧床边、栏边、花烛边、丛台边、云台边、北场边、像边、枝边、锷边、日边、月边、天边、云边、头边、眼边、鬓边、鬟边、口边、腰边、脐边、膝边、裾边、钗边、帝边、父母边、贼帅边、善友边、阿罗汉边、道士边、

---

① "旁/傍"也有同样的用法,比如梁萧纶《车中见美人诗》:"空中自迷惑,渠傍会不知。""渠"是第三人称代词,"渠傍"就是她旁边、她处,代指她,即诗中所咏的美人。"渠傍会不知"是说这个美人大概并不知道有人在注视她并为她倾倒。

② 上文已经出现过的不再重复。

③ 比较《史记·龟策列传》:"江傍家人常畜龟饮食之,以为能导引致气,有益于助衰养老。"(10/3225)据余嘉锡先生考证,这段文章"明是用褚先生传敷演成文,不独非太史公书,亦必不出于少孙之手也",见《余嘉锡论学杂著·太史公书亡篇考》,中华书局,1963,上册,页79。

清净人边、几人边、郎边、女边、黠边、嫌疑边、汝边、彼边、左边、右边、东边、西边、外边。

"边"可以附在代词和名词化形容词的后边，如"彼边、汝边、黠边[①]、嫌疑边"等，还有了"天边、东边、西边、外边"等抽象化的用法。除了"上边、下边、里边[②]、前边"等外[③]，"边"的其他一些用法可以说在唐代以前都已经有了。奇怪的是通常只说"城旁（傍）"而"城边"很少见[④]。"道/路边""城旁"为东汉以降的习惯说法。

上述事实充分证明，在魏晋南北朝时期，表示"在某物旁边"的方位词基本上已是用"边"了，"旁（傍）"和"侧"虽然还在使用（"畔"偶见使用），但显然已经退居次要的地位，情形跟现代汉语大体相同。

小结：方位词"侧""旁（傍）""边"从古到今有一个依次更替的发展过程：先秦以"侧"为主，也用"旁（傍）"；西汉可能一度"旁（傍）"战胜过"侧"，但为时不长；"边"在西汉露头，东汉开始以迅猛之势扩展，到魏晋南北朝已在文学语言中占据压倒优势，而且仍在继续虚化。此后这种"边"字就一直沿用到现代汉语。

---

① 犹言"聪明人边"。

② 《齐民要术》："于屋里近户里边置瓮。"（卷8"作酢法第七十一"，551）这个"里边"跟今天表"里面"义的"里边"似尚不同，"边"还是实义，没有虚化。"外边"则已有典型用例，但仍罕见，如：时有大臣，从外边来，见此一人而被囚执，便问左右："何缘乃尔？"（慧觉等译《贤愚经》卷1，4/355c）

③ "这、那"隋以前尚未产生，自然不可能有"这边、那边"。

④ 曹植《乞田表》："乞城内及城边好田，尽所赐百年力者。"（《全三国文》卷15，1134b）《南齐书·五行志》："永明初，百姓歌曰：'白马向城啼，欲得城边草。'"（2/381）元魏吉迦夜共昙曜译《杂宝藏经》卷七："我向所以惨然变色者，我于城边，见恶鬼子，而语我言：'我在此城边，已七十年。我母为我，入城求食，未曾一得来，我今饥渴，甚大困厄。愿尊者入城，见我母者，愿为我语：速看我来。'"这是目前所看到的仅有几例。《宋书·巴陵王刘休若传》载宋明帝与桂阳王休范书："休若既是汝弟，使其狼心得申者，汝得守冶城边作太尉公邪？"（6/1885）这个"冶城"似为借代用法，指人。故沈约解释说："庐江王祎昔在西州，故上云冶城边也。"（同上）"西州"即"冶城"。南齐山阴有"城傍寺"，见《高僧传》卷8"释僧柔"（322）、"释慧基"（324）和卷12"超辩"（471）等条，应该是当时的口语。

10. 中、内/里(裏、裡)[1]

在现代汉语的方位词里边,"里"是使用频繁、活动能力强的一个,朱德熙先生《语法讲义》(商务印书馆,1982,页44)曾指出:"只要意思上讲得通,我们可以任意在名词后头加上'里'和'上'。"(页44)

方位词"里"无疑是从名词"表里"的"里"转化而来的,但这种转化发生在什么时候?"里"作为方位词的发展过程又是怎样的?这些问题虽有学者论及,但大都语焉不详[2]。本条讨论方位词"中→内→里"的历时替换过程。

表示"在某物里边"的方位词,先秦汉语一般用"中"。例如:

(1) 车中不内顾,不疾言,不亲指。(《论语·乡党》)

(2) 夫妄意室中之藏,圣也。(《庄子·胠箧》)

有时也用"内",但例子不多,如:

(3) 邦分崩离析而不能守也,而谋动干戈于邦内。(《论语·季氏》)

(4) 夫妄意关内,中藏,圣也。(《吕氏春秋·当务》)

紧接在名词后面的"里"到西汉才开始见诸文献[3],集中出现在早期医籍中,前面的名词都是人体各部位的名称。例如:

(5) 微大为疝气,腹里大脓血,在肠胃之外。(《灵枢经》卷1

① 字本作"裏",又作"裡",现简化为"里"。本条讨论范围同上条。

② 最早谈到这一问题的恐怕要数太田辰夫先生(1958/2003),他说:"'里'是和'表'相对的词,但后来成了和'中'的意义相同了。这从魏晋时就有。"举的例子是:念母劳家里。(古诗为焦仲卿妻作)风出窗户里。(晋·郭璞诗)(页93)

③ 《庄子·则阳》:"四方之内,六合之里。""里"跟"内"对文同义,是先秦少见的例子。但前面有"之"字,最多还只能看作此种用法的雏形。且《则阳》在《庄子》"杂篇",很可能是西汉人之作。《大词典》"里"字条此义的始见书证为梁庾肩吾《奉使北徐州参丞御》诗:"云边开巩树,雾里识峣峰。"(9/77)嫌晚。

"邪气藏府病形第四"，23a）[1]

（6）合缺盆以下胸中，贯膈络肝属胆，循胁里出气街。（又卷3"经脉第十"，10a）

（7）别者入季胁之间，循胸里属胆。（又"经别第十一"，18b）

（8）上入腋，交太阴，挟乳里，结于胸中。（又卷4"经筋第十三"，7a）

（9）以第四针针嗌里。（又卷5"热病第二十三"，10a）

（10）冲脉、任脉皆起于胞中，上循背里，为经络之海。（又卷10"五音五味第六十五"，3a）

（11）肉里之脉，令人腰痛。（《素问》卷11"刺腰痛篇第四十一"，上/590）王冰注："里，裹也。"

（12）经主病和者，其病得之筋髓里。（《史记·扁鹊仓公列传》，9/2797）[2]

这里我们碰到一个问题，就是这些"里"字究竟是名词还是方位词？

名词"里"和方位词"里"的区别在于：作名词时它表示二维空间的另一侧，与"表"相对；作方位词时它表示三维空间的内部，与"外"相对。"里"与"表"相对时强调的是跟朝向观察者的一面（或暴露的一面）相对的另一面，而与"外"相对时强调的则是某一空间的"内部"。前者指的是一个平面，而后者则是一个空间（可以是虚的，也可以是实的）。可以图示为：

这样我们就有了一个判别的标准：当"里"指的是一个平面时，它是名

① "腹里"此书多见，也见于《素问》。

② 《史记》全书"里"凡10见，如此用的仅此1例。

词;当它指一个空间时,就是方位词。我们拿这个标准来衡量上述例子中的"里",应该承认,它们已经是方位词。因为跟"腹"的表面相对的另一侧应该是"背",而"腹里"显然是指腹的内部、中间。其余同理。试比较下面两个例子:

(13) 遇见《坟》《典》,行途无所题记,以墨书掌及股里,夜还而写之。(《拾遗记》卷4"秦始皇",104)

(14) 复割两髀里肉持与之。(支娄迦谶译《道行般若经》卷9,8/472b)

例(13)的"股里"指大腿的内侧[①],是一个可以写字的平面,这是名词;例(14)的"两髀里"则指大腿的内部、里边,是一个三维空间(实的),"里"就是方位词。

如果我们要探求"里"由名词转化为方位词的原因,不妨作这样的推测:"里"最初是指衣服的里子[②],跟"表"(衣服朝外的一面)相对,在这种场合,"里"指的是一个平面,这是很清楚的。但事物有其复杂性,在很多情况下,朝向观察者的一面虽是一个平面(平面A),但与这个平面相对的不一定是另一个平面(即平面A的另一侧),而是一个有一定厚度的三维空间。指称这个空间在上古汉语一般要用"中",但假如指称的着重点不是这个空间,而是空间内部跟"表"相对的一侧,那么也可以用"里"。比方一个杯子,它的外壁是"表",按照上古汉语的习惯,假如说"杯里",应该是指杯子的内壁,但这个"里"字容易产生歧义,理解的人很可能把它看作是指那个空间。这样的语用实例多了以后,"里"慢慢就获得了方位词的功能。下面这个例子很能说明问题:

---

① 《灵枢经》:"巨分者,股里也。"(卷8"五色第四十九",7a)这个"股里"也是指大腿内侧。

② 《说文·衣部》:"里,衣内也。"《诗·邶风·绿衣》:"绿兮衣兮,绿衣黄里。"

(15) 藏府之在胸、胁、腹里之内也,若匣匮之藏禁器也,各有次舍。(《灵枢经》卷6“胀论第三十五”,11a)

“名词+里”之后又加上“之内”,很可能这类“里”字最初还是指“里侧”[①],“内”才是指“内部,中间”。但假如“里”的后面不出现“之内”之类的成分,人们把“里”直接理解成“里边,内部”也不能算错。从这个例子我们可以观察到“里”由名词向方位词转化的最初轨迹。这也说明,虽然我们认为上引西汉用例中的“里”已经是方位词,但同时也不得不承认,这些方位词所表示的三维空间还不是最典型的。换句话说,对这些“里”仍然可以有不同的理解,比如说把它看作名词。

到东汉出现了表典型三维空间的方位词“里”,但还不多见。下面是我们收集到的全部例子:

(16) 萨陀波伦菩萨入城门里,遥见高台。(支娄迦谶译《道行般若经》卷9,8/473a)

(17) 即听布钱,门里不周。(昙果共康孟详译《中本起经》卷下,4/156c)

(18) 王亦闻此女妙,欲纳之宫里。(东汉失译《分别功德论》卷4,25/43c)

(19) 王即纳之宫里,随时瞻养。(又卷5,50b)

(20) 而称伯夏教入殿里,与桓贤言。(蔡邕《对诏问灾异八事》,《全后汉文》卷70,856b)

(21) 收禮遗孤,皆置门里。(阙名《故民吴仲山碑》,又卷102,1024a)

“里”的使用范围已从人体扩大到建筑物,“宫”“殿”等是典型的

① 不过《灵枢经》此例的“里”字有异文:隋代杨上善编的《黄帝内经太素》卷二十九“胀论”作“裹”,《甲乙经》卷八第三无“胸胁腹里之”五字。这里姑依传世本《灵枢经》的文字立说。

三维空间,“里”是“里边;中间”的意思,不可能再理解为“里侧,内侧”。此外东汉初年崔篆所作的《易林》中有一例:

(22) 泛泛柏舟,流行不休。耿耿寤寐,心里大忧。(《易林》卷1“屯之乾”)

“心里”已是较为抽象的用法,值得注意。

魏晋时期,方位词“里”开始呈现迅速增长的势头①,下面酌举部分用例②:

(23) 缄藏箧笥里,当复何时披?(曹丕《代刘勋妻王氏杂诗》,《魏诗》卷4,上/402)

(24) 明日复来,太祖隐兵堤里,出半兵堤外。(《三国志·魏志·武帝纪》注引《魏书》,1/13)

(25) 亮又为地突,欲踊出于城里,昭又于城内穿地横截之。(又《明帝纪》注引《魏略》,95)

(26) 孚著小铠,于朝服里挟佩刀以见卓,欲伺便刺杀之。(又《董卓传》注引谢承《后汉书》,176)

(27) 为围堑十重,于堑里筑京,皆高五六丈,为楼其上。(又《公孙瓒传》,243)

(28) 即敕救将徐晃以权书射著围里及羽屯中,围里闻之,志气百倍。(又《董昭传》,2/440)

(29) 惇等果入贼伏里,战不利,典往救。(又《李典传》,534)

(30) 令破鼠矢,矢里燥。亮大笑,谓玄、邠曰:“若矢先在蜜中,中外当俱湿,今外湿里燥,必是黄门所为。”(又《吴志·三嗣主传》注引《吴历》,5/1154)

---

① 但令人费解的是,汉魏佛经中“里”字始终不多见,跟几乎同时产生的方位词“边”的情形很不一样。

② 上面已经出现过的组合不再列举。

(31) 尝从策讨麻保贼,贼于屯里缘楼上行詈。(又《太史慈传》,1190)

(32) 祖横两蒙冲挟守沔口,……袭与凌统俱为前部,……乘大舸船,突入蒙冲里。(又《董袭传》,1291)

(33) 从四月一日,城里便扫洒道路,庄严巷陌。(《法显传·于阗国》,14)①

(34) 列宅紫宫里,飞宇若云浮。(左思《咏史诗八首》之五,《晋诗》卷7,上/733)

(35) 我家池里,龙种来归。(《襄阳耆旧记》卷1引里人语,又卷9,上/803)

(36) 相忘东溟里,何睎西潮津。(张翼《咏怀诗》,又卷12,中/892)

(37) 冥冥幽谷里,响集自可闻。(刘程之《奉和慧远游庐山诗》,又卷14,中/937)

(38) 放神青云外,绝迹穷山里。(王康琚《反招隐诗》,又卷15,中/953)

(39) 久在樊笼里,复得返自然。(陶渊明《归园田居诗五首》之一,又卷17,中/991)

(40) 驻箸不能食,蹇蹇步闱里。(《子夜歌四十二首》之十四,又卷19,中/1041)

(41) 杜鹃竹里鸣,梅花落满道。(《子夜四时歌七十五首·春歌二十首》之六,又1043)

(42) 含笑帏幌里,举体兰蕙香。(又《秋歌十八首》之四,又1046)

---

① 此书"城里"习见。

(43) 掘作九州池,尽是大宅里。处处种芙蓉,婉转得莲子。(又之十二)

(44) 新衫绣两裆,迮著罗裙里。(《上声歌八首》之六,又1049)

(45) 我有一所欢,安在深阁里。(《懊侬歌十四首》之七,又1057)

(46) 存诚夹室里,三界赞清休。(支遁《八关斋诗三首》之一,又卷20,中/1079)

(47) 谁云幽鉴难,得之方寸里。(陶弘景《真诰·运象篇》载萼绿华赠诗,又卷21,中/1096)

(48) 携襟登羽宫,同宴广寒里。(杨羲《紫薇诗》,又卷21,中/1105)

(49) 形盘幽辽里,掷神太霞庭。(又《十二月一日夜南岳夫人作与许长史》,又1119)

(50) 夏天于浴室里浴,遣家中大小悉出,独在室中良久。(《搜神记》卷14,356/175)

(51) 久久,方闻屋里有人言:"宾堂下有人,不可进。"(又卷19,448/235)

(52) 于田中耕,以饭置菰里,每晚取食,饭亦已尽,如此非一。(《搜神后记》卷10,113/66)

(53) 若四方有兵,此剑则飞起指其方,则克伐;未用之时,常于匣里,如龙虎之吟。(《拾遗记》卷1"颛顼",16)

(54) 其人称:自发其国,常从云里而行,闻雷霆之声在下。(又卷2"周",49)①

---

① 《拾遗记》中"里"字多用,不备引。

到了南北朝,"里"在文学语言中普遍使用,出现频率相当高,在组合关系方面也有了大规模的扩展。为了节省篇幅,只把我们所收集到的"里"的组合列举如次:关里、郧城里、城南郭里、章华里、新丰里、村里、上林里、太学里、玉堂里、南闺里、宫阁里、房里、空房里、狱里、囤里、堆里、庭里、园里、庙里、紫宸里、金门里、户里、墙里、栋里、檐里、栅里、灶里、屏风里、帐里、厢里、床里、被里、箧里、函里、瓮里、瓯里、甑里、铛里、帙里、鉴里、镜里、米里、粽里、盐汁里、臛里、窠里、巢里、水里、五湖里、睢水里、河里、溪里、涧里、水源里、洲里、浦里、沙里、吴江里、波里、沧波里、舟里、众山里、丛石里、岩里、岩石里、岘里、丘壑里、隙里、孔里、洞里、硎里、双屿里、狭斜里、斜迳里、林里、树木里、松柏里、幽篁里、叶里、芳枝里、芙蓉里、花里、月里、烟里、雾里、烟雾里、尘里、微尘里、影里、香里、北风里、霜里、雪里、暗里、清汉里、衣里、裲裆里、袖里、鬟里、怀里、寸心里、肝脏里、肺里、唇里、肤里、核里、梦里、三界里、群里、名教里、琴里、曲里、握里、啼里、获里、五十里、今夜里。

上面这些组合中有几点值得注意:

1. "里"的词义虚化,用法灵活。"里"可加在各种名词(包括抽象名词)、名词化的形容词和动词以及数词后面。被附加的不再限于"里""外"界限分明的实物。像下面这些例子中的"里"用法都是很灵活的:

(55) 城傍疑复道,树里识松风。(梁简文帝萧纲《京洛篇》,《梁诗》卷20,下/1907)

(56) 花生剪刀里,从来讶逼真。(鲍泉《咏剪彩花诗》,又卷24,2026)

(57) 麦随风里熟,梅逐雨中黄。(庾信《奉和夏日应令诗》,《北周诗》卷3,下/2381)

(58) 香浮佳气里,叶映彩云前。(张正见《芳树》,《陈诗》卷2,下/2477)

(59) 日里丝光动,水中花色沉。(陈后主叔宝《祓禊泛舟春日玄圃各赋七韵诗》,又卷4,下/2516)

(60) 舟如空里泛,人似镜中行。(释惠标《咏水诗三首》之一,又卷10,下/2621)

"雾里、风里、暗里、香里、日里、月里[①]、空里、心里、梦里、三界里、名教里、琴里、曲里[②]"等实际上已经从指具体的处所引申为指比较抽象的范围。指范围的还有"群里",如:

(61) 寄语故林无数鸟,会入群里比毛衣。(朱超《咏独栖鸟诗》,《梁诗》卷27,下/2096—2097)

不过这类例子还很少见。

2. "里"可以用来表时间,这是一种重要的虚化。例如:

(62) 绿鬓愁中改,红颜啼里灭。(吴均《和萧洗马子显古意诗六首》之三,《梁诗》卷11,中/1746)

(63) 寒田获(《文苑英华》作"渊")里静,野日烧(《文苑英华》作"晓")中昏。(阴铿《和侯司空登楼望乡诗》,《陈诗》卷1,下/2455)[③]

(64) 乐哉三十余,悲哉五十里[④]。但看八十三,子地妖灾起。(释宝志《谶诗》,《梁诗》卷30,2188)

(65) 只看今夜(《文苑英华》作"月彩",注云:一作"今度")里,

---

① 指日光里、月光里。
② 指琴声里和曲声里。
③ 按,作"渊"恐非。下句也以作"烧"为是。
④ 指四十到五十年之间。

那似隔河津。（陆系《有所思》，《陈诗》卷 9，2604）[①]

“啼里、获里”都是指一种状态的持续，实际上所表达的就是时间概念，等于说“在啼/获的时候（中间）”，“里”从表方位发展到表时间，可能就是从这种用法开始的[②]。至于“五十里、今夜里”，那已经是地道的时间了。只是这样的用法尚处于萌生当中，例子还不多[③]。

上述情况表明，作为方位词，“里”在南北朝后期已大体具备了各种功能[④]。不过跟“中”相比，它在使用范围和出现频率两方面都还处于劣势[⑤]。

下面是一个“中”和“里”的出现次数统计表，从中可以看出两者在两晋南北朝时期此消彼长的大体趋势：

	晋诗 a[⑥]	晋诗 b[⑦]	宋诗	齐诗	梁诗	北魏诗	北齐诗	北周诗	陈诗	隋诗
中	51	112	81	32	290	18	11	40	113	37
里	2	23	27	8	75	5	3	13	40	20

① 按，作“月彩”恐非。《文苑英华》所引文字多不可据。

② 汉语里有一些词既可表方位，又可表时间，两者常常是相通的。从来源上看，往往是先表方位，后引申为表时间，因为时间概念要比空间概念抽象。时间词“间”、介词“于”“在”“从”等都是如此。

③ “今夜里”仅此一例，还有异文。

④ 吕叔湘先生主编的《现代汉语八百词》对方位词“里”的解释是“在一定界限以内”，在“名＋里”的格式下一共列举了“里”的五种用法：a）指处所。如“城里”。b）指时间。如“夜里”。c）指范围。如“话里有话”“主席团成员里有老周”。d）跟表示机构的单音节名词组合，既可指该机构，又可指该机构所在的处所。跟“家”组合，可指家里的人，也可指处所。如“向县里（指机构）汇报情况”“从县里（指处所）来”“家里（指人）来信了，叫你回去”“我从家里（指处所）来”。e）跟某些表示人体部分的名词组合，有实指和虚指两种意义。如“手里拿着一封信（实指）”“手里收集了一些材料（虚指）”。（增订本，页 360）除第四种指机构和“家里”指人的用法以外，其他用法在唐以前基本上都已经有了。

⑤ 即使到了现代汉语，“中”和“里”基本上成了文白之别，但“里”也未能彻底取代“中”，有些习惯组合只用“中”不用“里”。

⑥ 指前 10 卷，为西晋作品。

⑦ 指后 11 卷，主要是东晋作品。

"中"和"里"的出现频度从东晋的约5∶1到隋代缩小为约2∶1。

到唐代的王梵志诗里,"中"和"里"的出现频率已大体持平[①]。"里"前的名词又有新的扩展,如席[②]里、圈里、柜里、苦海里、铺里、窟里、镬里、肚里、雨里、囹圄里、木里、肠里、土里、坑里、碛里、意里、厅里、草里、耳里、眼里、一世里等;唐以前尚未见到的"口里",诗中常用,"口中"反而几乎不用,"家里""心里"等也是最常见的说法,已经取代了"家中""心中"。至敦煌变文出现了"这里"(者里)"那里","里"由方位词进而虚化为词尾[③]。可见至迟到晚唐五代,方位词"里"已经完全发展成熟了。

"里"和"边"都是从名词发展为方位词的。从目前所见到的材料看,两者由名词转化为方位词的开始时间基本相同,都是在西汉;而大规模地用作方位词则"里"略晚于"边",最明显的一个事实就是"边"在东汉佛经里已经大量使用,而"里"却只有少数几例。"边"和"里"的发展都是在中古汉语这一阶段,而且都一直沿用到现代汉语,它们之间有着许多共同之处。这是否跟这一时期汉语在总体上所发生的变化存在着某种内在的联系,还需要进一步研究。

小结:方位词"里"始见于西汉,大约从魏晋起,它在口语中开始迅速发展,到南北朝后期,在文学语言中也普遍使用,作为方位词的各种功能已大体具备。至迟到晚唐五代,方位词"里"已完全发展成熟,此后一直沿用到现代汉语。

---

① 两者在前5卷中的出现次数是36∶34。后2卷的语言成分比较复杂,暂时未予统计。据项楚先生研究,现存的三百多首"王梵志诗""决不是一人所作,也不是一时所作,而是在数百年间,由许多无名白话诗人陆续写就的"。(《王梵志诗校注·前言》,页4)

② 指席子。

③ 参看志村良治《中国中世语法史研究》页30,江蓝生、白维国译,中华书局,1995。

第三章 东汉—隋常用词演变研究:动词

实词中要数动词的词义和用法最复杂。动词的新旧更替大多是某一个或几个义位的替换,属于完全性替换的比较少见。这是动词与名词的一个显著区别。因此讨论动词的新旧更替要比名词来得困难。首先遇到的一个问题往往是划分词义和用法,找出新旧词在义位上的对应关系,而要确定一个动词的词义和用法有时并不是一件容易的事。比如关于"说话"的一组同义词,意义和用法就相当纷繁复杂,很难找到彼此之间基本对等的词,不容易进行相互比较。其次,新词在跟旧词竞争中大多有一个词义不断丰富、用法不断扩展的过程,不像名词那样词汇意义基本保持不变。这也给描写新旧更替的过程增加了难度。不过正是由于动词的复杂性,它对汉语词汇史的研究才更有意义,因为词汇演变中许多微妙的现象和规律在动词身上体现得最为生动和具体。在汉语发展史上,动词发生历时更替的也最多。基于这两方面的因素,在三类实词中,本书把动词作为考察的重点,下面一共讨论了21组动词的新旧更替过程,在数量上分别高出名词和形容词各一倍强。其中"宜、当/应、合"组属于助动词,也暂附在动词中。

1. 衣、冠、服/著(着、箸)、戴[①]

上古汉语穿衣服鞋袜和戴帽子(当时叫"冠")统称为"服";同时也常常用名词动词化的方式来表示这一动作:穿衣服叫"衣"(后代读作去声),戴帽子叫"冠"(后代读作去声)[②],穿鞋子叫"履"。这一局面至迟到东汉就发生了根本的改变:"著"[③]取代"服"成了表身上穿戴的通用动词;名词动词化的方式已基本废弃不用;戴帽子有了专用动词"戴"并在此后的魏晋南北朝时期应用渐广。

就目前所知,"穿著"的"著"字始见于《晏子春秋》[④]:

(1) 著衣冠,令其友操剑,奉笥而从,造于君庭。(《内篇杂上》)

但先秦似仅此1见而已。西汉偶见用例,如:

(2) 相如身自著犊鼻裈,与保庸杂作涤器于市中。(《史记·司马相如列传》,9/3000)

(3) 长公主赐邓通,吏辄随没入之,一簪不得著身。(又《佞幸列传·邓通传》,10/3193)

(4) 赐愿著缟衣白冠,陈说白刃之间,解两国之患,独赐能耳。(《说苑·指武》)

到了东汉文献里,使用就较多了,如:

---

① 参看王凤阳(1993/2011)"衣 被 服 着 穿"条(页566—567)。

② 据黎曙光研究,衣、冠在先秦兼有名词和动词两个义项,作动词不是词类活用。参看黎曙光《"衣""冠"活用辨》,《古汉语研究》1996年第4期,页58—60。

③ 字又写作"着",偶尔也写作"箸"。

④ 《大字典》"着"字条:(三)②穿上。《广韵·药韵》:"着,服衣于身。"《礼记·曲礼上》:"就屦,跪而举之。"汉郑玄注:"就,犹着也。"(5/3228)《大词典》"着"字条"穿;戴"义下首引《后汉书·东夷传·高句丽》:"大加、主簿皆着帻,如冠帻而无后;其小加着折风,形如弁。"(9/430)所引的始见书证都可大大提前。王凤阳(1993/2011)谓"'着'的穿着义在魏晋之后才应用"(页566),同样不确。

(5) 女侍史官三百人,皆著素,参以白素,引棺挽歌。(东汉明帝刘庄《阴太后晏驾诏》,《全后汉文》卷3,489b)

(6) 吾为天下母,而身服大练,食不求甘,左右但著帛布,无香薰之饰者,欲身率下也。(汉明帝马皇后《辞封舅氏诏》,又卷9,517b)

(7) 勿设殡棺,但著禅衫,疏布单衣,幅巾,亲尸于板床之上。(袁闳《临卒敕其子》,又卷30,638a)

(8) 令史质堪上言,太官宜著两梁。(陈忠《奏太官宜著两梁冠》,又卷32,651a)

(9) 夏至著五彩,辟兵。(应劭《风俗通义》,又卷36,674b)

(10) 悦禹文德,欣然皆著衣裳矣。(又675a)

(11) 为仆鉴之结,著独力之衣。(又卷38,685a)

(12) 延熹中,京师长者皆著木屐。(又卷41,697a)

(13) 其后有人着大冠,绛单衣,杖竹策立冢前。(蔡邕《王子乔碑》,又卷75,880a)

(14) 少年见罗敷,脱帽著帩头。(《乐府古辞·陌上桑》,《汉诗》卷9,260)

(15) 煮茧曰莫。莫,幕也,贫者著衣,可以幕络絮也。(《释名·释采帛》,137)[1]

(16) 越王、范蠡趋入石室,越王服犊鼻,着樵头[2],夫人衣无缘之裳,施左关之襦。(《吴越春秋·勾践入臣外传第七》)[3]按:这里换用了"服""着""衣""施"四个同义词,

---

① 《释名》中"着"字常用,衣裤鞋帽均可说"着"。

② "樵头"指樵夫用以束发的头巾。

③ 此外在孙星衍所辑的《汉官仪》中有"着两梁冠,着细帻大冠,着绛绔,着细帻大冠、白绢单衣,着素,着素衣"等组合。

可资比较。

以上用例中,衣服鞋帽都可以说“著”。

从东汉佛经起,“著”就占了绝对优势,几乎在各类文体中都普遍使用,“服”等文言词已用得很少[①],《世说新语》中表示“穿;戴”义用“著(箸)”27次,“衣”1次(引《论语》),“服”2次,“冠”0次,足以说明问题。下面酌举一些例子(带宾语的组合详下文):

(17) 或时见担死人衣自著身。(安世高译《道地经》,15/232b)

(18) 时五百女人各各自取著身衣布著座上。(支娄迦谶译《道行般若经》卷10,8/474b)

(19) 人民皆从树取五色衣被,众共用著之。(又《阿閦佛国经》卷上,11/755c)

(20) 王则欲以衣著菩萨上,忽然不现,不知处,但闻其音不现形。(又《阿阇世王经》卷下,15/401c)按:本段此类“著”字屡见。

(21) 王了无复所见,便取其衣还欲自著,亦复不见其身。(又402b)

(22) 称生奇妙,有琉璃屐著足而生。(昙果共康孟详译《中本起经》卷上,4/149a)

(23) 吾子在宫,衣服极好;今者为道,所著何衣?(又154b)

(24) 往到井上,脱所著衣,举著一处,入井取水。(东汉失译

① 在某些文献中有时还以用“服”“衣”“被”等为主,如:有三十二相,衣法衣。(支谦译《义足经》卷上,4/181b)衣法大衣。(又卷下,182a,183a)衣大法衣。(又184b)以其服大慈法铠与虚空战,……被铠誉虚空,举三处人至大精进上勇猛。(又《大明度经》卷3,8/488c—489a)闿士大士皆被大铠学明度。(又489a)“被(法)铠”一类的说法此经中常见。这正说明《义足经》和《大明度经》语言典雅(参看俞理明上引书,页16—18),故少用“著”字。

《大方便佛报恩经》卷2,3/132a)

(25) 须发自落,袈裟著身。(又141c)按:此为佛经中常语。

(26) 初生之时,有自然金屐著足而生。(又《分别功德论》卷4,25/41a)

(27) 故设三衣,冬则著重者,夏则著轻者,春秋著中者。……若大寒时,重著三衣,可以障之。(又44c)

(28) 即脱天冠著地:有应作者便作。诸臣愁悒,各无欢心。时释王小儿在前游行,见地天冠,即举著头上坐地。(又卷5,52b)

(29) 帝善弹棋,能用手巾角。时有一书生,又能低头以所冠著葛巾角撇棋。(《三国志·魏志·文帝纪》注引《博物志》,1/90)按:"冠著"当是同义连文。

(30) 宁常著皂帽、布襦袴、布裙,随时单复。……四时祠祭,辄自力强改加衣服,著絮巾、故在辽东所有白布单衣,亲荐馔馈,跪拜成礼。(又《管宁传》,2/358)

(31) 乃使兵解铠著胄,持短兵。(又《吴志·丁奉传》,5/1301)

(32) 景帝欲试之,乃杀鹅而埋于苑中,架小屋,施床几,以妇人屐履服物著其上,乃使觋视之。(又《赵达传》注引《抱朴子》,5/1427)

(33) 即以我所著身上衣被珠环,悉赐与汝。(支谦译《赖吒和罗经》,1/870a)

(34) 我自有薪(元本、明本作"管"。似应为"菅"字)衣,著之甚悦。(又《须赖经》,12/55b)

(35) 尔时世尊寻持所著僧伽梨衣授与彼王。(旧题支谦译《撰集百缘经》卷2,4/210a)

(36) 即脱身上所著服饰(圣语藏本作“具”)用施贫女。(又卷6,230c)

(37) 设令得衣,心不生著,虽服著衣,而无系著,不贪不著。(康僧铠译《郁伽长者经》,11/477b)按:“服著”当是同义连文。

(38) 其中往来种作,男女衣著,悉如外人。(陶渊明《桃花源记》)按:“衣著”同义连文,这里名词化了。

(39) 新衫绣两裆,迮著罗裙里。(《上声歌八首》之六,《晋诗》卷19,中/1049)

(40) 裲裆与郎著,反绣持贮里。(又之七,1050)

(41) 白练薄不著,趣欲著锦衣。(《团扇郎六首》之六,又1052)

(42) 影入箸衣镜,裙含避恶香。(梁简文帝萧纲《歌》,《梁诗》卷22,下/1980)按:“箸衣镜”相当于今天的“穿衣镜”。

(43) 早知觅不见,真悔著衣单。(庾信《梅花诗》,《北周诗》卷4,2399)

(44) 因复著履上座,将离席,不知履所在,赞者曰:“履著脚。”坚亦曰“履著脚”也。(《御览》卷499引《笑林》,3/2281b;《钩沉》182)

(45) 有一人,提一襆新衣,曰:“府君以此遗郎。”充便著讫,进见少府,展姓名。(《搜神记》卷16,397/203)

(46) 乃解衣裳以衣之,释所著冠履以与之。(《搜神后记》卷5,116/32)

(47) 指冠冕曰:“君当复著此。”(《世说·识鉴11》注引《语林》;《钩沉》152)

(48) 或有诣阮,见自吹火蜡屐,因叹曰:"未知一生当著几量屐?"(《世说·雅量 15》)

(49) 阳为王刷头,簪荷叶以为帽,与王著,当时亦不觉帽之有异。(《御览》卷 687 等引《幽明录》,3/3066b;《钩沉》382)

(50) 他日见此沙弥,问云:"先与汝衣,著不大耶?"(《珠林》卷 19 引《冥祥记》,53/429a;《钩沉》629)

"著"所带的宾语很丰富,例如:著衣、著衣服、著新衣、著好衣、著新好衣、著七宝衣、著鲜净衣、著洁净衣、著香熏衣、著天衣、著御衣、著树叶衣、著孔雀羽衣、著麻衣、著一种衣、著布单衣、著单布衣、著单衣帽、著黄单衣、著单绢裙衫、著复衣、著罗縠之衣、著中衣、著縩衣、著鹿皮衣、著染复衣、著白衣、著彩衣、著朱衣、著缥衣、著青衣、著皂衣、著皂角单衣、著白布单衣、著紫葛衣、著去时衣、著朝服、著刺史服、著补纳之衣、著弊衣、著恶衣、著弊恶衣、著垢腻衣、著百戏衣、著粪扫衣、著粗服青黑木兰及泥洹里衣、著朱衣武冠、著冠帻绛衣、著大冠袍衣、著绣面衣、著绛纱袍、著麻襦布裳、著服、著内服、著短服、著王服、著衮、著天冠王服、著卫士服、著草衣服、著沙门服、著法服、著宝服、著红罗服、著衰麻服、著五纳服、著五纳、著袈裟、著领、著曲领、著绣衣曲领、著白练衫、著小襦袄、著皂襦、著青丝布袍、著赭布帔、著铁裲裆、著铠、著皮铠、著铠仗、著小铠、著战衣木履、著好服饰、著金缕织成服饰、著无央数种种衣被、著绫罗、著锦绣绫罗绮縠、著珠环饰服、著好服饰璎珞环钏、著斑衣虎头帽、著裙帽、著垂裙皂帽、著裳、著青纹袴襦、著袴褶、著紫袴褶、著织成袴褶、著彩裌裙、著新绢裙、著青布绔、著絮巾布袴、著绲带;著天冠、著帛冠、著鹿皮冠、著鹿皮帽、著笼冠、著皂衣高冠、著帽、著袴帽、著小帽、著纱帽、著布帽、著狐皮帽、著貂蝉、著绣裙、著铁鉅鉾、著折风[1]、著绛帕头、著青锦束头、著巾、著葛巾、著白纶巾、著缣巾、著帻、著平上帻、著衣帻、著赤罽帻、著绣面衣、著龙头，著履、著高履、著花文履、著轻丝履、著紫皮履、著穿弊履、著穿角履、著玉舄、著屐、著桑屐、著软材平底木屐、著连齿木屐、著屩、著袜。

服丧大都仍用"服"，但也可以说"著"，如：

(51) 须臾，遂有数百人，著衰麻服，持棺迎丧，凶仪皆备。(《搜神记》卷19,446/234)

(52) 心丧期年者，如韩子助、宋子浚等二十四人。其余门人著锡衰者千数。(《水经注》卷6"汾水",542)

不仅衣、裤、裙、帽、鞋、袜等用"著"，首饰、刑具等也说"著"，可见其应用范围之广：

(53) 若男子若女人，持摩尼珠著其身上，鬼神即走去。(支娄迦谶译《道行般若经》卷2,8/435c)按：此段"持摩尼珠著身上"频见。

(54) 阿閦如来佛刹女人，意欲得珠玑璎珞者，便于树上取著之；欲得衣被者，亦从树上取衣之(三本作"衣著之")。(又《阿閦佛国经》卷上,11/756b)

(55) 譬如死人著金傅饰，不持戒反被袈裟，像如持戒沙门。譬如养者子服饰，著新衣，著新傅饰，多讽经持戒，好亦如是。(又《遗日摩尼宝经》,12/193a)

(56) 其一儿则脱著身白珠著手中，便报谓二儿："是犹可以供佛。"智者见怛萨阿竭不当作贪，则其二儿效解取著头上白珠著其手中，即各叹言，行至佛所。(又《阿阇世王经》

① 一种形如弁的帽子。

卷上，15/394c）

(57) 优陀曰："众女大多，今掷与谁？"太子言："珠璎著颈，则是其人。"（昙果共竺大力译《修行本起经》卷上，3/466a）

(58) 我时身体，著妙璎珞。（东汉失译《大方便佛报恩经》卷5，3/153b）

(59) 后王池中生一金色千叶莲华，小象见之，取持上王。王得，以与大夫人，使著头上。（又《杂譬喻经》卷上，4/504b）

(60) 时坐中有一比丘，耳中有须曼花，众坐皆疑："比丘之法离于花饰，而此比丘著花何谓？"天帝即白佛言："不审比丘何以著花？"众坐乃知是道德因缘，非暂（元本、明本作"耳"）著花也。（又505a）

(61) 不得著臂钏指环。（又《沙弥尼戒经》，24/937b）按：这个"著"后代用"戴"。

(62) 狱吏以逵主簿也，不即著械。……逵著械适讫，而太祖果遣家中人就狱视逵。（《三国志·魏志·贾逵传》注引《魏略》，2/481）按：此"著"后代也用"戴"。

(63) 其居丧，男女皆纯白，妇人着布面衣，去环佩。（又《乌丸鲜卑东夷传》注引《魏略》，3/842）

(64) 从头至足，皆著金银白珠璎珞，随时被服。（支谦译《七女经》，14/907c）

(65) 身上皆著金银琥珀珠宝，被服甚好。（又908a）

(66) 守罪人鬼取彼头轮，著弥兰头上，脑流身焦。（康僧会译《六度集经》卷4，3/21b）

(67) 乐人皆著名珰垂悬步摇华光、珠玑璎珞琨环杂巧、罗縠文绣上服御衣。（又卷7，3/41c）

(68) 长吏知之,械收系,著桎梏,而续在市乞。(《搜神记》卷1,19/8)

(69) 尝先著银钗,犹在头上。(又卷14,356/176)

(70) 妇不敢复著〔金钏〕,依事咒埋。(《搜神后记》卷4,44/26)

(71) 晋哀帝王皇后有紫磨金指环,至小,可第五指著[①]。(《初学记》卷10引《俗说》,220;《钩沉》192)

(72) 欲刻玉时,当作大金环,着手指,开其背如月,以割玉刀内环中,以刻玉。(《御览》卷813引《玄中记》,4/3614b;《钩沉》494)按:此即后世"戴戒指"之戴。

其中有不少"著"字后代说成"戴"。

"著"偶尔还用作量词,如:

(73) 蓟子训,不知何郡人。到陈公舍,自云今日当死。陈公与之一著单衣,入室寝。日中果死。(仲长统《昌言下》,《全后汉文》卷89,955b)

这类"著"字的词义重点在"附着"[②],所以应用范围比后代的"穿"广泛,几乎一切有关人体穿戴的动作都可以说"著"。有些用法是"穿"所没有的,如"著身衣""以衣著某人"[③]等。

今天吴语、赣语、客家话、粤语的不少方言点仍管穿衣服鞋袜叫"著(着)"而不叫"穿"(或两者并用,一白一文)[④],可见这个词在汉语里流传的历史之长。

下面讨论"戴"。

---

① 《北堂书钞》卷136引作"正可第五指带"(555a)。

② 例(22)(26)尤能说明问题。

③ "穿"的宾语只能是物而不能是人。

④ 具体分布请参看曹志耘主编《汉语方言地图集·词汇卷》"079 穿"地图。

"戴"本来是指把东西顶在头上[①],先秦常用,如:

(74) 君略后土而戴皇天。(《左传·僖公十五年》)

(75) 颁白者不负戴于道路矣。(《孟子·梁惠王上》)

由此引申为"戴帽子"的"戴"。在现代汉语里,前面一个意思已经由"顶"来表示,"戴"就专指戴帽子了[②]。

"戴"用作"戴帽子"义始见于战国,但先秦西汉用例并不太多[③],如:

(76) 公孟子戴章甫,搢忽,儒服。(《墨子·公孟》)

(77) 乘轩戴絻,其与无足无以异。(《荀子·正名》)

(78) 冠虽穿弊,必戴于头;履虽五采,必践之于地。(《韩非子·外储说左下》)

(79) 夫冠虽贱,头必戴之;屦虽贵,足必履之。(同上)

(80) 君将戴笠衣褐,执铫耨以蹲行畎亩之中,孰暇患死!(《晏子春秋·内篇谏上》)

(81) 祭之日,王被衮以象天,戴冕。(《礼记·郊特牲》)

(82) 冠则戴致之,絑则蹍履之。(《淮南子·说林》)

(83) 冠履之于人也,寒不能暖,风不能障,暴不能蔽,然而戴冠履履者,其所自托者然也。(又《人间》)

(84) 君独不见夫鸡乎?头戴冠者,文也;足傅距者,武也;……(《新序·杂事第五》)[④]

---

① 《说文·異部》:"戴,分物得增益曰戴。"林义光《文源》:"此义经传无用者。戴相承训为头载物,当即本义。"《释名·释姿容》:"戴,载也,载之于头也。"《玉篇·異部》:"戴,在首也。"

② 《大字典》和《大词典》都没有把这两个义项分开,分别笼统地释作"顶在头上""把东西加在头上或用头顶着",而戴帽子用法的始见书证分别为《红楼梦》和《儿女英雄传》,显然太晚了。(分见页2/1413、5/248)

③ 如《史记》一书"戴"字出现不少,但没有一例用作此义。

④ 又见《韩诗外传》卷2。由此例可见,这种"戴"字开始时也还是泛指"头顶着"。

(85) 于是黄帝乃服黄衣,戴黄冕,致斋于宫。(《韩诗外传》卷8)

东汉以后,这种"戴"才逐渐多用起来[①],如:

(86) 戴笠独宿,昼不见日。(《易林》卷11"益之无妄")

(87) 周公居摄,带天子之绶,戴天子之冠,负扆南面而朝诸侯。(《论衡·书虚》)

(88) 巴、蜀、越巂,郁林、日南,辽东、乐浪,周时被发椎髻,今戴皮弁。(又《恢国》)

(89) 捧足举宫游虚空,头戴宝冠坐正殿。(东汉失译《受十善戒经》,24/1024b)

(90) 博徒见农夫戴笠持耨,以芸蓼荼,……(崔骃《博徒论》,《全后汉文》卷44,713a)

(91) 首戴冠以饬貌,爰龟背而鸾颈。(杨修《孔雀赋》,又卷51,757b)

(92) 天子乃驾彫轸,六骏驳,戴翠帽,倚金较。(张衡《西京赋》,又卷52,763a)

(93) 髶髦被绣,虎夫戴鹖。(又《东京赋》,又卷53,766a)

(94) 戴华笠,奋金铃。(蔡邕《王子乔碑》,又卷75,880a)

(95) 首戴宝冠。(旧题支谦译《菩萨本缘经》卷上,3/52b)

(96) 顶戴天冠,著诸璎珞,庄严其身。(旧题支谦译《撰集百缘经》卷5,4/224c;225b,2见;卷6,228b)按:此语本经中常见。

(97) 睹一铁城,中有丈夫,首戴天冠,俨然恭坐。(康僧会译《六度集经》卷4,3/19c)

---

① 在孙星衍所辑的《汉官仪》中有"戴鹖尾,戴青帻,戴鹖冠"等组合。

(98) 亲奉三尊，戴戒巍巍冠，服戒为衣。（康僧会译《六度集经》卷4，3/21c）

(99) 被蓑兮戴笠，置露兮践欢。（曹植《九咏》，《全三国文》卷14，1131a）

(100) 夫披翠云以为衣，戴北斗以为冠，带虹霓以为绅，连日月以为佩，此服非不美也，然而帝王不服者，望殊于天，志绝于心矣。（又《与陈孔璋书》，又卷16，1141a）

(101) 其男子通服长裙，帽或戴羃䍦。（《晋书·四夷传·西戎·吐谷浑》，8/2538）

(102) 卿虽乘车我戴笠，后日相逢下车揖。（《越谣歌》，《晋诗》卷18，中/1019）

(103) 顷之，狗戴叔坚冠走，家大惊。（《搜神记》卷18，435/227）

(104) 忽有一赤鬼，长可丈许，首戴绛冠，形如鹿角。（《广记》卷322引《灵鬼志》，2557；《钩沉》316）

(105) 有一人著朱衣，戴帻，擎木箱底在床前。（《高僧传》卷8“释法通”，340）

就“戴帽子”这一动作而言，一直到隋末，用“戴”的例子仍没有用“著”多。可能要到后来“穿”取代了“著”以后，“戴”作为戴帽子义的专用动词才真正独立起来。不过随着“著”和“戴”的普遍使用，作动词用的“冠”在这一时期就很少见到了。

关于穿着的动词的语义切分各种语言是不一样的[①]，一种语言的不同方言或不同历史阶段也常有差异。现代汉语“穿”“戴”两分，泾渭分明，“穿”只用于衣服鞋袜，“戴”只用于帽子，绝不混用。在汉魏六朝时期，“著”（着）可用于一切服饰（甚至包括刑具等），但帽子等

① 如日语穿衣服和穿裤子用不同的动词：穿衣服用“着る（きる）”，穿裤子用“はく”；而戴围巾用“巻く（まく）”，戴帽子用“かぶる”。共有四个不同的动词，跟汉语很不相同。

头上戴的东西又可以用专门的动词“戴”,在这个义位上,“著”和“戴”形成部分重叠。“著”后代在大部分方言里被“穿”所代替,于是成为“穿—戴”两分的对立格局。但是在早期,戴帽子有时也可以说“穿”,如《世说·雅量10》:“庾时颓然已醉,帻堕几上,以头就穿取。”

小结:表示“穿戴”义的动词在中古时期发生了重大变化,上古汉语常用的“服”“衣”“冠”被“著”和“戴”所取代。“著”和“戴”都始见于战国,但西汉以前用例并不太多。到了晚汉魏晋南北朝,“著”已发展成为有关穿戴的最常见的通用动词。“著”在后代虽然又被“穿”所替代[①],但在部分南部方言里至今仍活在人们的口头上。

2. 视/看(翰)[②]

表示“用眼睛看”这一行为,先秦两汉一般说“视”[③]。就目前所知,“看”字最早见于《韩非子·外储说左下》:“梁车新为邺令,其姊往看之。”是“看望”义。不过先秦典籍中仅此一见而已[④]。《说文·目

① 现代汉语只在“穿着、衣着、着装”等少数双音词中还保存着这个意思。“穿着”连用在六朝后期已见用例,如:《礼·王制》云:“裸股肱。”郑注云:“谓掙衣出其臂胫。”今书皆作擐甲之擐。国子博士萧该云:“擐当作掙,音宣,擐是穿着之名,非出臂之义。”(《颜氏家训·书证》,442)这预示着又一轮新的替换竞争即将开始。

② 参看任学良(1987),页53;王力主编《古代汉语》页218;王政白(1992)“看 视 见望”条(页203—206);王凤阳(1993/2011)“见 觌 视 示 睹 看 瞩”条(页748)。

③ 当然还有许多同义词,如“相、观、察、省、瞻、望”等,它们之间又存在着细微的词义差别。但就最一般意义的“用眼睛看”这一动作而言,跟现代汉语“看”字相对应的词是“视”。为了讨论方便起见,本书暂不涉及其他同义词。

④ 任学良(1987)认为,《孟子》上的“瞰”“瞯”,读kàn,赵岐都注“视也”,也应当是“看”的异体字。……《古今小说·珍珠衫》有“莫在门前窥瞰”,恰好证明了“瞰”是“看”的异体字。(页53)引例有:阳货瞰孔子之亡也,而馈孔子蒸豚。孔子亦瞰其亡也,而往拜之。(《滕文公下》)王使人瞯夫子果有异于人乎。(《离娄下》)吾将瞯良人之所之也。(同上)今按,《说文·目部》:“瞯,戴目也。从目,閒声。江淮之间谓眄为瞯。”《广韵》户闲切。可见“瞯”与“看”并不是异体字,而是同义词。“瞰”则是“瞰”的异体字,《集韵·阚韵》:“瞰,视也。或从阚。”“瞰”《广韵》苦滥切,是收〔-m〕的字,跟“看”(收〔-n〕)不同音,也不是异体字。

部》著录了“看”字,并且有异体作“翰”,但在两汉文献中,“看”字仍不多见。

大约从晚汉开始,“看”的用例逐渐多起来。《广雅·释诂一》:“看,视也。”可能是对当时实际使用情况的记录。下面分义项举一些汉魏时期的例子:

1）用视线接触人或物;观看

（1）出门蹉跌,看道后旅。(《易林》卷16“中孚之节”)

（2）尔时大施主游行观看。(东汉失译《大方便佛报恩经》卷2,3/132b)

（3）心生怜悯,即出往看。(又卷3,139a)[①]

（4）尔时其父上高山顶,遥看其女,目不暂舍,而作是念:“我今遥观我女,远去不现,当还本处。”(又139b)

（5）尔时目连在路侧立,一切诸天无顾看者。(又卷6,160b)

（6）仰看天庭,飞陛揭孽,缘云上征,中坐垂景;俯视流星,千门相似,万户如一。(王延寿《鲁灵光殿赋》,又卷58,790b)

（7）望河洛之交流兮,看成皋之旋门。(班昭《东征赋》,又卷96,987a)

（8）无聚会群辈,无看视门户。(又《女诫·专心第五》,又989b)[②]

（9）东看祖祢,西眷旧庐。(阙名《郎中马江碑》,又卷101,1020b)

（10）顾看空室中,仿佛想姿形。(秦嘉《赠妇诗三首》之三,

---

① “观看”“往看”东汉失译经和三国佛经中习见,下不备引。

② “看视”同义连文。本篇用了四个“视”,一个“看”,“看”是无奈之下为了凑音节才用上的,明显地反映出避俗就雅的倾向。

《汉诗》卷6,上/187)

(11) 遥看(《诗纪》作“望”)是君家,松柏冢累累。(《古诗三首·十五从军征》,又卷12,上/335)

(12) 父答子曰:“吾家堂柱,我见有光,汝为施伐,试破共看,倘有异物。”于是大臣随其父教,寻为施伐,取破看之,得经二卷。(旧题支谦译《撰集百缘经》卷6,4/233c)

(13) 城中人民怪其所以:“云何比丘头上戴珠而行乞食?”竞来看之。(又卷7,237c)

(14) 常恒供养一辟支佛,身体粗恶,形状丑陋,憔悴叵看。(又卷8,243b)

(15) 请大医耆婆破腹看之,得一小儿。(又卷10,250c)

(16) 时波斯匿王闻商人语,寻即遣使敕彼聚落云:“我自当往彼观孙陀利。”时聚落主闻王欲来看孙陀利,便共议言:……(又256b)

(17) 仰看苍天,不睹云雨。(康僧会译《六度集经》卷2,3/9c)

(18) 譬如断树木竖立,夜中遥看,谓是人。(三国失译《阿毗昙甘露味论》卷下,28/979a)

(19) 俯视清水波,仰看明月光。(曹丕《杂诗二首》之一,又卷4,上/401)①

(20) 仰首看天衢,流光曜八极。(嵇康《五言诗二首》之二,又卷9,上/489)

(21) 北看高昌,邪睨建城。(韦诞《景福殿赋》,《全三国文》卷32,1235b)

---

① “仰看”屡见于三国文人诗中,下不备引。

（22）既得，使观于营陈之间，问曰："此军何如？"获对曰："向者不知虚实，故败。今蒙赐观看营陈，若只如此，即定易胜耳。"（《三国志·蜀志·诸葛亮传》注引《汉晋春秋》，921）

2）观赏，欣赏

（23）北临清漳水，西看柏杨山。（王粲诗，《魏诗》卷2，上/364）

（24）东望看畴野，回顾览园庭。（陈琳诗，又卷3，368）

（25）十四年夏四月，后主至湔，登观阪，看汶水之流。（《三国志·蜀志·后主传》，4/897）

3）观察；考察

（26）吾昼察人事，夜看乾象，天之所废，不可支也。（郭泰《答友劝仕进书》，《全后汉文》卷68，848b）按："察""看"对文同义。文言通常说"夜观乾象"。

（27）后移居墓所，景王遣钟会看之，若才意德能及父，当收。（《三国志·魏志·夏侯玄传》注引《魏氏春秋》，1/304）

（28）又都尉治内史有失物者，辂使明晨于寺门外看，当逢一人。（又《管辂传》注，3/829）

（29）公疑其有异色，先遣迎看，因自留之。（又《蜀志·关羽传》注引《蜀记》，4/939）

（30）使者作高梯，上看印文，诈以朱书石作二十字，还以启皓。（又《吴志·三嗣主传》注引《江表传》，5/1172）

4）窥伺

（31）十九者，终不于墙垣窥看，有邪僻之念。（支曜译《成具光明定意经》，15/457c）

（32）知逆贼刘表，又遣赖恭窥看南土。（汉献帝刘协《赐士燮

玺书》,《全后汉文》卷8,516b)

(33) 绝笔收势,余綖虬结,若山蜂施毒,看隙缘巇,腾蛇赴穴,头没尾垂。(崔瑗《草书势》,又卷45,720a)

(34) 闚(三本、宫本作"窥",圣语藏本、圣语藏乙本作"阙")看垣墙,坐不安所。(支谦译《孛经抄》,17/732b)

(35) 因反忿恨,看国家忌讳,造诽谤,崇饰戏言,以成丑语。(蒋济《蒋子万机论·刑论》,《全三国文》卷33,1239a)

(36) 意无是非,赞之如流;言无可否,应之如响。以窥看为精神,以向背为变通。(李康《运命论》,又卷43,1296a)

(37) 又以黄门张当为都监,专共交关,看察至尊,候伺神器,离间二宫,伤害骨肉。(《三国志·魏志·曹爽传》载司马懿奏曹爽疏,1/286)

(38) 今此郡民,虽外名降首,而故在山草,看伺空隙,欲复为乱。(又《蜀志·周鲂传》,5/1388)

5) 看望,探望

(39) 我母今日何因缘故,不与我食,不来见看?(东汉失译《大方便佛报恩经》卷3,3/141a)

(40) 儿前母闻生子如是,偶往看见(三本作"看省见便")爱之。(又《杂譬喻经》卷下,4/508c)

(41) 母情不然(三本、宫本作"已"),复还看之。(又《分别功德论》卷5,25/48a)

6) 照看;看护;照料;守护

(42) 佛言:"汝不视他病,云何欲望人看也?"(东汉失译《分别功德论》卷4,25/43b)

(43) 车驾西还,执鞭跨马,及看轮毂,升舆下轸,扶接圣躬。(蔡邕《让高阳乡侯章》,《全后汉文》卷71,861b)

(44) 我唯一子,今舍我去,谁当看我?痛不可言!(旧题支谦译《撰集百缘经》卷6,228c)

(45) 是乐身中行念守看。(三国失译《阿毗昙甘露味论》卷下,28/975a)

7) 检查;诊断

(46) 邪不空见,中必有奸。审察表里,三焦别焉。知其所舍,消息诊看。料度府藏,独见若神。(《伤寒论》卷1"平脉法第二",212b)

(47) 佗望见云:"已饱针灸服药矣,不复须看脉。"(《三国志·魏志·华佗传》注引《佗别传》,3/802)

8) 阅读

(48) 修以公所撰兵书示松,松宴饮之间一看便暗诵。(又《蜀志·先主传》注引《益部耆旧杂记》,4/882)

9) 表示提示

(49) 比丘对曰:"弟子不骂,直言'婢淫种'耳。"江神女曰:"看此比丘,已复骂欤!"(东汉失译《分别功德论》卷5,25/49b)

以上引例中有几点值得注意:一是在所谓的"东汉失译"经中"看"字明显用得较多。据我们的调查,译人明确的东汉佛经中"看"字只出现了1例,即例(31)。这再一次反映了吕澂先生定为"后汉失译"的这部分佛经在用词上的显著差异。二是从佛经和中土文献的用例综合分析可以推定,在汉末三国时期,"看"在口语里必定已经取代了"视"。"看"不仅大量出现在风格较俗的佛经里(像"观看"已成为佛经中的常语),而且散见于诗赋奏章等典雅的文体中,就是有力的证据。因为一般说来,口语、俗语词要进入书面文学语言是需要经过一个较长的过程的。"看"既然在先秦已见露头,那么在汉末三国时期发育成熟并替代了文言词“视”,应该是顺理成章的事。

晋代以后,“看”的使用频率急速上升,例子多得难以计数,而且词义更加丰富,用法灵活繁多。朱庆之先生曾把魏晋南北朝翻译佛经中的“看”字细分为15个义项[①],这些义项大多在同时期的中土文献里也能见到用例。下面酌举一部分有代表性的例子:

(50) 因行药,欲数处看过,还复共集散耳。(王羲之《杂帖》,《全晋文》卷25,1601a)

(51) 后阿育王欲知其根际,遣人掘看,下至黄泉,根犹不尽。(《法显传·僧伽施国》,61)

(52) 兽从北来鼻头汗,龙从南来登城看,水从西来河灌灌。(《晋书·五行志》引元康中洛中童谣,3/945)

(53) 看都濩泚,住柱呼尹。(《华阳国志·南中志》引南广郡行人语,279;又《水经注》卷36“若水”,2960)

(54) 黄栗留,看我麦黄葚熟。(《毛诗草木虫鱼疏》下引里语,《晋诗》卷9,上/795)

(55) 翩翩乌入乡,道逢双燕飞,劳君看三阳,折杨柳。(《月节折杨柳歌十三首·二月歌》,又卷19,中/1067)

(56) 欲知相忆时,但看裙带缓几许!(《读曲歌八十九首》之二十一,《宋诗》卷11,中/1341)

(57) 闻欢下扬州,相送楚山头。探手抱腰看,江水断不流。(《莫愁乐》,又1347)

(58) 相看常不足,相见乃忘饥。(沈约《六忆诗四首》之一,《梁诗》卷7,中/1663)

(59) 谁知心眼乱,看朱忽成碧。(王僧孺《夜愁示诸宾诗》,又

① 参看朱庆之(1992),页180—184;张永言、汪维辉(1995)曾作引述,见页406。

卷12,中/1766)

(60)“……妾身未损,可以再生,还为夫妇。且速开冢破棺,出我即活。”平审言,乃启墓门,扪看其女,果活。(《搜神记》卷15,359/178)

(61)齐武成世,并州东看山侧,有人掘地。(《珠林》卷85引《侯君素集》,53/910a;《钩沉》655)按:此以“看”名山,可见口语中早已是说“看”了。

(62)吾世荷国恩,不能坐看成败。(《洛阳伽蓝记》卷1“永宁寺”,5)按:比较文言说法“坐观/视成败”。

(63)卿但是至彼,家人自出相看。(又卷3“大统寺”,141)

(64)垄者看好,料理又易。(《齐民要术》卷5“种榆、白杨第四十六”,341)缪启愉校释:看好,长大后整齐匀直。

以上为“用视线接触人或物;观看”义。

(65)不知谁家子,看花桃李津。(江淹《咏美人春游诗》,《梁诗》卷3,1568)

(66)和张侍中看猎诗(王褒诗题,《北周诗》卷1,下/2337)①

(67)有一人乘马看戏。(《搜神记》卷4,76/47)

(68)卫玠从豫章至②下都,人久闻其名,观者如堵墙。玠先有羸疾,体不堪劳,遂成病而死。时人谓“看杀卫玠”。(《世说·容止19》)

以上为“观赏,欣赏”义。

(69)荀巨伯远看友人疾,值胡贼攻郡。(《世说·德行9》)

此为“看望,探望”义。

---

① 这种场合文言一般说“观猎”,后世犹然。庾信诗中以“看斗鸡”“看舞”“看妓”等为题者甚多。同时代人(包括南朝和北朝)还常以“看新婚”等为诗题。

② 按,“至”字衍。

(70) 苏易者,庐陵妇人,善看产,夜忽为虎所取。(《搜神记》卷20,450/237)按:"看产"犹言"接生"。

(71) 从太祖还都,除奉朝请。令伯玉看宅,知家事。(《南齐书·荀伯玉传》,2/572)

此为"照看;看护;照料;守护"义。

(72) 医师看病,随宜饮食及汤药,皆令得安,差者自去。(《法显传·摩竭提国巴连弗邑》,103)[1]

此为"检查;诊断"义。

(73) 殷中军被废东阳,始看佛经。(《世说·文学50》)

(74) 温笑曰:"凿齿忧君误死,君定是误活。然徒三十年看儒书,不如一诣习主簿。"(《晋书·习凿齿传》,7/2153)

(75) 聪引帝入宴,谓帝曰:"……以卿所制乐府歌示朕,谓朕曰:'闻君善为辞赋,试为看之。'……"(又《刘聪载记》,9/2660)

(76) 学者当取三多:看读多,持论多,著述多。(《海录碎事》卷18引《小说》,《钩沉》234)按:"看读"同义连文。

以上为"阅读"义。

(77) 弋仲曰:"汝看老羌堪破贼以不?"(《晋书·姚弋仲载记》,9/2961)按:此"看"字犹言"试看"。

(78) 君看班定远,立功不负义。(吴均《边城将诗四首》之四,《梁诗》卷10,中/1738)

(79) 在车中照镜,语丞相曰:"汝看我眼光,乃出牛背上。"(《世说·雅量8》)

以上表示提示。

---

① 章巽校注本标点作:"医师看病随宜,饮食及汤药皆令得安,差者自去。"今不从。

(80) 瑶琴久芜没，金镜废不看。（《采石上菖蒲诗》，《梁诗》卷3，中/1566）

(81) 卧久疑妆脱，镜中私自看。（刘孝绰《爱姬赠主人诗》，又卷16，下/1836）

此"看"犹言"照"。

(82) 王戎七岁，尝与诸小儿游。看道边李树多子折枝，诸儿竞走取之，唯戎不动。（《世说·雅量4》）

(83) 卧看明镫晦，坐见轻纨缁。（南平王刘铄《拟行行重行行诗》，《宋诗》卷5，中/1214）按："看""见"对文同义。

此犹言"看见"。

(84) 婆罗门不信是粪，以手探看，遂作一孔。（《洛阳伽蓝记》卷5"闻义里"，327）

(85) 复抨如初，嗅看无臭气乃止。（《齐民要术》卷4"柰、林檎第三十九"，298）

(86) 尝看之，气味足者乃罢。（又卷7"笨麴并酒第六十六"，506）

(87) 一日再入，以手刺豆堆中候看：如人腋下暖，便须翻之。（又卷8"作豉法第七十二"，561）①

以上相当于"试试看"的"看"。

在语言很口语化的《世说新语》里，"看"字用得十分频繁（全书共

---

① 这样的"看"字在《齐民要术》中常用（还有"验看"等），它的词义已经趋于虚化，接近于今天"试试看"的"看"。"看"的这个用法可能主要是在北方话中通行，这里引的几个例子都出自北朝著作。宋项安世《项氏家训》卷8载："……因观《宋徽宗实录》，见执政立在新君曰：'且召二王来看。'盖北人之语句末多用'看'字，本是助语，而修史者遽书曰：'召二王来观之。'如此则执政议时初未识亲王之面，乃今始欲亲相其貌而立之也。其去本意岂不远哉！"可见直到宋代这种地域差别仍然存在。

53 见),其中用作"阅读"义的有 14 次,还有"看杀卫玠"的说法。"看杀""打杀"的"杀"是这时期兴起的一种新用法。在陈代人的诗里,还有了重叠的"看看":

(88) 容貌朝朝改,书字看看灭。(陆琼《长相思》,《陈诗》卷 5,下/2538)

(89) 故殿看看冷,空阶步步悲。(江总《奉和东宫经故妃旧殿诗》,又卷 8,2593)

此外《贤愚经》中已有"看见"这样的组合[①]。可以说,现代汉语"看"字所具有的义项和用法,在魏晋南北朝已经基本齐备了。这标志着"看"在六朝已经是一个发育成熟的词,并从口语进入了书面文学语言,还侵入了"观、省、察、望、窥、读、照、见"等词的义域。只有在少数场合"视"不能换成"看",如"虎视、熟视、高视"等固定搭配。

"看"从《韩非子》始见到汉末六朝发育成熟,这中间理应有一个漫长的渐变过程,也就是说,在这段时间里,"看"一定是活在口语中的(也许开始只是一个方言词,后来发展成为全民通语),到了汉末以后,它又得到了空前的发展。只是现存的晚汉以前文献未能使我们窥见它在当时演变发展的具体过程罢了。这代表同义词更替中的一种类型,即源头很早(一般都可以追溯到先秦),到晚汉六朝突然迅速发展并取代了旧词,而中间漫长的渐变过程却无从考索。

小结:"看"最早见于《韩非子》,但先秦仅此一例,此后在整个西汉和东汉的上半叶文献用例都罕见。从汉末起例子才逐渐增多,到

---

① 张永言先生曾指出:"南北朝时代'看见'偶见,如元魏慧觉等译《贤愚经》卷十一'无恼指鬘缘品第四十五':'相师看见,怀喜而言:是儿福相,人中挺特。'(《大正藏》第四卷,页 423)……'看见'作为一个词迄至唐代似仍不多见,其普遍行用当在宋代以后。"参看《李贺诗词义杂记》,原载《中国语文通讯》1979 年第 6 期,又收入其《语文学论集》(增订本),页 193 注②。

三国时,在各类文体中已用得较为普遍,可以推断,当时的口语早已是说"看"而不说"视"了。晋代以后,"看"的词义和用法又有了新的发展,用例继续猛增,在文学语言中也逐步取代"视"而占据了主导地位。

3. 求、索/寻、觅[①]

表示"寻找"这一概念,上古汉语用"求""索"等,现代汉语用"找"。在魏晋南北朝,则常用"觅"和"寻"。

"寻"是个很古老的词,在先秦就经常用作动词,而且有好几个义项。但当"寻找"讲,就目前所掌握的材料来看最早能上溯到东汉初期[②]:

(1) 吏人死亡,或在坏垣毁屋之下,而家羸弱不能收拾者,以见钱谷取佣,为寻求之。(东汉光武帝刘秀《地震诏》,《全后汉文》卷2,482a)

这样的例子在汉末以前并不多见。"寻"在东汉文献中最常用的意思

---

① 参看:王凤阳(1993/2011)"寻 觅 求 搜 索"条(页588);汪维辉《纵横结合研究汉语词汇》,载《21世纪的中国语言学》(二),商务印书馆,2006;张庆庆《近代汉语"寻找"义动词更替考》,《苏州大学学报》(哲社版)2007年第3期;殷晓杰、张家合《"找""寻"的历时替换及其相关问题》,《汉语学报》2011年第3期;曹志耘主编《汉语方言地图集·词汇卷》"148　找"地图。

② 《大词典》《大字典》"寻"字条"寻找"义下所举的始见书证都是《墨子·修身》:"思利寻焉。"高亨《诸子新笺》:"寻,求也。思利寻焉,谓思利而求之。"(分见页2/1288、1/510)今按,此例可酌。孙诒让《墨子间诂》:"《仪礼·有司彻》贾公彦疏引服虔《左传注》云:'寻之言重也,温也。'毕云:'寻习。'"(4/6)则此"寻"字仍当解作"重温;探求"("寻"训"温",当为"燅"字之借,详参《说文》"燅"字段注),而非具体的"寻找"。且据目前所知,先秦仅此一例,尤其值得怀疑。任学良(1987)所举的最早例子则是《史记·曹世家》:"太史公曰:余寻曹共公之不用僖负羁,乃乘轩者三百人,知唯德之不建;及振铎之梦,岂不欲引曹之祀哉?"(页129)这个"寻"也是"寻求;探索"的意思,跟具体的"寻找"义仍有区别。又,《大词典》"考索;探求"义下首引《后汉书》例,《大字典》"探究;研究"义下首引《淮南子》例,都不妥,应引《墨子》例。这是把两个义项的始见时间弄颠倒了。

是“寻思;探寻”,例子很多,如:

(2) 宜寻吕产专窃之乱,永惟王莽篡逆之祸。(周纡《上疏劾窦瓌》,《全后汉文》卷31,646b)按:“寻”“惟”对文同义。

(3) 推寻雅意,彷徨旧土。(蔡邕《太傅胡广碑》,又卷76,886a)

(4) 懿等追想定省,寻思仿佛,哀穷念极,不知所裁。(蔡邕《司徒袁公夫人马氏碑》,又卷77,890a)

两者的区别是:“寻找”的对象是具体的人或物,“寻思”的对象则是“道理”等抽象的事物。“寻找”的“寻”要到汉末以后才逐渐多见起来,例如:

(5) 帝悲思之,遣使寻求,辄遇风雨震晦,使者不得进。(应劭《风俗通义》,《全后汉文》卷38,685a;又《后汉书·南蛮西南夷列传》,10/2829)

(6) 便起欲心,顺水寻求,想见颜色,追求不已。(东汉失译《分别功德论》卷2,25/37a)

(7) 王即遣人,追寻阿难。(又37b)

(8) 即寻目连,往诣世尊。(又卷4,44a)

(9) 长者懅恐行诉言,使人寻之。(又《杂譬喻经》卷下,4/507a)

以上“寻”的对象都是人。魏晋以后,行用渐广,在三国佛经和《三国志》等书以及晋以后的文人诗中,“寻”字都用得很多,对象可以是人,也可以是物。“寻求”“追寻”“寻觅”等经常连用。但从总体上说,在整个魏晋南北朝时期,“寻”的“探寻;探求”和“寻找”两个义项中,仍以前者为多,即“寻”的对象主要还是抽象的事物和道理等。例如:

(10) 王长史叹林公:“寻微之功,不减辅嗣。”(《世说·赏誉

98》)

(11) 顾长康画裴叔则,颊上益三毛。……看画者寻之,定觉益三毛如有神明,殊胜未安时。(又《巧艺 9》)

“觅”字一般不这么用。查阅书籍也照例要说“寻”而不说“觅”。从中可以看出两者的差别:“寻”多指思维活动,而“觅”则主要指实际行为;“寻”大体相当于英语的 research,search(for),“觅”则相当于 look for。在用于具体的“寻找”义时,“寻”跟“觅”也存在着某种细微的差别①,大体说来,“寻”的对象大都是已知的特定的某一个,而“觅”则往往是无定的。试比较下面例子:

(12) 数日,聪后刘氏产一蛇一兽,各害人而走,寻之不得。(《搜神后记》卷 7,80/50)按:这是“寻”已经见过的“一蛇一兽”。

(13) 欲觅行人寄消息,衣(《诗纪》云:疑作“依”)常潮水暝应还。(梁元帝萧绎《别诗二首》之一,《梁诗》卷 25,2059)按:“觅行人”是在众多的行人中“觅”一个可以寄消息的行人,事先并不知道他是谁。

(14) 因雪中寻鹿,险阻绝远,忽见人迹,践履绝新。(稗海本《搜神记》卷 8,38/111)按:“寻鹿”必定是寻找已经见过的那一头;“觅鹿”则是泛泛地去寻找、发现鹿,不管它是哪一头。

(15) 家人报失一白公鸡,七日未知去处。众共寻,乃见白鸡在架墙上而坐,害左眼。珍见,思:“此物是我父之冤家也。

① 王力先生主编的《古代汉语》说:“‘寻’多用于找东西,‘觅’多用于找人,但是区别并不严格。”(“常用词”560.“寻”字条,3/930)未必准确。王凤阳(1993/2011)云:“‘寻’和‘觅’比较相近,所以常常连用,……‘寻’是对不知所在的东西进行寻找,寻求的当然是对象,但重点在于对象所在的处所。……‘觅’也同样。”(页 588)王凤阳先生指出“寻”和“觅”的重点在于对象所在的处所,很有见地;不过对于“寻”和“觅”的区别仍未说清楚。

白衣者毛也,紫巾者鸡冠也,跣足者鸡足也,瞎左眼者所射中也。有是,更于何处觅之!"乃烹作羹以食父,因此平瘥。(又卷2,8/82)按:"寻"的对象是失踪的白公鸡,"觅"的对象则是王子珍父亲的冤家,而事先并不知道这个冤家究竟是谁。这是反映"寻""觅"词义差异的典型例子,两者不能互换[①]。

不过这种差别并不是绝对的,有反例。正因为"寻"和"觅"的词义是大同而微异,所以"寻觅"常常连文。另外在组合关系上各自有不同的习惯,如"觅食"一般不说"寻食","追寻"不说"追觅";与其他字组成同义连文时词序有时不同,如:寻求—求觅,寻访—访觅,这与两字的声调有关系。

"寻找"的"寻"从汉代产生以后一直活在人们的口头,至今在许多方言里仍只说"寻"而不说"找"[②]。

下面着重讨论"觅"。

关于"觅"这个词的产生时代,有两个问题需要辨明。

一是金文中究竟有没有"觅"。戴家祥编《金文大字典》(学林出版社,1995)隶定作"觅"字的有三例,分别是《班簋》"班非敢觅"、《曶鼎》"曶觅匡卅秭"和《鬲攸从鼎》"女觅我田牧"。友生史文磊副教授于2007年撰成《古文字释读应与词汇史相结合——谈"觅"的溯源问

① 据江蓝生先生考证,稗海本《搜神记》"肯定不是晋干宝所作,有可能出自晚唐五代或北宋人之手"。(《八卷本〈搜神记〉语言的时代》,《中国语文》1987年第4期)本人赞同江先生的看法,并续有考订补证。(参看拙文《从词汇史看八卷本〈搜神记〉语言的时代》(上、下),《汉语史研究集刊》第三、四辑,巴蜀书社2000、2001)这里引了该书中的两个例子,虽然已经超出我们所考察的汉魏六朝这一时段范围,但仍能说明"寻"和"觅"的词义差别。

② 如吴语、徽语、赣语、湘语、客家话、晋语以及官话区的江淮官话、西南官话、兰银官话、中原官话等的许多地点。具体分布请参看曹志耘主编《汉语方言地图集·词汇卷》"148 找"地图。

题》一文[①]，对此有详细考证，认为那三个例子都不是寻觅的“觅”。维辉按：史说可信。“觅”这个词在西周肯定还没有产生，当时表示“寻找”义是说“求”。

二是“覛/脈”跟“觅”究竟是什么关系。《说文》无“觅”字。《汉书·扬雄传》载扬雄《河东赋》：“瞰帝唐之嵩高兮，脈隆周之大宁。”颜师古注：“瞰、脈，皆视也。……一曰：……瞰音苦滥反，脈即觅字。”《集韵·锡韵》：“覛、脈、觅，冥狄切。《说文》：‘衺视。’或作脈、觅，亦书作覔，俗作覔，非是。”颜师古所引“一曰”及《集韵》均认为“覛/脈”跟“觅”是异体字关系，清代一些著名学者如段玉裁、郝懿行、朱骏声等均承其说，把“觅”看成“覛”的俗字讹体[②]，如《说文》“覛，衺视也”段玉裁注：“《释诂》曰：‘覛、胥，相也。’郭云：‘覛谓相视也。’按，覛与目部脈通用。……俗有寻觅字，此篆之讹体。”《说文》：“脈，目财视也。”段注：“财当依《广韵》作邪。邪当作衺。”可见“覛”和“脈”实际上可以看作异体关系（段玉裁称为“通用”），但是它们跟“觅”音、义均有不同，不是异体字。“覛”和“脈”尽管东汉以前已见使用，但单用时都是视、相（xiàng）视、察看义，如：《国语·周语上》：“古者，太史顺时覛土。”韦昭注：“覛，音脈，视也。”《文选·张衡〈西京赋〉》：“覛往昔之遗馆，获林光于秦余。”[③]薛综注：“覛，视也。”音脉。《后汉书·杜笃传》：“规龙首，抚未央，覛平乐，仪建章。”李贤注：“覛，视也，音麦。”其实对这三个字的关系，《康熙字典》早已作过正确的辨析，《康熙字典·见部》：“覛，《六书故》：‘密察也。’……按，《玉篇》……与脈通，与

---

① 将刊于《汉语史学报》第十七辑，上海教育出版社，2016。

② 郝说见《尔雅义疏·释诂下》“艾、历、覛、胥，相也”条，朱说见《说文通训定声·解部》“覛”字条。

③ 《大字典》“覛”字条义项③：“同‘觅’。寻求，寻找。”引此例。《大词典》“覛”字条同，并引高步瀛《文选义疏》：“案，俗作‘觅’。”但从薛综注可知此例其实并非“寻找”义，音也不合。

觅别。《集韵》、《韵牋》、《正讹》、《正韵》硯溷觅,非。"可见"觅"虽然在后代有时作为"硯"的异体字出现[①],但是在魏晋以前的实际用例中从来不当"寻找"讲。

根据上面的考辨,我们可以初步确定,"觅"应该是汉末以后才出现的新词[②]。据目前所知,"觅"字不见于先秦两汉文献[③],唯一例外的是吕澂先生《新编汉文大藏经目录》定为"后汉失译"的几部佛经里用了一些"觅"字,共7见:

(16) 举声悲哭,随路求觅。(东汉失译《大方便佛报恩经》卷1,3/130a)

(17) 于六十小国八百聚落中求觅药草,了不可得。(又卷3,138a)

(18) 报言:"大王夫人,欲使求觅太子者,不敢违命。"……经过周遍,求觅不见。(又卷4,146b)

(19) 王敕诸臣访觅恶人,臣即行觅。(又《分别功德论》卷3,25/39b)

(20) 此波旬放火觅比丘神,都不知所在。所以觅者,欲知进

---

① 参看《大字典》和《大词典》"硯"字条。

② 《大广益会玉篇·见部》:"觅,莫狄切,索也。觅,同上,俗。"查[日]释空海《篆隶万象名义·见部》:"觅,亡狄反,索,求,视。"(中华书局1995年影印本,页39)可见宋本《玉篇》的"觅"字是承原本《玉篇》而来,这是顾野王对当时口语词的记录。

③ 方一新先生《〈兴起行经〉翻译年代初探》一文"觅"字条云:"据笔者初步调查,发现汪说基本符合事实,但犹有可补者。就中土典籍而言,部分东汉作品中已经见到'觅'字:眙晼睽而睍睗。(《全后汉文》卷五八《王孙赋》)睍,清严可均小字注作'觅';盖因前后从目之字而偏旁类化。|今之主托,某以之望形立相,觅迹求功。(同上卷九四关羽《封还曹操所赐告辞书》)"(载《中国语言学报》第11期,商务印书馆,2003,页282)维辉按:这两个例子恐怕都不足为据。第一例出自王延寿的《王孙赋》,"睍睗"当为叠韵联绵词,《大词典》"睍睗"条释作"斜视",即引此例,甚是。从上下文看,严可均小字注作"觅"只是注音,并非认为睍即觅字。第二例,严可均已经明确指出此文系"后人所依托",文中用"觅"字,正可反证其文晚出。

趣，坏令不成。（又卷4，47a）

这进一步加深了我们对这几部经译出时代的怀疑。

在三国译经中，只有旧题吴支谦译的《菩萨本缘经》和《撰集百缘经》"觅"字很常用，"求觅"连文尤为多见，例如：

(21) 尔时怨王得其国已，即便唱令求觅本王。（旧题支谦译《菩萨本缘经》卷上，3/55c）

(22) 君今不见耶，彼诸獐鹿等，犹来求推觅，况君为其父！（又卷中，60c）

(23) 吾欲观觅平整之处，自恣饮水以充渴乏。……鹿王即便寻声求之，见有一人，为水所漂。（又卷下，67a）

(24) 斯事甚难，当觅有缘。（旧题支谦译《撰集百缘经》卷10，4/254b）

但是这两部经的时代并不可靠。三国时期的中土文献偶见用例，但是时代同样成问题：

(25) 甲买肉，过入都厕，挂肉着外。乙偷之，未得去，甲出，觅肉，因诈便口衔肉曰："挂著外门[①]，何得不失？若如我衔肉着口，岂有失理！"（《御览》卷863等引《笑林》，4/3835b；《钩沉》186）[②]

(26) 逆风长厉，野禽是觅。（贾岱宗《大狗赋》，《全三国文》卷53，1353b）[③]

---

① 按，当从《钩沉》作"门外"。

② 《笑林》旧题三国魏邯郸淳撰，原书已佚。从类书所引的一些片段来看（鲁迅《古小说钩沉》有辑本），语言晚俗，不类三国人所撰。当另撰文详考。

③ 曹道衡先生考证认为《大狗赋》作于北魏而非曹魏时，见其《研习汉学的一些体会》，载北京大学中国传统文化研究中心《'98汉学研究国际会议论文提要》，页38。又《读贾岱宗〈大狗赋〉兼论伪〈古文尚书〉流行北朝时间》，载《文史》1999年第4期，收入其《中古文学史论文集续编》，（台湾）文津出版社，1999，页340—346，又中华书局，2011，页103—109。

可见以上这些“觅”的文献用例需要存疑。不过晋代开始“觅”字用例日趋增多,而且经常出现在文人诗文中,“寻觅”连文常见。从这一点来看,说汉末三国时期“觅”已经在口语中存在应该是没有问题的[①]。下面酌举晋代以后的部分例子:

(27) 即乘小船,入浦觅人,欲问其处。(《法显传·南下向都》,173)

(28) 告弟贤及夫人,令勤觅父尸,若求不得,吾欲自沉觅之。(《搜神记》卷11,291/140)

(29) 王悲思之,遣往视觅,天辄风雨,岭震云晦,往者莫至。(又卷14,341/169)按:例(5)作“寻求”,说的是同一件事,可以比较。

(30) 以纸裹十余钱,来诣宗卜,云:“西去觅食好,东去觅食好?”(《搜神后记》卷9,96/57)按:这简直就是地道的口语了。

(31) 汉太尉郑弘尝采薪,得一遗箭,顷有人觅,弘还之。(《御览》卷479引孔灵符《会稽记》,3/2196a;鲁迅《会稽郡故书杂集》,101)

(32) 若可觅千斛米见借,当为尊公作佳传。(《类聚》卷72引《语林》,1245;《钩沉》136)

(33) 和先在车中觅虱,夷然不动。(《御览》卷951引《语林》,4/4222b;《钩沉》144;又见《世说·雅量22》)

---

① 《大字典》“觅”字“寻找,求索”义下所引的始见书证是《三国志·魏志·管辂传》:“招呼妇人,觅索余光。”(6/3665)殷正林《〈世说新语〉中所反映的魏晋时期的新词和新义》“觅”字条同。(《语言学论丛》第十二辑,商务印书馆,1984,页136)今按,《三国志》全书“觅”字仅此一见。《大词典》则首引晋赵至《与嵇茂齐书》:“涉泽求蹊,披榛觅路。”(10/331)“二典”对此词的溯源大致是正确的。

(34) 冶游步春露,艳觅同心郎。(《子夜四时歌七十五首·春歌二十首》之九,《晋诗》卷19,中/1043)

(35) 忆欢不能食,徘徊三路间,因风觅消息。(《读曲歌八十九首》之二十二,《宋诗》卷11,1341)

(36) 翦榛开迳,寻石觅崖。(《宋书·谢灵运传》载其《山居赋》,6/1764)

(37) 扶道觅阳春,相将共携手。(沈约《初春诗》,《梁诗》卷7,中/1649)

(38) 提琴就阮籍,载酒觅杨雄。(何逊《伤徐主簿诗》,又卷8,中/1695)

(39) 遇太祖在东中华门,问虎何之,虎因曰:"故欲仰觅明公耳。"(《南齐书·曹虎传》,2/561)

(40) 三月末,四月初,扬灰簸土觅真珠。(《魏书·尔朱彦伯传》载洛中谣,5/1666)按:这是口语的实录。

(41) 盘曲幽谷里,求觅仙圣公。(《老子化胡经玄歌·化胡歌七首》之七,《北魏诗》卷4,下/2249)

(42) 何处觅钱刀,求为洛阳贾?(庾信《对酒歌》,《北周诗》卷2,下/2347)

(43) 早知觅不见,真悔著衣单。(又《梅花诗》,卷4,2399)

(44) 终成一聚土,强觅千年名。(释亡名《五苦诗·生苦》,又卷6,2433)

(45) 图官在乱世,觅富在荒年。(徐陵引谚,《陈诗》卷9,2614)按:此例亦可证"觅"为口语词。

(46) 单于渭桥今已拜,将军何处觅功名?(卢思道《从军行》,《隋诗》卷1,下/2631)

(47) 江夷为右仆射,主上欲用其领詹事,语王准:"卿可觅比例。"准对曰:"臣当出外寻访。"(《类聚》卷49等引《俗说》,889;《钩沉》199)

(48) 子之儿病心痛,鬼语之:"我为汝寻方,云烧虎丸饮即差。汝觅大戟与我,我为汝取也。"(《御览》卷353等引《齐谐记》,2/1622a;《钩沉》349)

(49) 周遑觅路,仍得一穴,便匍匐从就。(《珠林》卷31引《幽明录》,53/520c;《钩沉》369)

(50) 朕闻虎见狮子必伏,可觅诚(试)之。(《洛阳伽蓝记》卷3"宣阳门",161)

"觅"的对象相当广泛,可以是人、动物、地方、路以及各种物品,还可以是比较抽象的事物,如"觅消息、觅阳春、觅千年名、觅功名、觅富、觅比例"等。"觅不见"(例43)这种否定式的动补结构不见于正统文言,是魏晋以降新兴的口语语法形式,"觅"字在南北朝就已经可以这么用,值得注意[①]。

笔者对自晋至隋间中土文献"觅"字的使用情况作了不完全的调查,共收集到用例80多个。这些例子绝大部分出现在南朝的民歌、小说、文人诗和史书中;而在北方文献中用得很少,仅占总数的约九分之一。下面是一个抽样统计。

---

① 董志翘《〈入唐求法巡礼行记〉的词汇特点及其在中古汉语词汇史研究上的价值》一文说:"'不见'表'看不到'等义,出现甚早。如:'行其庭,不见其人。'(《易·艮》)但进一步虚化,用在'闻''看''找''觅'等动词后表示行为没有结果的用法,却属唐代始见。"(《中国语文》1999年第2期,页142)说"唐代始见",嫌晚。事实上这种用法的"不见"在先唐文献中已非仅见,除上引庾信诗外,又如《西州曲》:"楼高望不见,尽日栏干头。"(《晋诗》卷19,1069)李孝胜《咏安仁得果诗》:"闭甍听不见,无奈识车何。"(《梁诗》卷28,2123)

	世说新语①	梁诗(卷 22—28)	北魏诗(共 4 卷)	北周诗(共 6 卷)
求	14	2	0	0
索	2	0	0	0
寻	3	5	9	17
觅	10	6	3	6

《北魏诗》3 例“觅”中,1 例为《魏书》引洛中谣,即上引例(40)②,另 2 例出自敦煌写本《老子化胡经玄歌》,逯钦立(1984)谓“此卷玄歌按其所涉史实,知为北魏时代之作”(页 2247)。但从此诗的语言来看,未必成于北魏人之手,笔者拟另撰文讨论。《北周诗》的 6 例“觅”,有 5 例出自庾信诗,1 例出自释亡名(俗姓宋)诗,这两位都是南方人,是梁亡前后才到北方的。因此真正出自北周诗人的“觅”字实际上一例也没有。

不过翻译佛经的情况与此不同。友生鲍金华博士《〈世说新语〉与〈贤愚经〉词汇比较研究》说:“汪维辉师对晋宋至隋间中土文献中的‘觅’字作了不完全的调查,发现表示‘寻找’这一义位,在南方口语中以说‘觅’为主,在北方则基本说‘寻’,很少说‘觅’。但是从《贤愚经》的情况看,汪师的结论尚需要修正。《贤愚经》中‘觅’使用的频率最高,有 38 例,其次是文言词‘求’,有 21 例,而‘寻’不见使用。我们还调查了另外几部北方佛经中‘觅’的情况,其中元魏吉迦夜共昙曜译《杂宝藏经》10 例,姚秦竺佛念译《出曜经》12 例,姚秦佛陀耶舍共竺佛念等译《四分律》103 例,后秦鸠摩罗什共弗若多罗译《十诵律》179 例。因此,考虑到佛经的使用情况,‘觅’在晋宋至隋恐怕在南方和北方都已经占主导地位。”(南京大学 2005 年博士学位论文)鲍说是。在“寻”“觅”这对词的使用上,中土文献与翻译佛经存在明显的

① 《世说新语》的统计数字依据张万起(1993)。
② 如果《大狗赋》确为北魏后期作品,则例(26)也是北方话。

差别,原因待详。

上述情况表明:在南北朝时期,表示"寻找"这一义位,在口语中可能以说"觅"为主,也说"寻"[①];而文言词"求""索"在口语里看来是已被淘汰了。齐梁以后的南朝文人们在作诗时颇喜欢用"觅"字,说明它在南方的文学语言中也已占据主导地位。

小结:上古汉语的"求、索",在魏晋南北朝口语里已被"觅、寻"所取代。"觅"大约是汉末产生的新词,先秦两汉文献未见,"寻"当"寻找"讲则不晚于东汉初。魏晋以后,两者都常用,但"觅"更常见。"觅"的对象大都为实物,也可以是比较抽象的事物;"寻"除当"寻找"讲外,更多的是用作"探寻;探求"义,而"觅"则很少这样用。在"寻找"这一义位上,"寻"和"觅"也存在着细微差别:"寻"的对象大都是已知的特定的某一个,而"觅"则往往是无定的。齐梁以后的南朝文人们颇青睐"觅",跟北朝不同,但是佛经语料证明"觅"是通行南北的一个通语词,口语中并不存在地域差异。

4. 寝、寐/卧、眠(瞑)、睡[②]

表示"睡觉"这一概念,上古汉语最常用的词是"寝",现代汉语是"睡",东汉魏晋南北朝则是"眠"和"卧"。这是简而言之,实际上这组词的内部关系和交替过程相当复杂。

---

① "寻"在此期仍是个活跃的口语词,出现频率很高,而且还新产生了"寻博"这样的俗语词,如:春月故鸭啼,独雄颠倒落。工知悦弦死,故来相寻博。(《阿子歌三首》之二,《晋诗》卷19,中/1052)自从近日来,了不相寻博。(《读曲歌八十九首》之七十八,《宋诗》卷11,1345)近日莲违期,不复寻博子。(又之八十,1345)初发扬州时,船出平津泊。五两如竹林,何处相寻博?(释宝月《估客乐》,《齐诗》卷6,中/1408)

② 参看郑奠(1959)"'睡','眠'和'睡觉'"条(页330—331);王政白(1992)"寝 寐 卧 睡 眠"条(页274—285);王凤阳(1993/2011)"睡 寐 卧 寝 眠"条(页801);魏德胜(1995)页13;蒋绍愚(2015)页411—417。

在上古汉语中，“寝”“寐”都经常使用。它们的词义差别是：寝是泛指睡觉，不管睡着与否；寐则是指睡着了[①]，但有时也可以泛指睡觉。“睡”“眠”（字本作“瞑”）“卧”都始见于战国，但除“卧”外，在先秦用例都不算多。据《说文》，“睡”的本义是“坐着打瞌睡”[②]。文献用例证明了这一本义，如：

（1）昭王读十余简而睡卧矣。王曰：“寡人不能读此法。”夫不躬亲其势柄，而欲为人臣所宜为者也，睡不亦宜乎？（《韩非子·外储说左上》）

（2）景公畋于梧丘，夜犹早，公姑坐睡。（《晏子春秋·内篇杂下》）[③]

（3）读书欲睡，引锥自刺其股，血流至足。（《战国策·秦策一》）

（4）孝公既见卫鞅，语事良久，孝公时时睡，弗听。（《史记·商君列传》，7/2228）

汉魏六朝时期，“睡”除了在佛经中常常跟“眠”连用或对用外，在中土文献中的用例并不多，它的词义重点仍是指“睡着了”。例如：

（5）万年尝病，召咸教戒于床下，语至夜半，咸睡，头触屏风。万年大怒，欲杖之，曰：“乃公教戒汝，汝反睡，不听吾言，何也？”（《汉书·陈万年传》，9/2900）按：此例“睡”字仍用作本义，指“坐着打瞌睡”。

---

① 参看王力主编《古代汉语》“寝”字条对“寝、卧、眠、寐、睡”的辨析（修订本第3册，页805）。任学良（1987）认为“睡”向来是口语；“寝、卧、眠、寐”则是文言，这四个词在先秦就没有什么区别，可以看成等义词（页118—120）。恐未确。

② 《说文·目部》：“睡，坐寐也。从目、垂。”徐锴系传：“从目，垂声。”段玉裁注：“知为坐寐者，以其字从垂也……此以会意包形声也。”魏德胜（1995）云：“春秋时期没有此词，瞌睡义用‘假寐’表达。此词约产生于战国中晚期。”（页13）

③ 又见《说苑·辨物》。

(6) 有挽歌孙岩,娶妻三年,不脱衣而卧。岩因怪之,伺其睡,阴解其衣,有毛长三尺。(《洛阳伽蓝记》卷4“法云寺”,208)按:“卧”指睡觉,“睡”则是睡着了。

(7) 将暮,有一妇人抱儿来寄宿。转夜,孝子未作竟,妇人每求眠,而于火边睡,乃是一狸抱一乌鸡。(《珠林》卷31引《幽明录》,53/526c;《钩沉》383)按:“眠”是正式睡觉,“睡”则是坐着打瞌睡、睡着了。

(8) 郑容如睡觉[①],而见宫阙,若王者之居焉。(《水经注》卷19“渭水下”引《春秋后传》)按:“睡”与“觉”相对。

泛指睡觉的“睡”除了在佛经中经常以“睡眠”“睡卧”同义连文的形式出现外,单用的例子也已见到,只是还不多,而且强调的大都仍是“睡着了”。例如:

(9) 陛下在代时,太后尝病,三年,陛下目不交睫,睡不解衣冠。(荀悦《汉纪·文帝纪上》)

(10) 有若昼睡。(《抱朴子·自叙》)比较:宰予昼寝。(《论语·公冶长》)

(11) 尝诣徐州,马疲,附船而至大梁。夜睡,从者上岸窃禾四束以饲其马。船行数里,念觉,问得禾之处,从者以告。(《魏书·鹿念传》,5/1761—1762)按:此例的“睡”可以理解成“睡觉”,但词义的重点显然仍是指“睡着了”。

(12) 讵似文侯睡,聊同微子吟。(许善心《于太常寺听陈国蔡子元所校正声乐诗》,《隋诗》卷6,下/2708)

这为后世“睡”取代“眠”“卧”而成为表“睡觉”义的通用动词埋下了伏笔。

---

① 段熙仲点校本《水经注疏》“睡”后逗开(中册,页1565),亦可。

东汉魏晋南北朝时期，跟睡觉有关的最常用的两个词是“眠”和“卧”，下面着重加以讨论。

“眠”最初写作“瞑”①，始见于战国：

(13) 今子外乎子之神，劳乎子之精，倚树而吟，据槁梧而瞑。(《庄子·德充符》，3/101)郭象注：“行则倚树而吟，坐则据梧而睡，言有情之自困也。”

(14) 神农隐几，阖户昼瞑。(又《知北游》，3/328)

(15) 致命于帝，然后得瞑些。(《楚辞·招魂》)朱熹注：“瞑，卧也。”

据目前所知，先秦文献中仅此数例而已。此外早期医籍《灵枢经》中多用“瞑”字，例如：

(16) 黄帝曰：“老人之不夜瞑者，何气使然？少壮之人不昼瞑者，何气使然？”歧伯答曰：“……故昼精而夜瞑；……故昼不精夜不瞑。”(卷4“营卫生会第十八”，15b)

(17) 热病身重，骨痛耳聋而好瞑。(卷5“热病第二十三”，9b)

(18) 黄帝曰：“何谓夜瞑？”歧伯曰：“喑乎其无声，漠乎其无形，……”(卷7“病传第四十二”，4a)

写作“眠”的最早用例见于《山海经》和《素问》：

(19) 有兽焉，其状如菟而鸟喙，鸱目蛇尾，见人则眠，名曰犰狳。(《山海经·东山经》，129)郭璞注：“眠，言佯死也。”

(20) 冬刺春分，病不已，令人欲卧不能眠，眠而有见。(《素问》卷4“诊要经终论篇第十六”，上/219)

(21) 其病中热胀，面目浮肿，善眠。(又卷21“六元正纪大论

---

① 《说文·目部》：“瞑，翕目也。从目、冥，冥亦声。”朱骏声《说文通训定声·鼎部》：“瞑，字亦作眠。”《玉篇·目部》：“瞑，寐也。”“眠，同瞑。”

篇第七十一",下/322)

"卧"也始见于战国。在"睡、瞑、卧"三者中,"卧"的出现略早,用例也最多[①]。例如:

(22) 坐而言,不应,隐几而卧。客不悦,曰:"弟子齐宿而后敢言,夫子卧而不听,请勿复敢见矣。"(《孟子·公孙丑下》)焦循《孟子正义》:"卧与寝异。寝于床,《论语》'寝不尸'是也;卧于几,《孟子》'隐几而卧'是也。……统言之则不别。"(1/179)

(23) 大揆度仪,若觉卧,若晦明,若敖之在尧也。(《管子·宙合》)

(24) 心卧则梦。(《荀子·解蔽》)杨倞注:"卧,寝也。言人心有所思,寝则必梦。"

(25) 广成子南首而卧。(《庄子·在宥》)

(26) 游居寝卧其下。(又《天运》)

(27) 卧,知无知也。梦,卧而以为然也。(《墨子·经上》)

(28) 夫不明分,不责诚,而以躬亲位下,且为下走睡卧,与夫掩弊微服。(《韩非子·外储说左上》)

(29) 堂溪公每见而出,昭侯必独卧,惟恐梦言泄于妻妾。(又《外储说右上》)

(30) 秦寇果至,戎王醉而卧于樽下,卒生缚而禽之。(《吕氏春秋·壅塞》)

(31) 人将卧,吾将不敢卧。(又《博志》)

(32) 日夜思之,事心任精,起则诵之,卧则梦之。(又《禁塞》)

---

① "卧"在战国几部书中的出现次数是:《孟子》2,《荀子》2,《庄子》6,《墨子》3,《韩非子》5,《吕氏春秋》5。《庄子》中单用的"寝"字4见,比"卧"只多1次;《吕氏春秋》"寝"5见,与"卧"相等。可见在这两部书里"寝"和"卧"的出现频率已基本持平。

(33) 昔赵宣孟将上之绛,见骫桑之下有饿人卧不能起者。(又《报更》)

(34) 今君有一窟,未得高枕而卧也。(《战国策·齐策四》)

(35) 令发之日,士卒坐者涕沾襟,偃卧者涕交颐。(《孙子·九地》)

据上面引例归纳,"卧"在先秦主要有两个意思:一是睡觉,尤指睡着了;二是躺着[①]。焦循所谓"寝于床,卧于几"的说法并没有充足的文献依据,近乎强生分别[②],"隐几而卧"仅在《孟子》中一见而已,这个"卧"完全可以解释成"睡觉"[③]。《说文·卧部》:"卧,休也。从人、臣,取其伏也。"杨树达《积微居小学述林》云:"余谓古文臣与目同形,卧当从人、从目。盖人当寝卧,身体官骸与觉时皆无别异,所异者独目尔:觉时目张,卧时则目合也。"杨说有理[④]。

据我们的抽样调查,两汉指"睡觉"用得最多的是"卧"字(见下

---

① 《管子·白心》:"卧名利者,写生危。"尹知章注:"卧犹息也。"辞书多释此"卧"字为"止息""停息"。如此用的"卧"字在先秦只是个别例子。

② 段玉裁《说文解字注》"卧"字下说同,并据此把说解中的"休也"改作"伏也"。这一说法影响很大,辞书"卧"字多据此立"伏着休息"一义(一般还都是列为第一义);王力主编的《古代汉语》也说:"卧是靠着几(一种矮桌子)睡觉。"(修订本第3册,页805)现在看来,此说未必确切,因为绝大多数文献用例并不支持这一说法。任学良(1987)也认为"不能说'卧'一定是靠在几上睡觉的"(页120)。

③ "隐几而卧"的"几"并不是"几案"的"几",而是一种"凭几",古人席地而坐时放在身后供凭靠身体用,所以"隐几"也不是"伏在矮桌子上",而是身体向后倚靠在凭几上。对"隐几而卧"的现有通行解释其实是因后人不明古代名物制度而产生的一种误解。参看晏炎吾师《释"摄衽抱几"的衽和几》,《字词天地》总第6期(1985年1月),湖北人民出版社;王作新《"隐几而卧"诂正》,《古籍整理研究学刊》1994年第1期;吴郁芳《也说"隐几而卧"》,同上刊1994年第4期;黄金贵(1995/2016)"207.几(机)·案·阁"条(页722—724)。

④ 杨琳认为:"'臣'从甲骨文来看,分明是眼睛的象形。'卧'字从人臣,其本义应为瞑眠,着重强调眼的闭合。"(《〈汉语大词典〉中存在的问题》,台湾《清华学报》,新25卷第2期,1995年6月,页189)闻宥先生谓"目""臣"最初实为一字,参看《上代象形文字中目文之研究》,《燕京学报》第11期(1932),页2369—2371。

表)。可见"卧"从战国后期起逐渐战胜了"寝",西汉以后则以用"卧"为主了。《说文·宀部》:"寝,卧也。"段注:"李善引《论语》郑注:'寝,卧息也。'"这都是用当时通用的词语来解释古词。

	贾谊新书	史记	论衡
寝	6	6	19
卧	10	40	47①
睡	1	0	1
眠(瞑)	0	0	0

东汉佛经从一开始就经常使用"眠"(有时也写作"瞑")和"睡",可是在此前及同时的中土文献里,这两个字并不多见②,这再一次显示了佛经用词的口语化特点。表示"睡眠"这件事,东汉佛经"睡、眠、卧"三个字都用,出现频率都很高,而且常常相互结合组成双音词,但几乎不用"寝"。例如:

(36) 五为睡,六为瞑。设睡是亦盖,设瞑是亦盖。(安世高译《长阿含十报法经》卷下,1/241a)

(37) 三睡眠。……彼睡瞑(一作"眠",下同)盖为何等?睡为身跓,为意跓,为身止,为意止,为身痴,为意痴,为身重,为意重,为身不便,为意不便,为身不使,为意不使,是为睡。瞑为何等?为意相从,令瞑动相动,令不作事,是为瞑。上头为睡,后为瞑,是共名为睡瞑盖。(又《阴持入经》卷下,15/180a)此例告诉我们"睡"和"眠"之间的细

① 其中"寝卧""睡卧"连文各1次。

② 文献中有一些不当"睡眠"讲的"眠"字,如《方言》卷三:"凡饮药傅药而毒,……东齐海岱之间谓之眠。"《史记·司马相如列传》引其《大人赋》:"视眩眠而无见兮,听惝恍而无闻。"(9/3062)王逸《九思·悼乱》:"雚苇兮仟眠,鹿蹊兮躖躖。"(《全后汉文》卷57,785b)"眩眠""仟眠"都应该是叠韵联绵词。

微差别：睡似指不自觉地打瞌睡，眠则是正式就寝睡着。

(38) 持筹作枕，聚土中卧。(又《道地经》，15/232a)

(39) 睡卧诸盖已不复著。(支娄迦谶译《屯真陀罗所问如来三昧经》卷上，15/350a)

(40) 饮食则不能消，亦无其卧，颜色亦无和悦。(又《阿阇世王经》卷上，15/395c)

(41) 心者亦不可从爱可见，亦不可从瞋怒可见，若卧出于梦可见其心。(又卷下，403b)[①]

(42) 何谓广精进？减于多食，不味于味；除于睡卧，惊意晨夜。(支曜译《成具光明定意经》，15/453a)

(43) 侍女白言："太子疲懈，始得安眠。"阿夷喜悦，便说偈言："大雄常自觉，觉诸不觉者。历劫无睡卧，岂当眠寐乎？"(昙果共竺大力译《修行本起经》卷上，3/464b)

(44) 尔时善友即解宝珠，与弟恶友而诫敕言："汝若疲乏眠卧，我当守护；我若眠卧，汝应守护。"尔时恶友次应守宝珠，其兄眠卧。(东汉失译《大方便佛报恩经》卷4，3/145a)

(45) 我夫及奴眠在道中，蛇至奴所，寻便螫杀。前至夫所，夫眠不觉，亦螫杀夫。复次，一切众生长眠三界。(又卷6，155a)

(46) 白四羯磨时，或睡或眠，于眠心中而生戒色，是名无记中得戒也。(又158c)

---

① "卧出"为佛经中常语，犹言"睡着了"。此词在早于佛经的中土文献中已见使用，例如：死时忽如卧出者，犹果物谷实，久老则自堕落矣。(桓谭《新论·祛蔽》，《全后汉文》卷14，545a)早期医籍中也屡见，如：黄帝问于伯高曰："夫邪气之客人也，或令人目不瞑、不卧出者，何气使然？"(《灵枢经》卷10"邪客第七十一"，13a)卧出而风吹之，血凝于肤者为痹，凝于脉者为泣，凝于足者为厥。(《素问》卷3"五藏生成篇第十"，上/163)人睡着时就好像灵魂出窍了，所以叫"卧出"。

(47) 卧安觉安,离诸烦恼。(又卷7,164a)

(48) 又问曰:“向者眠耶?”曰:“不也。”又问:“若不眠者,向有车过及天雷地动,寂然不惊,何由如此?”答曰:“我时入休息三昧,是以都无所闻耳。”(又《分别功德论》卷3,25/39a)

(49) 时妇睡眠,睹其白齿,身形虽妙,但是骨耳。(又卷4,41a)

(50) 亦不懈怠,先起后卧,恒喜言谈,少于睡眠。(又43b)

(51) 三者卧寐安稳。(又《杂譬喻经》卷上,4/502a)

(52) 四百九十九人皆引行去,一人卧熟失辈。(又《梅檀树经》,17/750b)

(53) 天至佛所听法,须臾便睡,睡即觉。(又《分别功德论》卷1,25/30b)

“睡、卧、眠”这三个词在泛指“睡觉”时“浑言不别”,但“析言”还是有细微差别的:“睡”和“眠”都着重在“入睡”,区别已如上述;“卧”在上古主要指睡觉,且多指“睡着了”,到了中古,除指“睡觉”外(不再强调睡着),还多指“躺着”,这是“卧”字词义从上古到中古的一个明显变化。下面是一个典型的例子:

(54) 舅淮南蒋氏,人才儜劣,龄石使舅卧于听事一头,剪纸方一寸,帖著舅枕,自以刀子悬掷之,相去八九尺,百掷百中。舅虽危惧战栗,为畏龄石,终不敢动。舅头有大瘤,龄石伺舅眠,密往割之,舅即死。(《宋书·朱龄石传》,5/1421)按:“卧”是躺着,“眠”是睡着了。

佛经中这样用的“卧”字为数不少,还常常“坐卧”“卧起”连用①。

① “坐卧”“卧起”连文都已见于《史记》,参看《史记索引》“卧”字条,页1431。早期医籍《灵枢经》中“卧起”多见;《素问》中也用“坐卧”。

例如:

(55) 譬如住人观坐人,坐人观卧人。(安世高译《长阿含十报法经》卷上,1/234c)按:住,站立。

(56) 身羸不能坐,当倾卧便倾卧。(又卷下,237b)

(57) 当其死卧地,犹草无所知。(又《五阴譬喻经》,2/501b)

(58) 譬如女人有娠,……语言软迟,卧起不安。(支娄迦谶译《道行般若经》卷4,8/445b)

(59) 便自宛转卧地,啼哭大呼。(又卷9,472b)

(60) 恶露自出,坐卧其上。(昙果共竺大力译《修行本起经》卷下,3/466b)

(61) 或卧热铁床上,以热油洒之。……彼时若得患病苦,卧在床上,卧在座上,或卧荫中。(东汉失译《苦阴经》,1/847b、c)

(62) 便以栀子黄面,委卧称病。(又《杂譬喻经》卷上,4/504b)

"卧地"一般不说"睡地"或"眠地","坐卧""卧起"等反义连文中也不用"睡"或"眠",可证"卧"的词义中心是"躺着"。

上述情况表明:东汉佛经中表示"睡觉"义,处于"睡、眠、卧"三者混用的局面,文言词"寝"已基本不用。三国佛经情形大致相同。

东汉的中土文献以用"卧"为主,有个别的"睡"和"眠",同时"寝"还经常沿用。下面举"睡"和"眠"的例子:

(63) 项陋酶以迷醉,矇眠睡而无知。(王延寿《王孙赋》,《全后汉文》卷58,791b)

(64) 试习其术,以惊睡救寐,免昼寝之讥而已。(边韶《塞赋序》,又卷62,812a)

(65) 弟子嘲之曰:"边孝先,腹便便,懒读书,但欲眠。"韶潜闻之,应时对曰:“边为姓,孝为字,腹便便,五经笥,但欲眠,思经事,寐与周公通梦,静与孔子同意。师而可嘲,出何典记?”(又《对嘲》,又812b)按:此例可证“眠”是当时的口语词。

(66) 吾兄子常病,一夜十往,退而安寝;吾子有疾,虽不省视而竟夕不眠。(《后汉书·第五伦传》引伦语,5/1402)

(67) 狐惑之为病,状如伤寒,默默欲眠,目不得闭,卧起不安。(《金匮要略论》卷3“百合狐惑阴阳毒”,32b)

(68) 虚劳虚烦不得眠,酸枣汤主之。(又卷6“血痹虚劳”,58a)按:此书中“眠”时见,都指“入睡”。

(69) 长夜不能眠,伏枕独展转。(秦嘉《赠妇诗三首》之一,《汉诗》卷6,186)

(70) 卧,化也,精气变化,不与觉时同也。……眠,泯也,无知泯泯也。(《释名·释姿容》,77—78)

汉末三国时期,“眠”字稍有增多,“卧”也仍常用。跟佛经相比,中土文献在反映口语方面总要慢一个节拍。下面举一些“眠”的用例:

(71) 耿耿伏枕不能眠,披衣出户步东西。(曹丕《燕歌行三首》之三,《魏诗》卷4,上/395)

(72) 贫士感此时,慷慨不能眠。(应璩《杂诗》,又卷8,上/472)

(73) 应龙沉冀州,妖女不得眠。(阮籍《咏怀诗八十二首》之二十九,又卷10,上/502)

(74) 先主与云同床眠卧。(《三国志·蜀志·赵云传》注引《云别传》,4/949)

(75) 每比人,常眠睡,值其觉寤,辄得奸诈。(又《杨洪传》注

引《益部耆旧传杂记》,1015)[①]

从晋代开始,中土文献里“眠”字迅速增多(《搜神记》以下的小说中尤为多见),在“睡、眠、卧”三者的竞争中逐渐占了上风。到了南北朝后期,显然已经以用“眠”为主了。我们作了一个抽样调查,统计数据很能说明问题:《世说新语》“寝、卧、眠”的出现次数是 5 ∶ 16 ∶ 19,“卧”跟“眠”大体持平,“寝”则已退居次要地位;梁初陶弘景的《周氏冥通记》为 5 ∶ 7 ∶ 20,5 例“寝”中,有 3 例是“昼寝”,1 例“寝卧”连文,真正单用的只有 1 例;北周庾信诗中无“寝”字,“卧”与“眠”为 1 ∶ 5,《陈诗》1—8 卷情形相同(也是 1 ∶ 5)[②]。下面酌举部分用例:

(76) 仆疾遂不差,眠食少,忧深。(王珉《杂帖》,《全晋文》卷 20,1568a)按:文言说“寝食”。

(77) 孤得散力,烦不得眠,食至少。(王羲之《杂帖》,又卷 22,1585b)按:二王杂帖中“眠”“眠食”常用,“眠”几乎都当“睡着了”讲。例多不备引。

(78) 终朝理文案,薄暮不遑眠。(陆机《答张士然诗》,《晋诗》卷 5,上/681)

(79) 鼓腹无所思,朝起暮归眠。(陶渊明《戊申岁六月中遇火诗》,又卷 17,中/995)

(80) 夜长不得眠,转侧听更鼓。(《子夜歌四十二首》之二十八,又卷 19,中/1042)

(81) 欢来不徐徐,阳窗都锐户。耶婆(《乐府诗集》作“婆”)尚未

① 《三国志》及裴注几乎都用“卧”,也有少量“寝”,但很少用“眠”。

② “睡觉”义由“眠”字接替后,“卧”多用于指物体横躺着,如:新禽解杂哢,春柳卧生根。(庾信《奉和法筵应诏诗》,《北周诗》卷 2,下/2363)道险卧槺栌,身危累素壳。(又《和张侍中述怀诗》,卷 3,2381)庾信、江总等人诗中的“卧”字十有八九是这种用法。

眠,肝心如椎橹。(《欢闻变歌六首》之二,又 1050)

(82) 玉枕龙须席,郎眠何处床?(《长乐佳》,又 1056)

(83) 月落天欲曙,能得几时眠。(《懊侬歌十四首》之十一,又 1057)

(84) 谁能空相忆,独眠度三阳?(《读曲歌八十九首》之十五,《宋诗》卷 11,中/1341)按:诗中“独眠”常见。

(85) 百花鲜,谁能怀春日,独入罗帐眠!(又之二十六)

(86) 芙蓉绕床生,眠卧抱莲子。(《杨叛儿》,《齐诗》卷 6,中/1488)

(87) 美人绵眇在云堂,雕金镂竹眠玉床。(梁武帝萧衍《江南弄·龙笛曲》,《梁诗》卷 1,中/1522)

(88) 忆眠时,人眠强未眠,解罗不待劝,就枕更须牵。(沈约《六忆诗四首》之四,又卷 7,中/1663)

(89) 晦其夕竦动不得眠,道济就寝便熟,晦以此服之。(《宋书·檀道济传》,5/1343)

(90) 事母孝,母疾,不眠食,以差为期。(《南齐书·孝义传·孙淡》,3/958)

(91) 夜长眠复坐,谁知暗敛眉。(刘孝绰《为人赠美人诗》,《梁诗》卷 16,下/1837)

(92) 枕啼常带粉,身眠不著床。(梁简文帝萧纲《拟沈隐侯夜夜曲》,又卷 20,1916)

(93) 听曲慚回顾,思经徒欲眠。(庾肩吾《侍宴宣猷堂应令诗》,又卷 23,1984)按:此例是用上文例(65)边韶的典。可比较:吾端冕而听古乐,则唯恐卧。(《礼记·乐记》)

(94) 朝为洛生咏,夕作据梧眠。(梁元帝萧绎《长歌行》,又卷 25,2031)按:此显用《庄子》而字作“眠”。参见例(13)。

(95) 何须照床里，终是一人眠。（王台卿《同萧治中十咏二首·荡妇高楼月》，又卷27，2090）

(96) 眠则俱眠，起则俱起，贪如豺狼，赃不入己。（《魏书·献文六王传·元僖》载旧谜，2/538）

(97) 可怜咸阳王，奈何作事误。金床玉几不能眠，夜蹋霜与露。（又载宫人歌，539）

(98) 白日不得食，夜分不得眠。（《老子化胡经玄歌·太上皇老君哀歌七首》之四，《北魏诗》卷4，下/2251）

(99) 子明八日而醉眠。（《洛阳伽蓝记》卷4"法云寺"，202）按：也说"醉卧"：在地〔下〕十有二年，常似醉卧，无所食也。（又卷3"菩提寺"，174）

(100) 佳丽尽时年，合瞑不成眠。（萧放《冬夜咏妓诗》，《北齐诗》卷1，2259）

(101) 春分燕来能几日，二月蚕眠不复久。（庾信《燕歌行》，《北周诗》卷2，2352）按："蚕眠"为固定搭配，今语犹然；不说"蚕卧"[①]"蚕寝"。

(102) 接泪衫前满，单瞑（各书作"眠"）梦里惊。（阴铿《班婕好怨》，《陈诗》卷1，2450）

(103) 蜘蛛夜伴织，百舌晓惊眠。（徐陵《中妇织流黄》，又卷5，2524）

(104) 未眠解著同心结，欲醉那堪连理杯。（江总《杂曲三首》之

---

① 《素问》卷5"平人气象论篇第十八"："目裹微肿，如卧蚕起之状，曰水。"（上/274）《金匮要略论》卷14"水气"："视人之目窠上微拥，如蚕新卧起状。"（117a）又："夫水病人目下有卧蚕。"（120a）《齐民要术》卷5有"三卧一生蚕，四卧一生蚕"，又云："比至再眠，常须三箔。"（"种桑柘第四十五"，332—333）则蚕蜕皮既可说"眠"，也可说"卧"，但"蚕卧"连言罕见，目前只检索到一例：温庭筠《送北阳袁明府》："桑浓蚕卧晚，麦秀雉声春。"此例改"蚕眠"为"蚕卧"，显然是为了调平仄。

三,又卷 7,2574)

(105) 汉使出燕然,愁闺夜不眠。(隋炀帝杨广《锦石捣流黄二首》之一,《隋诗》卷 3,2663)

(106) 欢情不耐眠,从郎索花烛。(丁六娘《十索四首》之二,又卷 7,2737)

(107) 时炎热,因下马入水中,枕石眠。马断走归,从人悉追马,至暮不返。眠觉,日已向晡,不见人马。(《搜神记》卷 4,76/47)按:“眠觉”常见。

(108) 村人应病死者,蒋辄恍惚熟眠经日,见病人死,然后省觉。(又卷 15,367/184)

(109) 妇还,见其夫犹在被中眠。(《搜神后记》卷 3,38/22)

(110) 席毛长二尺余,人眠而拥毛自蔽,望之不能见。(《西京杂记》卷 1,24/5)

(111) 魏武云:“我眠中不可妄近,近辄斫人不觉。左右宜慎之。”后乃阳冻眠,所幸小儿窃以被覆之,因便斫杀。(《御览》卷 707 引《语林》,3/3153a;《钩沉》132;又《世说·假谲 4》,文字略有不同)

(112) 王子敬在斋中卧,偷入斋取物,幞装,一室之内,略无不尽。子敬卧而不动,偷遂复登床,欲有所觅。子敬因呼曰:“偷儿,青毡是我家旧物,可特置不?”于是群贼始知其不眠,悉置物惊走。(《御览》卷 393 等引《语林》,2/1819a-b;《钩沉》157)①

(113) 丞相便使入己帐中眠。顾至晓犹展转不得熟寐,许上床

① 此例很可说明“卧”与“眠”的区别:卧是躺着,不管睡着与否;眠指睡着,一般多为躺着(·zhe)睡着(zháo)。

便大鼾。丞相语诸客曰:“此中亦是难眠处耳。”(《御览》卷699引《郭子》,3/3120a;《钩沉》171;又《世说·雅量16》,文字略有不同)

(114) 万眠常晏起。(《御览》卷701引《俗说》,3/3129a;《钩沉》191)

(115) 桓豹奴病劳,冷,无毡可卧,桓车骑自撤己眠毡与之。(《御览》卷708引《俗说》,3/3156a;《钩沉》194)

(116) 向晨马死,众宝还卧,如欲眠,闻庆众语云:……(《御览》卷897引《述异记》,4/3983b;《钩沉》299)按:“卧”“眠”区别分明。

(117) 其子夜如得睡眠,梦见数沙门来视其父。……病人自觉病如轻,昼得小眠,如举头,见门中有数十小儿,……(《广记》卷161等引《灵鬼志》,1161;《钩沉》314)

(118) 向于山岗上见一牛,眠山圩中,必是君牛。此牛所眠处,便好作墓。(《御览》卷900引《祖台之志怪》,4/3994b;《钩沉》322)

(119) 谟昼眠,梦甲云:……(《御览》卷948等引《幽明录》,4/4208a;《钩沉》374)比较:吴兴钱乘,孙权时,曾昼卧[①],久不觉。(《御览》卷398引《幽明录》,2/1840a;《钩沉》367)按:上古则叫“昼寝”,今天说“睡午觉”。

(120) 夜中眠熟,忽有叩床而来告者云:……(《广记》卷321引《幽明录》,2547;《钩沉》397)[②]

---

① “昼卧”似始见于《越绝书》,如“寡人昼卧”(《越绝外传纪策考第七》)“昼卧姑胥之台”(《越绝外传记吴王占梦第十二》)等,共5见。

② “眠熟”似亦可说成“卧熟”,但绝对不能说“寝熟”。从搭配中可看出新旧词组合能力的差别。

(121) 有一从者,夜眠大魇,裒之自往唤之,顷间不能应,又失其头髻,三日乃寤。(《广记》卷 276 引《幽明录》,2185;《钩沉》423)

(122) 因共眠寝,至晓而去。(《广记》卷 469 引《续异记》,3865;《钩沉》519)

(123) 有一小屋,兄弟共寝板床,荐席数重,夜眠及晓,床出在户外,宿昔如此。兄弟怪怖,不能得眠。后见一妇人来在户前,知忌等不眠,前却户外。……临道有井,遂入其中。无忌还眠。(《广记》卷 322 引《志怪录》,2557—2558;《钩沉》541)

(124) 夜四更中,惠遥唤向暂来。往视,祥仰眠,交手胸上,足脡(敕鼎切)直,云:"可解我手足绳。"(《御览》卷 951 引《宣验记》,4/4223a;《钩沉》549)按:此"眠"是开眼躺着,这样的例子很少见。

(125) 至日中,食毕,礼佛读呗,遍与家人辞别。澡洗著衣,如眠便尽。(《珠林》卷 62 引《冥祥记》,53/756c;《钩沉》582)按:这就是今天常说的死得很安详,就像睡着了一样。

(126) 家安爨器于福灶口,而此妇眠重,婴儿于灶口上匍匐走行,粪污爨器中。此妇寤已,即请谢神祇,盥洗精熟。……府君曰:"眠重非过,小儿无知,……"(《珠林》卷 62 引《冥祥记》,53/757b;《钩沉》608)按:"眠重"即今言"睡得死"。

(127) 先已装束内衣,上止著眠衣,加以法服。(《周氏冥通记》卷 1)

(128) 又曰:"中食亦足。但夏月眠不益人,莫恒贪眠。"又答:"体羸,有小事竟觉倦,倦如欲眠,不能自禁。"(同上)

(129) 于时子良𢷾屐横在床前,又不著衣眠。帅云:"作道士法,不宜露眠,……"(同上)

这一时期既说"卧具",这是承用前代的成词,一直沿用至今;也有了"眠毡""眠床"[①]"眠衣"[②]"眠褥"[③]这样的新名词。《诗·小雅·斯干》:"乃生男子,载寝之床。"郑玄笺:"男子生而卧于床。"《论语·公冶长》:"宰予昼寝。"皇侃疏:"寝,眠也。"这都是用当时的口语词来解释上古的文言词。

小结:先秦汉语表示"睡觉"最常用的词是"寝"。战国开始出现"卧、睡、眠(瞑)"三个新词。从战国后期起,"卧"逐渐战胜"寝"并在两汉时期成为表"睡觉"义的主导词。东汉三国时期,"卧""眠""睡"三者混用,但"睡"始终处于次要的地位。晋代以后,"眠"渐占上风,到南北朝后期基本取代"卧",口语和书面语都以用"眠"为主了。在唐以后的近代汉语阶段,"睡"又替代了"眠"而成为现代汉语表"睡觉"义的唯一口语词[④]。粗略地说,这组词在汉语发展史上经历了三次更替:寝(战国以前)—卧(战国两汉)—眠(魏晋南北朝)—睡(近现代汉语)。

5. 言、云、曰/说、道[⑤]

有关说话的动词,在汉语的历史上数量很多,而且用法错综复杂。为了讨论的方便起见,我们这里暂且把它们简化一下:现代汉语

① 吴方言至今仍说"眠床"。

② 今天说"睡衣"。

③ 见《南齐书·戴僧静传》(2/554)。

④ 这是就普通话而言,各地方言的情形则颇为复杂,如吴、湘、赣、粤、闽语区的许多地方根本不说"睡",而说"困"。

⑤ 参看王凤阳(1993/2011)"言 语"条和"曰 谓 云 说 道"条(页 766—767);黄金贵(1995/2016)"99.语·言·曰·云·说·谓·白"条(页 347—349);汪维辉《汉语"说类词"的历时演变与共时分布》(《中国语文》2003 年第 4 期)。

“我跟你说一件事情；这是他说的”的“说”，上古汉语通常用“言”[①]“道”[②]等；“他说：……”的“说”，一般用“言”“云”“曰”等。这个格局也在东汉魏晋南北朝时期发生了变化。

下面分别讨论“说”和“道”。

“说”用作动词，在先秦就常见，但大多不是一般的“叙说；说话”，而是有其特定的含义，如：

(1) 成事不说。(《论语·八佾》)“解释；说明”义。

(2) 夫差将死，使人说于子胥曰：……(《国语·吴语》)“告知；告诉”义。

(3) 必中理然后说，必当义然后议。(《吕氏春秋·怀宠》)“谈论；议论”义。

(4) 说大人，则藐之。(《孟子·尽心下》)“劝说别人听从自己的意见”义，音 shuì。

“叙说；讲述”义的“说”，“二典”所引的始见书证都是《易·咸·象传》：“咸其辅颊舌，滕口说也。”像下面这种东汉以后用例中的“说”，在上古汉语中是很少见到的：

a. (5) 无道人之短，无说己之长。(《文选·崔瑗〈座右铭〉》)

(6) 孤非徒对诸君说此也，常以语妻妾，皆令深知此意。(《三国志·魏志·武帝纪》裴注引《魏武故事》载曹操《己亥令》，1/33)

b. (7) 时有百岁公说：“小儿时，见训卖药会稽市，颜色如此。”(《搜神记》卷1，18/8)

(8) 王子猷说：“世目士少为朗，我家亦以为朗彻。”(《世

---

① 如《韩非子·初见秦》：“臣愿悉言所闻。”
② 如《孟子·梁惠王上》：“仲尼之徒，无道桓文之事者。”

说·赏誉132》)

a类为“叙说;说话”义,后带宾语,是所叙说的内容;也可单用,不带宾语。b类为“说道”义,后面通常是所说的原话,用新式标点则一般可以在“说”后加上冒号,其后的直接引语用引号。这两种“说”正是现代汉语中“说”字所最常用的。在东汉魏晋南北朝,a类“说”的使用相当普遍,在口语中显然已经取代了文言里最常用的“言”;b类也有了不少用例,但总数仍大大低于“言、云、曰”,替换过程尚未完成。下面分别举一些例子:

(9) 世常以桀、纣与尧、舜相反,称美则说尧、舜,言恶则举桀、纣。(《论衡·齐世》)

(10) 孔子曰:“死生有命,富贵在天。”苟有时日,诚有祸祟,圣人何惜不言?何畏不说?(又《辨祟》)

(11) 论圣人不能神而先知,先知之间,不能独见,非徒空说虚言,直以才智准况之工也。(又《知实》)

(12) 汝往至师所时,若见若闻莫得说其短,亦莫念其短。(支娄迦谶译《道行般若经》卷9,8/472a)

(13) 夫人白王:“欲启一事,愿见采省。”王曰:“便说。”(昙果共康孟详译《中本起经》卷下,4/160b)

(14) 行人答曰:“频头王子,得道号佛,今日当来,王及臣民,供养故耳。”道士答言:“世人甚迷,捐弃甘馔,食此人为?如卿所说人者,应食马麦。”(又163b)

(15) 母说子非,子说母非;父说子非,子说父非;兄说妹非,妹说兄非。(东汉失译《苦阴经》,1/847a)

(16) 尔时父王语太子言:“不逆汝意。欲愿何等,便速说之。”(又《大方便佛报恩经》卷1,3/129b)

(17) 尔时太子即作手书,具以上事向父母说。(又卷4,

146b)

(18) 长者妇问曰:“卿在此仰我衣食,欻复用钱为?持作何等?”老母白言:“私宜急用,不可得说。”(又《杂譬喻经》卷上,4/502c)

(19) 若有过失,屏处相谏,莫于众中说。闻善见善,乃可宣扬。闻恶见恶,不得传说。(又《沙弥尼戒经》,24/938a)

(20) 恶口者,口虽含香,臭如死尸,恒乐说他诸不善事。(又《受十善戒经》,24/1028a)

(21) 长者惊曰:“我向何所言说[①]耶?”妇曰:“君未眠时无所说耶?”曰:“我不省有所说。”妇曰:“君先言:‘我已请佛及诸弟子,供九十日所须短乏。’不作是语耶?”(又《分别功德论》卷4,25/46a)

(22) 又说其家悲愁之状,不可言也。(马援《与隗嚣将杨广书》,《全后汉文》卷17,562b)

(23) 言其大也,则焘天载地;说其细也,则沦于无垠。(高诱《吕氏春秋序》,又卷87,945b)

(24) 于是交马语移时,但说京都故旧,拊手欢笑。(《三国志·魏志·武帝纪》,1/35)

(25) 太后曰:“我欲见大将军,口有所说。”(又《三少帝纪》注引《魏略》,130)

(26) 后得武宣皇后还书,说疾已平复,后乃欢悦。(又《后妃传》注引《世语》,161)

(27) 瓒性辩慧,每白事不肯稍入,常总说数曹事,无有忘误,

① “言说”为新旧成分连用,这是常用词更替过程中常见的现象。同类的还有“说云”“说曰”“说言”等。

太守奇其才。(又《公孙瓒传》注引《典略》,240)

(28) 至十月朝,融先见太祖,说"衡欲求见"。(又《荀彧传》注引张衡《文士传》,2/312)

(29) 文帝为五官将,亲自诣玠,属所亲眷。玠答曰:"老臣以能守职,幸得免戾。今所说人非迁次,是以不敢奉命。"(又《毛玠传》,2/375)

(30) 臣不言此,无有时、人。说臣此言,必有征要。(又377)

(31) 臣松之按,《晋阳秋》说魏舒少时寄宿事,亦如之。(又《华歆传》注,405)

(32) 殷死月余,轸得疾患,自说但言"伏罪,伏罪,游功曹将鬼来"。(又《张既传》注引《三辅决录》,473)

(33) 乃手书与行曰:"观文约所为,使人笑来。吾前后与之书,无所不说,如此何可复忍!……"(又注引《魏略》,476)

(34) 反复来说,孤犹以为当如故,大收不可复改易。(又《任峻传》注引《魏武故事》载令,490)

(35) 又言有一国亦在海中,纯女无男。又说得一布衣,从海中浮出。(又《乌丸鲜卑东夷传》,3/847)

(36) 或诸家内外共诤,背后相说恶露,是皆贪乐所致。(支谦译《释摩男经》,1/848c)

(37) 复如前法,自然还复,久后转剧,不可悉说,我但为若曹小道之耳。(又《阿弥陀三耶三佛萨楼佛檀过度人道经》,12/316b)

(38) 即便向彼长者居士说诸比丘尼种种过恶。(旧题支谦译《撰集百缘经》卷5,4/225c)

(39) 使者还驰,具以上事向彼王说。(又卷9,4/248a)

(40) 兄告说姊故殊黄瘦,忧驰可言!(王献之《杂帖》,《全晋文》卷27,1614b)

(41)《持心经》,太康七年三月十日,敦煌开士竺法护在长安说出梵文,授承远。(《出三藏记集》卷8载《持心经后记》,308)

(42) 郁湮重冥下,烦冤难具说。(鲍照《松柏篇》,《宋诗》卷7,中/1265)

(43) 故人赠宝剑,镂以瑶华文。一言凤独立,再说鸾无群。(江淹《古意报袁功曹诗》,《梁诗》卷3,中/1562)

(44) 我倾家赡君,慎勿他说,复相效而来。(《广记》卷165引《笑林》,1207;《钩沉》183)

(45) 戚夫人侍儿贾佩兰,后出为扶风人段儒妻。说在宫内时,尝以弦管歌舞相欢娱,竞为妖服,以趋良时。(《搜神记》卷2,43/24)

(46) 使觋视之,告曰:"若能说此冢中鬼妇人形状者,当加厚赏,而即信矣。"(又46/26)

(47) 可说得鋺本末。(又卷15,397/205)

(48) 陈即射杀之,不敢说。(又卷20,462/242)

(49) 行刑既毕,此人乃说。(《搜神后记》卷2,24/15)

(50) 何晏注《老子》未毕,见王弼自说注《老子》旨,何意多所短,不复得作声,但应诺诺。(《世说·文学10》)

(51) 轲言曰:"田光褒扬太子仁爱之风,说太子不世之器,高行厉天,美声盈耳。……"(《燕丹子》卷下,10)

(52) 余所知爰猛,说其大父为广川王中尉,每谏王不听,病免归家。说王孙发掘冢墓不可胜数,其奇异者百数焉。为余说十余事,今记之如左。(《西京杂记》卷6,124/41)

(53) 行卅里,曹公始得,令祖先说。(《琱玉集》卷12等引《裴子语林》,4;《钩沉》132)

(54) 夜忽有人开閤径前,状若方相,说是庐君,与邵谈《春秋》。(《续谈助》卷4引《小说》,86;《钩沉》230)

(55) 晋张华有鸚鹉,每出还,辄说童仆好恶。(同上,《钩沉》232)

(56) 及士义还内,妇仍学说狗语,未毕,收捕便至。(《广记》卷141引《续异记》,1013;《钩沉》517)

(57) 忽其年二月八日,并失所在,三日而归,粗说见佛。(《珠林》卷22引《冥祥记》,53/453b;《钩沉》620)比较:木闻甚惧,谓当实然,乃粗言所见。(《珠林》卷15引《冥祥记》,400a;《钩沉》623)

(58) 非卿之力,何劳说此!(《洛阳伽蓝记》卷2"崇真寺",81)

(59) 江南人事不获已,须言阀阅,必以文翰,罕有面论者。北人无何便尔话说,及相访问。(《颜氏家训·风操》,79)

(60) 古之学者为己,以补不足也;今之学者为人,但能说之也。(又《勉学》,171)比较:为己,履而行之;为人,徒能言。(《论语·宪问》何晏《集解》引孔安国曰)

以上为a类,相当于文言词"言"。"说"可带的宾语很丰富,如:说不妄语戒、说诚实语、说无益语、说不利语、说无义语、说其方、说道义方、说此、说此语、说是语、说服罪之意、说事、说某事、说俗事、说事状、说消息、说所言、说如是言、说委曲情理、说所梦、说如此、说本末。"说"的前面还可加上"具、悉、咸、密、空、便、速、乐、又、复、多、共、但、今、总、不、轻、相、再、乃、还、先、辄、粗、直"等状语。这类"说"字在《三国志》中出现频率很高,用法也基本与现代汉语相同。我们据此推测,在陈寿时代的口语里,大概 a 类"说"已取代了"言"[①]。

下面是 b 类。在文言里通常用"云、曰、言"等。

(61) 荣等及陇西太守冯含、上谷太守陈弘说:往者至有劫阂中令杨般、终津侯姜昊,上尉苏鸿……(但望《请分郡疏》,《全后汉文》卷 66,835a)

(62) 我等经书《四围陀典》说言:"千年二千年,当有一幻人出世。"(东汉失译《大方便佛报恩经》卷 3,136b)

(63) 即便索刀,向刀说曰:"但当杀我,亦当断结耶?"说迄,以刀自刎。(又《分别功德论》卷 4,25/46c)

(64) 即便说言:"汝若去者,……"(旧题支谦译《菩萨本缘经》卷下,3/66a)

(65) 癸亥,孙权上书,说:"刘备支党四万人,马二三千匹,出秭归,请往扫扑,以克捷为效。"(《三国志·魏志·文帝纪》注引《魏书》,1/79)

(66) 辅语散将王起,说:"会奸逆凶暴,欲尽杀将士。"又云:"相国已率三十万众西行讨会。"(又《三少帝纪》,1/151)

(67) 宣王徐更宽言,才令气息相属,说:"年老沉疾,死在旦夕。君当屈并州,并州近胡,好善为之,恐不复相见,如何!"……胜辞出,与爽等相见,说:"太傅语言错误,口不摄杯,指南为北。……"(又《曹爽传》注引《魏末传》,1/285)

(68) 贡说:"宁常著皂帽、布襦袴、布裙,……"(又《管宁传》,2/358)

① 就总数而言,在整个魏晋南北朝时期,"言"仍远远多于"说",那可能是受文体和用词习惯的影响。从上面引例中不难看出,"说"带有明显的口语色彩。

(69) 宜时遣使厚遗答谢,以安其意。说:"京都无粮,欲车驾暂幸鲁阳,鲁阳近许,转运稍易,可无县乏之忧。"(又《董昭传》,438)

(70) 居七日,蜀降者说:"蜀中一日数十惊,备虽斩之而不能安也。"(又《刘晔传》注引《傅子》,445)

(71) 自说:"兄弟三人俱得躄疾,不知何故? ……"(又《管辂传》注引《辂别传》,3/813)

(72) 预临别,谓孙权曰:……又自说:"年老多病,恐不复得奉圣颜。"(又《蜀志·宗预传》注引《吴历》,4/1076)

(73) 权为笺与曹公,说:"春水方生,公宜速去。"别纸言:"足下不死,孤不得安。"(又《吴志·吴主传》注引《吴历》,5/1119)

(74) 年十二,病死,五日而苏,说:"死时,……"(《搜神记》卷15,365/183) 比较:死三日,复苏,云:"吏人将上天,……"(同上,364/182)

(75) 前行数里,逢一人,相问讯已,因说:"向者事变如此,今相得为伴,甚欢。"……宿昔乃苏,说状如此。(又卷17,406/211)

(76) 蔡司徒说,在洛阳见陆机兄弟,住参佐中。(《困学纪闻》卷20引《殷芸小说》,3b;《钩沉》233)

(77) 前见王,道人便自说:"驱驴载物,为鬼所夺,寻迹至此。"(《御览》卷736引《灵鬼志》,3/3264a;《钩沉》314)

(78) 王向叩头,自说:"妇已亡,余孤儿,尚小,无奈何。"(《御览》卷887引《幽明录》,4/3941b;《钩沉》389)

(79) 惠凝具说:……(《洛阳伽蓝记》卷2"崇真寺",79)

(80) 尝见青州刺史傅宏仁说:临淄人发古冢,得铜棺,前和外

隐起为隶字,言齐太公六世孙胡公之棺也。(《水经注》卷16"谷水",1429)

(81) 梁武帝尝为吾说:"昔在会稽,年始十二,便已好学。……"(《颜氏家训·勉学》,197)

"说如此、说事状、说本末"等是这时候的习惯用法,"向(对)某人说(某事)"也是惯用法[①]。小说里写到死而复生后用"说"字来回叙经过的例子很多,几乎不用"言""道"等。说一件事、转述某人的话或讲一个故事一般也用"说"。

在这一时期,a类用法也常用"道",出现频率略低于"说"。有时在同一段文章里"说""道"杂用,或者"道说""言道"等连用[②]。但"道"字用作b类的还不多。下面分别举些例子:

(82) 便遣使诣祇桓,道其消息。(东汉失译《杂譬喻经》卷上,4/503c)

(83) 闻是曹世(三本、宫本作"比丘")巧言雅辞强(三本、宫本、圣本作"强言")说言:"是佛所道。"(又《拔陂菩萨经》,13/924a)

(84) 世之奇异,人所贪求,不须道也。(又《柟檀树经》,17/750c)

(85) 举头视曰:"是何等人?"答曰:"我是贾客所道者。"即曰:"贾客诳我也。向者不道能飞,而今现飞!"(又《分别功德论》卷5,25/50a)

(86) 徐州牧宋仲翁道余才智陈平留侯之比也。(桓谭《新论·见征》,《全后汉文》卷13,541a)

---

① 比较上古汉语"谓(语)某人曰(云、言)"。

② "道说"连文始见于《史记·老子韩非列传》:"非为人口吃,不能道说,而善著书。"(7/2146)后世常用的"说道"连用则尚未见到。

(87) 奴在灶下助厨，窃言："堂上母，我妇也。"客罢，婢语次，说老奴无状，为妄语，所说不可道也。（应劭《风俗通义》，又卷38，682b）

(88) 择辞而说，不道恶语，时然后言，不厌于人，是谓妇言。（班昭《女诫·妇行第四》，又卷96，989a）

(89) 说所不当道，观所不当视，此谓不能专心正色矣。（又《专心第五》，989b）

(90) 徘徊空舍中，行复尔耳，弃置勿复道。（《乐府古辞·妇病行》，《汉诗》卷9，上/270）

(91) 孤非徒对诸君说此也，常以语妻妾，皆令深知此意。孤谓之言："顾我万年之后，汝曹皆当出嫁，欲令传道我心，使他人皆知之。"（《三国志·魏志·武帝纪》注引《魏武故事》载曹操《己亥令》，1/33）

(92) 其所言道，不可忍听，非天地所覆载。（又《三少帝纪》，143）

(93) 会司蕃诣鸿胪自首，具说范前临出所道。（又《曹爽传》注引《魏略》，291）按："说"与"道"同用的时候，总是"说"在前而"道"在后。原因待详。

(94) 太祖曰："卿昔何不道之？"彧阳惊曰："昔已尝为公言也。"（又《荀彧传》注引《献帝春秋》，2/318）

(95) 遂道阿之形状，言甚备悉。（又《蒋济传》注引《列异传》，2/455）

(96) 九岁，人有道其父字者，朗曰："慢人亲者，不敬其亲者也。"（又《司马朗传》，2/465）

(97) 粲性躁竞，起坐曰："不知公对杜袭道何等也？"（又《杜袭传》，3/666）

(98) 帝追念前临淄侯所说,乃寤曰:"是子建所道韩宣邪?"特原之,遂解其缚。(又《裴潜传》注引《魏略列传》,675)按:"说""道"同义。

(99) 乃密怀金三十斤,谓豫曰:"愿避左右,我欲有所道。"(又《田豫传》注引《魏略》,3/729)

(100) 近者人见阿之寿而气力强盛,怪之,遂责阿所服,因醉乱误道之。(又《华佗传》注引《佗别传》,805)

(101) 季龙取十三种物,著大箧中,使辂射。云:"器中藉藉有十三种物。"先说鸡子,后道蚕蛹,遂一一名之,惟以梳为枇耳。(又《管辂传》,824)按:"说""道"同义。

(102) 老革荒悖,可复道邪!(又《蜀志·彭羕传》载羕语,4/995)

(103) 曹公闻其名,遗慈书,以箧封之,发省无所道,而但贮当归。(又《吴志·太史慈传》,5/1190)

(104) 临出,又谓壹曰:"君意得无欲有所道?"壹口头无言。(又《顾雍传》,1226)

(105) 公具问境内消息,征应对婉顺,因说江东大丰,山薮数恶,皆慕化为善,义出作兵。公笑曰:"孤与孙将军一结婚姻,共辅汉室,义如一家,君何为道此?"(又注引《吴书》,1228)

(106) 王常可[①]道说亲厚知识赖吒和罗,今在庐中树下坐。(支谦译《赖吒和罗经》,870c)按:此经"道说"连用常见。

(107) 问其虚实,其大妇者,正欲道实,恐其交死;正欲不道,苦痛叵言。(旧题支谦译《撰集百缘经》卷5,4/226c)

---

① 可,所也。

(108) 王答女夫:"莫道(圣语藏本作'噵')此事,……"(又卷8,243a)[1]

(109) 汝今至彼,道吾教敕:"信至之日,驰奔来觐!……"(又卷9,248a)

(110) 时聚落中有诸商人,白大王言:"愿王见恕,施我无畏,乃敢陈说。"王即答言:"但道莫畏。"(又卷10,256b)

(111) 如是募九十日,遍至国中,无有道此女丑者。(支谦译《七女经》,14/907c)

(112) 五者口但道空。(又《慧印三昧经》,15/463c)

(113)《地狱品》者,道泥梨事。(竺将炎共支谦译《法句经》卷下,4/570a)

(114) 我曹种道说,与刹利、田家、工师种异,言我曹种是梵天子孙。(三国失译《梵志頞波罗延问种尊经》,1/876c)按:此经"道说"连用多见。

(115) 此中人语云:"不足为外人道也。"既出,得其船,便扶向路,处处志之。及郡下,诣太守,说如此。(陶渊明《桃花源记》)

(116) 语笑向谁道,腹中阴忆汝。(《子夜歌四十二首》之十二,《晋诗》卷19,中/1041)

(117) 上树摘桐花,何悟枝枯燥。迢迢空中落,遂为梧子道。(《读曲歌八十九首》之十三,《宋诗》卷11,1341)

(118) 折杨柳,百鸟园林啼,道欢不离口。(又之十六)

(119) 去三月中,忽云:"神语道巴陵王应作天子,汝使巴陵王密知之。"(《宋书·巴陵王刘休若传》载宋明帝与桂阳

---

① 佛经中还为此义的"道"造了一个后出专字"噵"。

王休范书[①],6/1884)

(120) 刘胡,南阳涅阳人也,本名坳胡,以其颜面坳黑似胡,故以为名。及长,以坳胡难道,单呼为胡。(又《邓琬传附刘胡传》,7/2147)

(121) 得书言未反,梦见道应归。(庾成师《远期篇》,《梁诗》卷28,下/2136)

(122) 僖复遣谓烈曰:"我是天子儿,天子叔,元辅之命,与诏何异?"烈厉色而答曰:"向者亦不道王非是天子儿、叔。若是诏,应遣官人,所由遣私奴索官家羽林?烈头可得,羽林不可得!"(《魏书·于栗磾传》,3/739)

(123) 桃李子,鸿鹄绕阳山,宛转花林里。莫浪语,谁道许?(《隋书·五行志上》载炀帝大业中童谣,3/639)按:许,此也。

(124) 今日已去,还家,三年勿出门,可得度也。勿道见吾书。……式还,涕泣具道如此。(《搜神记》卷5,99/65)

(125) 遵敕吏舁尸到,与语讫,语吏云:"死人自道不烧死。"(又卷11,298/144)

(126) 得钗,乃以著户楣上。临发,失与道。(又卷17,402/208)

(127) 魅即屋梁上谓彦思曰:"汝与妇道吾,吾今当截汝屋梁。"……魅大笑,问彦思:"复道吾否?"……自后无敢道者。(又405/210)

(128) 璞便语门吏云:"可入通,道吾能活此马,则必见我。"(《搜神后记》卷2,22/13—14)

---

① 此书信多当时口语。

(129) 语二人云："归家慎勿道。"后遂向等辈说之。……见事已露，遂具说本末云：……(又卷4,47/28)

(130) 羊豕鹅鸭，皆道其数。(《西京杂记》卷4,89/24)

(131) 谢虎子尝上屋熏鼠，胡儿既无由知父为此事，闻人道痴人有作此者，戏笑之，时道此，非复一过。(《世说·纰漏5》)

(132) 汝开《老子》卷头五尺许，未知辅嗣何所道，平叔何所说，马、郑何所异，《指例》何所明，而便盛于麈尾，自呼谈士，此最险事。(《南齐书·王僧虔传》载其《诫子书》,2/598)

(133) 后颇知其事，每见诸庾，道"枉死"。(《续谈助》卷4引《小说》,76;《钩沉》209)

(134) 云："慎勿道我！道我，当长留腹中。"(《广记》卷320引《灵鬼志》,2534;《钩沉》315)

(135) 仰见座上有一君，着大冠袍衣，头鬓半白，谓高曰："可取还，勿道见我，后吾当佑汝。"高还，如言不道。……高乃道："昔为更生小吏，见遣至庙取所遗刀。见庙神，使吾莫道，至今不敢道，然心常以欺君为惭。"(《御览》卷345引《录异传》,2/1589a;《钩沉》529)

(136) 元宝具向道之。(《洛阳伽蓝记》卷3"大统寺",141)

以上为a类。在东汉失译经、三国译经和《三国志》中此类"道"字已很常见。看来在陈寿的时代"说""道"正处于并用竞争的局面。"勿复道、莫复道、何所道、何足道、安足道、无所道"之类已成为惯用法，一般不用"说"。

(137) 从尔何所之，乃在大海隅。灵若道言："贻尔明珠。"(曹丕《秋胡行》,《魏诗》卷4,上/396)

(138) 若孛不还者,当向叩头道(圣语藏本作"导"):"我自知怨负万民,忧不能食,须待孛到。"(支谦译《孛经抄》,17/735a)

(139) 我昔曾入僧坊之中,闻诸比丘讲四句偈云道:"诸天眼瞬极迟,世人速疾。"(旧题支谦译《撰集百缘经》卷8,4/244a)

(140) 七婆罗门时经行,及子曹见我,呼我作婆罗门,道:"从何所来?"(三国失译《梵志頞波罗延问种尊经》,1/878a)

(141) 钟士季常向人道:"吾少年时一纸书,人云是阮步兵书,皆字字生义;既知是吾,不复道也。"(《续谈助》卷4引《小说》,85;《钩沉》228)

(142) 虞存为治中,面见,道:"帐下空素,求粲此米付帐下。"(《御览》卷258等引《语林》,2/1212a;《钩沉》152)

(143) 兴祖大叫道:"糜中有药!"(《南齐书·王奂传》载孔稚珪奏章,3/850)

(144) 见有一小儿倚在其边,语道:"汝但至心,我当相助。"(《系观世音应验记》44,《应验记》46)

以上为b类。例子很有限。

a类的"说"和"道"都已见于先秦,但"道"的产生要早于"说",在先秦用例也大大多于"说"。"道"跟"说"的区别似乎是:"说"是一般地说,强调的是"说话"这一行为;"道"则是详细地说,把事情说清楚,有时还加上主观的阐述或评论[①]。浑言则不别。《世说新语》一书中,"道"用作"品题;评论"义的多于"讲,说"义,而"说"则相反,很少

---

① 这是"道"字从上古以来就具有的词义特征,如:中冓之言,不可道也。所可道也,言之丑也。(《诗·鄘风·墙有茨》)道可道,非常道。(《老子》第一章)

当“品题”讲。从中可以看出两者词义上的差别。这一时期“道说”连文常用而“说道”未见，也可以这样解释：“道说”所强调的一般都是“详细地说”，所以得把“道”作为重点放在前面，“说”则只是为了凑音节而附加上去的一个同义成分；后世常用的“说道”，语义重点是“说话”这一行为，“道”成了凑音节的附带成分，而在东汉魏晋南北朝，“道”的词义还没有得到充分的虚化（用作 b 类的例子还不多见），所以只有“说曰、说云、说言”而没有“说道”。上述 b 类用法在中古时期以用“说”为主而少用“道”，可能也是同样的原因。

小结：关于“说话”的一组词在东汉魏晋南北朝发生了重大的变化，总的演变趋势是：“言、云、曰”渐趋淘汰，在口语里主要用“说”和“道”；“道”基本保持上古时期的意义和用法，但后世常用的“某某道：……”格式也已经有所露头；“说”的用法则大为扩展，基本上覆盖了文言词“言、云、曰”原有的使用范围，取代了它们的地位。“说”“道”在近代汉语中是表示说话义的两个最常用的词[①]，这一格局的形成可以上推到中古时期。到了现代汉语，“道”又被淘汰了（口语里一般不单说）。这一组同义词，经过千百年的竞争，如今终于成了“说”的一统天下[②]。

6. 呼（謼）/唤、叫（噭、嘂）[③]

表示“呼叫；呼喊；鸣叫”和“呼唤；招呼；召请”这两个意义，上古

---

① 参看蒋绍愚《关于汉语词汇系统及其发展变化的几点想法》一文中对《祖堂集》里“言/语/说”的考察，《中国语文》1989 年第 1 期。

② 这是就普通话而言，方言的情形则颇为复杂，如吴语、赣语、粤语、闽语、客家话和平话等，口语里根本不说“说”，相应的词是“讲”和“话”，等等，详见曹志耘主编《汉语方言地图集·词汇卷》“123　说”地图。参看汪维辉《汉语“说类词”的历时演变与共时分布》，《中国语文》2003 年第 4 期。

③ 参看王凤阳（1993/2011）“叫 号 呼 唤”条（页 757）。

汉语通常用“呼”[①],如:

(1) 式号式呼,俾昼作夜。(《诗·大雅·荡》)[②]

(2) 顺风而呼,声非加疾也,而闻者彰。(《荀子·劝学》)

(3) 令之俯则俯,令之仰则仰,处则静,呼则应,可谓忠臣乎?(《墨子·鲁问》)

(4) 凡祝呼佐食,许诺。(《仪礼·特牲馈食礼》)郑玄注:呼,犹命也。

(5) 君为我呼入,吾得兄事之。(《史记·项羽本纪》,1/312)

字又写作“謼”[③]:

(6) 上遣侍御史、廷尉监逮躬,系洛阳诏狱。欲掠问,躬仰天大謼,因僵仆。(《汉书·息夫躬传》,7/2187)颜师古注:謼,古呼字。

偶尔也用“叫”[④],例如:

(7) 或不知叫号,或惨惨劬劳。(《诗·小雅·北山》)[⑤]

(8) 或叫于宋大庙,曰:“譆譆,出出。”(《左传·襄公三十年》)杜预注:叫,呼也。

(9) 祈,叫也。(《尔雅·释言》)

字又写作“噭”[⑥]:

(10) 毋噭应。(《礼记·曲礼上》)郑玄注:噭,号呼之声也。

也作“嘂”,见于《周礼》:

---

① 表示后一个意思也用“召”,这里暂不讨论。

② 《诗经》“呼”字仅此1例。

③ 《说文·言部》:“謼,評也。”《尔雅·释言》:“号,謼也。”《玉篇·言部》:“謼,大叫也。”但写作“謼”的文献用例实际上很少。

④ 《说文·口部》:“叫,謼也。”

⑤ 《诗经》中“叫”字仅此1见。

⑥ 《说文·口部》:“噭,呼也。”《广雅·释诂二》:“噭,鸣也。”《字汇·口部》:“噭,与叫同。”写作“噭”的文献用例也很少。

(11) 大祭祀,夜嘑旦以嘂百官。(《春官宗伯·巾车》)

(12) 禁嘂呼叹鸣于国中者。(《秋官司寇·衔枚氏》)

但是在先秦两汉,“叫”字用得很少。这里有一个统计数字[①]:

	左传	荀子	墨子	庄子	韩非子	吕氏春秋	史记	论衡	总计
呼	26	7	4	8	5	10	58	24	142
叫	2	0	0	1	0	0	1	1	5

其中的“叫”都是“喊叫;呼叫”义,而“呼”则有“呼叫”“呼唤;招呼”和“称呼”三个义项。上述调查结果大体上可以反映“呼”“叫”在这一时期的使用情况。

“叫”从先秦以降一直沿用[②],在晚汉魏晋南北朝用例稍有增加,但仍远不及“呼”和“唤”,而且用法单一,基本上都是“呼叫;鸣叫”的意思,很少作“招呼;召请”义用[③],更不作“称呼”讲。所以总的来说,“叫”在中古时期尚未跟“呼”和“唤”形成竞争之势。“叫”大量使用并取代“唤”当是很晚近的事[④]。这里略举部分中古时期的用例:

(13) 非不欲室也,恶登墙而搂处。叫呼炫鬻,悬旌自表。(崔骃《达旨》,《全后汉文》卷44,712b)按:“叫呼”连用常见。

(14) 叫帝阍使辟扉兮,觌天皇于琼宫。(张衡《思玄赋》,又卷52,761a)

---

① 数字依据《春秋经传引得》《荀子引得》《墨子引得》《老庄词典》《韩非子索引》《吕氏春秋词典》《史记索引》《论衡索引》统计。

② 《玉篇·言部》:“訆,大叫也。”《汉书·贾山传》:“一夫大訆,天下响应者,陈胜是也。”颜师古注:“訆字与呼同。訆,叫也。”都说明“叫”是人们熟知的口语词。

③ “叫……来”“叫……进”一类的用法此期尚未见到。下面例(14)(15)可以看作是“呼唤;招呼”义。《大词典》“招呼”义下即首引例(15)(3/69)。

④ 参看蒋绍愚《白居易诗中与“口”有关的动词》“二　号、呼、唤、叫”节,《蒋绍愚自选集》页140—142。

(15) 言旋迈兮北徂,叫我友兮配耦。(王逸《九思·疾世》,又卷57,785a)

(16) 关东破胆,四方动摇,威之不来,叫之不应。(刘陶《陈要急八事疏》,又卷65,831a)

(17) 兼有同时辈,相送告离别。慕我独得归,哀叫声摧裂。(蔡琰《悲愤诗》,《汉诗》卷7,200)

(18) 因扑镜大叫,创皆崩裂,须臾而死。(《三国志·吴志·孙策传》注引《搜神记》,5/1112)

(19) 初,赞为将,临敌必先被发叫天,因抗音而歌。(又《孙峻传》注引《吴书》,1445)

(20) 见便悲叫,问:"何意!何意!"唯闭眼举手,三弹指云:"莫声叫,莫声叫,误人事!"(《周氏冥通记》卷1)

下面着重讨论"唤"。

"唤"字不见于先秦典籍,大致可以推断它是汉代产生的一个新词[①],目前所见的最早用例出自西汉末刘向的《列女传》[②]和现今一般认为成书于东汉初年的《易林》:

(21) 秋胡子遂去,至家,奉金遗母,使人唤妇至,乃向采桑者也,秋胡子惭。(《列女传》卷5"鲁秋洁妇")

(22) 城上有乌,自名破家。唤呼鸩毒,为国患灾。(《易林》卷

① 《说文·㗊部》:"嚻,嘑也。"段注:"……《广雅》:'嚻,鸣也。'《玉篇》云:'嚻,荒贯切,与唤同。'《广韵》同。按《说文》无'唤'字,然则嚻、唤古今字也。"(感谢真大成副教授检示这条材料。)《说文新附》:"唤,呼也。从口,奂声。古通用奂。"郑珍《说文新附考》:"《玉篇》'嚻'注云:'与唤同。'《广韵》'唤'重文作'嚻'。知《说文》'嚻,呼也',即古呼唤字。徐氏殆未识也。谓'古通用奂',无稽。"《大词典》"唤"字条"呼叫"义下所引的首例书证是西汉王褒的《洞箫赋》:"哮呷呟唤,跻蹶连绝,淈殄沌兮。"今按,"哮呷"和"呟唤"可能都是联绵词,用作单音词"唤"的书证未必妥当。

② 据钱穆《刘向歆父子年谱》,《列女传》编撰于汉成帝永始元年(公元前16年)。

2“比之睽”)[①]

首先较多地使用“唤”字的是东汉佛经,例如:

(23) 人所不喜,医复何血,忌上相四激反支来唤(三本、宫本作“呼”,下同),是亦不必日时漏刻星宿须臾疑人取相。(安世高译《道地经》,15/232c)

(24) 譬如牛为屠家所杀,余牛见死牛恐自及,跳场惊怖,走入山树间叫唤(异文作“呼”)。(又 233a)

(25) 佛则知诸菩萨所念,欲决其疑,故唤(宫本作“呼”)提无离菩萨言:“过去不可胜数阿僧祇劫……”(支娄迦谶译《屯真陀罗所问如来三昧经》卷下,15/363b)

(26) 后来弟子,谓火害佛,悲唤哀恸:“瞿昙被害,我生何为!”(昙果共康孟详译《中本起经》卷上,4/150b)

(27) 唤呼父母,悲恋妻子。(昙果共竺大力译《修行本起经》卷下,3/466c)

(28) 彼于中或吹贝或击鼓,或举声唤呼。(东汉失译《苦阴经》,1/847b)

(29) 尔时施主还到其家,唤其夫人及其子息僮仆作使,一切皆集。(又《大方便佛报恩经》卷 2,3/132c)

(30) 时诸太子闻是语已,举声吼唤,惊动神祇。(又 134a)

(31) 其人苦痛,高声大唤,苦痛难忍,或称父母,或称妻子。虽作如是唱唤,无益于己。(又 136a)按:此经“唱唤”屡见。

(32) 尔时仙人闻此鹿悲鸣大唤。(又卷 3,139a)

(33) 王复遣使往唤其女,女言:“不去。”(又 145c)

(34) 尔时大王便入后园,唤婆罗门来。(又卷 5,150a)

---

① 《易林》“唤”字共 2 见,另一例是:三虎上山,更相喧唤。(卷 15“涣之未济”)

(35) 时诸释女各称父母兄弟姊妹者,或复称天唤地者。(同上)

(36) 我时唱唤:"蛇来,蛇来!"唤夫不应。(又 153a)

(37) 夫在门外,再三唤已,内无人开门。(同上)

(38) 遣使敕一天子令来,反覆三唤,犹故不来。(又卷 6,160b)[①]

(39) 我即叉手起唤曰:"婆南正尔。"(又《分别功德论》卷 3,25/38a)

(40) 王遣人唤曰:"王欲见汝。"……语母曰:"王唤我。"母语儿曰:"王唤汝为?"(又 39b)

(41) 正坐此口,生天人中三途,地狱啾吟唤呼。(又卷 4,45a)

(42) 佛唤罗云来。(又 51b)

但东汉佛经同时也大量地使用"呼"字,"呼"还产生了"认为"等新义[②],显然是当时仍活跃在人们口头的一个常用词。两相对比,"唤"字所占的比重很小。上面所引的例子,大多出现在所谓"失译"经中,译人明确、时代可靠的只有前 5 例,其中 3 例有异文作"呼",1 例"唤呼"连文。结合上文"视/看""求、索/寻、觅"及下文"居/住"等条所论及的东汉失译经的情形来看,旧题"后汉失译"的这些经的确切翻译时代就很令人怀疑。有的失译经几乎全用"唤",如《大方便佛报恩经》,尤其值得深入探究[③]。

在三国译经中,我们调查了吴支谦的所有译经共 25 部以及吴康僧会译的《六度集经》和曹魏康僧铠译的《郁伽长者经》,结果如下:

---

① 此经"唤"字 19 见,"呼"则只出现 2 次:尔时太子即呼大臣、诸小国王,……尔时大臣即呼旃陀罗。(卷 3,3/138b)

② 参看蔡镜浩(1990)"谓呼　呼"条(页 340);王云路、方一新(1992)"呼"和"谓呼"条(页 185,383)。

③ 但也有只用"呼"而不用"唤"的失译经,如《杂譬喻经》等。看来不是偶然的。

康僧会所译的《六度集经》一律用“呼”[①]而不用“唤”，“叫”也只出现了1次（“叫呼”连文）。曹魏康僧铠译《郁伽长者经》“呼、唤、叫”均未见。

支谦译经中，未出现这三个字的经有14部。只用“呼”而无“唤”“叫”的有8部经：《大明度经》（10见），《赖吒和罗经》（3），《七女经》（3），《菩萨本业经》（2），《梵摩渝经》（1），《太子瑞应本起经》（1），《义足经》（1），《维摩诘经》（1）[②]。最值得注意的是下面两部经：

	唤	呼	叫
菩萨本缘经	5	0	1（鸣叫）
撰集百缘经	29	2[③]	1（叫唤）

这两部经中出现的“唤”字共34例，比支谦译经中所有“呼”字的总数还要多；而在那些“呼”字中，还有不少是用作“唤”所不具备的“认为”义的。下面举一些“唤”的例子：

(43) 复更唤言：“咄，婆罗门，汝可起坐，汝可起坐！……”（旧题支谦译《菩萨本缘经》卷上，3/56b）

(44) 即唤其子，子既至已，菩萨抱之。（又卷中，59c）

(45) 犹如女人覆藏怀妊，临产之日受大苦恼，发声大唤，乃令一切悉共知之。（又61c）

(46) 时波斯匿王告守门者：“疾唤来入。”（旧题支谦译《撰集百缘经》卷2，4/211b）

(47) 其人身体生诸恶疮，甚患苦恼，痛不可言，唤诸良医，以

---

① 共49见，其中用作“认为”义的2次。

② 除《大明度经》外，上述经中“呼”字都只是零星地用到（最多3次）。《大明度经》“呼”字用得较多（10次），主要原因是此经篇幅较大（共4卷，是支谦所有可靠译经中篇幅最大的）。

③ 其中1处有异文：王即召呼。（卷6，4/233b）圣语藏本作“王即召菌子啧言”。

瞻疗治。(又卷3,213c)

(48) 作是念已,召唤太子及诸大臣。(又卷4,217b)

另外,《孛经抄》"呼"2见,"唤"1见(但有异文):

(49) 虾蟆唤(圣语藏本作"唯")曰:"知为政者,弃一恶人,以成一家。……"(支谦译《孛经抄》,17/735a)

此例在较早的圣语藏本中作"唯",可见作"唤"可能是后人所改。这说明在支谦的可靠译经里,实际上是不用"唤"的[①]。这也可以证明《撰集百缘经》和《菩萨本缘经》的确不大可能是支谦所译。

综上所述,在上面所调查的三国译经中(排除不可靠的《撰集百缘经》和《菩萨本缘经》),除一例"叫"外,只用"呼",不用"唤"。

到西晋竺法护的译经里,"唤"就比较多见了,例如:

(50) 由如彼鸟名"我所"者,见苹茇树及诸药树且欲成熟,叫唤悲鸣:"皆是我所!"(《生经》卷1,3/73c)

(51) 素教诫女,得逆抱捉,唤令众人,则可收执。(又卷2,78b)

(52) 主比丘独在不出,新学比丘复取衣钵,取主比丘挝捶榜笞,就地缚束,犹系其口,将无所唤。(又卷5,104a)按:此经"唤"字多见。

(53) 神诸饿鬼,扬声喜唤,雕鹫数百,飞欲避火。(《正法华经》卷2,9/76b)

(54) 譬如饥馑时,丈夫得美膳,虚乏叫唤求,有人手授食。(又卷3,87a)

此后的南北方译经中"唤"字都很常见。

---

① 参看陈祥明《从语言角度看〈撰集百缘经〉的译者及翻译年代》(《语言研究》2009年第1期)和《从语言角度看〈菩萨本缘经〉的译者及翻译年代》(《长江学术》2010年第2期)。

在中土文献里，晋代以前“唤”的用例尚不多见，如：

（55）东方欲明星烂烂，汝南晨鸡登坛唤。曲终漏尽严具陈，月没星稀天下旦。（《乐府古辞·鸡鸣歌》，《汉诗》卷10，上/291）[①]

（56）当死弊雀，头如果蒜，不早首服，捩颈大唤，行人闻之，莫不往观。（曹植《鹞雀赋》，《全三国文》卷14，1130a）按：此赋属于俳谐文字一类，多用俗语。

（57）初近而后远，唤名而不应。（诸葛亮《兵法》，又卷59，1376a）

（58）呼唤喧哗，无所听闻。（同上）

（59）凤阳门南天一半，上有金凤相飞唤。（《杂歌谣辞·邺人金凤歌》，《魏诗》卷11，上/513）

（60）必不知攻者为谁，以素与祎善，走投祎，夜唤德祎，祎家不知是必，谓为文然等，错应曰：“王长史已死乎？卿曹事立矣！”（《三国志·魏志·武帝纪》注引《三辅决录注》，1/50）

（61）同时人士令己作主人，并使唤妓客。（《御览》卷568引《笑林》，3/2570b；《钩沉》185）

（62）孝子哭唤：“奈何！”……孝子复哭唤：“穷！”（《类聚》卷85引《笑林》，1454；《钩沉》185—186）

晋代以后，“唤”字日趋增多。酌举部分例子：

（63）宾则入门而呼奴，主则望客而唤狗。（《抱朴子·外篇·疾谬》）

（64）净人益食不得相唤，但以手指麾。（《法显传·于阗国》，

---

① 逯钦立案：“汉七言诗率句句用韵，今此第三句不韵，似经后人窜改。”

14)

(65) 欢从何处来,端然有忧色。三唤不一应,有何比松柏。(《子夜歌四十二首》之二十九,《晋诗》卷19,中/1042)

(66) 想闻散唤声,虚应空中诺。(又之三十三)

(67) 叹我当春年,无人相要唤。(《子夜四时歌七十五首·春歌二十首》之十二,又1043)

(68) 寒衣尚未了,郎唤侬底为?(又《秋歌十八首》之十三,又1046)

(69) 中夜来相寻,唤欢闻不顾。(《欢闻变歌六首》之一,又1050)

(70) 淑女总角时,唤作小姑子。(《欢好曲三首》之一,又1056)

(71) 怜欢敢唤名,念欢不呼字。连唤欢复欢,两誓不相弃。(《读曲歌八十九首》之二十八,《宋诗》卷11,中/1342)①

(72) 持底唤欢来?花笑莺歌咏。(《西乌夜飞》,又1350)

(73) 欲知画能巧,唤取真来映。(庾肩吾《咏美人看画应令诗》,《梁诗》卷23,下/1995)按:动词后带"取"是此期新兴的口语说法。

(74) 卷耳缘阶出,反舌登墙唤。(费昶《和萧洗马画屏风诗二首·阳春发和气》,又卷27,2086)

(75) 傍边知夜永,不唤定应归。(戴暠《咏欲眠诗》,又2100)

(76) 老女不嫁,蹋地唤天。(《地驱乐歌》,又卷29,2155)

(77) 何劳一片雨,唤作阳台神。(庾信《咏画屏风诗二十五

① 从此例来看,"唤"是口语词,"呼"则是为了避复而用的同义词。

首》之四,《北周诗》卷4,2395)[①]

(78) 归时会被唤,且试入兰房。(陈后主叔宝《采莲曲》,《陈诗》卷4,2503)

(79) 孤鹤近追群,啼莺远相唤。(隋炀帝杨广《舍舟登陆示慧如道场玉清玄坛德众诗》,《隋诗》卷3,2669)

(80) 其妇上岸,便为虎将去。其夫拔刀大唤,欲逐之。先奉事蒋侯,乃唤求助。(《搜神记》卷5,96/61)

(81) 或夜冥不见鸟,鸟亦知人不见,便鸣唤曰:"咄咄,上去。"(又卷12,310/154)

(82) 有男女,可长四五丈,能噗(《初学记》同。《太平寰宇记》《幽明录》作"啸")相唤。(又313/155)

(83) 船自飞下水,男女皆溺死。至今潭中时有唱唤督进之音也。(又卷18,419/218)

(84) 猿母悲唤,自掷而死。(又卷20,460/242)

(85) 奴既醒,唤问之。(《搜神后记》卷4,47/28)

(86) 向一更中,闻外有小儿唤阿香声,女应诺。寻云:"官唤汝推雷车。"(又卷5,55/34)

(87) 至一更竟,忽闻一妪唤云:"张姑子!"(又卷6,59/36)

(88) 卿家鬼何在?唤来,今为卿骂之。(又77/47)

(89) 狗乃周章号唤,生醉不觉。(又卷9,101/59)

(90) 伯夷怀刀,捉一人刺之。初作人唤,遂死成犬。(又105/61)

(91) 正夏月,唤来,与热汤饼。(《御览》卷860等引《语林》,4/3819b;《钩沉》133)

---

① 《北周诗》中"唤"字仅此1见。庾信是从南方北上的。

(92) 晋明帝年少不伦,常微行,诏唤人以衣帻迎之。(《御览》卷687引《裴启语林》,3/3065a;《钩沉》142)

(93) 周伯仁被收,经太庙,大唤宗庙之灵。(《书钞》卷124引《语林》,479a;《钩沉》144)

(94) 唤左右取黄皮袴褶。(同上;《钩沉》153)

(95) 刘真长病积时,公主毁悴。将终,唤主。(《御览》卷365引《语林》,2/1681a;《钩沉》148)

(96) 明日,见狸唤于沙州之上,如见系缚。(《御览》卷919引《列异传》,4/4077a;《钩沉》261)

(97) 乃杀所养白狗,以供汤用。母向子死处跳踊嗥呼,倒地复起,……日向树嚎唤,月余乃止。(《御览》卷905引《述异记》,4/4013b;《钩沉》292)

(98) 本后于宅得一蛇,大二围,长五六尺,打杀作脍,唤麻姑。……华本因醉,唤家人奉蛇皮及余肉出。(《广记》卷131引《齐谐记》,927;《钩沉》346—347)

(99) 遥见纵父子,使唤住,就纵手中燃火。(《御览》卷359等引《幽明录》,2/1653b;《钩沉》403)

(100) 京邑有士人妇,大妒忌,于夫小则骂詈,大必捶打。常以长绳系夫脚,且唤,便牵绳。(《类聚》卷35引《妒记》,615 ;《钩沉》476)

(101) 夜四更中,惠遥唤向暂来。(《御览》卷951引《宣验记》,4/4223a;《钩沉》549)

(102) 即遣人引送同还。至精舍门外,失所送人,门闭如故。扣唤久之,寺内诸僧咸惊相报告,开门内之。(《珠林》卷17引《冥祥记》,53/409a;《钩沉》615)按:小说中“唤”字很多,不备录。

(103) 又当拜时,双鹳集太极东鸱尾鸣唤。(《宋书·徐羡之传》,5/1335)

(104) 高祖寻登城唤镇恶,镇恶为人强辩,有口机,随宜酬应,高祖乃释。(又《王镇恶传》,5/1368)

(105) 道济从之,即唤左右三十余人告之曰:"吾疾久,汝等扶侍疲劳。今既小损,各听归家休息,唤复还。"(又《刘粹传》,5/1383)

(106) 因天夜阴暗,率百许人缘广陵城得入,叫唤直上听事。(又《檀祇传》,5/1417)

(107) 何人不肯下马,连叫大唤,有两威仪走来,击臣收捕。(又《孔琳之传》,5/1563)

(108) 事犹未毕,少帝欲猎,又悉唤还城。(又《蔡廓传附蔡兴宗传》,5/1580)

(109) 上见而惊曰:"卿何意乃尔急装?"庆之曰:"夜半唤队主,不容缓服。"(又《沈庆之传》,7/1996)

(110) 府舍人朱法瑜奔告濬曰:"台内叫唤,宫门皆闭,道上传太子反,未测祸变所至。"(又《二凶传·刘劭》,8/2437)

按:《宋书》中多用"唤"字,不备引。

(111) 近唤蒙山獠出,云"甚可经略"。(《南齐书·刘悛传》,2/653)

(112) 臣累遣书信唤法亮渡,乞白服相见,其永不肯。(又《鱼复侯萧子响传》载其临死上启,3/706)

(113) 整闻声仍打逡。范唤问:"何意打我儿?"(任昉《奏弹刘整》)

(114) 即以其年四月二十一日,敕僧正慧超,令唤京师能讲大法师、宿德如僧佑、昙准等二十人,共至建康前辩妙光

事。(《出三藏记集》卷5,231)

(115) 每至夜半,辄有推户而唤,视之无人。(《高僧传》卷3“求那跋陀罗”,133)

(116) 须臾闻上有一僧唤度,度便辞去。(又卷10“杯度”,384)

上引例子集中出现在南朝的民歌、小说、史书以及佛教著作等文献中,显示了“唤”的口语色彩。我们调查了北魏的三部书,情况如下:

《水经注》只用“呼”(29见),未见“唤”①。《齐民要术》也没有“唤”字。《洛阳伽蓝记》只用“呼”(5见)和“叫”(2见),只有其中的一个“呼”有异文作“唤”:

(117) 把粟与鸡呼朱朱。(卷4“白马寺”,197)《御览》和《广记》引作“唤”。

从全书用词的情况看,很可能原文是作“呼”,“唤”当是后人引用时所改。

在北齐魏收所著的《魏书》里,也是主要用“呼”(共131见),“唤”仅6见:

(118) 高祖乃唤彭城、北海二王,令入坐。(《皇后列传·孝文幽皇后》,2/334)

(119) 世祖之初育也,太祖喜,夜召仪入。太祖曰:“卿闻夜唤,乃不怪惧乎?”(《昭成子孙列传·元仪》,2/371)

(120) 综既有诚心,闻悆被执,语景俊等曰:“我每疑元略规欲叛城,将验其虚实,且遣左右为元略使入魏军中,唤彼一人,其使果至。可令人诈作略身,在一深室,诡为患

---

① “叫”也只出现了1次:乃列阵被杖,鼓噪欢叫。(卷2“河水二”,97)

状,呼使户外,令人传语。"(《鹿悆传》,5/1762)

(121) 时日已暮,龙牙列仗举火引悆曰:"元中山甚欲相见,故令唤卿。"……景俊曰:"元中山虽曰相唤,不惧而来何也?"……使人曰:"顿首君,我昔有以向南,旦遣相唤,欲闻乡事。晚来患动,不获相见。"(又 1762)

不过这 6 个"唤"除第一例之外都出现在对话中,可见是口语词。总体来看,北方的中土文献"唤"字少用,跟南方形成鲜明对比,主要原因可能是北方文人用词趋向于保守[①]。与此不同的是,在竺法护以后的北方翻译佛经中,"唤"字一直十分常见[②],例多不备引。

综合上述情况来看,在南北朝时期的口语里,"唤"无疑已取代了"呼",而且正在逐步进入文学语言。《世说》"唤"20 见,"呼"18 见[③],"叫"5 见[④]。到了梁初陶弘景的《周氏冥通记》,如此用的"呼"仅 1 例,而"唤"有 3 例:

(122) 闻此便开户当对,呼进。(卷 3)

(123) 姨娘气发,唤兄还,合药煮汤。(卷 1)

(124) 刘夫人因唤诸女曰:……(卷 3)

---

① 据蒋绍愚先生研究,白居易诗中"呼""唤"的出现次数是 46∶21,而在《祖堂集》中则是 9∶140,差距很大(见蒋绍愚上引文,页 141)。这中间除了时代的因素外,也许还有文体的差异。

② 据鲍金华研究,"《贤愚经》中'唤'达到 42 例,大大高于'呼'(12 例)和'叫'(6 例)的使用频率,其他北方译经如后秦佛陀耶舍共竺佛念译《佛说长阿含经》(53 例)、《四分律》(244 例)、鸠摩罗什共弗若多罗译《十诵律》(160 例)、竺佛念译《出曜经》(60 例)等'唤'的出现频率也都相当高。所以,从佛经的情况看,可能不仅在南方,而且在北方口语里,'唤'也已经取代了'呼'。"参看鲍金华《〈世说新语〉与〈贤愚经〉词汇比较研究》(南京大学 2005 年博士学位论文)4.1 节。

③ 其中用作"称,称呼"义的 2 次,为"唤"字所无。但在刘宋以后的诗歌中,"唤"也有了此义。

④ 全是"喊叫;呼叫"义。

(125) 一人唤言:"在御仗中,……"(同上)[①]

说明"唤"在文人笔下也已占据主导地位。在唐代《王梵志诗》里,"唤"和"呼"的出现次数是17∶6,也可以印证上述结论。

"唤"既可表示实义的"叫唤""呼唤""唤醒"等,也可指告诉或通知某人使来,还可指"称呼",后二义应是从前义引申而来。在这一点上,"呼""叫""唤"和后起的"喊"是一致的。

《大字典》"唤"字条"呼叫"和"召,招之使来"两个义项下所引的始见书证都是《世说新语》,嫌晚。《大词典》除"呼叫"义所引始见书证不妥外(见上),其余同《大字典》。

小结:粗略地说,表示"呼叫(鸣叫)"和"招呼;召请"这两个意思,上古汉语通用"呼",现代汉语常用"叫",而两晋南北朝时期的口语中则多用"唤"。在汉语发展史上,经历了从"呼"到"唤"再到"叫"的两次更替。"唤"从产生到替换"呼"的全过程发生在约公元2—6世纪的口语中。在晋代以后的中土文献里,南方"唤"用得很普遍,而北方则少见,这可能是北方用词趋于保守所致,因为从佛经的用词情况来看,"唤"在南北方的口语中是通用的,不存在地域差异。"叫"在中古时期词义单一,用例也有限,尚未跟"呼""唤"形成竞争之势。

7. 使、令/教(交)

表示"使令"义的动词,现代汉语口语最常用的是"让"和"叫",正统文言则用"使、令"等。在魏晋南北朝,除"使、令"外,常用的一个口

---

① 《冥通记》中另有2例"呼"是"称呼"的意思:名玄霞之兽,或呼为水母。(卷4)直呼顾姓名云:……(同上)另有一处连用三个"叫",见上引例(20)。看来三者有所分工:"招呼;召请"义多用"唤","称呼"义多用"呼","叫喊"义多用"叫"。"叫"几乎不用作"称呼"义,极少用作"招呼"义;"唤"较少用作"称呼"义。

语词是"教"[①]。

"教"的"使令"义显然是由"教导;指导"的实义引申虚化而来,但两者常常难以区分。讨论这组词,首先碰到的一个困难就是这两个意义如何区别?下面我们先从句法和语义两个方面来讨论这个问题。

从句法上看,"使令"义的"教"必须出现在兼语式中[②],因此非兼语式的句子中出现的"教"字肯定不是"使令"义,先把它们排除[③]。下面所讨论的"教"字都是出现在兼语式中的例子,不再一一说明。

但是"教导"义的"教"也可以出现在兼语式中[④],从句法上无法区分,只能从语义的角度去分析它们之间的差别。一般来说,"使令"义只是简单地发出一个指令让某人或某物去从事某个行为,或是某种客观情形迫使某人或某物怎么样、发生某种结果;"教导"义则包含有一个指导、启发被教者使之学会或领悟的过程(有时可能只是一种提示式的唆使)。从"教导"义发展为"使令"义,就是这个过程逐步消除的结果。试看下面的例句:

a. (1) 孔子教子贡去食存信,如何?……语冉子先富而后教之,教子贡去食而存信,食与富何别?信与教何异?(《论衡·问孔》)

(2) 诸言"毋"者,教人重慎,勉人为善。(又《四讳》)

b. (3) 七宝珠络鼓,教郎拍复拍。(《杨叛儿》,《齐诗》卷6,

① 字又写作"交"。此期尚未见到写作"叫"的用例。

② 兼语部分也可省略,如:织书偏有意,教逐锦文回。(苏子卿《梅花落》,《陈诗》卷9,2601)但后面必须出现动词。

③ 如下引《史记·淮阴侯列传》例中"教之"的"教",就肯定不是使令义。

④ 兼语部分也可以省略,如:夫璧在地中,五子不知,相随入拜,远近不同,压纽若神将教跽之矣。(《论衡·吉验》)其中人民汝悉教入经法中,悉令成就,得阿罗汉道。(支娄迦谶译《道行般若经》卷10,8/478a)

中/1487)

(4) 腹中如汤灌,肝肠寸寸断,教侬底聊赖!(《华山畿二十五首》之十八,《宋诗》卷11,中/1339)

例(1)是子贡向老师孔子问政时孔子对他的教导,而不是孔子简单地指令子贡去从事“去食存信”这一行为。例(2)“教”与“勉”对文,也不是简单地发一个指令,而是包含有教导、劝勉的过程,词义是很清楚的。例(3)是让郎做拍鼓这一动作,而不是教导他如何拍鼓;例(4)是客观情势使得侬(我)怎么样,丝毫没有教导的意思。这两个“教”已经是“使令”义了。这就是a、b两类“教”之间的语义差别。

“二典”都认为“教”在先秦已有“使令”义:

(二) ②使;令。《集韵·爻韵》:“教,令也。”《书·皋陶谟》:“无教逸欲有邦,兢兢业业,一日二日万几。”《左传·襄公二十六年》:“通吴于晋,教吴叛楚。”……(《大字典》“教”字条,2/1460)

(2) 使;令;让。《墨子·非儒下》:“劝下乱上,教臣杀君,非贤人之行也。”《史记·淮阴侯列传》:“若教韩信反,何冤?”(《大词典》“教”字条,5/445)

“二典”所引的四条书证,三条出自先秦,最早的是《尚书》;一条为西汉作品。这几个例子的“教”解释成“使;令”都值得怀疑。我认为这些“教”仍应是“教导;劝教;教唆”义,《墨子》例“劝”“教”对文,意思尤为明白,无需详辨。其余三例辨析如下:

《尚书》例,伪孔传解释“无教逸欲有邦”句云:“不为逸豫贪欲之教,是有国者之常。”孔颖达疏:“上之所为,下必效之。无教在下为逸豫贪欲之事,是有国之常道也。”(《十三经注疏》上册,139a)可见“教”是“教导”义。

《左传》例的上下文是:扞御北狄,通吴于晋,教吴叛楚,教之车

(81) 寻即语曰："汝今若能剥皮作纸，折骨为笔，血用和墨，写吾法者，乃为汝说。"……时婆罗门便说此偈：……说是偈已，即自书取。（又 351b-c）按：以上两例中的"写"都是指把听到的话记录下来。

(82) 昔闻兰蕙月，独是桃李年。春心倘未写，为君照情筵。（梁武帝《咏笔诗》，《梁诗》卷 1，中/1536）[①]

(83) 马鞭聊写赋，竹叶暂倾杯。（庾肩吾《奉和药名诗》，又卷 23，下/1995）

(84) 不及省视，展布腹心，略写至言，想料翻然不猜其意。（殷芸《小说》卷 2 载伪托"张子房与四皓书"，51/55）

(85) 然寺数最多，不可遍写，今之所录，上（当从各本作"止"）大伽蓝。（《洛阳伽蓝记·序》，2）按：以上三例为"叙写"之写。

(86) 富贵今何在，空事写丹青。（大义公主《书屏风诗》，《隋诗》卷 7，下/2736）

(87) 太祖废苍梧，明旦，呼正直舍人虞整，醉不能起，系宗欢喜奉命。太祖曰："今天地重开，是卿尽力之日。"使写诸处分敕令及四方书疏。使主书十人、书吏二十人配之，事皆称旨。（《南齐书·幸臣传·刘系宗》，3/975）按：这就是"写作"的"写"了。

(88) 退书写虫篆，进对多好辞。（王筠《摘安石榴赠刘孝威诗》，《梁诗》卷 24，2017）按：这就是"写字"的"写"。

(89) 自敦煌至长安，沿路传译，写为晋文。……终身写译，劳

---

① 此例"写"的对象是"春心"，可以理解为"抒发；抒写"；但既以"咏笔"为题，则也未尝不可以看作是用笔墨把"春心"写出来。参照例(76)。

不告倦。(《高僧传》卷1“竺法护”,33)按:这是泛指“书写;写下来”。

(90) 时蓝田县得一大鼎,容二十七斛。边有篆铭,人莫能识,乃以示安,安云:“此古篆书,云鲁襄公所铸。”乃写为隶文。(又卷5“释道安”,181)按:这是指“转写”。

这就为后来“写”全面取代“书”埋下了伏笔。

小结:“书写”的“写”始见于秦。“写”替代“书”大概也是分段完成的,整个过程延续的时间相当长。在东汉魏晋南北朝完成的是第一步:“写”接替了“书”的“抄写”义。同时泛指“书写”的“写”也开始出现。魏晋南北朝表示“抄写”义还常用“抄(钞)”,偶尔也用“腾”。

14. 曝(暴)/晒(曬)[①]

“晒书,晒衣服”的“晒”,上古叫作“暴”(后又写作“曝”)。不晚于西汉,某些方言就管“暴”叫“晒”了(字通作“曬”),扬雄《方言》对此作了可贵的记载:

(1) 晒,暴也。暴五谷之类,秦晋之间谓之晒。(卷七)

(2) 晞、晒,干物也。扬楚通语也。(卷十)

但前后所记的地域不一致。《说文·日部》:“曬,暴也。从日,麗声。”段注:“《汉〔书〕·中山靖王传》:白日晒光,幽隐皆显。”《玉篇·日部》:“晒,暴干物也。”都记录了此词。但在西汉文献里尚未见到实际用例。

晚汉魏晋南北朝时期,“晒”在一些口语色彩较强的语料里时有所见。例如:

(3) 天帝释承佛圣旨,到颇那山上,取四方石一枚,六方石一

---

① 参看王凤阳(1993/2011)“曝 晒 晞”条(页522)。

枚,给用浣晒。……佛告迦叶:“吾欲浣濯,及当晒衣,天帝送石,以给吾用。”(昙果共康孟详译《中本起经》卷上,4/151b)

(4) 洗足按摩,浣濯干晒,杨枝澡水,拂拭床敷。(东汉失译《大方便佛报恩经》卷2,3/131c)

(5) 佛欲晒衣,天帝复行取六方石,来给晒衣。……吾欲浣濯,及欲晒衣。(支谦译《太子瑞应本起经》卷下,3/482a)

(6) 余处生草,此处独不生。及晒衣地处,亦不生草。(《法显传·僧伽施国》,63)

(7) 七月七日,北阮盛晒衣,皆纱罗锦绮。(《世说·任诞10》)

(8) 〔王恬〕乃沐头散发而出,亦不坐,仍据胡床,在中庭晒头。(又12)

(9) 郝隆七月七日出日中仰卧,人问其故,答曰:“我晒书。”(又《排调31》)

(10) 祐见《菩萨地经》一本,其第四卷第十《戒品》,乃是《地持经》中《戒品》,又少第九《施品》,当是曝晒误杂。(《出三藏记集》卷9,334)

(11) 将种前二十许日,开出水洮,即晒令燥,种之。(《齐民要术》卷2“收种第二”,55)按:下文引《氾胜之书》作“曝使极燥”(57)。

(12) 先燥晒,欲种时,布子于坚地,一升子与一掬湿土和之,以脚蹉令破作两段。(又卷3“种胡荽第二十四”,207)

(13) 其未干者,晒曝如法。(又卷4“种枣第三十三”,263)

(14) 盐入汁出,然后合盐晒令萎,手捻之令褊。复晒,更捻,极褊乃止。曝使干。(又“种李第三十五”,277)

(15)《食经》藏干栗法:"取穰灰,淋取汁渍栗。出,日中晒,令栗肉焦燥,可不畏虫,得至后年春夏。"(又"种栗第三十八",293)

(16) 晒细沙可燥,以盆覆之。(同上)

(17) 林檎赤熟时,擘破,去子、心、蒂,日晒令干。(又"柰、林檎第三十九",298)

(18) 父射马杀,晒皮于庭。(又卷5"种桑柘第四十五"引《搜神记》[①],316)

(19) 即日以水淘取子,晒燥,仍畦种。(又卷5"种桑柘第四十五",317)

(20) 不晒则郁黑,太燥则碎折。(又"种紫草第五十四",377)

(21) 全饼麴,晒经五日许,日三过以炊帚刷治之,绝令使净。若遇好日,可三日晒。然后细锉,布帊盛,高屋厨上晒经一日,莫使风土秽污。(又卷7"造神麴并酒第六十四",479)

(22) 晒麴令燥,熟捣,绢簁。(又卷8"作酱等法第七十",540)

(23) 水东有佛晒衣处。……佛在石下,东面而坐,晒袈裟。……佛坐处及晒衣处,并有塔记。(《洛阳伽蓝记》卷5"闻义里",299)

(24) 金堤晒(《类聚》作"丽"[②])羽翮,丹水浴毛衣。(苏子卿《朱鹭》,《陈诗》卷9,2600)

(25) 有方石,是西施晒纱处。(《书钞》卷160等引孔晔《会稽

① 今本《搜神记》作"于是伏弩射杀之,暴皮于庭"(卷14,350/172)。
② 今按,"晒"与下句"浴"对文,作"丽"恐非。

记》,706a;鲁迅辑《会稽郡故书杂集》,103)

(26) 元景乘车行还,使人在中庭洗车辕,晒之。(《御览》卷885引《述异记》,4/3933a;《钩沉》299)

(27) 灵床上屏风,平生旧物,屋漏沾湿,出曝晒之。(《颜氏家训·风操》,108)按:此书"曝(暴)晒"屡见。

东汉三国译经在讲到佛晒衣故事时一律用"晒"。《世说》一书也只用"晒"而不用"曝"。上引《方言》卷十"晞、晒,干物也。扬楚通语也"郭璞注:"亦皆北方常语耳。"可见扬雄时代的扬楚通语词到了郭璞(276—324)时代已经成了广大北方地区的常语。可以推测,至迟到两晋之交(4世纪初),口语里"晒"大概已经取代了"曝"。在《齐民要术》中,"晒"出现22例,而"曝"有134例(其中只有1例写作"暴"),数量仍远远多于"晒";"晒曝"连文1次。两者在词义上看不出有什么不同,只是在组合习惯上尚有一些差异,比如"曝干"多见,而没有"晒干"。这说明新词在口语中取代了旧词以后,书面语言中新旧成分还常常并用,有时甚至旧成分的出现频率仍大大高于新成分,即使是在语言很通俗的著作中也是如此。

《大字典》和《大词典》"晒"字条"暴晒;晒干"义下所引的始见书证分别是《齐民要术·收种》和《世说新语·简傲》,尚可提前。

小结:"晒"始见于西汉,最初可能是个方言词。晚汉魏晋南北朝时期用例多见。推测不晚于4世纪初"晒"在口语中可能已经取代了文言词"曝(暴)"。

15. 易、更/换[①]

表示"更换;调换"的意思,上古汉语通常说"易""更"等,现代汉

---

① 参看王凤阳(1993/2011)"改 更 易 换"条(页506)。

语则说“换”,如“换衣服”古代叫“更衣”。“更换”正是由新旧成分同义联合而成的一个双音词。

《说文·手部》:“换,易也。从手,奂声。”王筠《句读》云:“易者,傷之省形存声字。谓更易也。”“换”最早见于《墨子》[①]:

(1) 寇在城下,时换吏卒署,而毋换亓养。(《墨子·备城门》)

《墨子》“备城门”以下十一篇作于何时,学术界有不同意见。因此这个例子究竟应该看作是秦代的还是汉代的尚难以确定。《史记》和《论衡》均未见“换”字。东汉“换”的用例开始多见起来,如:

(2) 宣即以令奏赏与恭换县。二人视事数月,而两县皆治。(《汉书·薛宣传》,10/3389)

(3) 此文换简失其次。“宽而静”宜在上,“爱者宜歌商”宜承此下行,读云:“肆直而慈爱者,宜歌商。”(《礼记·乐记》“肆直而慈爱”句下郑玄注,《十三经注疏》下册,1545b)

(4) 盖以为天地之功,不可仓卒,艰难之业,当累日月,而间者守宰数见换易,迎新相代,疲劳道路。(朱浮《因日食上疏言牧守换易宜简》,《全后汉文》卷21,588a)

(5) 且守文之君,继陵迟之绪,譬诸乘弊车矣,当求巧工使辑治之,折则接之,缓则楔之,补琢换易,可复为新。(崔寔《政论》,又卷46,722b)

(6) 若诸州刺史器用可换者,无拘时月三互,以差厥中。(蔡邕《谏用三互法疏》,又卷71,865a)

(7) 除郎中,尚书符节郎,恒陵园令,换中东城门候,迁繁阳令。(又《太尉陈球碑》,又卷77,888a)

(8) 视事二载,换在冀州。(阙名《冀州刺史王纯碑》,又卷

① 王凤阳谓“‘换’是六朝以后才兴起的”(同上),不确。

100,1010b)

(9) 诏拜郎中,迁常山长史,换犍为府丞。(阙名《沛相杨统碑》,又卷 101,1016a)

(10) 迁雍奴令,先施博爱,威而不猛。换元氏考城令。(阙名《安平相孙根碑》,又卷 104,1034a)

(11) 诏书换君昌阳令,吏民慕恋,士女惟艰,捺牵君车,轮不得行。(阙名《汉成阳令唐扶颂》,又卷 104,1035a)[①]

新旧成分的同义连用形式"换易"已经出现。不过东汉文献中"换"的用法还比较单一,主要是指官吏调任、士兵调防、写书时换简及器具零件的更换等,尤以指官吏调任为最多。魏晋以后,"换"字常见使用,而对象有所扩大[②]。下面酌举部分用例[③]:

(12) 使夫昭、成均年而立,易世而化,贸臣而治,换乐而歌,则汉不独少,周不独多也。(魏文帝曹丕《周成汉昭论》,《全三国文》卷 7,1091a)按:"易""贸""换"对文同义。

(13) 背江洲之暖气,处玄朔之肃清。邦换壤殊,爰用丧生。(曹植《橘赋》,又卷 14,1129a)

(14) 使其探(旧校云:探疑换[④])事易伎,则彼此俱屈。(陆景《典语》,又卷 70,1432b)

(15) 边候得权书,放乃改易其辞,往往换其本文而傅合之,与征东将军满宠,若欲归化,封以示亮。(《三国志·魏志·刘放传》,2/457)

(16) 诸葛诞战于东关,不利,乃令诞、俭对换。诞为镇南,都督

---

① 从上面这几个碑文用例来看,当时人称官吏调任为"换"似已成为一种习惯说法。
② 但是早期佛经中几乎见不到"换"的用例,原因待详。
③ 指官吏调任的"换"仍常用,例从略。
④ 按:当作"换",与"易"对文同义。

豫州。俭为镇东,都督扬州。(又《毌丘俭传》,3/763)

(17) 若无官田,随宜便换。(晋武帝司马炎《耕籍诏》,《全晋文》卷 3,1480b)

(18) 贵贱攸位,荣辱相换。(庾敳《幽人箴》,又卷 36,1668a)

(19) 槃案财投而辄尽,庖人参潭而促遽。手未及换,增礼复至;唇齿既调,口习咽利。(束皙《饼赋》,又卷 87,1963a)

(20) 两男两女,并不自相易,则易之为名,阴阳交换之谓也。(《肘后备急方》卷 2"治时气病起诸劳复方第十四",403a)

(21) 若换汝之心,则均于善矣。(《列子·汤问》)

(22) 时县令被章见考,吏皆畏惧自诬,而肜独证据其事,掠考苦毒,至乃体生虫蛆,因复传换五狱,逾涉四年,令卒以自免。(《后汉书·独行传·缪肜》,9/2686)

(23) 尝以金貂换酒,复为所司弹劾,帝宥之。(《晋书·阮籍传附阮孚传》,5/1364)

(24) 跨下之辱,犹宜俯就,况于换代之嫌,纤介之衅哉!(又《刘乔传》载刘弘与刘乔笺,6/1674)

(25) 至石头,恭死,楷败,朝廷未测玄军,乃以佺期代郗恢为都督梁雍秦三州诸军事、雍州刺史,仲堪、玄皆有迁换。(又《杨佺期传》,7/2200)

(26) 并圣不可以二君,非贤不可以无主,故世换五帝,鼎迁三代。(又《桓玄传》载玄告天皇后帝文,8/2594)

(27) 荣枯换,霜露交。(何承天《鼓吹铙歌十五首·将进酒》,《宋诗》卷 4,中/1207)

(28) 初送我君出户时,何言淹留节回换。(鲍照《拟行路难十八首》之八,又卷 7,中/1276)

(29) 兴宗每陈选事,法兴、尚之等辄点定回换,仅有在者。(《宋

书·蔡廓传附蔡兴宗传》,5/1576)[1]

(30) 若盛师连屯,废农必众,驰车奔驲,起役必迟,散金行赏,损费必大,换土客戍,怨旷必繁。(又《何承天传》载其上表,6/1708)

(31) 愚谓上之所贵,下必从之,百姓闻官敛轮郭,轮郭之价百倍,大小对易,谁肯为之?强制使换,则状似逼夺。(又《颜竣传》,7/1962)

(32) 诞又以庙居宅前,固请毁换,诏旨不许,怨怼弥极。(又《竟陵王刘诞传》载有司奏章,7/2030)

(33) 伧人谓换易为博。(又《索虏传》"且可博其土地"句沈约注,8/2347)

(34) 文惠太子使颙书玄圃茅斋壁,国子祭酒何胤以倒薤书求就颙换之,颙笑而答曰:"天下有道,丘不与易也。"(《南齐书·周颙传》,3/732)按:这里的"换"正是《论语》中的"易"。

(35) 若吾之虱者,无汤沐之虑,绝相吊之忧,宴聚乎久襟烂布之裳,服无改换,掐啮不能加。(又《文学传·卞彬》载其《蚤虱赋序》,3/893)

(36) 虽舟车均于致远,而有川陆之节;佛道齐乎达化,而有夷夏之别。若谓其致既均,其法可换者,而车可涉川,舟可行陆乎?(又《高逸传·顾欢》载其《夷夏论》,3/931)

(37) 轻肩既屡举,长巾亦徐换。(沈约《乐将殚恩未已应诏诗》,《梁诗》卷7,中/1648)

(38) 愿以三伏晨,催促九秋换。(何逊《苦热诗》,又卷9,1699)

(39) 和王竟陵爱妾换马(刘孝威诗题,又卷18,下/1872)按:

---

① "回换"多见,不备引。

"爱妾换马"作诗题常见。

(40) 颠覆立可待,一年三易换。(《魏书·前废帝纪》引帝赋诗,1/278)

(41) 时萧衍有移,求换张惠绍。(又《景穆十二王列传·元澄》,2/473)按:这是指交换战俘。

(42) 及上省,登阶向榻,见榻甚故,问都令史徐仵起。仵起曰:"此榻曾经先王坐。"顺即哽塞,涕泗交流,久而不能言,遂令换之。(又《景穆十二王列传·元顺》,2/484)

(43) 永平四年夏,昶表曰:"萧衍琅邪郡民王万寿等款诚内结,潜来诣臣,云朐山戍今将交换,有可图之机。……"(又《卢玄传》,3/1057)按:"交换"指换防。

(44) 愚诚所见,宜以彭城胡军换取南豫州徙民之兵,转戍彭城。(又《尉元传》载元上表,3/1114)

(45) 折(应作析)骸犹换子,登爨已悬巢。(庾信《拟咏怀诗二十七首》之十五,《北周诗》卷3,下/2369)按:比较成语"易子而食"。

(46) 庆伯方知非生人,遂叩头祈之,三驺同词,因许回换。(《广记》卷326引《述异记》,2586;《钩沉》297)

(47) 执刀下斫,折为三段,不损皮肉。易刀又折。凡经三换,刀折如初。(《三宝感通录》卷2引《旌异记》,《钩沉》656)按:"易""换"同义。

(48) 有比丘以净绵拭其泪,须臾之间,绵湿都尽,更换以它绵,俄然复湿。(《洛阳伽蓝记》卷2"平等寺",105)

(49) 此乃神道之事,亦有换转,理难详矣。(《水经注》卷39"庐江水",3261)

(50) 二年敷卧,小觉垢黑,以九月、十月,卖作靴毡,明年五月出毡时,更买新者;此为长存,永不穿败。若不数换者,非直垢污,穿穴之后,便无所直,虚成糜费。(《齐民要术》卷6“养羊第五十七”,428)

(51) 若能恕己而行,换子而抚,则此患不生矣。(《颜氏家训·兄弟》,28)按:比较文言说法“易子而教”“易子而食”。

(52) 凡避讳者,皆须得其同训以代换之。(又《风操》,65)[①]

“换”所涉及的对象已相当广泛,诸凡货物的交换贸易(如换酒、换马)、朝代的更迭、季节的变换、俘虏的交换、书信的改动偷换、衣物的脱换等,都可以叫“换”,其中朝代的更迭和季节的变换都已经是比较抽象的用法。向人借贷钱物也可以叫“换”,这是当时特有的一个引申意义,如:

(53) 吾昔梦从天换钱,外白以张车子钱贷我,必是子也。财当归之矣。(《搜神记》卷10,254/123)

(54) 曹公讨袁谭,使人从庙换千匹绢,君不与。(又卷17,407/212)

(55) 后以其性俭家富,说太傅令换千万,冀其有吝,于此可乘。(《世说·雅量10》)

(56) 义恭素奢侈,用常不充,二十一年,逆就尚书换明年资费。(《宋书·何承天传》,6/1710)

(57) 换借富贵,以助军费。(《南齐书·萧赤斧传》,2/667)按:“换借”同义连文。

《玉篇·手部》:“换,贷也。”正是对当时这一口语义的记录。以上情况说明,“换”的用法在魏晋南北朝有所发展,它应该是当时人们常说的一个口语词。

---

① 王利器注:《类说》、《事文类聚》后三、《合璧事类》续三无“换”字。

到唐代的王梵志诗里，表示“变换；更换”义就只用“换”(共见6例)而不用“易”“更”了。例如：

(58) 改头换却面，知作阿谁来。(《先因崇福德》,316)

(59) 奴婢换曹主，马即别人骑。(《有钱不造福》,693)

小结：“换”始见于《墨子》，但秦和西汉用例罕见；东汉魏晋南北朝使用渐多，所涉及的对象范围广泛。到唐代的白话诗里，已经只说“换”而不说“易”“更”了。可以推断，口语里“换”取代“易、更”当不晚于隋。

16. 建、筑、作、立、为/起、盖、戴、架[①]

关于兴建建筑物，汉语从古到今有一组数量不小的同义词，我们这里只举其要者。上古一般叫“建、筑、作、立”等，有时也用泛义动词“为”；今天大部分地方说“造、盖”等，四川多说“修”，而吴方言区不少地方还多说“起”。在东汉魏晋南北朝，除上古那些词时见沿用外(大都用于书面语)，最常用的是“起”。这里我们重点讨论“起”，也附带谈到“盖”和“架”，还有一个很独特的“戴”。

“起”当“兴建；建造”讲，在先秦文献中已见露头[②]，如：

(1) 楚灵王不废乾溪之役，起章华之台。(《晏子春秋・内篇谏下》)[③]

到了西汉，用例已非偶见，如：

---

① 参看王凤阳(1993/2011)“营 造 制 作 做”条(页571—572)和“筑 建 修”条(页574—575)。

② 《大字典》首引《汉书・郊祀志下》：“起步寿宫。”(5/3476)《大词典》首引《汉书・昭帝纪》：“赐长公主及宗室昆弟各有差。追赠赵倢伃为皇太后，起云陵。”(9/1086)始见书证都出自《汉书》，时代偏晚。

③ 同篇上文作“为章华之台”。此事又见《新序》：“与诸侯伐吴，起章华之台。”(《善谋第九》)而《淮南子・泰族》则作“灵王作章华之台，发乾溪之役”。可资比较。

(2) 十五年,起寿陵。(《史记·赵世家》,6/1802)

(3) 薄太后后文帝二年,以孝景帝前二年崩,葬南陵。以吕后会葬长陵,故特自起陵,近孝文皇帝霸陵。(又《外戚世家》,6/1972)

(4) 上乃诏有司立原庙。原庙起,以复道故。(又《刘敬叔孙通列传》,8/2726)

(5) 勇之乃曰:"越俗有火裁,复起屋必以大,用胜服之。"于是作建章宫,度为千门万户。(又《孝武本纪》,2/482)按:以上为《史记》"起"作"兴建"讲的全部用例[①]。

(6) 结构野草起屋庐。(刘向《七言》,《汉诗》卷2,上/115)

(7) 魏王将起中天台,……(《新序·刺奢第六》)按:此段"起"字共5见。

(8) 齐王起九重之台,募国中能[②]画者,赐之钱。(《类聚》卷32〔页561〕、《御览》卷381〔页1758〕引《说苑》)

此外在《礼记·月令》中还有"起土功"的说法(又见《淮南子·时则》)。

进入东汉,"起"就用得很多了[③],这里酌举一些:

(9) 如财货富愈,起屋筑墙,以自蔽鄣,为之具宅,人弗复非。(《论衡·率性》)

(10) "……吏居城郭,出乘车马,坐治文书。起城郭,何王?造车舆,何工?生马何地?作书何人?"王造城郭,及马所生,难知也,远也。造车作书,易晓也。(又《谢短》)

(11) 今巳酉之家,无过于月岁,子、寅起宅,空为见食,此则月

① 其中《孝武本纪》一例非司马迁原文。
② 《御览》误作"有"。
③ 奇怪的是东汉译经中这种"起"字极少用到,原因待详。

岁冤无罪也。(又《讕时》)

(12) 起室者在中国一州之内,假令杨州,在东南。(同上)

(13) 宅掘土而立木,田凿沟而起堤;堤与木俱立,掘与凿俱为。起宅岁月食,治田独不食。岂起宅时岁月饥,治田时饱乎?(同上)

(14) 工伎之书,起宅盖屋必择日。(又《讥日》)

(15) 假令太岁在子,天下之人皆不得南北徙,起宅嫁娶,亦皆避之。(又《难岁》)①

(16) 诸女起塔,供养舍利。(昙果共康孟详译《中本起经》卷下,4/158a)

(17) 其无起祠堂,可作藁盖庑,施祭其下而已。(张酺《敕子蕃》,《全后汉文》卷31,643a)

(18) 俗说众人同心者,可共筑起一城。(应劭《风俗通义》,《全后汉文》卷36,675a)按:"筑起"当是同义连文,而不是动补结构。

(19) 而据起大第,崇饰玩好,非所以垂令德示无穷也。(何敞《上疏谏为窦笃窦景起邸第》,又卷43,709b)

(20) 列阿阁以环匝,表高台而起楼。(崔骃《大将军临洛观赋》,又卷44,711a)

(21) 伏见诏书为阿母兴起津阳门内第舍,合而为一,连里竟街,……(杨震《谏为王圣修第疏》,又卷51,753b)

(22) 乃构阿房,起甘泉,结云阁,冠南山。(张衡《东京赋》,又

---

① 以上为《论衡》此类"起"字的全部用例。另外,此书还称兴建房屋之类的建筑工程为"起功",书中屡见,如:今起功之家,亦动地体,无状之过,与移徙等。起功之家,当为岁月所食,何故反令巳、酉之地受其咎哉?岂岁月之神,怪移徙而不咎起功哉?(《讕时》)

卷 53,765a)

(23) 光武初兴,愍其荒废,起太学博士舍、内外讲堂。(翟酺《上言宜修缮太学》,又卷 58,792b)

(24) 起立第宅十有六区,皆有高楼池苑,堂阁相望。(张俭《举奏中常侍侯览罪衅》,又卷 68,848a)按:"起立"也是同义连文。

(25) 野钦率遗意,不敢有违,封坟三板,不起栋宇。(蔡邕《朱穆坟前方石碑》,又卷 75,882a)

(26) 起台榭则高数十百尺。(仲长统《昌言下》,又卷 89,952a)

(27) 构夏殿以宏覆,起层榭以高骧。(徐幹《齐都赋》,又卷 93,975a)

(28) 又承诏书,当于河间故国起解渎之馆。……又今外戚四姓贵幸之家,及中官公族无功德者,造起馆舍,凡有万数。(吕强《上疏陈事》,又卷 95,985b)按:"造起"同义连文。

(29) 自称不德,无起寝庙。(阙名《奏上明帝庙号》,又卷 97,994b)

(30) 东就衡山,起堂立坛。(阙名《祀三公山碑》,又卷 98,998b)按:"起""立"对文同义。

(31) 作两传、起三楼,经构既立,事业毕成。(阙名《东海庙碑》,又卷 102,1023b)按:"作""起"对文同义。

(32) 东西南北不能起楼高殿,……如有空㓹,𥝖郄筑盖。(阙名《故民吴仲山碑》,又卷 102,1024a)

(33) 太守府大殿者,秦始皇刻石所起也。(《越绝书·越绝外传记吴地传第三》)

(34) 从琅琊起观台。(又《越绝外传记越地传第十》)

(35) 龟山者,勾践起怪游台也。(同上)

(36) 五曰遗之巧匠,使起宫室高台,以尽其财,疲其力。(又《越绝内经九术第十四》)

(37) 昔者桀起灵门,纣起鹿台,……吴王不听,遂受之而起姑胥之台。(同上)[①]

魏晋以后,"起"的使用极为频繁,而且用法灵活,"起"的对象可以是各种建筑物。这里酌举一部分有代表性的例子:

(38) 令鲁郡修起旧庙。(《三国志·魏志·文帝纪》,1/78)按:"修起"同义连文。

(39) 是时,大治洛阳宫,起昭阳、太极殿,筑总章观。(又《明帝纪》,104)按:"起""筑"同义。

(40) 又于其后园为像母起观庙。(又《后妃传》,163)

(41) 为起第舍,又特为辽母作殿。(又《张辽传》,2/520)按:"起""作"同义。

(42) 艾在西时,修治障塞,筑起城坞。(又《邓艾传》,783)

(43) 备于是起馆舍,筑亭障。(又《蜀志·先主传》注引《典略》,4/887)

(44) 诸葛恪有迁都意,更起武昌宫。(又《吴志·三嗣主传》注引《吴录》,5/1152)

(45) 死之日,妻子露立,太子登为起屋宅。(又《陈武传》,1290)

(46) 邻家有起大宅者,权出望见,问起大室者为谁,左右对

① 此语又见《吴越春秋》。《吴越春秋》中还有"起城,起北门,起游台,起离宫"等组合。

曰:"似是仪家也。"(又《是仪传》,1413)

(47) 王深知其能相,为起宫室,作三时殿。(支谦译《太子瑞应本起经》卷上,3/474a)

(48) 新起大殿,成未能久。(又《义足经》卷下,4/188a)

(49) 立起讲堂,用栴檀香。(又《慧印三昧经》,15/464a)

(50) 须达欲为佛起精舍。(又《孛经抄》,17/729a)

(51) 起塔作寺。(三国失译《阿弥陀三耶三佛萨楼佛檀过度人道经》卷上,12/301b)按:"起塔"为佛经中习惯用语。

(52) 城中王宫殿皆使鬼神作,累石起墙阙,雕文刻镂,非世所造。(《法显传·摩竭提国巴连弗邑》,102)

(53) 庭中起高阁长庑。(《拾遗记》卷6"后汉",150)

(54) 近详山川,究形胜之地,遂营起都城,开建京邑。(《晋书·赫连勃勃载记》载其刻石,10/3211)按:"营起"同义连文。

(55) 营离宫于露寝之南,起别殿于永安之北。(又3212)

(56) 父丧既终,自起两间小屋,以为祠堂。(《宋书·孝义传·郭原平》,8/2244)

(57) 宫中本造鸳鸯殿,谁为新起凤凰楼。(徐陵《杂曲》,《陈诗》卷5,2527)

(58) 今兴起宫室,而鹊来巢,此宫室未成,身不得居之象也。(《搜神记》卷6,170/90)按:"兴起"同义连文。

(59) 晋明帝欲起池台,元帝不许。(《世说·豪爽5》)

(60) 后钟兄弟以千万起一宅,始成,甚精丽,未得移住。(又《巧艺4》)

(61) 起斋屋,以竹为窗棂。(《御览》卷885等引《述异记》,4/3932b;《钩沉》291)

(62) 骊山汤,初始皇砌石起宇,至汉武又加修饰焉。(《初学记》卷7引《汉武故事》,1/145;《钩沉》467)

(63) 晋元兴中,起寺行墙,至兰上买材。(《珠林》卷17引《冥祥记》,53/409c;《钩沉》599)

在这一时期,"起"是义域很广的一个词,除各种建筑物外,凡是跟动土有关的工程几乎都可以称"起",它是当时可以泛指"兴建"的一个通用动词,"二典"释义为"兴建;建造"是准确的。例如:

(64) 丘山易以起高,渊洿易以为深。……此则起高于渊洿,为深于丘山也。(《论衡·恢国》)

(65) 刊丛林,凿盘石,起峻垄,构大椁。(张衡《冢赋》,《全后汉文》卷54,770b)

(66) 又起显阳苑于城西。(蔡邕《汉津赋》,又卷69,852b)

(67) 天设山河,秦筑长城,汉起塞垣,所以别外内、异殊俗也。(又《难夏育请伐鲜卑议》,又卷73,870b)

(68) 同起马塘,湛以为陂,治陵水道到钱唐。(《越绝书·越绝外传记吴地传第三》)

(69) 绍复进临官渡,起土山地道。(《三国志·魏志·武帝纪》,1/20)

(70) 凿太行之石英,采谷城之文石,起景阳山于芳林园。(又《高堂隆传》,3/712)

(71) 韶年十七,收河余众,缮治京城,起楼橹,修器备以御敌。(又《吴志·宗室传·孙韶》,5/1216)按:"楼橹"是古代军中用以瞭望、攻守的无顶盖的高台。

(72) 出住江渚一月,图起田于浔阳。(又《诸葛恪传》,1438)按:此书"起田"屡见。

以上例证充分说明,在东汉魏晋南北朝时期,"起"是指兴建的一个最常用的口语词。除“起”而外,有时也用“盖”和“架”[①],但数量远不能跟“起”相比,而且义域狭窄,组合关系只限于房屋一类,如:

(73) 工伎之书,起宅盖屋必择日。(《论衡·讥日》)按:“起”“盖”同义。

(74) 五月盖屋,令人头秃。(应劭《风俗通义》,《全后汉文》卷36,674a)

(75) 鹊之作巢,冬至架之,至春乃成。(《诗·召南·鹊巢》“维鹊有巢,维鸠居之”郑玄笺)

(76) 史子心见署为丞相史,官架屋,发吏卒,及官奴婢以给之。(桓谭《新论·辨惑》,《全后汉文》卷15,550b)

(77) 就其故祠,为架庙屋。(阙名《楚相孙叔敖碑》,又卷99,1008a)

(78) 明日,又曰:“昨夜火殃,非国福,今年架屋,致使君病,可因烧屋,移家南渡,无嫌也。”(《晋书·艺术传·戴洋》,8/2475)

(79) 吴主留琰,乃为琰架宫庙。(《搜神记》卷1,23/11)

(80) 乃杀鹅而埋于苑中,架小屋,施床几。(又卷2,46/26)

(81) 诸仙说此上常浮转低昂,有如山上架楼。(《拾遗记》卷10“蓬莱山”,223)

(82) 乃共筑架其山之阳,今招隐精舍是也。(《珠林》卷63引《冥祥记》,53/770a;《钩沉》624)

(83) 谢太傅云:“不得尔。此是屋下架屋耳。事事拟学,而不免俭狭。”(《世说·文学79》)

(84) 坐躯高五丈,立形十丈,龛前架三层台,文造门阁殿堂。

① 《广韵·祃韵》:“架,架屋。”“架”与今语“搭”义近。

(《高僧传》卷13“释僧护”,492)

就目前所知,“盖屋”的说法最早见于《睡虎地秦墓竹简》,如[①]:

(85) 不可复室盖屋。(《日书甲种》,33简正/184页)

(86) 盖屋,燔。(同上,1简背/208页)

(87) 利以穿井、盖屋。(《日书乙种》,57简/234页)

这些“盖屋”都同于今义,指建造房屋,同书中又有“为屋”“为室”等说法可以证明[②]。在西汉文献中常有用例,如:

(88) 北宫玄武,虚、危。危为盖屋;虚为哭泣之事。(《史记·天官书》,4/1308)

(89) 垒石薄岸,治舍盖屋。(王褒《僮约》,《全汉文》卷42,359b)

(90) 脾气虚则梦饮食不足,得其时则梦筑垣盖屋。(《素问》卷24“方盛衰论篇第八十”,下/505)

“架”则是西汉产生的关于建筑的新词,例如:

(91) 有鸟于此,架巢于葭苇之颠。(《韩诗外传》卷8)

(92) 流遁之所生者五:大构驾[③],兴宫室,延楼栈道,……(《淮南子·本经》)

此外还有一个很特别的“戴”字,目前所知仅见于陶弘景的《周氏冥通记》:

(93) 其正月欲戴屋,而所顾师永不来。(卷4)

---

① 下引《秦简》例子系石峰硕士提供,特致谢忱。

② “盖”开始时是指覆盖屋顶这道具体工序,如:明堂图中有一殿,四面无壁,以茅盖,通水,圜宫垣以复道,……(《史记·封禅书》,4/1401)蔡邕《明堂论》引《礼记·盛德篇》曰:“明堂九室,以茅盖屋,上圆下方,此水名曰辟雍。”(《全后汉文》卷80,903a)后来才泛指“建造”房屋。

③ 刘文典《淮南鸿烈集解》云:陶方琦云:《文选·芜城赋》注引“驾”作“架”。《芜城赋》注及谢朓《铜雀台诗》注并引许注云:“皆屋构饰也。”……文典谨按,《初学记·居处部》引“驾”亦作“架”。(页261)

(94) 明是戊寅上玄治建,可戴屋。(卷 4)

(95) 其本欲取此日戴屋,而师不来,又小雨,遂不果。此丁亥日方得戴耳。(同上)

黄生《义府》云:“戴屋,盖屋也。”解释正确,惜未释其得义之由。“戴屋”的得名途径应当和“盖屋”相同,都是就建造房屋时铺上屋顶这道工序而言,“戴上屋顶”和“盖上屋顶”是一回事。“二典”“戴”字下都未列这一义项,《大词典》也没有“戴屋”这一词条,均可补。

小结:汉语关于建筑的动词,除了从上古以来一直沿用的“建”“筑”等外(上古还有“作”“为”“立”等),在东汉魏晋南北朝,最常用的口语词是“起”,几乎所有土木工程都可以说“起”。同时也用“盖”和“架”,但数量不多,用法也有局限。就产生时间而言,“起”萌生于战国,“盖”始见于秦,“架”则略晚。在梁代的南方方言中,还有“戴屋”的说法,仅见于《周氏冥通记》。“起”在今天的普通话里已基本不用,但仍活在吴方言里[①];“盖”则成为普通话中表示建造房屋的一个基本词。

17. 还、返(反)、归/回(迴、廻)[②]

“回来、回去”的“回”,上古汉语说“还、返(反)、归”等,“回”是后起的。王力先生说:“‘回’在上古是‘转湾’的意思,引申为‘环绕’,为‘运转’,为‘旋转’。……最后才变为‘归’的意义,那大约是唐代了。例如:谁道山公醉,犹能骑马回。(孟浩然诗)古来征战几人回?(王翰诗)”[③]王先生所下的结论今天看来无疑需要修正,但他首次把这些问题提出来,独具慧眼,功不可没。

---

① 旧时宁波农村有“乡长买田起屋,保长吃鱼吃肉,甲长斗米斗谷”的顺口溜。

② 参看王凤阳(1993/2011)“归 还 回 溯 復 返 来”条(页 739—740)。

③ 《汉语史稿》下册,页 558。“二典”“回”字此义下均首引唐诗。

张永言先生据《水经注》卷1“河水”引康泰《扶南传》“今去何时可到？几年可回?”一例,认为“‘返,归’义的‘回’至迟在三国时代已经见于文献,时当公元三世纪初,早于唐朝开国约四百年”,并引用两晋南北朝时期“回(迴、廻)”当“返,归”讲的书证十余条,对王力先生的说法作了修正[①]。

根据我们目前所掌握的材料,“回”当“返,归”讲的时代尚可提前到东汉,例如:

(1) 执辔西朝,回还故处。麦秀伤心,叔父有忧。(《易林》卷11“益之晋”)按:“回还”同义连文。

(2) 怀,回也,本有去意,回来就己也。亦言归也,来归己也。(《释名·释姿容》)[②]

这种“回”(开始多写作“迴”[③])字出现较多的早期著作是晋代干宝(？—336)的《搜神记》[④];在南北朝文献中用例也不算少见。现将我们收集到的唐以前的用例列在下面:

(3) 还、复,返也。(《尔雅·释言》)郭璞注:“皆回返也。”[⑤]

(4) 后将弟子回豫章,江水大急,人不得渡。(《搜神记》卷1,

① 张永言《词义琐记·(三)回》,《中国语文》1982年第1期;又收入《语文学论集(增订本)·词语琐记》(页204—205)。

② 这个“回”字应该就是“回来”的“回”,与下文的“归”同义。此例任学良(1987)已引,但他认为《释名》的“回来”就是今天的“回来”(页132),恐不妥。这里的“回来”还应该看作是两个词,“来就己”与下文“来归己”句法相同。此外任书还引了《素问》和《左传》的两个例子,都不甚确,这里不采用。

③ 《大字典》和《大词典》“回”字条都列有“掉转;返回”一义,而实际上所引的书证都是“掉转”义,而没有当“返回”讲的(页6/3828、10/769)。本书所引的例证可以补这方面的不足。

④ 现在见到的《搜神记》是后人的辑本,掺入了许多后代的材料。汪绍楹先生的校注本对每一条正文都有详细考证,我们在甄别此书语料时主要依据他的考订成果。

⑤ 据汲古阁毛本《尔雅注疏》、邵晋涵《尔雅正义》、郝懿行《尔雅义疏》,不从阮元《尔雅注疏校勘记》之说。此例转引自张永言先生上引文。

26/13)

(5) 郭璞字景纯,行至庐江,劝太守胡孟康急回南渡。(又卷3,61/37)

(6) 出界讨贼,为贼所杀,失头,上马回[①],营中咸走来视雍。(又卷11,267/130)

(7) 娥儿闻母活,来迎出,将娥回去。(又卷15,362/180)

(8) 春雨盛,初出行塘,日暮回。(又卷18,436/228)

(9) 尝乘船过钱塘江,中央见有一蚁,著一短芦,走一头回,复向一头,甚惶遽。(又卷20,456/239)

(10) 行至昨所应处,过溪。其夜大水暴溢,深不可涉。乃回向女家,都不见昨处,但有一冢尔。(《搜神后记》卷6,59/37)

(11) 庾既下床,孔慨然曰:……庾闻,回谢之[②],请其话言。(《世说·方正43》)

(12) 既风转急,浪猛,诸人皆喧动不坐,公徐云:"如此,将无归?"众人即承响而回。(又《雅量28》)按:"归""回"同义。

(13) 时彦同游者连镳俱进,唯东亭一人常在前,觉数十步,诸人莫之解。石头等既疲倦,俄而乘舆回,诸人皆似从官,唯东亭奕奕在前。(又《捷悟7》)

(14) 刘尹云:"孙承公狂士,每至一处,赏玩累日;或回至半路却返。"(又《任诞36》)

(15) 桓时已显贵,素闻王名,即便回,下车,踞胡床,为作三

① 汪绍楹校:"《录异传》《幽明录》'回'下有'营'字,当据补。"
② 《御览》卷739引《语林》作"回还谢之"(4/3276b;《钩沉》148)。

调。(又《任诞 49》)

(16) 一人户外白:“平固黄苗,上愿猪酒,遁回家,教录,今到。”(《广记》卷296引《述异记》,2355;《钩沉》289)

(17) 羡之回还西州,乘内人问讯车出郭,步走至新林,入陶灶中自到死。(《宋书·徐羡之传》,5/1334)

(18) 兴世乃令轻舸溯流而上,旋复回还,一二日中,辄复如此,使贼不为之备。(又《张兴世传》,5/1453)按:《宋书》中“回还”屡见[①]。

(19) 乃夜渡湖口,至鹊头,因复回下疑之。(又1454)

(20) 山郡无事,恣其游适,累日不回,意甚好之。(又《王敬弘传》,6/1729)

(21) 后随到彦之北伐。彦之自河南回,留修之戍滑台。(又《朱修之传》,7/1969)

(22) 上戒之曰:“贼若可及,便尽力殄之。若度已回,可过河耀威而反。”(又《薛安都传》,8/2218)

(23) 诸君试拥马令东,马若还东,我当相随去。……即使所从二千骑共遮马令回,不盈三百步,欻然悲鸣突走,声若颓山。(又《鲜卑吐谷浑传》,8/2369)

(24) 锵命驾将入,复回还内与母陆太妃别,日暮不成行。(《南齐书·鄱阳王萧锵传》,2/628)

(25) 须待军回,更论所阙,权可付外施行。(《魏书·高祖纪》载诏书,1/172)

(26) 往击蠕蠕,师不多日,洁等各欲回还。(又《崔浩传》,3/

① 《柳元景传》:“季明进达高门木城,值永昌王入弘农,乃回还卢氏,据险自固。”(7/1982)标点本于“回”后逗开,似不妥。

824)按:《魏书》中“回还”数见。

(27) 当伯遂经七年不返,整疑已死亡不回。(任昉《奏弹刘整》)

(28) 和遣携送涵回家。(《洛阳伽蓝记》卷3“菩提寺”,174)[①]

(29) 非直奸人惭笑而返,狐狼亦自息望而回。(《齐民要术》卷4“园篱第三十一”,254)

(30) 窦行台,去不回。(《北齐书·窦泰传》载谣,1/194)

(31) 武卫张常山自后至,亦曰:“军寻收回,甚整顿,围城兵亦不动,至尊宜迴[②]。不信臣言,乞将内参往视。”(又《高阿那肱传》,2/691)

(32) 黄鹄参天飞,凝翮争风回。(《黄鹄曲四首》之三,《晋诗》卷19,中/1054)

(33) 百度不一回,千书信不归。春风吹杨柳,华艳空徘徊。(《读曲歌八十九首》之三十七,《宋诗》卷11,中/1342)按:“回”“归”同义。

(34) 红妆随泪尽,荡子何时回(《类聚》作“当来”)。(萧纪《晓思诗》,《梁诗》卷19,下/1899)

(35) 日落歌吹还(《乐府》作“回”),尘飞车马度。(庾肩吾《赋得横吹曲长安道》,又卷23,1982)

(36) 出门车轴折,吾王不复回。(庾信《拟咏怀诗二十七首》之二十七,《北周诗》卷3,2370)

(37) 听歌云即断,闻琴鹤倒回。(又《奉和示内人诗》,2371)

(38) 成都已救火,蜀使何时回。(又《正旦蒙赵王赉酒诗》,又

① 吴琯本、《汉魏丛书》本、《法苑珠林》引“回”作“向”。今按,作“向”似不可通。

② 《北史·恩幸传·高阿那肱》作“回”(10/3051)。

卷4,2392)

(39) 行厨半路待,载妓一双回。(又《咏画屏风诗二十五首》之十八,2397)

(40) 自对孤鸾向影绝,终无一雁带书回。(张正见《赋得佳期竟不归诗》,《陈诗》卷3,2499)

(41) 飞来进□□,但为失双回。(陈后主叔宝《飞来双白鹤》,又卷4,2503)

(42) 蔼蔼东都晚,群公驺御回。(阮卓《长安道》,又卷6,2561)

(43) 织书偏有意,教逐锦文回。(苏子卿《梅花落》,又卷9,2601)

(44) 能令平子见,淹留未肯回。(释惠标《咏山诗三首》之三,又卷10,2621)

(45) 鹿塞鸿旗驻,龙庭翠辇回。(隋炀帝杨广《云中受突厥主朝宴席赋诗》,《隋诗》卷3,2667)

(46) 王远寻仙至,栾巴访术回。(鲁范《神仙篇》,又卷7,2729)

(47) 安得义男儿,烂此无主尸。引其孤魂回,负其白骨归。(《海山记》载炀帝幸江南时闻民歌,又卷8,2742)

此外在唐修《晋书》中当"返还"讲的"回"字很常见,多出现在叙述语中,未必可以看作晋代的用例,姑且引录一部分以供参考:

(48) 方至华阴,颙闻二王兵盛,乃加长史李含龙骧将军,领督护席薳等追方军回,以应二王。义兵至潼关,而伦、秀已诛,天子反正,含、方各率众还。(《河间王颙传》,5/1620)按:前用"回",后用"还",同义。

(49) 明日,列阵于宣阳门外,元显佐吏多散走。或言玄已至

大桁,刘牢之遂降于玄。元显回入宣阳门,刘牢之参军张畅之率众逐之,众溃。(《简文三子传·司马元显》,6/1739)

(50) 敦意攀承侃风旨,被甲持矛,将杀侃,出而复回者数四。(《陶侃传》,6/1772)

(51) 侃乃遣督护龚登率众赴峤,而又追回。(又 1774)

(52) 时王珣儿婚,宾客车骑甚众,会闻雅拜少傅,回诣雅者过半。(《王雅传》,7/2179)

(53) 曜阴欲引归,声言要先取陇西,然后回灭桑壁。(《张轨传》,7/2232)

(54) 尹氏谓使者曰:"沮渠酒泉许我归北,何故来追? 汝可斩吾首归,终不回矣。"(《列女传·凉武昭王李玄盛后尹氏》,8/2527)

(55) 宾曰:"……辎重迳从北道,大军向寿春,辎重既过,大军徐回,何惧进退无地乎!"(《石勒载记上》,9/2716)

(56) 光驰使召纂,诸将劝纂曰:"业闻师回,必蹑军后。若潜师夜还,庶无后患矣。"(《吕光载记》,10/3062)按:前用"回",后用"还",同义。

上引例子见于小说、诗歌、史书、杂著等文体中。"回"可以带目的宾语,如回家、回豫章、回营;前面可以加副词或词组修饰,表示"回"的方式或状态,如急回、徐回、乘舆回、带书回、失双回、驺御回、未肯回;"回"可带趋向动词,如回去、回至半路、回向女家;本身也可以作趋向动词,如"追回"[1];有时候是作趋向动词同时又带目的宾

---

① 据魏丽君研究,动趋式产生于两汉,多见于南北朝。参看魏丽君《也谈动趋式的产生》,《古汉语研究》1996 年第 4 期,页 43—44。

语,如"遁回家"。这表明"回"的用法已经相当成熟。在唐代王梵志诗里,就基本上只用"回"了[①]。结合这些事实可以推断:"回"在口语中取代"还、返、归"早在唐以前就完成了。

如上文所引,"回还"连用早在东汉初崔篆所作的《易林》里就已经出现了;在汉魏佛经中也有一些"回还"连用的例子。这可能就是"回"用作"归"义的来源,如:

(57) 于是太子与诸官属即回还宫。(昙果共竺大力译《修行本起经》卷上,3/465b)[②]

(58) 诸婆罗门既得象已,便共累骑回还而去,忽尔之间,已到本国。(旧题支谦译《菩萨本缘经》卷上,3/58b)

(59) 若安隐还,当以所得珍宝之半奉施彼佛。……大获珍宝,安隐回还。(旧题支谦译《撰集百缘经》卷1,4/204c)

(60) 令诸商客获大珍宝,安隐回还。(又卷9,244b)

(61) 有顷回还,稽首长跪,如事启焉。(康僧会译《六度集经》卷3,3/16b)

这些"回还"看作同义连文当无问题,不过汉魏译经中尚未看到"回"单用作此义的例子,跟这种同义连文出现在同样语境中的仍是"还"[③],比较例(59):安隐还—安隐回还。但是"回"由"旋转"等义引申为指"还、归、反(返)"可能正是在"回还"连用这种语境中发生的:开始时"回"指转身,"还"指返回,合起来是"转过身往回走"的意思;

---

① 共6见,字多写作"回"。"回来"连用屡见。

② 此例也有可能是"回"后脱了"车"字。比较:于是太子,即回车还。(同经卷下,466c)"即回车还"为此经中惯用语。

③ 这一时期跟"回"相当的文言词最常用的是"还",所以"回还"连文常见而"回"与"返""归"连用的很难见到;其次是"返";"归"则主要用作"归顺;归依"义,当"回"讲的相对较少。

由于经常连用，"回"慢慢就成了"还"的同义词，"回还"变成了同义连文。有时可以说成"还回"，说明"回"的词义演变已经完成，如：共入大海，船破还回。（旧题支谦译《撰集百缘经》卷1,4/204b）常用词历时更替过程中，在新词和旧词并存的阶段，一般都会出现新旧成分的同义连文，而且词序是比较自由的。

小结："回（迴、廻）"当"还，返"讲的始见时代不会晚于东汉初期，而不是一般所认为的唐代。在南北朝时期这种"回"字用例不少，也常见于文人诗歌中，而且用法多样，已经相当成熟。据此推测，"回"在口语里取代"还、返（反）、归"应该是唐以前的事。"回"由"旋转"等义引申为"返还"义，可能是在"回还"连用的语境中完成的。

18. 入/进①

表示"进入"的概念，上古叫"入"，今天叫"进"，"进入"是新旧成分联合而成的一个双音词。由"入"到"进"的转变也发生在魏晋南北朝时期。

"进"本来是"前进"的意思。在上古汉语里，"进—退"和"出—入"是两对互不相关的反义词②。"进"从什么时候开始有了"进入"这个义位呢？"二典""进"字条"进入"义下所引的始见书证都是晋王嘉《拾遗记·秦始皇》："子婴寝于望夷之宫，夜梦有人身长十丈……

① 参看：李宗江《"进"对"入"的历时替换》，《中国语文》1997年第3期；董志翘《再论"进"对"入"的历时替换——与李宗江先生商榷》，"首届汉语史研讨会"提交论文，1997年8月，成都，又《中国语文》1998年第2期；李宗江《关于〈"进"对"入"的历时替换〉的几个问题——答董志翘先生》，"首届汉语史研讨会"提交论文，又收入其《汉语常用词演变研究》一书；汪维辉《汉魏六朝"进"字使用情况考察——对〈"进"对"入"的历时替换〉一文的几点补正》，《南京大学学报》2001年第2期；蒋绍愚（1989）页140；王凤阳（1993/2011）"进 入"条（页737—738）。

② 参看王力主编《古代汉语》对"进""入"二字的辨析（修订本第1册，页318）。现代汉语双音词"前进，推进，进军"等中的"进"字还保留着这个语素义。

驾朱马而至宫门,云欲见秦王婴,阍者许进焉。"这可以代表迄今所通行的一般看法。而据我们的调查,"进"当"进入"讲的始见时代至少可提前到东汉[①]。下面几个例子中的"进"都应该已经是"进入"之义:

(1) 赵简子病,五日不知人,大夫皆惧,于是召进扁鹊。扁鹊入视病,出,董安于问扁鹊。(《论衡·纪妖》)比较:更始复疑王匡、陈牧、成丹与张卬等同谋,乃并召入。(《后汉书·刘玄刘盆子列传》,2/474)

(2) 恨骒驴之进庭,屏骐骥于沟壑。(丁仪《厉志赋》,《全后汉文》卷94,979b)[②]

(3) 君来吊臣,主人待君到,脱头绖,贯左臂,去杖,出门迎,门外再拜乃献。还先君入,东壁向君让,君于前听进,即堂先哭,乃止于庐外伏哭。(刘表《后定丧服》,又卷82,914b)

---

① 任学良(1987)认为:"'进'是'前进',这是文言义;又是'入',这是口语义。"当"入"讲的"进",他举了两条唐以前的书证:诊法常以平旦,阴气未动,阳气未散,饮食未进,经脉未盛。(《素问·脉要精微论》)商汤旱,汤犹发师以信伊尹之盟。故令师从东方出于国,西以进。未接刃而桀走。(《吕氏春秋·慎大》)(页67—68)今按,"饮食未进"的"进"确实应作"进入"讲而不是"前进",但词义比较特殊,一般都把它看作是另一个独立的义项,跟本条所说的"进"不同,这里暂不讨论。《吕氏春秋》的"进",任先生认为"这里'出''进'对举,可见'进'是'入'的意思,不能讲成'前进'"。我觉得从文意看,这个"进"还是应该指"前进";假如是"进入",那么"进入"的对象是什么呢?似乎讲不通。张双棣等编的《吕氏春秋词典》"进"字下未列"进入"义,可见他们把本例的"进"仍看作"前进"义。这样处理是对的。不过,从下面这两个例子来看,"进"字早在先秦西汉就已经有了向"进入"义引申的迹象:吊者入,升自西阶,东面。主人进中庭,吊者致命。(《仪礼·士丧礼》)今匈奴挟不信之心,怀不测之诈,见利如前,乘便而起,潜进市侧,以袭无备。(《盐铁论》卷8"世务第四十七")比较:匈奴轻举潜进,以袭空虚。(同上"和亲第四十八")因为当"前进"讲的"进"一般是不直接带处所宾语的,参看李宗江(1997)页207。

② 此例"进庭"似亦可讲作"进献于庭"。

三国以后例子逐渐多见：

(4) 阿难白佛言："有异学梵志，今来在外，欲咨所疑。"天尊曰："现之。"梵志乃进，稽首佛足。（支谦译《八师经》，14/965a）

(5) 道逢梵志，梵志曰："大王还宫，吾欲有言。"王曰："昨命当出，信言难违。道士进坐，吾旋在今。"遂出，为阿群所获。（康僧会译《六度集经》卷4，3/22c）

(6) 诸父老故人，莫不诣门，治皆引进，与共饮宴，乡党以为荣。（《三国志·吴志·朱治传》，5/1305）

(7) 胤不知峻阴计，谓恪曰："君自行旋未见，今上置酒请君，君已至门，宜当力进。"（又《诸葛恪传》，5/1493）比较上文：恪答曰："当自力入。"

(8) 及吴汉与诸将到，乃率众军进桃城。（《后汉书·庞萌传》，2/496）

(9) 坚进洛阳宣阳城门，更击吕布，布复破走。（又《董卓传》，8/2328）

(10) 康亦心规取尚以为功，乃先置精勇于厩中，然后请尚、熙。熙疑，不欲进，尚强之，遂与俱入。（又《袁绍传》，9/2418）

(11) 佗时诣让，后至，不得进，监奴乃率诸仓头迎拜于路，遂共轝车入门。（又《宦者列传·张让》，9/2534）

(12) 及客进，顾视壁北，悬蛇以十数，乃知其奇。（又《方术列传·华佗》，10/2737）

(13) 又零陵蛮入长沙。……蛮夷见郡无儆备，故敢乘间而进。（又《南蛮西南夷列传》，10/2834）

(14) 恃爱如欲进，含羞未肯前。（《子夜歌四十二首》之四十

一,《晋诗》卷 19,中/1042;又见梁武帝萧衍《子夜歌二首》之一,《梁诗》卷 1,中/1516)

(15) 忽有野人,被草负笈,扣门而进,曰:“闻国君爱阴阳之术,好象纬之秘,请见。”(《拾遗记》卷 3“周灵王”,85)

(16) 刘向于成帝之末,校书天禄阁,专精覃思。夜有老人,着黄衣,植青藜杖,登[①]阁而进,见向暗中独坐诵书。(又卷 6“后汉”,153)

(17) 明日,大军进广固,即屠大城。(《宋书·武帝纪上》,1/16)

(18) 是夕,寝于龙舟,在天渊池。兵士进杀二人,又伤帝指。(又《徐羡之传》,5/1332)

(19) 又遣州祭酒从事田颖起衔命报世祖,率众五千,驰下讨逆,自阳口进江陵见义宣。(又《臧质传》,7/1914)按:《宋书》中此类“进”字屡见。

(20) 顷之,招卢氏少年进入宜阳苟公谷,以扇动义心。(又《柳元景传》,7/1982)

(21) 尝以岁夕与谢庄、王景文、颜师伯被敕入省,未及进,景文因言次称竣、朗人才之美。(又《沈怀文传》,7/2104)

(22) 每至明宝许,屏人独进,未尝敢坐。(又《黄回传》,7/2125)

(23) 寂之既与佃夫成谋,又虑祸至,抽刀前入,姜产之随其后,淳于文祖、……又继进。(又《恩幸传·阮佃夫》,8/2313)

(24) 敬则于门外大呼曰:“是敬则耳!”门犹不开。乃于墙上

---

① 齐治平校:登,《稗海》本、《广记》一六一俱作“扣”,毛校作“扣”。

投进其首,太祖索水洗视,视竟,乃戎服出。(《南齐书·王敬则传》,2/480)

(25) 萧谌先入户,若欲论事,兵人随后奄进,以刀刺之,洞胸死,因进宫内废帝。(又《周盘龙传》,2/546)

(26) 遣军围宅,毅时会宾客奏伎,闻变,索刀未得,收人突进,挟持毅入与母别,出便杀之。(又《萧景先传》,2/664)按:"突进"又见例(66),文言说"突入"。

(27) 帝戎服坐城楼上,召慧景单骑进围内,无一人自随者。(又《崔慧景传》,3/874)按:《南齐书》中"进"字多见,不备引。

(28) 帝欲入,左右曰:"孝子事父,小杖则受,大杖避之。今陛下盛怒,入或不测,陷帝于不义。不如且出,待怒解而进,不晚也。"(《魏书·太宗纪》,1/49)

(29) 时迎严说法,严始到外堂,刘氏便见群鬼迸散。严既进,为夫人说经,疾以之瘳。(《高僧传》卷3"智严",99)

(30) 元嘉十五年还梁州,因进成都。(又卷8"释法瑗",312)

(31) 赠郭桐庐出溪口见候,余既未至,郭仍进村,维舟久之,郭生方至。(任昉诗题,《梁诗》卷5,中/1597)

(32) 桂影侵檐进,藤枝绕槛长。(梁元帝萧绎《和鲍常侍龙川馆诗》,又卷25,下/2038)

(33) 灯光入绮帷,帘影进(《诗纪》作"穿")屏风。(又《咏秋夜诗》,2054)①

(34) 虞人招不进,繁氏久称工。(梁宣帝萧詧《咏弓诗》,又卷27,2106)

① "入""进"同义对文,作"穿"恐非。上例"桂影侵帘进",亦称"影"为"进"。

(35) 阮籍披衣进,王戎含笑来。(庾信《蒙赐酒诗》,《北周诗》卷3,2378)

(36) 行人忽枉道,直进桃花源。(又《奉报赵王惠酒诗》,2378)

(37) 就阶犹不进,催来上伎床。(又《咏画屏风诗二十五首》之十,又卷4,2396)

(38) 花月分窗进(本集作"近"①),苔草共阶生。(阴铿《班婕妤怨》,《陈诗》卷1,2450)

(39) 映户凝娇乍不进,出帏含态笑相迎。(陈后主叔宝《玉树后庭花》,又卷4,2511)

(40) 须臾,昔驺出,引班如向法而进。因致书焉。府君请曰:"当别再报。"班语讫,如厕。(《搜神记》卷4,74/45)

(41) 既入城,进厅事,上有信幡,题云"河伯信"。(又76/47)

(42) 又尝有覆以铜盘者,头不得进,遂死。(又卷12,306/152)

(43) 即有一人,提一襆新衣,曰:"府君以此遗郎。"充便著讫,进见少府,展姓名。(又卷16,397/203)

(44) 其家有神祠,建室三四间,座上施皂帐,常在其中。……文奉事甚谨。积数年,得进其帐中。(又431/225—226)

(45) 至三更竟,忽闻有叩阁者。应遥问:"是谁?"答云:"部郡相闻。"应使进,致词而去。顷间,复有叩阁者如前,曰:"府君相闻。"应复使进。……见二人,皆盛衣服,俱进。

① 今按,作"近"恐非。"进"与"生"对文,同为动词;且"花"可说"近",而"月"说"近"则不近情理。

（又 439/230）

（46）孔子厄于陈，弦歌于馆中。夜有一人，长九尺余，著皂衣高冠，大吒，声动左右。子贡进，问："何人耶？"（又卷19,445/234）

（47）久久，方闻屋里有人言："宾堂下有人，不可进。"（又448/235）

（48）问铃下，铃下对曰："崔少府府也。"进见少府。（《搜神后记》卷 6,61/37）

（49）嵇中散既被诛，向子期举郡计入洛，文王引进。（《世说·言语 18》）

（50）玉台子妇，宣武弟桓豁女也，徒跣求进，阍禁不内。（又《贤媛 22》）

（51）罗友作荆州从事，桓宣武为王车骑集别，友进，坐良久，辞出。（又《任诞 44》）按："进""出"相对为文。

（52）晋太始中，豫州刺史彭城刘德愿镇寿阳，住内屋，闭户未合，辄有人头进门扉，窥看户内，是丈夫，露髻团面，内人惊告，把火搜觅，了不见人。（《异苑》卷 4,34）

（53）见一女子秉烛出，云："女弱独居，不得宿客。"树曰："欲进路，碍夜不可前去，乞寄外住。"女然之。树既进，坐竟，以此女独处一室，虑其夫至，不敢安眠。（《广记》卷324 引《甄异录》,2568;《钩沉》272）

（54）李通丧，有一客往吊之。李通子哭，便进，上听事。（《书钞》卷 129 引《虚异志》,511a;《钩沉》318）

（55）新城县民陈绪家，晋永和中，旦闻扣门，自通云："陈都尉。"便有车马声，不见形，径进，呼主人共语曰："我应来此，当权住君家，相为致福。"（《广记》卷 294 引《幽明

录》,2340;《钩沉》378)

(56) 忽然闻外阁有着屐声,须臾进,自云郑玄。(《类聚》卷79等引《幽明录》,1349;《钩沉》381)

(57) 而遣小史李高还取刀。高见刀在庙床上,高进取去。(《御览》卷345引《录异传》,2/1589a;《钩沉》529)

(58) 忽有一人,开閤径前,状若方相,自说是庐君。邵独对之,要进上床。鬼即入坐。(《广记》卷293引《杂鬼神志怪》,2332;《钩沉》536)

(59) 须臾,将泰与数千人男女一时俱进,府君西向坐,简视名薄讫,复遣泰南入里[①]门。(《广记》卷377等引《冥祥记》,2996;《钩沉》567)

(60) 既至大城,径进听事。(《珠林》卷55引《冥祥记》,53/709a;《钩沉》595)

(61) 安居至閤,见有钳梏者数百,一时俱进,安居在第三。(《珠林》卷62引《冥祥记》,53/757a;《钩沉》608)

(62) 叔谓胡曰:"吾不应死,神道须吾算诸鬼录。今大从吏兵,恐惊损墟里,故不将进耳。"(《珠林》卷6引《冥报记》,53/314c;《钩沉》630)

(63) 自说云:有使者称教唤,廓随去,既至,有大城池,楼堞高整,阶闼崇丽。既命廓进,主人南面,……(《珠林》卷52引《冥祥记》,53/678a;《钩沉》641)

(64) 须臾而住,倚一家门外,乃是韩流移新居。儿不识是父舍。道人不进,遣儿入达,至入见主人,正坐读经,即是其父也。(《系观世音应验记》62,《应验记》191)

---

① 《珠林》卷7作"黑"(53/330b)。

(65) 须臾雨止,前行,仍见有居家。进告家宿,主人住之甚好。(又69,《应验记》207)

(66) 米未展送,忽至户前,隔箔攘拳大骂。突进房中,屏风上取车帏准米去。……范未得还,整怒,仍自进范所住,屏风上取车帏为质。(任昉《奏弹刘整》)

(67) 整语采音:"其道汝偷车校具,汝何不进里骂之?"既进,争口。(同上)

(68) 姨母惊怪,亟令走往,已正见偃卧,子平不敢便进。(《周氏冥通记》卷1)

(69) 其夕三更中,复闻一人扣户云:"范帅来。"未应已进。(同上)

(70) 丞前进曰:"今夕有高真来,可起可起。"(又卷2)

(71) 梦一人,……侍者两人,皆绛衣,进坐。(同上)

(72) 闻此便开户当对,呼进。(又卷3)比较:君为我呼入,吾得兄事之。(《史记·项羽本纪》,1/312)

(73) 在外屋宿,当是欲进,诸木问事,故得此告。(又卷4)

(74) 臣以为累方石为门,若天亢旱,增堰进水;若天霖雨,陂泽充盈,则闭防断水。(《水经注》卷9"沁水",827)按:这是使动用法。

(75) 山有梁孝王墓,其冢,斩山作郭,穿石为藏。行一里到藏中,有数尺水,水有大鲤鱼,黎民谓藏有神,不敢犯之。凡到藏皆洁斋而进,不斋者至藏,辄有兽噬其足。(又卷23"睢水",1981)

(76) 苍梧太守长沙吴巨拥众五千,骘有疑于巨,先使谕巨,巨迎之于零陵,遂得进州。(又卷37"沅水",3095)

在唐修《晋书》中此类例子也不少,如:

(77) 刺史陶侃礼之甚厚。侃每造之,著素士服,望门辄下而进。(《皇甫谧传附皇甫方回传》,5/1418)

(78) 玄尝诣忱,通人未出,乘轝直进。(《王湛传附王忱传》,7/1973)

(79) 明旦,长民闻之,惊而至门,裕伏壮士丁旿于幔中,引长民进语,素所未尽皆说焉。(《诸葛长民传》,7/2213)

(80) 尝有人著靴骑驴至兆门外,曰:"吾欲见刘延世。"兆儒德道素,青州无称其字者,门人大怒。兆曰:"听前。"既进,踞床问兆曰:"闻君大学,比何所作?"(《儒林传·刘兆》,8/2350)按:"前""进"同义,都是指"进入"[①]。

(81) 温诡称吊宾,得进,刃彪于庐中。(《桓温传》,8/2568)

上引例子出现在各类文体中,其中最值得注意的是"进"带目的宾语和作趋向动词这两种用法,如进庭、进村、进桃花源、进厅(听)事、进其帐中、进里;召进、引进、要进、将进、突进、投进、呼进等。这是"进"有了"进入"义以后的新用法,"前进"的"进"不这样用。另有"进水"这样的例子,属于使动用法,颇值得注意。这一时期"进"字所带的目的宾语种类尚较单一,基本上都是房屋等建筑物,偶尔是一个地方(如村、桃花源、州)或器物(如铜盘、帐)。"进"的主语基本上都是人或动物,偶尔是影子、花月等(多见于诗中的拟人化描写)。"进"跟"出"对用或连用的例子都还很少见到[②],说明"出"的通用反义词仍是"入"。所以从总体上说,这时"进"的词义还很实在,组合关系有

① "前"在晋南北朝有"谒见;进见"之义,见周一良《魏晋南北朝史书札记》"前"条,中华书局,1985,页86—87。

② 《释名·释形体》:"津,进也。汁进出也。"这个"进出"似乎已经等于今天的"进出"。傅毅《舞赋》:"于是郑女出进,二八徐侍。"(《全后汉文》卷43,705b)这个"进"是指"前进"还是"进入"则不易断定。下文又云:"于是合场递进,按次而俟。"(同上,706a)"进"字词义也不易把握。

局限。我们不妨拿梁初的《周氏冥通记》来作一个“进”和“入”的对比分析。全书当“进入”讲的“进”共 7 例，出现频率之高在同时代文献中是很值得注意的(此书共 4 卷，篇幅并不大)。“进入”的主语都是人，对象都是房屋。“入”共 34 例，除“进入(房屋)”义外，其他组合是“进”所没有的：入东、入山、入此年十月、入四更中、入今年来、出入、入道、入微、入易迁始九十四年、闻子名已入东宫青简、入下仙品、陶久入下仙之上、入岭、每语辄入斯境、入真相、入土。这说明“进”侵入“入”的义域是从具体的“进入房屋”这一点上开始，然后再扩展到其他方面的[①]。从该书这一组词的使用情况来看，表达“进入房屋”这一概念至迟在陶弘景时代的口语里已经是说“进”了。

东汉文献中常常有“进入”连用的例子，意义不易确定。有的是词组，指“前进然后进入”；有的是同义连文，指“收入”；也有一些例子可能已经相当于今天的“进入”。“进”产生“入”义可能跟这种组合的经常使用有一定关系。如：

(82) 居山泽者知诸阴，以滑制诸情，以禽(三本、宫本作“贪”)诸进入，不忘忽道之意。(安玄共严佛调译《法镜经》，12/21a)

(83) 顷主者既不敕慎，而诏书又误进入之宾(原注：宾字疑)。(崔寔《政论》，《全后汉文》卷 46，724b)

(84) 诚宜复申明巧工旧令，除进入之课。(又 725a)

(85) 而经用省息，官有余资，执事无放散之尤，簿书有进入之羸。(蔡邕《黄钺铭》，又卷 74，877a)

此后“进入”连用仍常见，意义也常常不易把握，如：

---

① 扩展的第一步可能是“进村”“进桃花源”这一种，但在当时恐怕才刚刚开始，例子很少，连“进城、进山”这样的组合都还没见到。

(86) 臣曰:"且停,待我见王。"大臣进入,启白[1]王言:……(旧题支谦译《撰集百缘经》卷10,4/254c)

(87) 乃渡江击秣陵,破笮融,转下湖孰、江乘,进入曲阿。(《三国志·吴志·周瑜传》,5/1259)按:此"进入"应是"进军而入"之义,"进"和"入"是两个词。

(88) 季龙进入令支,怒䍐之不会师也,进军击之。(《晋书·慕容䍐载记》,9/2818)

(89) 乃露布西境,称得浩亹,将进军黄谷。士业闻而大悦,进入都渎涧。(又《沮渠蒙逊载记》,10/3199)按:此"进入"似仍为两个词,并非同义连文。

(90) 有鬼著绢巾,似是故将相,呵斥初不顾,径进入宫。(《广记》卷317引《幽明录》,2513;《钩沉》367)按:"进"是前行,"入"是进入。

(91) 至户,闻尸臭,惆怅恶之。时宾亲奔吊,突惠者多,不得徘徊,因进入尸,忽然而稣。(《珠林》卷55引《冥祥记》,53/709b;《钩沉》595)

(92) 时有大臣,从外边来,见此一人而被囚执,便问左右:"何缘乃尔?"其傍诸人具列事状。臣曰:"且停,待我见王。"大臣进入,启白王言:……(慧觉等译《贤愚经》卷1,4/355c)

单用的"进"字,在有些用例中意义也不易确定,似乎解作"前进""进见"或"进入"都可以,这正反映了"进"字词义转化时期的特点:词义发生"模糊",可以作不同的理解。如:

---

① "曰……白"十三字圣语藏本作"闻语已白大"。看来此经多经后人改动,许多"俗词"在较早的圣语藏本里都没有,值得注意。

(93) 率其门徒俱诣佛所。适至林际，意悟，念曰："当先遣人表心致虔。直自进者，为不恪乎？"……"……近在林树之外，未敢自进，愿欲覲见，恭禀神化。"世尊即曰："善哉，进矣。"弟子返命，以佛明教具启师意，师即稽首于地，欣怿而进。(支谦译《梵摩渝经》，1/885a)

(94) 室家驰归，升堂稽首。妻寻再拜，垂泣而进，三步又拜。(康僧会译《六度集经》卷5，3/26b)

(95) 即同载诣抚军，至门，刘前进谓抚军曰："下官今日为公得一太常博士妙选。"(《世说·文学53》)

(96) 采菱非采菉，日暮且盈舠。踟蹰未敢进，畏欲比残桃。(刘孝绰《咏小儿采菱诗》，《梁诗》卷16，下/1843)

总之，"进入"开始是两个单音动词连用，先进(前行)而后入。这一组合经常出现，"进"慢慢地也就有了"入"义。

小结：管"进入"叫"进"的始见时代应从目前所认为的晋代提前到东汉；在魏晋南北朝，这种"进"字已颇为常见。但此时"进"字意义单一，用法颇有局限，尚处于跟"入"竞争的初级阶段。"进"侵入"入"的义域是从"(人或动物)进入建筑物"这一点上开始，然后再扩展到其他方面的。至迟在梁初的金陵一带口语里，"进"在"进入建筑物"这一义位上已经取代了"入"。

19. 居、止/住[①]

表示"居住"这个概念，上古用"居"[②]，现代汉语用"住"。"居住"是新旧成分的合璧词。这个交替过程也发生在魏晋南北朝时期。

---

① 参看王凤阳(1993/2011)"居 处 住 驻 逗 停"条(页824—825)。

② 有时也用"止""处"等。

一般认为,先秦文献中没有“住”字[①]。现在见到的一个例外是:

(1) 先是,齐为之歌曰:“松邪,柏邪?住建共者客邪?”(《战国策·齐策六》)

对于这个“住”字,有两种不同的解释。一种认为是“往”字之误,理由是先秦没有“住”字,“住”一般都是“往”的形近误字[②]。另一种意见则认为这个“住”就是“居住”的“住”,在这里是使动用法,“住建共”就是“使建居住在共”的意思[③]。以上两种说法都不无可商之处。前说只是一种推测,并没有版本上的依据,而且“往”是否有这样的使动用法(使建往共)也有待证实。后说则跟“住”的词义发展过程格格不入,难以解释。因为就目前所见到的文献资料而言,当“居住”讲的“住”字不能早于东汉,而且“住”用作使动即使在它的“居住”义已普遍使用的魏晋南北朝时期也是绝无仅有的。因此这个例子只好暂时存疑。

除《战国策》一例外,还有一个例子:

(2) 乾作圣男,坤为智女,配合成就,长住乐所。(《易林》卷12“井之颐”)

这个“住”显然是“居住”的意思。《易林》现在一般认为系东汉初崔篆所作,在当时的文献中,“居住”的“住”字还是罕见的。不过这个例子未必可靠,因为通行的两种《易林》版本皆作“长生得所”,《丛书集成》所据本注云:“别本作‘长住乐所’。”(卷4,225)则作“长住乐所”有可

---

① 《说文》说解中“住”字3见,而正文无“住”字。清代学者有以为是“驻”或“逗”“侸”之俗字者,详见《说文解字诂林》。任学良(1987)引《墨子·经下》:“住景二,说在重。”认为先秦就有“住”这个词(页156)。但孙诒让《墨子间诂》云:“住疑当作位,与立字同。”

② 参看何建章《战国策注释》,中华书局,1990,上册,页480;张清常、王延栋《战国策笺注》,南开大学出版社,1993。

③ 缪文远《战国策新校注》(巴蜀书社,1987,上册,页467)、任学良(1987,页156)等均主此说。

能是后人所改。

贾谊《新书》:“数年之后,诸侯〔之〕王大抵皆冠,血气方刚,汉之所置傅归休而不肯住,汉〔之〕所置相称病而赐罢。”(卷1“宗首”)这个“住”是指“停留”。《灵枢经》:“此八虚者,皆机关之室,真气之所过,血络之所游,邪气恶血固不得住留;住留则伤筋络。”(卷10“邪客第七十一”,18a)“住留”同义连文。这是目前所见到的“住”字的较早用例。

“住”的经常性使用,最早是在东汉佛经里,几乎都当“停留;停止;止住”或“站立”讲(字亦作“驻”“跓”),如:

(3) 二十一为一切我爱共会当别离,或亡,或人取去,或死,不得久住。(安世高译《普法义经》,1/924a)

(4) 中止者为三食,乐念识,中止者或住(三本、宫本作“跓”)一日,或住七日止。(又《道地经》,15/233c)

(5) 譬若工射人射空中,其箭住于空中,后箭中前箭。(支娄迦谶译《道行般若经》卷7,8/458c)

(6) 其钵在彼佛刹住止空中,亦无持者。(又《阿阇世王经》卷上,15/393a)

以上为“停留”义。“住止”系同义连文,佛经中习见。

(7) 譬如住人观坐人,坐人观卧人。(安世高译《长阿含十报法经》卷上,1/234c)

(8) 中有住听经者,身不知罢极;中有坐听经者,身亦不知罢极。(支娄迦谶译《阿閦佛国经》卷上,11/757c)

(9) 我有是意,宁当复与人共诤耶? 住立当如聋羊,诸恶悉当忍。(又《道行般若经》卷8,8/464b)

(10) 养一白雁,衣被饮食、行住坐卧,而常共俱。(东汉失译《大方便佛报恩经》卷4,3/146b)

(11) 平住手过膝。(昙果共竺大力译《修行本起经》卷上,3/464c)比较:九者,平立(三本作“住”)手摩于膝。(东汉失译《大方便佛报恩经》卷7,3/164c)

以上为“站立”义。“住”或跟“坐”对文,或“住立”同义连文,或“行住坐卧”并举,都可证明此义。“平住”犹言“直立”。另外,佛经中有“礼佛已,却坐一面”及“礼佛已,却住一面”的惯用语,两相比较,“住”指站立也确然无疑。佛经中这样用的“住”字为数甚多,这倒给“住”为“位”之俗字的说法提供了有力的佐证,因为在中土文献中同类例子是不易见到的[①]。有些例子如果不注意就很容易误解,如:

(12) 使者闻神言如此,便令人伐之。穷人住在树边,树踣(三本、宫本作“僤”)地,枝摽杀穷人。(东汉失译《栴檀树经》,17/750c)按:这个“住”是指“站立”,而非“居住”。

“居住”义在东汉佛经中主要用“居”或“止”表示。如:

(13) 其佛刹诸菩萨摩诃萨,在家者止高楼上,出家为道者不在舍止。(支娄迦谶译《阿閦佛国经》卷下,11/758b)

(14) 便往至大王所居城,垣坚,止顿其中,得安隐。(又759b)

(15) 我所居止去是不远,聚名福安,佛向所哀顾处是也。(支曜译《成具光明定意经》,15/452c)

“居止”犹言“居住”,同义连文,为佛经中常语。

当“居住”讲的“住”在东汉佛经里也可见到,不过集中出现在几部失译经中,时代未必可靠[②]。如:

---

① 孙星衍辑的《汉官仪》中有一些这样的用例,如“避车执板住揖”“太尉住盖下”“左、右中郎将住东西”“五官将住中央”等。

② 有种种迹象表明,这些经的实际翻译时代可能要晚于东汉,估计为三国时所译。各经之间存在的内部差异值得作进一步的探索。

斤。……诸府县社腊祠祭灶，不但进熟食，皆复多肉米酒脯腊，诸奇珍益盛。（桓谭《新论·谴非》，《全后汉文》卷14，543b）

(81) 夫圣贤所陈，皆同取道德仁义以为奇论异文，而俱善可观者，犹人食皆用鱼肉菜茹以为生熟异和，而复居美者也。（又《正经》，546b）

(82) 譬如人摘生瓜，既亡其种，食之无味。（支谦译《孛经抄》，17/736a）

(83) 但见生米满其口中。（旧题支谦译《菩萨本缘经》卷中，3/61c）

(84) 亦如毒药投生血中，其力则盛。（又63b）按："生血"当指活的血液，犹言"热血"。

(85) 食水生菜，苟以全命。（康僧会译《六度集经》卷6，3/33c）按："生菜"应是对"熟菜"而言。

(86) 或欲自芟上邽左右生麦以夺贼食，帝皆不从。（《三国志·魏志·明帝纪》注引《魏书》，1/98）按："生麦"应指未成熟的麦子。

(87) 盛寒之月，后母曰："吾思食生鱼。"祥脱衣，将卧冰求之，少顷，坚冰解，下有鱼跃出，因奉以供。（又《吕虔传》注引孙盛《杂语》，2/541）

(88) 食顷，吐出三升许虫，赤头皆动，半身是生鱼脍也。（同上《华佗传》，3/801）

(89) 其祭亡者，有生有熟。（又《乌丸鲜卑东夷传》注引《魏略》，842）

(90) 亮后出西苑，方食生梅，使黄门至中藏取蜜渍梅。（又《吴志·三嗣主传》注引《吴历》，5/1154）

(91) 放乃复饵钓之,须臾,引出,皆三尺余,生鲜可爱。(《搜神记》卷1,21/9)按:"生鲜"的"生"该是指"活"。"生鲜"犹今言"鲜活"。

(92) 冬为客设生瓜枣,夏致冰雪。(又25/12)

(93) 始兴灵水源有汤泉,……生物投之,须臾便熟。(《御览》卷71引《幽明录》,1/334b;《钩沉》354)按:"生物"本指"活的东西",此处则易生歧解[①]。

"生"本来就是一个义项很多的多义词[②],这样一来,"生"所承担的词义负荷就更重了,而且在不少场合,"生"究竟是指"活的"还是"不熟"难以一下子清楚地区分,容易造成语义混乱,如(84)(85)(87)(93)等例。这些因素跟后代"活"又继而接替了"生"的形容词用法可能不无关系。

作形容词和状语时,这一时期基本上都用"生":"活人"说成"生人","活捉"得说"生擒","生口"为史书中常语,不说"活口"。名词化的形容词也用"生",如"斩首获生"[③]"养生送死",如此等等。下面这些例子中的"生"字是当时口语的实录,不能改作"活":

(94) 宣王之退也,百姓为之谚曰:"死诸葛走生仲达。"或以告宣王,宣王曰:"吾能料生,不能料死也。"(《三国志·蜀志·诸葛亮传》注引《汉晋春秋》,4/927)

(95) 棺中一妇人,形体如生。(《广记》卷317引《幽明录》,2509;《钩沉》367)

---

① 《晋书·姚兴载记下》:"华山郡地沸涌,广袤百余步,烧生物皆熟,历五月乃止。"(10/2991)用法相同。

② 常用的义项就有"出生;生长;长出;产生;发生;造;生存;活的"等七八个。

③ 直到唐代还有"捉生"的说法,如段成式《酉阳杂俎·喜兆》:"淮西用兵时,刘沔为小将……每捉生踏伏,沔必在数。"

(96) 曰:"舍中何以有生人气也?"答曰:"无之。"(《搜神记》卷18,414/215)

(97) 长史含笑判,清河生吃人。(《隋书·厍狄士文传》载时人语,6/1693)

今天吴方言和四川话中"生"偶尔还有当"活"用的,如乡村老人讲神怪故事时常常说到"有生人气"。而在普通话里,"生"字此义只用作语素,如"生存、生命、生物"等[①]。

"活"用作形容词,目前所知的最早例子见于《吕氏春秋·至忠》:

(98) 今有树于此,而欲其美也,人时灌之,则恶之,而日伐其根,则必无活树矣。(2/577)

但魏晋以前似乎仅此一见而已。魏晋南北朝时期这样的"活"字偶有用例,但仍不易见到,笔者只搜集到下面几例作形容词的"活":

(99) 围城必示之活门,所以开其生路也。(《三国志·魏志·曹仁传》,1/275)按:"活门"与"生路"相对,"活"已为形容词。

(100) 若值伏石,则无活路。(《法显传·自师子国到耶婆提国》,167)

(101) 又南人入山,皆以竹管盛活吴蚣,吴蚣知有蛇之地,便动作于管中,如此则详视草中,必见蛇也。(《抱朴子·内篇·登涉》)

(102) 吴军中人皆是生劫,若作刺史,吾等岂有活路!(《宋书·吴喜传》载宋明帝诏书,7/2120)

(103) 王所梦兽,生未曾睹,当于何所而求觅此?若今不得,

---

① 参看王力先生上引书。又据王力注说,粤方言和客家方言还保留着"生"字的这一义项。

王法难犯,我曹徒类,永无活路。(慧觉等译《贤愚经》卷3,366b)

(104) 先煮薄糖,著活蟹于冷糖瓮中一宿。(《齐民要术》卷8“作酱等法第七十”,545)

(105) 生剥牛羊驴马,活爓鸡豚鹅,三五十为群,放之殿中。(《晋书·苻生载记》,9/2879)按:“活”与“生”相对,用作状语。此为唐以前仅见之例。

“活门/活路”与“活树/活吴蚣/活蟹”的“活”性质还不同:前者是指求活的门、路,后者则是指活着的。如果例(104)不说“活蟹”而说“生蟹”,则易生歧解:是生熟之生还是死生之生?不过在这样的语境里唐以前通常都是说“生”而不说“活”的,用“活”的目前只见到上引《吕氏春秋》《抱朴子》和《齐民要术》三例[①]。此类“活”接下来要到唐代的《王梵志诗》里才又见到用例:

(106) 死王羡活鼠,宁及寻常人。(《荣官赤赫赫》,112首)

项楚先生注“死王羡活鼠”说:“典出《抱朴子·内篇·勤求》:‘古人有言曰,生之于我,利亦大焉。论其贵贱,虽爵为帝王,不足以此法比焉。论其轻重,虽富有天下,不足以此术易焉。故有死王乐为生鼠之喻也。’”[②]葛洪笔下的“生鼠”,到了王梵志的嘴里成了“活鼠”,这是一个重要的变化,而这种变化早在《吕氏春秋》时代就已经开始了。值得注意的是,在葛洪笔下也有了“活吴蚣”的说法。

---

① “活人”常见,但都是动宾短语,表示“使人活”。东汉的《太平经》中还有一个“度活人”的例子:勿信神象卜工之言,是卜不能有所增减。欲度活人者,要在正神。(《太平经·天报信成神诀第一百九十七》,俞理明《太平经正读》,巴蜀书社,2001,页450)笔者就此例应如何理解请教俞理明教授,承俞教授见告:“度活”应是动补关系,与“杀死”的结构关系相同,“度活人”表示“度人活”,而不宜理解成定中短语。(私人通信)

② 参看项楚《王梵志诗校注》,上海古籍出版社,1991,页342—343。

我们可以确信，“活吴蚣”和《齐民要术》中的“活蟹”一定是当时口语的记录。

《大词典》“活”字条：

① 生命存在。与“死”相对。《诗·周颂·载芟》：“播厥百谷，实函斯活。”郑玄笺：“活，生也。”唐白居易《枯桑》诗：“皮黄外尚活，心黑中先焦。”《水浒传》第三八回：“我自去讨两尾活鱼来与哥哥吃。”……⑤在活的状态下。金董解元《西厢记诸宫调》卷二：“众孩儿曹听我教着：只助我，一声喊，只一合，活把髡徒捉。”……(5/1157)

形容词“活”虽然没有另立义项，但从引例上还是有所反映。所引的第一条书证是《水浒传》，大大嫌晚。用作状语的例子首引金董解元的《西厢记诸宫调》，也明显太晚，上引例(105)是目前所见的最早例子。

小结：“活”取代“生”看来也是分两步完成的：先是替换它的动词用法。这一步大概到汉末已经完成，在魏晋南北朝又有所发展，可以作补语。后来“活”又进一步替换了“生”的形容词用法，那是唐以后的事，但在六朝已见端倪。

21. 宜、当/应、合

表示“应该”义的助动词，汉语历史上有过“宜、当、须、应、合、该”等。大体说来，先秦主要用“宜”和“当”，这两个词起源都很早，可以追溯到金文和《尚书》[①]。西汉产生了“合”，东汉有了“应”。在东汉

① 两者语气上似有轻重之别，“当”是按理应该怎么样，语气较硬；“宜”则是一种委婉的建议，指以怎么做为好。严格说来并不完全同义。关于“宜”和“当”在先秦的使用情况，参看刘利《先秦汉语助动词研究》，四川大学博士学位论文，1995，页6—8，又作者同名著作(北京师范大学出版社，2000)页19—22。“宜”在金文中写作“义”，《诗经》中也有一例写作“义”。

魏晋南北朝时期，最常用的是“当”和“应”，“宜”和“合”也时有用例，“该”则尚未产生。到了现代汉语，“合”基本上被淘汰[①]，后起的口语词是“该”，形成“应、当、该”并用的局面，经常结合成双音词使用，口语单用时则多说“该”[②]。

“当”从上古到今天都是表示“应该”义最常用的一个词，具有长久的生命力，在东汉魏晋南北朝时期情形相同；“宜”在中古时期显然已经是一个文言词，主要用于书面语中。这里着重讨论“应”和“合”。

关于助动词“应”，“二典”“应”字条“应当；应该”义下所引的第一条书证都是《诗·周颂·赉》：“文王既勤止，我应受之。”毛传：“应，当也。”其实这是一种误解。毛传所谓“应，当也”，跟《尔雅·释诂下》“应，当也”、《说文·心部》“应，当也”一样，“当”都是动词“承当”的当，而不是助动词“应当”[③]。就目前所知，先秦西汉尚未发现助动词“应”的用例[④]，“应”的大量使用最早是在东汉佛经里。我们对现存

---

① 仅在复音词“合该”中还保留着。“合该”又音讹为“活该”。

② 参看《现代汉语八百词》“该”和“应该”条。

③ 《诗经》此例非“应该”义，刘利已有详尽的考辨，并说：“我们的看法是，‘应’在先秦时期还没有产生出助动词用法。”参看刘利上引文，页8—9，又作者同名著作(北京师范大学出版社，2000)页22—24。向熹先生《诗经词典》“应”字条也释此例的“应”为“当；承”，并引高亨《诗经今注》：“应，承也。此句言我承受文王的基业。”(修订本，页579)

④ 《史记》用“当”不用“应”；西汉王褒的《僮约》多用口语，也只有“当”而无“应”。东汉初的《论衡》也不用“应”。《史记·酷吏列传·张汤》：“奏谳疑事，必豫先为上分别其原，上所是，受而著谳决法廷尉絜令，扬主之明。奏事即谴，汤应谢，乡上意所便，必引正、监、掾史贤者，曰：‘固为臣议，如上责臣，臣弗用，愚抵如此。’罪常释。”(10/3139)此“应”当是“应该”之“应”，但《集解》引徐广曰：“应，一作‘权’。”从全书用词的情况来看，这个“应”字很可能是后人所改，原文该是作“权”。《大词典》“应”字“应该”义下所引的第二条书证是《淮南子·原道训》：“风兴云蒸，事无不应。”高诱注：“应，当也。”(3/143)这个“应”和高诱注的“当”显然也都是动词，同样犯了引例不当的毛病。比较同篇末句：“如是，则万物之化无不遇，而百事之变无不应。”高诱注：“应，当之也。”

的东汉诸家译经作了调查，结果如下[①]：

	长阿含十报法经	人本欲生经	一切流摄守因经	中本起经
应	37	55	12	18
当	75	42	7	86

“应”字用得最多的是安世高，我们只对他的《长阿含十报法经》《人本欲生经》《一切流摄守因经》三部经作了抽样调查，这三部经篇幅都不大，其中有两部“应”超过“当”；其次是康孟详译的《中本起经》。余下的几家“应”都用得很少或干脆不用：支娄迦谶的所有译经中几乎一律用“当”而不用“应”[②]；支曜译《成具光明定意经》“应”“应当”各1见，其余全用“当”（64见）；安玄共严佛调译《法镜经》“应”2见，余皆用“当”；安玄共严佛调译《阿含口解十二因缘经》用“当”而无“应”[③]；昙果共竺大力译的《修行本起经》“应”4见，“当”75见。安世高译经中“应”字何以用得特别多，跟同时代的其他几家译经明显不

① 东汉佛经中“宜”字已经很少用了。

② 只有《遗日摩尼宝经》中有2例：譬如遮迦罗越正夫人与贫穷人共交通，从中生子，佛语迦叶：“是宁应为遮迦罗越子不乎？”迦叶报佛言：“不也。”（12/191b）沙门复有二事悔。何等为二事？一者不应行强披袈裟，二者身不自持戒，持戒比丘反承事。（192c）这两个“应”字无疑是“应该”义。但此经究竟是否支娄迦谶所译还值得怀疑，僧佑《出三藏记集》云：“其《古品》以下至《内藏百品》，凡九（维辉按，当作十）经，安公云，似支谶出也。”（页27）此经即在该十经内，可见到东晋道安时已不能确指其为支谶所译。此外《道行般若经》中有2例似乎是“应当”的意思，但不能十分确定，姑且引录于此以存疑：譬若男子欲见大海，天中天，便行之大海，……于中道无复有树亦无树想，无复有山亦无山想。是男子尚未见大海，是应且欲为至，是菩萨摩诃萨当作是知。（卷4，8/445b）佛语须菩提：“一佛境界所有魔，各各于其所止处不安，菩萨随般若波罗蜜教时，菩萨应行如是者，诸天阿须伦龙鬼神人若非人，不能害菩萨。若有菩萨欲得佛道者，当行般若波罗蜜。……”（卷9，469c）另外，今所传三卷本《般舟三昧经》（《大正藏》编号418）许理和、任继愈等都认为是支娄迦谶所译，未必可靠，今依吕澂《目录》定为竺法护译（页10），本书在提到支娄迦谶译经时均不包括此经。

③ 此经吕澂《目录》定为安世高译，从这组词的使用情况看，跟安世高的用词习惯不合，恐未必可靠。

同？原因尚待研究。

从佛经用例看，作为助动词，“应”和“当”在词义上没有什么差别，同样的语境既可用“应”，也可用“当”，例如：

（1）无有度世方便，当得不得，当解不解，当自知证不自知证，是为四普普种。（安世高译《长阿含十报法经》卷下，1/237b）

（2）不求度世方便，应得不得，应解不解，应自知证不自知证，是为六普普种。（又237c）

还可以“当应”“应当”连用，如：

（3）如是辈行戒者，我亦戒者，当应比共慧者、同学者。……我亦如是辈，应比共慧者、同学者。（安世高译《长阿含十报法经》卷上，1/235c）

（4）从是因缘阿难亦当知，令更因缘痛。若阿难眼不更，亦无有应当更，眼亦不得更，一切阿难眼已不更，宁有眼更不？（又《人本欲生经》，1/243a）

而在同时期的中土文献中，基本上只用“当”和“宜”，“应”只是偶尔一见。例如：

（5）其证应内麻黄，以其人遂痹，故不内之。（《金匮要略论》卷12“痰饮咳嗽”，108b）

（6）诸浮数脉，应当发热而反洒淅恶寒，若有痛处，当发其痈。（又卷18“疮痈肠痈浸淫病脉证并治”，162a）按：此书共24卷，“应”字仅此2例。

（7）二月肝用事，肝脉属木，应濡弱，反得毛浮者，是肺脉也。（《伤寒论》卷1“平脉法”，215b）[①]

① 《伤寒论》中“应”字多见，有可能是晋代王叔和编次时所改。此书语言肯定已非张仲景原貌。

(8) 三王五帝不足令，令我圣朝应太平。养民若子事父明，当究天禄永康宁。(《吟叹曲·王子乔》，《汉诗》卷9，261) 按：12卷《汉诗》中仅此1例。

106卷《全后汉文》中也只有27例[①]，这里酌引部分例子：

(9) 故侍中卫尉关内侯兴，典领禁兵，从平天下，当以军功，显受封爵。又诸舅比例，应蒙恩泽。(东汉明帝刘庄《封阴兴子弟诏》，卷3，488a)

(10) 其条二十八将无嗣绝世、若犯罪夺国、其子孙应当统后者，分别署状上。(东汉安帝刘祜《绍封二十八将子孙诏》，卷6，505a)

(11) 言君臣邪，固当谏争；语朋友邪，应有切磋。(马援《与隗嚣将杨广书》，卷17，563a)

(12) 非徒应坐豫协，亦当宜谴举者。(第五伦《上疏褒称盛美以劝成风德》，卷19，576b)

(13) 所居之处，邑里化之，修身行义，应在朝次。(钟离意《上书荐王望刘旷王扶》，卷27，620b)

(14) 又谏议之职，应用公直之士、通才謇正有补益于朝者。(韦彪《上疏谏置官选职不以才》，卷29，634b)

(15) 自丙子以来，犯罪者甚多，应入重论。(郭躬《上封事言赦宜及亡命》，卷31，646a)

(16) 假使所非实是，固应悛改；倘其不当，亦宜含容。又何罪焉？(孔僖《上书自讼》，卷31，647a)

(17) 材官楼船年五十六，老衰，乃得免为民就田，应合选为亭

① 还有两个疑似的例子未计在内：于时济阳故吏旧民中常侍勾阳、于肃等二十三人，思应慕化，推本议铭，著斯碑石。(蔡邕《交趾都尉胡府君夫人黄氏神诰》，《全后汉文》卷79，898a)知不得斩绝，分应一月也。(蔡邕《月令问答》，又卷80，901b)

长。(应劭《汉官仪》下,卷35,671a)

(18) 出入进止,宜有期度;舆马台隶,应为科品。(何敞《上疏谏济南王康》,卷43,709b)

(19) 公家之用,皆百姓之力。明君赐赉,宜有品制;忠臣受赏,亦应有度。(何敞《奏记宋由》,卷43,710a)

(20) 请下司隶校尉、中二千石、城门五营校尉、北军中候,各实核所部,应当斥罢,自以状言。(杨秉《上言吏职》,卷51,754b)

(21) 王莽本传,但应载篡事而已;至于编年月,纪灾祥,宜为元后本纪。(张衡《应间》,卷54,774b)

(22) 二州之中,少素有威名之士;或拘限岁年,不应选用。(蔡邕《谏用三互法疏》,卷71,865a)

(23) 备寇者,侯王之家,赋税减削,愁穷思乱,必致非常,宜使给足,以防未然;修礼者,应征有道之人,若郑玄之徒。(卢植《日食上封事》,卷81,907b)

(24) 汉律:与罪人交关三日已上,皆应知情。(孔融《马日磾不宜加礼议》,卷83,920a-b)

(25) 有德见归,无德见叛,不应复还。(李术《报孙权移书》,卷86,939b)

(26) 度子之行,不过父母;小儿违越,分应至此。(袁氏《答曹公夫人卞氏书》,卷96,991b)

其中较早的例子见于东汉初年马援、第五伦、钟离意等人的文章中,此后有随着时代推移而逐渐增多的趋势。据此推测,"应"在口语中产生的时间还应该更早些。

从上面的事实中我们可以得出两点认识:1)助动词"应"的产生当不晚于西汉末年;2)至迟到东汉末,"应"在口语中已经处于跟"当"同等或更重要的地位。

魏晋以后，“应”在各类文体中都普遍行用，但“当”也仍经常性地出现。“当”“应”在东汉以降的口语中可能一直并存了很长时间，《世说》中“应”和“当”的出现频率大体持平（21：24）[①]，是这一情况的真实反映。

“合”的产生看来比“应”还要早些，最早的例子见于《史记》：

（27）然则受命之符，合在于此矣。（《史记·司马相如列传》载其书，9/3052；《文选》卷44题为《难蜀父老》）

但全书仅此1见而已。东汉以降，文献中时见用例，如：

（28）固之过衅，事合诛辟。（马融《飞章虚诬李固》，《全后汉文》卷18，567b）

（29）臣愚以为宜如旧制，不合翻移。（杜林《奏谏从梁统增科禁》，又卷19，575a）

（30）宜还本朝，夹辅王室，上齐七燿，下镇万国，不合久屈间曹，委于草莽。（刘陶《上疏陈事》，又卷65，830b）

（31）宿业衰落，仍有失误，案之礼典，便合传家。（郑玄《戒子益恩书》，又卷84，926a）

（32）又恭怀、敬隐、恭悯三皇后并非正嫡，不合称后，皆请除尊号。（阙名《奏除四帝后尊号》，又卷97，995b）

（33）益曰：“斯人犯罪，自合如此，哭之何也？”（《吴越春秋·越王无余外传第六》）

（34）全作左思《吴都赋》叙及注，叙粗有文辞，至于为注，了无所发明，直为尘秽纸墨，不合传写也。（《三国志·魏志·卫臻传》注，3/649）

（35）文鸯骂曰：“汝为寇虐，久应合死。……”（《晋书·段匹

① 此据张万起（1993）统计。

碑传》,6/1711)

(36) 尝为县吏,事有不合,令欲鞭之,砻曰:“物各有所施,榱椽之材不合以为藩落也,愿明府垂察。”(又《外戚传·褚裒》,8/2415)

(37) 若士人本检小人,则小人有过,已应获罪,而其奴则义归戮仆,然则无奴之士,未合宴安,使之输赎,于事非谬。(《宋书·王弘传》,5/1319)

(38) 江陵虽值赦恩,故合枭首。(又《孔季恭传附孔渊之传》,5/1534)

(39) 而干黩欺罔,罪合极法。(又《蔡廓传附蔡兴宗传》,5/1574)

(40) 臣谓合选之家,虽制所未达,父兄欲其入学,理合开通,虽小违晨昏,所以大弘孝道。(又《范泰传》,6/1617)

(41) 愚谓此四条不合加赎罪之恩。(又《王韶之传》,6/1626)

(42) 臣等参议,谓不合开许。(同上)[①]

(43) 大艑载三千,渐水丈五余。水高不得渡,与欢合生居。(《石城曲》,《宋诗》卷11,中/1346)

(44) 治书侍御使臣司马侃虽承禀有由,而初无疑执,亦合及咎。(《南齐书·谢超宗传》载王逡之奏章,2/638)按:《南齐书》中此类“合”字常见。

(45) 若才非秀异,见在朝官,依令合解者,可给本官半禄,以终其身。(《魏书·肃宗纪》载诏书,1/234)

(46) 模谓人曰:“桃简正可欺我,何合轻我家周儿也!”(又《崔浩传》,3/827)按:《魏书》中“合”字多见,不备引。

---

① 《宋书》中“合”字较为常用,例多不备引。

(47) 前有一樽酒,主人行寿。今日合来,坐者当令(《乐府》作"今"。今按,作"令"为是),皆富且寿。(张正见《前有一樽酒行》,《陈诗》卷2,下/2483)

(48) 占曰:"今日猎得一兽,非龙非螭,非熊非罴。合得帝王师。"(《搜神记》卷8,229/110)

(49) 君财宝可支一世,合遭火厄。(《拾遗记》卷8"蜀",193)

(50) 司空言曰:"原杀鹳鸲之痛,诚合治杀。不可以禽鸟故,极之于法。"(《御览》卷923等引《幽明录》,4/4096b;《钩沉》381)

(51) 复命百官议太原王配飨,司直刘季明议云:"不合。"世隆问其故,季明曰:……世隆怒曰:"卿亦合死!"(《洛阳伽蓝记》卷2"平等寺",107)

(52) 帝每言"太原王贪天之功以为己力,罪有合死",世隆等愕然。(又108)

(53) 吉甫,贤父也;伯奇,孝子也。以贤父御孝子,合得终于天性,而后妻间之,伯奇遂放。(《颜氏家训·后娶》,31)

从引例中明显可见,"合"是一个地道的口语词,但总的来看,在这一时期它的出现频率不能跟"应"和"当"相比,且多用于司法场合(史书中尤为常见),在"当、应、合"三者的竞争中,它还处于次要的地位。

小结:在表"应该"义的汉语助动词中,"当"是寿命最长的一个词,从上古的金文、《尚书》时代一直沿用至今。"应"始见于两汉之交的文献,在口语中的产生估计还要早些;到晚汉安世高的译经里,"应"的使用频率已略高于"当";在此后的整个魏晋南北朝时期,始终是两者并存,不相上下。可能在实际口语中已经是说"应"为主。此外还有一个产生于西汉的口语词"合",在东汉魏晋南北朝常有用例,但用法有一定局限,出现频率也低,还处于次要的地位。

第四章　东汉—隋常用词演变研究：形容词

跟名词和动词相比，形容词的复杂性在于它的词汇意义大多带有感情色彩，因为形容词所反映的是语言使用者对客观事物的一种主观评价，因之它的词义往往具有某种不确定性。比如“愚、痴、蠢、笨、傻、呆”这组词，尽管它们的词义核心都是“不聪慧”，但在感情色彩上存在着一些微妙的差别。又如“谬”和“错”，虽然都是“不正确”，但程度有轻重，“谬”大概相当于今天的“很错”或“荒谬”。我们讨论形容词的新旧更替，应该注意它们在词义上的这种特点。从数量上看，形容词在历史上发生过新旧更替的可能要略少于名词。下面我们讨论十组形容词在东汉魏晋南北朝时期的更替过程。

1. 愚/痴(癡)[①]

说人愚笨，汉语有一系列形容词，如愚、痴、戆、憨、蠢、笨、傻、呆等[②]。这些词并非等义词，在含义和感情色彩方面都存在着微妙的差别。粗略地说，上古多说“愚”，东汉魏晋南北朝主要说“痴”，今天普通话则说“蠢、笨、傻”等。

《说文·疒部》：“痴，不慧也。”段玉裁注：“痴者，迟钝之意，故与

---

① 参看王凤阳(1993/2011)“疯 狂 癫 痴 呆 傻”条(页812—813)和“愚 鲁 钝 戆 蠢 顽”条(页889—890)。

② 各地方言中还有许多不同的说法，如成都人说“瓜”等。

‘慧’正相反。”“痴”字先秦文献未见,当是汉代产生的一个新词。较早的用例见于《山海经》:

(1)〔人鱼〕食之无痴疾。(《山海经·北山经》,104)

《方言》卷十:“痴,騃也。”可见西汉方言口语中有这个词。但在传世的西汉文献中例子并不多见。王褒《僮约》:“奴自教精慧,不得痴愚。”透露出西汉口语的消息。

东汉前期文献中“痴”字时见使用,有“愚笨”和“癫狂;神志不清”两个意思。例如:

(2)三痴俱走,迷路失道。或不知归,反入患口。(《易林》卷1“乾之晋”)

(3)既痴且狂,两目又盲。(又卷14“旅之离”)[①]按:此为“愚笨”义。

(4)留昼夜思念,讽诵狂痴,三十日病愈。(朱浮《上言织授成》,《全后汉文》卷21,589a)按:此为“癫狂”义[②]。

《论衡》中“痴狂”5例,“狂痴”“痴愚”“愚痴”各1例。可见在王充的语言里,“痴”有“狂”和“愚”二义,分得很清楚,而以前义为多用。下面我们只讨论“愚笨”义。

在东汉佛经里,“痴”字用得极多,它的反义词是“黠”和“慧”(多用前者),“愚痴”常常连文,“愚”单用的已不多。例如:

(5)第四两法,可舍痴亦世间爱。(安世高译《长阿含十报法经》卷上,1/233c)

(6)第五三法,可舍本三恶:贪欲恶,瞋恚恶,愚痴恶。(又234a)

---

① 《易林》中还有一些作“狂痴”讲的“痴”。

② 此义较早的用例见于《淮南子·俶真》:“其情一也,或通于神明,或不免于痴狂者,何也?”

(7) 离世间痴恼。(同上)

(8) 六为痴结。(又 235b)

(9) 三为痴漏。(又《漏分布经》,1/851c)

(10) 十五为不黠痴时死。(又《普法义经》,1/924a)

(11) 六为痴疮。(又 924c)

(12) 今者痴爱之意已止,漏结之情已解。(又《转法轮经》,2/503b)

(13) 四为痴著。(又《七处三观经》,2/876c)

(14) 菩萨何因缘,有痴者,有黠者,有慧者……(又《五十校计经》,13/394b)

(15) 彼痴名为不解四谛,不慧,不见,不相应,不解受为蒠,是为痴。(又《阴持入经》卷上,15/175b)

(16) 莫痴如小儿学。……莫痴如小儿学者,谓有字不能得,欲(明本作"为")学习入法中,适为两痴耳(宫本作"取")。(支娄迦谶译《道行般若经》卷1,8/427a)

(17) 人生于世,四大合成,性愚习痴,杀盗淫欺。(昙果共康孟详译《中本起经》卷下,4/160c)

(18) 我身今者,喻如无智大痴施主。(东汉失译《大方便佛报恩经》卷2,3/131b)

同时期的中土文献中"痴"字却并不经见,如:

(19) 圣人云:食谷者智,食草者痴,食肉者悍,食气者寿。(《牟子理惑论》)

(20) 今乃夜粜谷,明其痴呆不足也。(应劭《风俗通义》,《全后汉文》卷36,675a)

(21) 外痴内黠,安土乐旧。(又卷38,685a)

(22) 蚩,痴也。(《释名·释姿容》,67)

(23) 人固不同,慧种生圣,痴种生狂。(《越绝书·越绝计倪内经第五》)

不过我们仅根据东汉佛经的材料就足以论定,至迟到东汉中期,口语里表示"愚笨"这一概念已是用"痴"了。佛教称"贪、瞋、痴"为"三毒"。"痴"对译梵语 moha,也译作"无明",谓愚昧无知、不明如实之事理。《成唯识论》卷六:"云何为痴? 于诸理事迷暗为性,能障无痴,一切杂染所依为业。"早期的翻译家们就拿口语中现成的"痴"字来表达这一佛教概念,看来是很贴切的,所以被广泛地接受,而"无明"却淘汰了。

"痴"在魏晋南北朝继续广泛使用,而且多见于口语色彩浓厚的语境中,表明它可能是当时人表示"愚笨"义的通用口语词。《世说》中,"痴"和"愚"的出现次数是 14∶1,很能说明问题。下面酌举一些例子:

(24) 怨王诅言:"远去,痴人!"(旧题支谦译《菩萨本缘经》卷上,3/57a)

(25) 勿怪老痴誉此儿也。(虞翻《与某书》,《全三国文》卷68,1421a)

(26) 虞家世法出痴子。(又《与弟书》,同上)

(27) 时温于宫门见谦,谦仰曰:"谦自谢朝廷,岂为公邪?"温曰:"恭祖痴病尚未除邪?"遂为之置酒,待之如初。(《三国志·魏志·陶谦传》注引《吴书》,1/249)

(28) 到二十五年,汉中破,随众还长安,遂痴愚不复识人。(又《管宁传》注引《魏略》,2/365)

(29) 或素有与相知者,往存恤之,辄拜跪,由是人谓其不痴。(又366)

(30) 军中以褚力如虎而痴,故号曰"虎痴"。(又《许褚传》,

453)按:“痴”用来给人取绰号,可证其为活的口语无疑。

(31) 生子痴,了官事,官事未易了也。了事正作痴,复为快耳!(《晋书·傅玄传附傅咸传》载杨济与傅咸书,5/1326)按:“生子痴,了官事”是当时的谚语。

(32) 召见与语,超深自晦匿,兴大鄙之,谓绍曰:“谚云‘妍皮不裹痴骨’,妄语耳。”(又《慕容超载记》,10/3175)按:“妍皮不裹痴骨”也是当时谚语。

(33) 上怒曰:“江僧安痴人,痴人自相惜。”(《宋书·江智渊传》,6/1610)按:《宋书》对话中“痴人”屡见,显系当世口语。

(34) 武帝每见济,辄以湛调之,曰:“卿家痴叔死未?”(《世说·赏誉17》)

(35) 长史曰:“人言会稽王痴,真痴。”(又《方正49》)

(36) 见王,直言曰:“人言君侯痴,君侯信自痴。”(又《简傲10》)

(37) 王蓝田少有痴称,王丞相以第辟之。既见,无所他问,问来时米几价,蓝田不答,直张目视王公。王公云:“王掾不痴,何以云痴?”(《御览》卷249等引《语林》,2/1176a;《钩沉》154)

(38) 时人为之语曰:“实痴实昏,终得保存。”(《魏书·王宪传附王嶷传》,3/776)

(39) 时人为之语曰:“阴生读书不免痴,不识双凤脱人衣。”(《北史·贾思伯传》,6/1730)

小说中骂人或讥笑人愚蠢几乎一律用“痴”,如“痴物”“痴婿”等,甚至可以骂鬼,如:

(40) 知是鬼,便骂之曰:“武昌痴鬼,语汝,我是佛弟子,为汝诵经数偈，故不放人也？"……子长便擒鬼胸，复骂曰："武昌痴鬼，今当将汝至寺中和尚前了之！"（《珠林》卷65引《灵鬼志》，53/785c；《钩沉》313）

"痴"的感情色彩接近于今天的"傻"而不同于"笨"。它不是那种令人讨厌、鄙夷的蠢笨，而是一种近乎可爱的傻气，强调的常常主要不是智商低，而是性情上的执着或偏向。这从例（35）（36）看得很清楚。另外如《世说·纰漏4》王丞相称任育长是"有情痴"，也带有同样的情感色彩。所以《世说》中唯一的一例"愚"不能换成"痴"：

（41）晋武帝既不悟太子之愚，必有传后意，诸名臣亦多献直言。（《规箴7》）

王云路、方一新《汉语史研究领域的新拓展》一文[①]通过随机抽查《大正藏》3、4两卷"愚"和"痴"的出现次数，认为"整个魏晋南北朝，'愚'都活跃在口语色彩浓厚的作品中，并未退出历史舞台"。对此我们以收在《大正藏》第4卷中的《百喻经》为例来作一个剖析。

需要说明的是，在《百喻经》中，"愚"和"痴"已经是等义词，不再存在上述那种感情色彩的差别。书中"愚"大大多于"痴"，两者的出现次数是118∶25，但这并不意味着当时的口语仍以说"愚"为主，让我们来看看两者的用法：

	总数	愚痴	—人	—者	—臣	—夫	—老人	—鸽	—猴	—惑	凡—	—倒	顽—	不—	—无智慧	—无所知	以为—	反谓他—
愚	118	12	94	3	2	1	1	1	0	3	1	0	0	0	0	0	0	0
痴	25		4	0	0	0	0	0	1	0	0	1	1	1	2	1	1	1

① 王云路、方一新《汉语史研究领域的新拓展——评汪维辉〈东汉—隋常用词演变研究〉》，《中国语文》2002年第2期。

“愚”虽然多达118例,但没有一例是单用的,其中“愚人”就占了94例,还有12例“愚痴”连文;而25例“痴”中,“痴人”只占了4例,单用的却有6例(即上表中“不痴”以下6例)。可见作为一个可以单说的词,“痴”已经取代了“愚”,“愚”则降格成了一个非成词语素,不能自由入句。下面举一个典型的例子:

(42) 昔有愚人,头上无毛。时有一人,以梨打头,乃至二三,悉皆伤破。时此愚人,默然忍受,不知避去。旁人见之,而语之曰:“何不避去?乃住受打,致使头破。”愚人答言:“如彼人者,憍慢恃力,痴无智慧。见我头上无有发毛,谓为是石,以梨打我,头破乃尔!”旁人语言:“汝自愚痴,云何名彼以为痴也?汝若不痴,为他所打,乃致头破,不知逃避。”……如彼愚人,被他打头,不知避去,乃至伤破,反谓他痴。(《以梨打头破喻》)

其中“愚”的组合只有“愚人”和“愚痴”,凡是要用单字表达愚笨义的地方都用“痴”,“汝自愚痴,……”句中“愚痴”和“痴”的对立尤能说明问题。

此外“痴倒”一例也值得注意:

(43) 世间之人,亦复如是。从本以来,无常有乐,然其痴倒,横生乐想。如彼痴人,于半番饼,生于饱想。(《欲食半饼喻》)

“痴倒”应是同义连文[①],“倒”即佛经中常见的“倒见”的“倒”,意思是

① “痴倒”一词屡见于佛典,如姚秦鸠摩罗什译《佛藏经》卷上:“此是猕猴,乐住林中。汝痴倒故,不识猕猴。”(15/787b)又《坐禅三昧经》卷上:“常当念如是,一心观莫乱。破痴倒黑暝,执炬以明观。”(15/270a)隋天台智者大师说、门人灌顶录《金光明经文句》卷三:“诸十力前者,正忏烦恼障也。独头无明,痴倒殊甚,不识法身佛也。”(39/62a)唐法藏述《华严经探玄记》:“此名第一愚痴颠倒者,不解无我,名为愚痴;谬执有我,称曰颠倒。论中初总释,谓菩萨观此第一门十二有支,总是痴倒。”(35/346c)唐澄观撰《大方广佛华严经疏》卷三十九:“共明相续总破痴倒故,但束为十门之一。”(35/805a)还有“愚痴倒”三字连文的,如马鸣菩萨造、后秦鸠摩罗什译《大庄严论经》卷十五:“观察不顺理,皆是愚痴倒。”(4/343c)

"颠倒的，错误的，不正确的，愚蠢的"[①]，这是佛经中的一个新义，"痴"能跟它组合，说明是当时的口语词。

以上的论述说明，统计数据须作分析，仅据统计数据得出的结论有时会背离事实真相。

小结："痴"大概产生于西汉，至迟从东汉中叶起，就成为表"愚笨"义的一个通用口语词，直到整个魏晋南北朝都是如此。"痴"从在文献中出现到取代"愚"大约用了二百年左右的时间。"痴"的感情色彩近于今天的"傻"而不同于"笨"。上古常用的"愚"，在这一时期显然已被"痴"所取代，而成了一个文言词。

2. 瘠（膌）、癯（臞）/瘦（膄）[②]

跟"肥"相对的词，上古主要是"瘠"（字又作"膌"）和"癯"（先秦写作"臞"），今天则是"瘦"。"瘦"取代"瘠""癯"的时间不会晚于东汉中后期[③]。

"瘠、臞、瘦"是同义词[④]，都见于先秦文献，但产生有先后。"瘠"

---

① 《百喻经》中还有"倒惑"的说法："凡夫倒惑，横生乐想。"（《欲食半饼喻》）与"痴倒"义近。又如东晋法显译《大般泥洹经》卷五："诸不净身无一净想，愚痴倒惑而起净想，是名第四颠倒。"（12/883b）失译附东晋录《佛说菩萨本行经》卷上："昔佛初得道，惟念众生愚痴倒见，刚强难化。"（3/112c）均可证"痴倒"之义。

② 参看王凤阳（1993/2011）"瘠 癯 瘦 羸"条（页 798—799）和黄金贵（1995/2016）"90. 瘦（膄）・臞（癯）・瘠（膌）"条（页 324—325）。黄先生说："'瘦'是人消瘦的通称，见于秦以后。"（页 324）不确。"瘦"字先秦已见。

③ 王凤阳（1993/2011）云："'瘠'、'癯'、'瘦'是方言同义词，词义无别。就使用顺序说：'瘠'是先秦的通语；'瘦'是汉以后的通语。"（页 798）这是对的。

④ 《说文・肉部》："膌，瘦也。"段玉裁注："膌亦作瘠。"《玉篇・疒部》："瘠，瘦也。"《玉篇・肉部》："膌，臞也。"《说文・肉部》："臞，少肉也。"《尔雅・释言》："臞，瘠也。"《说文・疒部》："瘦，臞也。"段玉裁注："今字作瘦。"异体作"膄"，《广雅・释言》："膄，瘠也。"

(膌)最古老,也最常用[①]。例如:

(1) 楚子使医视之,复曰:"瘠则甚矣,而血气未动。"(《左传·襄公二十一年》)杜预注:瘠,瘦也。

(2) 牛虽瘠,偾于豚上,其畏不死?(又《昭公十三年》)

(3) 时简稽帅马牛之肥膌,其老而死者皆举之。(《管子·问》)

(4) 老弱冻馁,夭膌壮狡,汔尽穷屈。(《吕氏春秋·听言》)

"臞"和"瘦"则到战国末期才出现,"臞"的用例多于"瘦"。例如:

(5) 两者战于胸中,未知胜负,故臞。(《韩非子·喻老》)

(6) 嬴臞,人乃弗杀。(又《说林下》)[②]

(7) 遂入见太后曰:"何臞也?"太后曰:"赖得先王雁鹜之余食,不敢臞。臞者,忧公子之且为质于齐也。"(《战国策·燕策二》)

(8) 中山有贱公子,马甚瘦,车甚弊。(《韩非子·内储说下》)

(9) 公子甚贫,马甚瘦,王何不益之马肉?(同上)[③]

"瘠"应该是上古汉语中历史悠久的通语词,出现频率高,义项也

---

① 《诗·桧风·素冠》:"庶见素冠兮,棘人栾栾兮。"马瑞辰《毛诗传笺通释》云:"《吕览·任地》曰:'棘者欲肥,肥者欲棘。'高诱注:'棘,羸瘠也。《诗》棘人之栾栾,言羸瘠也。土亦有瘠土。'正训棘为瘠。"王先谦《诗三家义集疏》云:"《鲁诗》说曰:'棘,羸瘠也。'"按照此说,则《诗经》中的"棘"可能就是"瘠"的早期写法,"瘠"这个词的产生时代可提前至春秋。不过毛传和郑笺都训"棘"为"急"。两说孰是,尚难断定。参看向熹《诗经词典》(修订本),四川人民出版社,1997,页272。

② 魏德胜(1995)说:臞"产生于战国末期,《庄子》《荀子》《墨子》中都不见用例。用法与'瘦'同,既可用于人,也可用于动物",《韩非子》中共8见。(页17)

③ 魏德胜(1995)所引先秦"瘦"字共3例,除《韩非子》这2例外,另一例是《庄子·盗跖》:"除病瘦死丧忧患,其中开口而笑者,一月之中,不过四五日而已矣。"并说:"此词先秦用例很少,《庄子·盗跖》属'杂篇',所以此词应产生于战国末期。"(页12)今按,郭庆藩《庄子集释》引王念孙曰:瘦当为瘐字之误也。瘐亦病也。"病瘐"为一类,"死丧"为一类,"忧患"为一类。(页432)《老庄词典》即取王说(页489),是对的。所以《庄子》一例应该排除。

多,除了当"瘦"讲外,在先秦还有"贫困""疾疫""不肥沃""菲薄"等意义;"臞"和"瘦"则词义单一,开始时可能是方言词。

《史记》"瘠、臞、瘦"各1见:

(10) 今臣往,徒见羸瘠老弱,此必欲见短,伏奇兵以争利。(《刘敬叔孙通列传》,8/2718)《索隐》:瘠音稷。瘠,瘦也。

(11) 相如以为列仙之传居山泽间,形容甚臞,此非帝王之仙意也,乃遂就《大人赋》。(《司马相如列传》,9/3056)

(12) 谚曰:"相马失之瘦,相士失之贫。"(《滑稽列传》,10/3209)

《滑稽列传》一例在褚少孙所补的文字中,从所引谚语来看,公元前1世纪后半叶的口语是说"瘦"的。西汉文献中"瘦"字偶见使用(字又写作"膄"),如:

(13) 尧瘦臞,舜黴黑。(《淮南子·修务》)

(14) 赵简子乘弊车膄马。(《说苑·反质》)

但在早期医籍《素问》《灵枢经》中,几乎只用"瘦",经常"肥瘦"连言;还有"脉瘦"的说法。可见医书在反映口语方面有其独特的价值。

东汉初的《易林》中有不少"瘦"的用例:

(15) 簪跌带长,幽思穷苦。瘠貌小瘦,以病疾降。(卷6"复之节"①)

(16) 土瘠瘦薄,培塿无柏,使我不乐。(卷10"蹇之讼")按:此例引申指土地不肥沃,值得注意。

(17) 羊头兔足,羸瘦少肉。(卷15"涣之艮",又卷16"既济之讼")

---

① 又见"恒之咸",文字略有不同。

东汉前期的《汉书》中也见到6例,如:

(18) 懿,子寿成嗣,坐为太常牺牲瘦免。(《萧何传》,7/2013)

(19) 其女孙敬为霍氏外属妇,当相坐,安世瘦惧,形于颜色。(《张汤传附张安世传》,9/2649)

(20) 太后泣曰:"帝间颜色瘦黑,……"(《叙传上》,12/4202)

但是同期的《论衡》却仍只用"瘠"和"癯"(臞)而没有"瘦"。

到了东汉佛经,情形就很明朗了,几乎一律用"瘦",这是当时口语的真实反映。例子不胜枚举,如:

(21) 四为至命尽当为求衣饭食病瘦药卧具。(安世高译《普法义经》,1/923c)

(22) 饭食床卧病瘦正法求不可非法。(又《八正道经》,2/505a)[①]

(23) 佛问王言:"从何所来,衣弊形瘦乎?"(昙果共康孟详译《中本起经》卷下,4/160b)

(24) 不长不短,不白不黑,不肥不瘦,是以名为玉女宝也。(昙果共竺大力译《修行本起经》卷上,3/462c)

(25) 忧思不乐,身体羸瘦。(又466a)

(26) 身瘦腹大,躯体黄熟。(又卷下,466c)

(27) 身羸形瘦。……形瘦骨皮连。(同上)

(28) 见诸众生饥饿憔悴,羸瘦战掉,……形体瘦黑。(东汉失译《大方便佛报恩经》卷2,3/132b)

(29) 亦不得言死快杀快、某肥某瘦……某畜肥某瘦。(又《沙弥尼戒经》,24/937a)

---

① "病瘦"系佛经常语。参看朱庆之《佛经翻译中的仿译及其对汉语词汇的影响》(《中古近代汉语研究》第一辑,上海教育出版社,2000,页254—255)。

(30) 裸形黑瘦。(东汉失译《受十善戒经》,24/1026a)

三国译经情形相同,说明"瘦"是南北通用的。例如:

(31) 还辄不乐,唯忧消瘦。(支谦译《太子瑞应本起经》卷上,3/474c)①

(32) 鹦鹉王日瘦,由其笼目势踊得出。(康僧会译《六度集经》卷4,3/17c)

(33) 雀口生疮,身为瘦疵。(又卷5,29c)

晚汉以后的中土文献里,"瘦"字很常用,酌举部分用例:

(34) 急于哀戚之人,形貌栾栾然膄瘠也。(《诗·桧风·素冠》"棘人栾栾兮"郑玄笺)

(35) 末年十四岁,颜色瘦小。(蔡邕《为陈留太守奏上孝子程末事表》,又卷71,863a)

(36) 舞土茅茨,躬采菱藕,消形瘦腊,以养其亲。(阙名《梁相孔耽碑》,又卷104,1034b)

(37) 张氏得钩,何氏得算,故三辅旧语曰:"何氏算,张氏钩;何氏肥,张氏瘦。"(《御览》卷378引《三辅决录注》,2/1748a;《汉诗》卷3,142)

(38) 至子永、孙昱,俱为司隶,其在公皆复乘骢马,故京师歌之曰:"鲍氏骢,三入司隶再入公。马虽瘦,行步工。"(《御览》卷897等引《列异记》,4/3984a;《汉诗》卷8,209)

(39) 青,省也,如病者省瘦也。(《释名·释天》,20)

(40) 省,瘦也,臞瘦约少之言也。(又《释言语》,113)

---

① 比较:昱年十三,母尝病,经涉三月。昱惨戚消瘠,至目不交睫,握粟出卜,祈祷泣血。(《三国志·魏志·陶谦传》注引谢承《后汉书》,1/249)可以看出"消瘠"是明显的仿古用法。

(41) 乳母从内出,见在门侧,面貌省瘦,为其垂泣。(《后汉书·袁闳传》李贤注引《谢承书》,6/1525)[①]

(42) 和熹邓后自遭大忧及新野君仍丧诸兄,尝悲伤思慕,羸瘦骨立,不能自胜。(《御览》卷378引《东观汉记》,2/1748a)

(43) 后子修为曹操所杀。操见彪,问曰:"公何瘦甚?"(《御览》卷378引谢承《后汉书》,2/1748a)

(44) 王颜色瘦弱,何意耶?腹中调和不?今者食几许米?又啖肉多少?见王瘦,吾甚惊。宜当节水加餐。(《御览》卷378引魏明帝手诏曹植,2/1748b)

(45) 布问太祖:"明公何瘦?"……太祖曰:"然。孤忘之矣。所以瘦,恨不早相得故也。"(《三国志·魏志·吕布传》注引《献帝春秋》,1/228)

(46) 时上将军曹真性肥,中领军朱铄性瘦,质召优,使说肥瘦。……将军必欲使上将军服肥,即自宜为瘦。(又《吴质传》注引《世语》,3/609)

(47) 杜氏结字甚安而书体微瘦。(又《刘劭传》注引卫恒《四体书势》,621)按:此"瘦"字引申指字体。

(48) 语欢稍养蚕,一头养百塸。奈当黑瘦尽,桑叶常不周。(《采桑度》,《晋诗》卷19,中/1061)

(49) 床席生尘明镜垢,纤腰瘦削发蓬乱。(鲍照《拟行路难》,《宋诗》卷7,1276)

(50) 肥地则有鸟鼠同穴,生黄紫花;瘦地辄有郭气,使人断

① "省瘦"系同义连文,犹言"消瘦",参看《大词典》"省瘦"条。从上引三例看,称"瘦"为"省"当是汉代口语。

气。(《南齐书·河南传》,3/1026)

(51) 是妾愁成瘦,非君重细腰。(王僧孺《为人宠姬有怨诗》,《梁诗》卷12,1768)

(52) 快(《乐府》作“憎”)马常苦瘦,剿儿常苦贫。(《幽州马客吟歌辞》,又卷29,下/2159)

(53) 愁来瘦转剧,衣带自然宽。(徐陵《长相思二首》之一,《陈诗》卷5,2528)

(54) 秋来应瘦尽,偏自著腰身。(又《走笔戏书应令诗》,2529)

(55) 截雨脚即种者,地湿,麻生瘦;待白背者,麻生肥。(《齐民要术》卷2“种麻第八”,118)按:这是指庄稼瘦。这种“瘦”字《齐民要术》中常见。

《世说新语》只用“瘦”(3例),没有“瘠”和“癯”,说明当时口语中早已只说“瘦”,跟今天的情形一样了。

小结:上古汉语说“瘠”,后世的正统文言一直沿用。“癯(臞)”和“瘦”始见于战国末期文献,可能来自方言。开始时“癯”的用例多于“瘦”。在此后三者的竞争中,“瘦”逐渐占了上风,估计不晚于两汉之交“瘦”已占据主导地位;至迟到东汉中后期,跟“肥”相对的词就是“瘦”的一统天下了。这个局面一直维持到今天①。

3. 痛/疼②

“痛”是汉语自古以来表示“疼痛”概念的通语,而且同义词很少,

① 跟“瘦”相对的反义词后代又多出来一个“胖”,专指人;“肥”则指人以外的东西。

② 参看王凤阳(1993/2011)“痛 伤 楚 疼”条(页846—847)。“疼”又作“痋”,不过唐以前未见这一写法,《大字典》所引的始见书证是《敦煌变文集》。

似乎只有一个“疼”。现代汉语口语已经以说“疼”为主[①]。这个“疼”字历史也很悠久,这里我们探讨一下它在汉魏六朝的使用情况。

《说文》没有“疼”字。从现有的材料来看,“疼”最早见于西汉文献[②],可能是西汉产生的一个口语词。也许因为它俗,许慎不屑于收它。《广雅·释诂二》:“疼,痛也。”记录了这个俗词。“疼”字最初主要见于医籍,后来逐渐行用于其他文体。下面是我们所收集到的汉魏六朝“疼”字的部分用例:

(1) 二日阳明受之,阳明主肉,其脉侠鼻络于目,故身热目疼而鼻干,不得卧也。(《素问》卷9“热病论篇第三十一”,上/441)

(2) 寒胜其热,则骨疼肉枯。(《灵枢经》卷11“刺节真邪第七十五”,14b)

(3) 续得下利清谷不止、身体疼痛者,急当救里;后身体疼痛、清便自调者,急当救表也。(《金匮要略论》卷1“脏腑经络先后病脉证”,13a)

(4) 湿家之为病,一身尽疼,发热。(又卷2“痉湿暍”,20b)

(5) 湿家身烦疼,可与麻黄加术汤。(又22a)

(6) 发则寒热,背痛腰疼,目泣自出。(又卷12“痰饮咳嗽”,96b)按:此书中“疼”“疼痛”“烦疼”“疼烦”常见,《伤寒论》同。例多不备引。

(7) 酸,逊也,逊遁在后也,言脚疼力少,行遁在后,似逊遁者也。(《释名·释疾病》,254)

(8) 百节痛疼,行步苦极。(支谦译《八师经》,14/965c)

---

① 方言则说“痛”说“疼”不一。

② 《大词典》所引的始见书证为《宋书·颜延之传》,大大嫌晚。《大字典》首引《灵枢经》,是。

(9) 比丘出外,捉杖考打,唱言:"一下当归依佛。"痛不可言,良久乃苏。种种呵责。复更考打:"第二下者当归依法。"倍复疼痛,垂欲命终。(旧题支谦译《撰集百缘经》卷3,4/216c)

(10) 疮皆溃烂,脓血横流,常患疼痛。(又卷10,253a)

(11) 其夜,盗者父病头痛,壮热烦疼。(《三国志·魏志·管辂传》注,3/829)

(12) 羽尝为流矢所中,贯其左臂,后创虽愈,每至阴雨,骨常疼痛。(又《蜀志·关羽传》,4/941)

(13) 近雪寒,患面疼肿,脚中更急痛。(王献之《杂帖》,《全晋文》卷27,1613b)

(14) 摇扇臂中疼(异文作"痛"),流汗正滂沱。(程晓《嘲热客诗》,《晋诗》卷1,上/578)[①]

(15) 消渴蕨肠府,疼蹇婴肢节。(庾肩吾《八关斋夜赋四城门更作四首·第一赋韵东城门病》,《梁诗》卷23,下/2005)

(16) 或患腰背痛,或患头目疼。(《老子化胡经玄歌·太上皇老君哀歌七首》之三,《北魏诗》卷4,2251)

(17) 因归,乃成心腹疼痛。(《搜神后记》卷3,34/20)

(18) 其弟得病,心腹疼痛十余年,殆死。(又卷6,68/42)

(19) 在后经时,阴囊忽肿,疼痛壮热,不可堪任。自夜达晨,苦痛求死。(《辨正论》卷8注引《宣验记》,《钩沉》555)

(20) 自去夏侵暑,入此秋变,头齿眩疼,根痼渐剧,手足冷痹,左胛尤甚。(《宋书·颜延之传》载其上表,7/1903)

(21) 答言:"我病一切时痛,如今疼苦,无复休间。"时医察脉,不

① 此诗属于文人所作的俳谐文字一类,相当口语化。从全诗的语言风格来看,原文应该作"疼","痛"疑是后人所改。

知所痛。(慧觉等译《贤愚经》卷4,375b)

(22) 吾尝患齿,摇动欲落,饮食冷热,皆苦疼痛。(《颜氏家训·养生》,356)

上引例子中,“疼”和“痛”常常连文或对文。在表示“疼痛”这个义位上,“痛”和“疼”看来从来就是等义词,看不出两者在词义上存在什么差别。当然若就“词”而论,“痛”的义项和用法都要丰富得多。这两个词语音上有联系,很可能“疼”最初只是“痛”的一种方言变体,按那种方言的读音把它记录下来,就写成了“疼”字。不过在中古时期,“疼”似乎就已经是南北通用了,上面所引的例句并没有明显的方言区别的痕迹。

小结:现代汉语口语常说的“疼”,源头可上溯到西汉,开始可能只是“痛”的方言音转,后来成了文白之别。这两个词在汉语里长期“和平共处”,谁也没能取代谁,代表常用词发展史中的另一种类型。不过在某一个特定方言的共时系统中,实际口语里一般只说其中的一个,如北京话说“疼”,上海话说“痛”;有的方言则二者有分工。

4. 误、谬、差、忒、爽/错[①]

“错误”的“错”,上古汉语可以用很多词表示,如“误、谬、差、忒、爽”等[②],现代汉语口语则说“错”。“错误”是新旧合璧词。

---

① 参看王凤阳(1993/2011)“差 忒 爽 误 谬 讹 错”条(页509—510)。中古还有“讹、舛”等,是次要成分,这里暂不讨论。

② 王力先生所举的“错”在上古的对应词是“过”(《汉语史稿》下册,页575),我认为欠妥。“过”在上古的词性是动词和名词,中古以后则基本上只作名词,偶尔作动词,但几乎从来不作形容词;“错”则主要作形容词。两者在词性和用法上都不对应。

关于“错”字什么时候开始当“错误”讲，学者们曾经有过讨论[①]。王力先生说：“‘错’字具有‘错误’的新义，是唐代和以后的事。”[②]张永言先生引《郑志》记赵商问：“《族师》之职，邻比相坐；《康诰》之云，门内尚宽。不知《书》《礼》孰错？”（皮锡瑞《郑志疏证》（《师伏堂丛书》本）卷4，页9）[③]说：“可见在东汉末口语里‘错’已经用为‘误，错误’的意义。”[④]吴金华先生（1989）看法一致。现在看来“错”当“错误”讲至迟不会晚于晚汉[⑤]，这里再补充一些东汉的用例：

(1) 咎在臣不详省案，使参以亡为存，衍以存为亡，错奏谬录，不可行。（蔡邕《表贺录换误上章谢罪》，《全后汉文》卷71，861a）

(2) 郡政有错，争之不从，即解绶去。（又《陈寔碑》，又卷78，892b）

(3) 示所著《易传》，自商瞿以来，舛错多矣。（孔融《答虞仲翔书》，又卷83，921b）

(4) 投饭于钵，错注于地。（东汉失译《分别功德论》卷2，25/

---

① 最先提出这个问题的是王力先生（1958），先后参加讨论的文章有：张永言《“错”字在唐以前就有了“错误”义》（《中国语文》1961年第1期），吴金华《〈三国志〉解诂》（《南京师院学报》1981年第3期；又收入《三国志校诂》，页231—232），张永言《词义琐记·（四）错》（《中国语文》1982年第2期；又收入《语文学论集（增订本）·词语琐记》），赵德新《“错”字的“错误”义不始于唐》（《中国语文》1987年第3期），吴金华《“错”有“错误”义不晚于汉末》（《中国语文》1989年第2期；又收入《古文献研究丛稿》）。本条撰写过程中参考了上述论著。

② 见王力上引书。

③ 在讨论“错”字的文章中，张先生最先引用此例，此后的《汉语大字典》也以此例为“错”字“错误”义的始见书证。

④ 张永言《词义琐记·（四）错》，《中国语文》1982年第2期；又收入《语文学论集（增订本）·词语琐记》。

⑤ 《大词典》首引《墨子·非命上》：“今虽毋求执有命者之言，必不可得，不亦错乎？”张纯一集解：“错，舛也，误也。”（11/1310）今按，此例可商。孙诒让《墨子间诂》原文作“不必得，不亦可错乎”，注云：“错与废义同。”（4/165）就词义发展的一般规律而言，“错”在《墨子》时代还不可能有“错误”义。

33/c)

(5) 有张伯偕、仲偕兄弟,形貌绝相类。仲偕妻新妆竟,忽见伯偕,乃戏问曰:“今日妆饰好不?”伯偕应之曰:“我伯偕也。”妻乃趋避之。须臾,又见伯偕,犹以为仲偕,告云:“向大错误。”伯偕曰:“我故伯偕也。”(《类聚》卷32引《风俗通》,562;又见《全后汉文》卷38,683b小注)[①]

魏晋以后,“错”字行用渐广,如[②]:

(6) 今韩翊所造,皆用洪法,小益斗下分,所错无几。(徐岳《历议》,《全三国文》卷36,1254a)

(7) 然玄道广远,淹废历载,师读断绝,难可一备,故往往有违本错误。(陆绩《述玄》,又卷68,1423a)

(8) 此久远之书,年数错误,未可详也。(《史记·仲尼弟子列传》“回年二十九,发尽白,蚤死”句《索隐》引“王肃云”,7/2188)

(9) 其有疑错,则备论而阙之。(杜预《春秋左氏传序》)

(10) 若使采访近世之事,苟有虚错,愿与先贤前儒分其讥谤。(干宝《搜神记序》)

(11) 其年数则错,未知邪史失其数耶?将年代久远,注记者传而有谬也?(《搜神记》卷8,234/113;《三国志·魏志·文帝纪》注引《搜神记》,1/76)

(12) 或有录所作之本也,以比较之,无一字错。(《抱朴子·外篇·弹祢》)

---

① 此例吴金华先生(1989)已引。今按,“向大错误”句《御览》卷396、491两引皆作“今旦大误”(卷491“旦”误作“且”)(分见2/1830b、3/2248a)。据此看来,作“向大错误”很可能是唐人编类书时所改。

② 下面有些例句张、吴两位先生的文章中已经引用。

(13) 袆家不知是必,谓为文然等,错应曰:“王长史已死乎?卿曹事立矣!”(《三国志·魏志·武帝纪》注引《三辅决录注》,1/50)

(14) 干宝、孙盛等多采其言以为《晋书》,其中虚错如此者,往往而有之。(又《三少帝纪》注,133)

(15) 错乱其辞,状如荒语。……太傅语言错误,口不摄杯,指南为北。(又《曹爽传》注引《魏末传》,285—286)

(16) 欲取而购募,或恐差错,遂守之。(又《管宁传》注引《先贤行状》,2/355)

(17) 而于征荆州之年,便云逐备于陇右,既已乖错;……(又《王粲传》注,3/598)

(18) 劭曰:“梓慎、禆灶,古之良史,犹占水火,错失天时。……”(又《刘劭传》,3/617)

(19) 占黉上诸生疾病死亡贫富丧衰,初无差错。(又《管辂传》注引《辂别传》,3/813)

(20) 吾前后相当死者过百人,略无错也。(又《管辂传》,826)

(21) 夫魏晋之士,见辂道术神妙,占候无错,以为有隐书及象甲之数。(同上注引《辂别传》,827)

(22) 辂卜亦不悉中,十得七八,骏问其故,辂云:“理无差错,来卜者或言不足以宣事实,故使尔。”(同上注,829)

(23) “且康”“永昌”,二字为错,未知两家何者为得。(又《吴志·孙坚传》注,5/1099)

(24) 术遣策攻康,谓曰:“前错用陈纪,每恨本意不遂。今若得康,庐江真卿有也。”(又《孙策传》,1102)卢弼《三国志集解》引胡三省曰:错,误也。

(25) 又以宋氏解玄颇有缪错,更为立法,并著《明杨》《释宋》

以理其滞。(又《虞翻传》注引《翻别传》,1323)

(26) 囚昔见世间有古历注,其所纪载既多虚无,在书籍者亦复错谬。(又《韦曜传》载曜因狱吏上辞,1462)按:本段下文又有"乖误""误谬",义同。

(27) 佛般泥洹后百年,有毗舍离比丘错行戒律,十事证言佛说如是。(《法显传·毗舍离国》,94)

(28) 祠物当治护,信到便遣来,忽忽善错也。(王羲之《杂帖》,《全晋文》卷26,1608a)

(29) 臣掌著作,又知秘书,今覆校错误,十万余卷书,不可仓卒。(荀勖《让乐事表》,又卷31,1634b)

(30) 吾昔得《大露精比丘尼戒》,而错得其药方一匣,持之自随二十余年,无人传译。(《出三藏记集》卷11载《比丘尼戒本所出本末序》[①],411)

(31) 玄曰:"……昭穆既错,太祖无寄,失之远矣。"(《晋书·桓玄传》,8/2597)

(32) 共道蜀中事,亦有所遗忘,友皆名列,曾无错漏。(《世说·任诞41》)

(33) 尚之又陈曰:"……谢晦望实,非今者之畴,一事错误,免侍中官。……"(《宋书·庾登之传附庾炳之传》,5/1519)

(34) 时人语言:"人命难知,计算喜错。设七日头或能不死,何为豫哭?"……咸皆叹言:"真是智者,所言不错。"(南齐求那毗地译《百喻经》卷1"婆罗门杀子喻",4/554c)

① 原注云:"出戒本前。晋孝武帝世出。"点校者云:"此序不记撰人名,疑是释道安所撰。"

(35) 欲令其人从水渎出,其人错解。(又卷4“摩尼水渎喻”)

(36) 或失其引统,错征其事,巧辞辩伪,以为经体。(《出三藏记集》卷8载支道林《大小品对比要抄序》,302)

(37) 敬德歘觉,起坐缘[①]之,了无参错。(《三宝感通录》卷2引《旌异记》,《钩沉》656)

(38) 余考诸地记,并无渊水,但“渊”“涧”字相似,时有错为“渊”也。(《水经注》卷16“谷水”,1371)

(39) 经阎罗王检阅,以错名放免。(《洛阳伽蓝记》卷2“崇真寺”,79)

(40) 沙门法抚,三齐称其聪悟,常与显宗校试,抄百余人名,各读一遍,随即覆呼,法抚犹有一二舛谬,显宗了无误错。(《魏书·韩麒麟传附韩显宗传》,4/1337—1338)

(41) “项”当为“许录反”,错作“许缘反”。(《颜氏家训·勉学》,207)

(42) 李季节著《音韵决疑》,时有错失。(又《音辞》,530)

(43) 曰:“何为六斤半?”曰:“向请侯秀才题之,当是错矣。”即召白至,谓曰:“卿何为错题人姓名?”对云:“不错。”(《广记》卷248“侯白”条引侯白《启颜录》)

《隋书·经籍志》著录《错误字》一卷,张揖撰,中华书局点校本《校勘记》谓“其名当是《错误字诂》”(4/942),这是三国时口语的反映。

这一时期“错”有如下的句法功能:

1) 充当谓语。这是最常见的用法。

---

① “缘”似指追思、回想。

2）作动词带宾语。如“错名、错行”[①]。

3）充当主语和宾语，如“舛错多矣、郡政有错”。

4）作状语，如“错注于地、错奏谬录、错用陈纪、错应曰”。这种用法在中古和近代汉语中很常见，如王力先生所引的5个例子中，有4个出自杜甫诗，都是作状语；现代汉语则已经不常用。

但是没有作定语（如错字、错话、错事）和补语（如做错了事）的例子。

“错”字和其他成分组成同义连文十分常见，如错谬、谬错、乖错、舛错、差错、参错、错违、违错、错误（忤）、误错等等，但是没有见到跟反义词连用的例子[②]。

这些情况说明，“错”在当时的用法还有一定的局限。结合下面这样的例子来看，这一阶段口语中“错”和“误”可能仍处于竞争中，“错”尚未完全取代“误”：

(44) 故时人谣曰：“曲有误，周郎顾。”(《三国志·吴志·周瑜传》,5/1265)

这是魏晋口语的反映。虽然可能有押韵的因素，但至少说明“误”在当时的口语里是说的。至于“谬、讹、舛”这几个词，可能已经只用于书面语了[③]。

王力先生认为“错”的“错误”义是从“交错”义引申而来，这个说法还有待补充完善。更确切地说，从“交错”引申为“错误”还应该经

---

① 《晋书·范粲传附范乔传》：“友人刘彦秋夙有声誉，尝谓人曰：‘范伯孙体应纯和，理思周密，吾每欲错其一事而终不能。’”(8/2432)这个“错”字也用作动词。

② 现代汉语书面语有“正误”，口语有“对错”。这一时期这种“对”字还没有产生。参看王盛婷《汉语八组反义词聚合演变研究》第五章“‘对错义’反义词聚合演变研究”，南京大学2007年博士学位论文。

③ 仿古的文章在当用“误”的地方有时故意改用“谬”，反而显得别扭。如：尝有它舍鸡谬入园中，姑盗杀而食之。(《后汉书·列女传·乐羊子妻》,10/2793)禹之治水土也，迷而失途，谬之一国，滨北海之北。(《列子·汤问》,56)

历过“错杂;错乱”这一个中间环节,引申的步骤是:交错—错杂/错乱—错误。错杂、错乱也是一种交错,不过是一种不好的、本不应该有的交错,从这里再引申为“错误”就是极其自然的了。事实上,“错乱”和“错误”这两个义位只有很细微的差别,有时是难以区分的。我们在两汉文献中看到很多“错乱、错谬、谬错、乖错、舛错、错违、违错”等同义连文的例子,这些“错”字最初可能确实还是指“错杂;错乱”,但由于本来“错乱”和“错误”就只有一步之遥,加之经常连用,受到另一个成分的“沾染”,慢慢地“错”的“错误”义也就诞生了。下面结合文献用例试对这一引申过程作个分析。

早期的这些连文多用于对天时、节候、阴阳等的描述,如:

(45)《传》曰:国无道则飘风厉疾,暴雨折木,阴阳错氛,夏寒冬温,春热秋荣,日月无光,星辰错行,民多疾病。(《韩诗外传》卷2)

(46)云蒸雨降兮,错谬相纷。(《史记·屈原贾生列传》载贾谊《服鸟赋》,8/2498)

(47)比阴阳错谬,日月薄食。(东汉光武帝刘秀《举贤良方正诏》,《全后汉文》卷1,478b)

(48)在三百年之域,行度转差,浸以谬错,璇玑不正,文象不稽。(汉章帝刘炟《改行四分历诏》,又卷5,496b)

(49)臣闻王事失则,神祇怨怒,奸邪乱正,故阴阳谬错。(申屠刚《举贤良方正对策》,又卷16,554a)

(50)今五星失晷,天时谬错。(苏竟《与刘龚书》,又555b)

(51)间者以来,卦位错谬,寒燠相干。(黄琼《因灾异上疏荐黄错任棠》,又卷42,702b)

(52)一物有不得其所者,则天气为之舛错。(鲁恭《上疏谏击匈奴》,又卷33,653a)

(53) 若杂居中国,则错乱天气。(陈忠《清盗源疏》,又卷32,649a)

(54) 意有邪僻,则晷度错违。(爰延《星变上封事》,又卷63,820a)

(55) 时气错逆,霾雾蔽日。(郎𫖮《上书荐黄琼李固复条便宜四事》,又卷60,803b)

(56) 星辰错谬,不利大臣。(刘瑜《与窦武陈蕃书》,又卷66,838a)

有时也单说"错":

(57) 天下祸乱,阴阳相错。(《史记·龟策列传》[①],10/3232)

(58) 三光不明,阴阳错序。(东汉顺帝皇后梁妠《葬死者诏》,《全后汉文》卷9,522a)

(59) 顷季夏大暑,而消息不协,寒气错时,水涌为变。(陈忠《清盗源疏》,又卷32,649a)

(60) 今玄象错度,日月不明。(刘陶《上疏陈事》,又卷65,830a)

以上这些例子中的"错"都是指天时、阴阳、节候等不按正常的次序运行,前后错乱颠倒。这在几个单用的例子中看得很清楚。相对于正常的顺序来说,这也就是一种不正确,一种错误。由此扩大为指人事安排的位置错乱:

(61) 选举乖错,害及元元。(东汉顺帝皇后梁妠《严选举诏》,《全后汉文》卷9,521a)

(62) 昔大庭尚矣,赫胥罔识,淳朴散离,人物错乖,高辛攸降,厥趣各违。(崔骃《达旨》,又卷44,712b)

① 此为褚少孙所补。

(63) 今官位错乱,小人谄进。(李云《露布上书移副三府》,又卷 66,834a)

也可单说“错”:

(64) 方今选举,贤佞朱紫错用。(东汉光武帝刘秀《四科取士诏》,《全后汉文》卷 2,483a)

(65) 褒艳用权,七子党进,贤愚错绪,深谷为陵。(左雄《上疏陈事》,又卷 59,796b)

“贤佞朱紫错用”是说“贤佞”“朱紫”用得颠倒了位置,已经完全可以理解成“用错了人”;假如没有比较的对象,就成了“错用陈纪”的“错”,那就是真正的“错误”义了。看来从有比较的对象到没有比较的对象是“错”从“错乱”义过渡到“错误”义的关键一步:错乱往往是就两个以上相对应的事物位置或次序不对而言,错误则没有这种限制[①]。再进一步扩大为指人的理解、思想、言论、学说等跟客观事实不相符合,那就是不对头,错了:

(66) 世有是非错缪之言,亦有审误纷乱之事。决错缪之言,定纷乱之事,唯贤圣之人为能任之。(《论衡·定贤》)

(67) 术用乖错,首尾相违,故以为非。(又《薄葬》)

(68) 若古今常难,疑义错谬,前人所希论,后学所不览。(蔡邕《玄文先生李休碑》,《全后汉文》卷 75,881a)

---

① 友生王盛婷认为:错乱是与事物、活动原有的、正常的顺序或规律相比而言的,这个用来比较的对象可在句中显现地存在,也可潜在地存在,它客观地存在于人的大脑意识中,在句中出现与否取决于表达与强调的必要性。假如无需突出强调比较的对象或者比较的对象十分明白清楚,而仅仅旨在表示与应该的、合理的行为不一致甚至颠倒的含义时,“错乱”义就会继续发生演化,产生“错误”义。因此,从突出强调比较的对象到淡化、忽略比较的对象是“错”从“错乱”义过渡到“错误”义的关键一步:“错乱”无论从句子的表层还是深层都侧重于两个以上相对应的事物或行为位置或次序不符合、不对;而“错误”在两个层面都忽略、淡化了这种限制。(私人通信)所说是。

(69) 推建武以来,俱得三百二十七食,其十五食错。案其官素注天见食九十八,与两术相应,其错辟二千一百。……今诚术未有差错之谬,恂术未有独中之异。(陈耽《平议冯恂宗诚历术》,又卷81,908b)

(70) 难曰:"社祭土,主阴气,正所谓句龙土行之官,为社则主阴明矣。不与《记》说有违错也。"答曰:"今《记》之言社,辄与郊连,体有本末,辞有上下,谓之不错不可得。"(仲长统《答邓义社主难》,又卷87,946a)

(71) 非为先存其事,而徼倖史官推术错谬,故不豫废朝礼也。(《三国志·魏志·刘劭传》注引王彪之与殷浩书,3/618)

在汉末三国以后的文献里,我们看到的上述那些连文形式大多已是"错误"义了,例子很多,不备引。

小结:跟"误"同义的"错"始见于东汉后期,在魏晋南北朝时期用例多见,但用法还有一定的局限,不能作定语和补语,反映出口语中"错"取代"误"的过程可能尚未彻底完成。"错"从"交错"义引申出"错误"义,中间经历了"错杂;错乱"这个环节,"错"跟其他同义成分的经常连用可能为"错误"义的产生提供了一定的条件。本条结合文献用例对这一引申过程作了较为细致的描写。

5. 寒/冷[①]

古说"寒",今说"冷",现代汉语双音词"寒冷"是新旧成分的同义联合。

《说文·仌部》:"冷,寒也。"从现有的文献资料来看,"冷"字的可

① 参看王凤阳(1993/2011)"寒 清 冷 凉"条(页919—920)。

靠书证最早可上溯到西汉[①]，集中出现在医籍中。例如：

（1）是故冻者假兼衣于春，而暍者望冷风于秋，夫有病于内者必有色于外矣。（《淮南子·俶真》）[②]

（2）欲汤之冷，令一人炊之，百人扬之，无益也，不如绝薪止火而已。（《说苑·正谏》）

（3）头痛如破，渴欲冷饮。（《素问》卷10“疟病论篇第三十五”，上/496）

（4）阳盛则外热，阴虚则内热，外内皆热，则喘而渴，故欲饮冷也。（又497）

（5）治热以寒，温而行之；治寒以热，凉而行之；治温以清，冷而行之；治清以温，热而行之。（又卷20“五常政大论篇第七十”，下/305）

（6）火淫于内，治以咸冷，佐以苦辛。（又卷22“至真要大论篇第七十四”，下/399）按：此篇这类“冷”字多见，不备引。

（7）食则呕，冷泄腹胀。（又400）

（8）诸病水液，澄澈清冷，皆属于寒。（又449）

（9）其化为脓者，写则合豕膏，冷食三日而已。（《灵枢经》卷12“痈疽第八十一”，16a）

---

① 《大字典》“冷”字条所引的始见书证是《庄子·则阳》：“夫冻者假衣于春，暍者反冬乎冷风。”（1/296）未必可靠。一是《则阳》属于《庄子》的“杂篇”，很可能是西汉人之作；二是《庄子·齐物论》有“泠风则小和，飘风则大和”的话，全书“冷风”仅此一见，也许是“泠风”的字误。（参看张永言先生《语源探索三例·说“淘”》，原载《中国语言学报》第3期（1988），又收入《语文学论集》（增订本），页244）从《素问》的例子来看，西汉口语中确实已有“冷”字。任学良（1987）除引上例外，还引了《庄子·齐物论》的例子（页143—144），这是不对的。《齐物论》例各本均作“泠”，向来注家都释作“小风”，并不是“冷”字。此外任书又引《山海经·中山经》：“其下多碧，多冷石赭。”“冷”字原也作“泠”，袁珂《山海经校注》谓“泠石”当作“汵石”，并于“石”下加顿号（页219）。《大词典》“冷”字条“①寒冷；感到寒凉”义下所引的始见书证是北周庾信《山中》诗：“涧暗泉偏冷，岩深桂绝香。”（2/401）则显然太晚。

② 此例略同于《庄子·则阳》，字写作“冷风”，值得注意。

到了东汉,“冷”字就用得比较多了,特别是在医籍和翻译佛经中。下面略举部分用例:

(10) 冬生不华,老女无家。霜冷蓬室,更为枯株。(《易林》卷1“蒙之兑”)

(11) 今燂薪燃釜,火猛则汤热,火微则汤冷。夫政犹火,寒温犹热冷也。(《论衡·谴告》)

(12) 服食节其冷热、苦酸辛甘。(《金匮要略论》卷1“脏腑经络先后病脉证”,4a)

(13) 师曰:“鼻头色青、腹中痛、苦冷者死。……”(又6a)

(14) 师曰:“唇口青、身冷,为入脏,即死。……”(又10b)

(15) 此名风湿之病,伤于汗出当风,或久伤取冷所致也。(又卷2“痓湿暍”,22b)

(16) 夫心下有留饮,其人背寒冷如掌大。(又卷12“痰饮咳嗽”,96a)

(17) 凡煮药饮汁以解毒者,虽云救急,不可热饮。诸毒病得热更甚,宜冷饮之。(又卷24“禽兽鱼虫禁忌并治”,191b)

(18) 所以然者,胃中寒冷故也。(《伤寒论·辨发汗吐下后病脉证并治第二十二》)[①]

(19) 甘逾蜜房,冷亚冰圭。(刘桢《瓜赋》,《全后汉文》卷65,829b)

(20) 河为香向始麸(《诗纪》作“溪”),冷将风阳北逝。(《鼓吹曲辞·石留》,《汉诗》卷4,上/162)

(21) 一切从冷水遍浇渍遍行。(安世高译《长阿含十报法经》

① 《金匮要略论》和《伤寒论》中“冷”字常用,对象主要是饮食、身体(包括体中之气)和气候等。例多不备引。

卷上，1/234c）

（22）心已冷如木，已弃五行，并心中羸羸裁有余微。（又《道地经》，15/233b）①

（23）左雨温水，右雨冷泉。（昙果共竺大力译《修行本起经》卷上，3/463c）

（24）以冷水洒面，良久乃苏。（东汉失译《大方便佛报恩经》卷2，1/132c；又卷3，138b；卷4，145b；卷5，148c）按："以冷水洒面"为此经中常语。

（25）安般者，知息长短，冷热迟疾，从粗至细，渐御乱想，遂至微妙。（又《分别功德论》卷3，25/39a）

（26）即时汤冷。（又39c）

（27）复知冷暖：入息为冷，出息为暖。所以知长短冷暖者，欲分别五阴所趣深浅，所从出入。（又卷5，49c）

魏晋时期，"冷"的用例迅速增多，冷水、冷泉、冷风、冷热、冷暖、寒冷、清冷、水冷、身冷、心冷等已经习见常用。下面酌引部分例子：

（28）时麨蜜冷，佛腹内风起。（支谦译《太子瑞应本起经》卷下，3/479b）

（29）云何猗？心善离重得轻冷。（三国失译《阿毗昙甘露味论》卷上，28/970c）

（30）譬如锻金师，持金著火中，时时囊吹，时时持水浇，时时放休。何以故？若常吹金便焦融，常水浇冷不热，常放休不调熟。（又972c）

（31）中国珍果甚多，且复为蒲萄说：当其朱夏涉秋，尚有余

① 《大字典》"冷"字条"③冷静；冷淡，不热情"义下所引的始见书证是梁武帝萧衍《净业赋》："心清冷其若水，志皎洁其如雪。"（1/296），嫌晚。"心冷"在汉魏佛经中已经多见。

暑,醉酒宿酲,掩露而食,甘而不涓,脆而不酢,冷而不寒,味长汁多,除烦解渴。(魏文帝曹丕《诏群臣》,《全三国文》卷6,1082b)

(32) 大冷阳凝寒伤怀,阳和微弱隆阴竭。(阮籍《大人先生传》,又卷46,1317b)

(33) 甘逾萍实,冷亚冰壶。(阙名《柑颂》,又卷75,1455a)

(34) 其母怀躯,阳气内养,乳中虚冷,儿得母寒,故令不时愈。(《三国志·魏志·华佗传》,3/800)

(35) 神仙之术,讵可测量? 臣之臆断,以为惑众,所谓夏虫不知冷冰耳。(又《吴志·赵达传》注,5/1428)

(36) 忽中秋,但有远怀,便微冷,恒何如?(晋元帝司马睿《书》,《全晋文》卷8,1511b)

(37) 得告,知中冷不解,更壮湿,甚耿耿。(王羲之《杂帖》,又卷22,1585a)

(38) 冷过,足下夜得眠不?(又卷23,1587a)

(39) 服食故不可,乃将冷药,仆即复是中之者。肠胃中一冷,不可如何。(同上)

(40) 忽然夏中感怀,冷冷不适。(又卷25,1599b)按:二王法帖中"冷"字十分常用,例多不备举。

(41) 风来入房户,夜中枕席冷。(陶渊明《杂诗十二首》之二,《晋诗》卷17,中/1006)

(42) 因赋《落叶哀蝉》之曲曰:"罗袂兮无声,玉墀兮尘生,虚房冷而寂寞,落叶依于重扃。……"(《拾遗记》卷5"前汉上",115)

(43) 暗海有潜英之石,其色青,轻如毛羽,寒盛则石温,暑盛则石冷。(又116)

(44) 苻氏死，熙悲号躃踊，若丧考妣，拥其尸而抚之曰："体已就冷，命遂断矣！"（《晋书·慕容熙载记》，10/3106）

晋代以后，"冷"在各类文体中普遍行用，例子多得难以计数。这里只列举一部分新的组合：冷疾、冷病、冷患、冷气、冷涧、冷猿、残盘冷炙、体冷、肉冷、背上冷、手足冷痹、痰冷、彻骨冷、入骨冷、故殿冷、山斋冷、室冷、闺冷、鸳帏冷、床帐冷、床冷、瑶席冷、香被冷、衣袖冷、钏冷、剪刀冷、晓风冷、暮风冷、秋风冷、山气冷、朔气冷、秋气冷、日气冷、华露冷、浮阴冷、夜冷、夜空冷、冬温夏冷、树冷、天榆冷、月冷、畏冷（比较"畏寒"）。《魏书·显祖纪》："冬十月辛丑，上田于冷泉。"（1/129）此"冷泉"为地名。《水经注》："沮水又西南，小沮水注之，水发冷溪，世谓之'冷池'。"（卷14"濡水"，1253）此为水名。这些都是当时口语的真实反映。有些"冷"的意义已经相当抽象，如：

(45) 隆昌末，预谓丹阳尹徐孝嗣曰："……人笑褚公，至今齿冷。"（《南齐书·孝义传·乐颐附弟预》，3/964）

(46) 墨翟之徒，世谓热腹，杨朱之侣，世谓冷肠；肠不可冷，腹不可热，当以仁义为节文尔。（《颜氏家训·省事》，338）

(47) 照雪光偏冷，临花色转春。（庾肩吾《和徐主簿望月诗》，《梁诗》卷23，1997）比较：寒光晦八极，同云暗九天。（又《咏雪花诗》，1997）

(48) 多称魏其冷，竞随田蚡热。（戴暠《车马行》，《梁诗》卷26，2099）

(49) 寒光带岫徙，冷色含山峭。（陈后主叔宝《关山月二首》之二，《陈诗》卷4，2506）

(50) 妾门逢春自可荣，君面未秋何意冷。（江总《杂曲三首》之二，又卷7，2574）

"冷"字也受到诗人们的偏爱，在梁以后的文人诗文里极为常用，有些已经属于"通感"式的用法,如"光冷、冷色"等。

从上面列举的事实中可以看出,"冷"的组合关系有个逐步扩展的过程,即它的义域不断扩大。开始时主要用于具体物体的温度低,如水、饮食、身体、石头、床铺、被褥、气候等,后来词义抽象化,可以指心理感觉上的"冷",像心冷、肠冷、乳中虚冷、光冷、魏其冷、冷色、面冷、月冷等都已经是一种虚化的冷。说明"冷"取代"寒"是一步一步侵入它的义域然后取而代之的。

总之,"冷"在汉魏六朝时期使用频繁,用法灵活,不仅已"成为'热'的通用反义词"[①],而且常跟"暖""温"对用,义域很宽,在许多场合已替代了"寒"。词义抽象化的程度也相当高。当时的"寒"和"冷"浑言无别,都指寒冷,经常对用,也可连用,例如:

(51) 气潋潋而浸冷,霜微微而日寒。(卢谌《感运赋》,《全晋文》卷34,1656b)

(52) 冰生肌里冷,风起骨中寒。(沈约《白马篇》,《梁诗》卷6,中/1619)

但仔细分析则二者在意义和用法上都还存在着某些差异。这主要表现在以下四个方面:

1) "寒"冷于"冷"。《尚书·洪范》:"曰燠,曰热。"孔颖达疏:"寒是冷之极。"例(31)"冷而不寒"正是这种区别的反映。"寒"常和"冰""霜""雪"等词联系在一起,如:

(53) 天寒岁欲暮,朔风舞飞雪。(《子夜四时歌·冬歌》十七首之九,《晋诗》卷19,中/1047)

(54) 欲知千里寒,但看井水冰。(又之十五,1048)

(55) 经霜不堕地,岁寒无异心。(又之十六,1048)

① 见张永言先生上引文。

而“冷”则较少这样用。食物、身体等则多说“冷”而少说“寒”。用现代人的区分标准来看，“寒”大多是指零度以下，而“冷”则一般指零度以上。表示温度等级的常用词，现代汉语依次是“热、暖、温、凉、冷”，而在东汉魏晋南北朝则是“热、暖、温、凉、冷、寒”，同一个语义场构成的成员不同。也就是说，今天的“冷”包括了当时的“冷”和“寒”。当然这种区别不是绝对的，“冷”有时也指零度以下，“冰”“霜”等也可以说“冷”。例如：

(56) 极冷，不审尊体复何如？（王献之《杂帖》，《全晋文》卷27，1616b）

(57) 褚䂮复白曰：“……冰炭不言而冷热之质自明者，以其有实也。……”（《晋书·王沉传》，4/1144）

(58) 霜风已冷，海气将寒。（《隋书·徐则传》载杨广与徐则手书，6/1759）

不过这类例子数量还比较少。这恰恰说明当时“冷”正处于义域不断扩大的过程中，尚未完全取代“寒”。

2) “寒”与“冷”的组合习惯不同。“冷”多用于表具体物质或物体的感觉上的冷，而“寒”则多用于抽象的事物或用来概括某类事物的特点。在医籍中，“冷”和“寒”表示很不相同的概念。又如上文提到的食物、身体等多说“冷”而不说“寒”，这可能是因为：其一，这些都是具体的事物；其二，这些东西的“冷”一般都不会在零度以下，用“寒”就显得分量太重了。“天寒[①]、岁寒、寒暑、寒衣、寒服”等一般不

---

① 指天气寒冷的“冷”字六朝早已常用，二王杂帖中就经常见到，但照例只说“天寒”而“天冷”的组合却罕见，迄今我们仅发现一例：若天冷，停三五日弥善。（《齐民要术》卷7“白醪曲第六十五”，501）后世“天冷”逐渐行用并取代了“天寒”，但“岁寒”却始终没有相应的口语说法“岁冷”，这也许跟《论语》“岁寒”的组合后来成了惯用语有关。

能换成“冷”[①]。《水经注》:“其热可以焊鸡;洪浏百余步,冷若寒泉。”(卷31“涢水”,2647)“冷”“寒”也不能互换。

3)“冷却”义几乎一律用“冷”而不用“寒”。例如:

(59) 风去息绝,火灭身冷。(昙果共竺大力译《修行本起经》卷下,3/467a)

(60) 以水三升煮半夏,取二升,内生姜汁煮,取一升半,小冷,分四服。(《金匮要略论》卷17“呕吐哕下利病脉证治”,154a)

(61) 地狱中者,汤冷火灭。(旧题支谦译《撰集百缘经》卷9,4/248b)

(62) 〔戴〕就语狱卒:“可熟烧斧,勿令冷。”(《后汉书·独行传·戴就》,9/2691)

(63) 理当陆根,熬,以囊贮,更番熨之,冷复易。(《肘后备急方》卷1“治卒中五尸方第六”,374b)按:此书这样的“冷”字常见。

(64) 左右进食,冷而复暖者数四。(《世说·文学31》)

(65) 秫米为饭,令冷。(《齐民要术》卷9“作菹、藏生菜法第八十八”,660)按:《齐民要术》中此类“冷”字极为常见。

这些“冷”都不能换成“寒”。这跟“寒”的程度深于“冷”不无关系,从热冷下来大多不会低于零度,用“寒”就不免言过其实了。“尸骨未寒”是上古汉语的说法,在这一时期凡是讲到人死身体变冷几乎无例外地都用“冷”了。也就是说,“寒”的动词用法已经完全被“冷”所取代。

---

① 据符淮青先生(1996a)说,海南文昌话“天热”和“水热”分为两个词(页160),这一现象可以给我们以启发。

4)“冷”可以修饰动词作状语,如:

(66) 桓为设酒,不能冷饮,频语左右,令“温酒来”。(《世说·任诞50》)

(67) 邺俗,冬至一百五日为介子推断火,冷食三日。(晋陆翙《邺中记》)

(68) 坐衣裳犯热,宜科头冷洗之。(隋巢元方《诸病源候论》卷6“寒食散发候篇”引晋皇甫谧《论》)

(69) 赡别立异议,〔魏〕收读讫,笑而不言。赡正色曰:“……何容读国士议文,直此冷笑?……”(《北史·崔赡传》,3/875)

这是“寒”所没有的。这种用法在后世又有所扩展,如今天常说“冷冻、冷藏、冷遇、冷处理”等。

综上所述,除“冷落”的“冷”以外[①],现代汉语所具有的“冷”的所有意义和用法,这一时期都已基本齐备了;但在表示“程度很深的冷”这一方面,“冷”可能尚未全部取代“寒”。

小结:“冷”于西汉开始见诸文献,东汉以后用例逐渐增多。到南北朝后期,使用频繁,组合灵活,词义已相当抽象化,在大部分场合取代了“寒”。作动词时只用“冷”不用“寒”,“冷”还产生了“寒”所没有的作状语的用法。在这一时期,“冷”的义域有一个逐步扩大的过程:对象上,从饮食、身体等具体的事物向抽象的事物扩展;程度上,由浅向深发展。直到隋末,在表示冷的程度上,必要时“冷”和“寒”仍可区别,可见在这一历史时期“冷”取代“寒”的过程尚未彻底完成。

① 《大字典》“冷”字条:②冷落;寂静。如:冷冷清清。唐白居易《晚出西郊》:“散吏闲如客,贫州冷似村。”据此则“冷落”的“冷”是唐代才产生的新义。

6. 速、迅、疾/快(駃)、驶[①]

表示“迅速”这个意思,正统文言用“速、迅、疾”等,现代汉语则用“快”。中古时期除“速、迅、疾”之外,口语中常用的是“快”(字又作“駃”)和“驶”。

在东汉魏晋南北朝时期,“速、迅、疾”都很常用,特别是“迅”,出现频率相当高。但这三个词大体上有个分工:“迅”主要用于修饰名词,作定语,如迅羽、迅足、迅风、迅雨、迅雷、迅电、迅流、迅翼等;“速”主要修饰动词,作状语,如速决、速殄、速达、速装、速熟、速断等,除个别情况外[②],基本不修饰名词;“疾”则适用范围最广,修饰名词、动词均可,如疾雨、疾风、疾雷、疾霆、疾流、疾马,疾行、疾走、疾进、疾驱、疾驰、疾战等。从使用习惯看,这三个词主要用于书面语,在当时都属于较文的词语。

“快”原指一种心理活动,《说文·心部》:“快,喜也。”大约在西汉,“快”除沿用旧义外(此义一直沿用至今),开始有了“急速”的意思[③],扬雄《方言》卷二:“逞、苦、了,快也。”蒋绍愚先生认为这个“快”就是“快急”之“快”[④]。文献用例如[⑤]:

---

① 参看王凤阳(1993/2011)“速 迅 疾 捷 急 快”条(页 964—965)。

② 如“速藻”——指速成的词藻。但这样的词语明显带有硬凑的痕迹。

③ 曹广顺说:“根据我们目前所见的材料,‘快’获得‘迅速’义,可能不迟于魏晋南北朝。”见《试说“快”和“就”在宋代的使用及有关的断代问题》,《中国语文》1987 年第 4 期。江蓝生(1988)也有类似说法,参看页 117—118。王凤阳(1993/2011)则谓“用‘快’表快速是六朝之后才有的”(页 965)。现在看来,时间还可提前。

④ 参看蒋绍愚《从“反训”看古汉语词汇的研究》,原载《语文导报》1985 年第 7、8 期;又收入《蒋绍愚自选集》,页 23。

⑤ 《大词典》“快”字此义下所引始见书证为《史记·项羽本纪》“今日固决死,愿为诸君快战”,似欠妥,此“快”仍当为“畅快”义。比较:进不得快战以徼功,退不得温饱以全命。(皇甫规《求自效疏》,《全后汉文》卷 61,807a)《大字典》首引《世说新语·汰侈》“彭城王有快牛,至爱惜之”,则尚可提前。

（1）心风之状，多汗恶风焦绝，……病甚则言不可快。（《素问》卷12“风论篇第四十二”，上/606）旧注：心脉……主舌，故病甚则言不可快也。[①]

（2）即自知喘息动身，即自知喘息微，即自知喘息快，即自知喘息不快，即自知喘息止，即自知喘息不止。（安世高译《大安般守意经》卷上，15/165a）[②]

（3）至二息乱为短息，至九息乱为长息，得十息为快息。（同上）[③]

（4）迦叶心念：“佛德圣明，众人见者，必阻弃我，令其七日不现，快乎？”佛知其意，即隐七日。至八日旦，迦叶又念：“今有余祚，供佛快耶？”应念忽至。迦叶大喜：“适念欲相供，来何快耶？间者那行？今从何来？”（昙果共康孟详译《中本起经》卷上，4/151b-c）

魏晋以后，用例多见：

（5）各给快马。（《三国志·魏志·贾逵传》注引《魏略列传》，2/485）

（6）奋威将军张承与岱书曰：“……加以文书鞅掌，宾客终日，罢不舍事，劳不言倦，又知上马辄自超乘，不由跨蹑，如此足下过廉颇也，何其事事快也。……”（又《吴志·吕岱

① 此例任学良（1987）已引（页104）。任先生认为：“《素问》有少部分最晚也是汉代的产物，大部分是先秦的作品，其文体和《吕氏春秋》比较相近。”（页8）

② 比较：喘息长短即自知，喘息动身即自知，喘息微著即自知，喘息快不快即自知，喘息止走即自知，喘息欢戚即自知。（三国吴康僧会译《六度集经》卷7，3/40c）既然下文有“欢戚”，则“快”不该是“快乐”之“快”而应是“快慢”之“快”可证。这两段文字文意相同，译者不同，但都用“快”表“急速”义，可见汉末此义已在口语中行用。

③ 比较：意有所念不得数息，有迟疾大小亦不得数。（安世高译《大安般守意经》卷上，15/165b）数息欲疾，相随欲望迟。（同上，166b）可见“快”等于“疾”。

传》,5/1386)

(7) 若欲服金丹大药,先不食百许日为快。若不能者,正尔服之,但得仙小迟耳。(《抱朴子·内篇·杂应》)

(8) 蛴螬以背行,快于用足。(《博物志》卷4"物性")

(9) 妇曰:"不可得不烧。如此,君可快去,我当缓行。日中火必发。"(《搜神记》卷4,87/54)

(10) 吴民华隆,养一快犬,号"的尾"。(又卷20,458/241)

(11) 然在都养一狗,甚快,名曰"乌龙"。(《搜神后记》卷9,100/59)

(12) 帝于辇上,觉其行快疾。(《拾遗记》卷6"前汉下",137)

(13) 异国人入贡,乘毛之车甚快。(《绀珠集》八引《拾遗记》,241)

(14) 桓豹奴善乘骑,亦有极快马。(《类聚》卷85等引《俗说》,1463;《钩沉》194)

(15) 陆机少时颇好猎,在吴,豪客献快犬,名曰"黄耳"。(《类聚》卷94等引《述异记》,1639;《钩沉》283)

(16) 有一骢马甚快,常乘出入。……吾有戎役,方置艰危,而无得快马,汝可以骢马见与。(《御览》卷897引《述异记》,4/3983b;《钩沉》299)

(17) 常乘一赤马,俊快非常。(《类聚》卷60等引《灵鬼志》,1092;《钩沉》312)

(18) 有人进一牛,云"此日行千里"。……晞以其骏快,筋骨必将有异,遂杀而观之。(《御览》卷900引《祖台之志怪》,4/3994b;《钩沉》325)

(19) 楚文王好田,天下快狗名鹰毕聚焉。(《初学记》卷30引

《孔氏志[怪]》,3/730;《钩沉》329)

(20) 吴民华隆生猎,养一快犬,号曰“的尾”。(《御览》卷905等引《幽明录》,4/4015a;《钩沉》377)按:此例与上引例(10)略同。

(21) 护军琅邪王华有一牛,甚快,常乘之。(《御览》卷900引《幽明录》,4/3995b;《钩沉》408)

(22) 彭城王有快牛,至爱惜之。(《世说·汰侈11》)

(23) 又济所乘马,甚爱之,湛曰:“此马虽快,然力薄不堪苦行。……”(《晋书·王湛传》,7/1960)

(24) 勒白王将杀之,王曰:“快牛为犊子时,多能破车,汝当小忍之。”(又《石季龙载记上》,9/2761)

(25) 当世快牛称陈世子青,王三郎乌,吕文显折角,江瞿昙白鼻。(《南齐书·陈显达传》,2/490)

(26) 健儿须快马,快马须健儿。跸跋黄尘下,然后别雄雌。(《折杨柳歌辞》,《梁诗》卷29,下/2159)

(27) 快(《乐府》作“憎”)马常苦瘦,剿儿常苦贫。(《幽州马客吟歌辞》,同上)

(28) 倘有穷幽测远、远求师友……者,亦皆能致道,终不及积业用功果之快耳。(《周氏冥通记》卷2)

(29) 秦民语曰:“快马健儿,不如老妪吹篪。”(《洛阳伽蓝记》卷4“法云寺”,207)

(30) 尿射前脚者,快;直下者,不快。(《齐民要术》卷6“养牛、马、驴、骡第五十六”,416)

这一时期“快”字有不少例子词义不易确定,理解成“畅快,痛快;

快活;熟练”和“迅速”似乎都可以[①],如:

(31) 作福之报快,众愿皆得成。速疾入众寂,皆得至泥洹。(昙果共竺大力译《修行本起经》卷下,3/472b)

(32) 柘材作弓,弹而放快。(应劭《风俗通义》,《全后汉文》卷37,680a)[②]

(33)《象喻品》者,教人正身,为善得善,福报快焉。(竺将炎共支谦译《法句经》卷下,4/570b)

(34) 如今世尊治我身心,一切众病,快得安乐。使我来世治安诸众生身心俱病,使得安乐。(旧题支谦译《撰集百缘经》卷1,4/205c)

字又写作“駃”,《说文·马部》“駃”下徐铉云:“今俗与快同用。”例子如[③]:

(35) 方身立丈六,姿好八十章,顶光烛幽昧,何駃(三本作“便”)忽无常!(昙果共康孟详译《中本起经》卷上,4/150b)

(36) 日南多駃牛,日行数百里。(杨孚《异物志》)

(37) 曹正有駃马名为“惊帆”,言其驰骤如烈风之举帆疾也。(崔豹《古今注·杂注》)

---

① 有些例子可能还是“畅快;畅适”义,但已很容易使人误解为“快慢”的“快”,如:丞相便命入己帐眠。顾至晓回转,不得快孰。(《世说·雅量16》)尝行到一行蛊家乞食,猷咒愿竟,忽有蜈蚣从食中跳出,猷快食无他。(《高僧传》卷11“竺昙猷”,403)配名天地厚阴阳,从石入金快翱翔。(《老子化胡经玄歌·老君十六变词》,《北魏诗》卷4,下/2253)

② 比较:欲作快弓材者,宜于山石之间北阴中种之。(《齐民要术》卷5“种桑、柘第四十五”,324)

③ 永言师在病榻上告知笔者汉代纬书《河图括地象》中的一个例子:“雍、冀商羽会,其气駃烈,人声捷,其泉咸以辛。”这个“駃”是“迅疾”的意思。按,《河图括地象》应产生于西汉末年,王莽时公孙述已经引述(见《后汉书·公孙述列传》,2/538)。这是目前所见“駃”的较早用例。感谢张先生提供这条可贵的资料。

(38) 酉时风起小駃,至二更雪落,风转浪津。(《南齐书·五行志》,2/377)

(39) 牛,歧胡有寿。眼去角近,行駃。眼欲得大。眼中有白脉贯瞳子,最快。"二轨"齐者快。颈骨长且大,快。(《齐民要术》卷6"养牛、马、驴、骡第五十六",416)

(40) 夫三相雷奔,八苦电激,或方火宅,乍拟駃河。(王僧孺《礼佛唱导发愿文》,《全梁文》卷52,3252b)

(41) 常乐一马,骏駃非常。(《御览》卷897引《灵鬼志》,4/3984a;《钩沉》312)比较例(17)。

(42) 道中有土墙,见一小儿,裸身,正赤,手持刀,长五六寸,坐墙上磨甚駃。(《御览》卷345引《祖台之志怪》;《钩沉》324)

(43) 方初于駃水桥西为营。(《晋书·河间王颙传》,5/1620)按:桥名"駃水",可见其为当时口语。

从句法功能上看,"快(駃)"字最常见的是作定语修饰动物,如"快马、快牛、快犬、快狗"等;也可作状语,如"君可快去",但例子不多;前面可受程度副词修饰,如"极快、甚快"①;可用于比较句中,如"快于用足"。"快疾"可同义连用。

"驶"也是东汉魏晋南北朝时期的一个常用词②,它的"快速"义在秦汉时就已经有了:

(44) 天下诸国助我战,犹良骥騄耳之驶,彼驽马鬐兴角逐,何能绍吾气哉!(《尉缭子·制谈》)按:"驶"一作"駃"。

(45) 鴥彼晨风,郁彼北林。(《诗·秦风·晨风》)毛传:"先君

① 正统文言可说"极速",但似不说"极疾"。

② 参看江蓝生(1988),页177—178。

招贤人,贤人往之,駃疾如晨风之飞入北林。"《释文》:"駃,所吏反。"阮元《校勘记》云:"相台本駃作'駛',小字本作'驶',案'驶'字是也。"

唐慧琳《一切经音义》卷66引《苍颉篇》:"驶,马行疾也。"又卷61引《苍颉篇》:"驶,疾也。"东汉后期以降,"驶"的使用频率要大大高于"快(駃)",下面酌举一部分例子:

(46) 佛即时化作两比丘,于五百比丘前徐行。五百比丘皆使(圣本作"驶")行,及前两比丘。(支娄迦谶译《遗日摩尼宝经》,12/193b)

(47) 便入泥兰禅河,其水深駃(明本作"驶")。(昙果共康孟详译《中本起经》卷上,4/151b)

(48) 如河流驶(宋、元、明三本作"駃流")疾,往而没大海;人命亦如是,逝者不复还。(又卷下,160c)

(49) 如河驶(元、明本作"駃")流,往而不反,人命如是,逝者不还。(同上)

(50) 人命甚速驶,五马不能追。(东汉失译《禅要经》,15/239a)

(51) 没于五欲驶流河中。(又《受十善戒经》,24/1027a)按:"驶流"为佛经中常语,例多不备引。

(52) 虽复五通住劫,未免四驶之所制。(又《分别功德论》卷2,25/34c)

(53) 时尼连禅河长流駃(三本作"驶")疾。(支谦译《太子瑞应本起经》卷下,3/482b)

(54) 譬如駃(元、明本作"驶")河,常流不停。(旧题支谦译《菩萨本缘经》卷上,3/53a)比较:如疾河水。(三国失译《杂阿含经》,2/495b)

(55) 水急驶(宋本作“駃”)疾,假使大鱼亦不能度。(又卷下,67a)比较同经:今在此水漂疾急速,我当云何而得救拔?(同上)

(56) 吾渴尤甚,尔驶取水来。(康僧会译《六度集经》卷7,3/42c)

(57) 网莫密于痴,爱流驶(宋本、元本作“駃”,圣语藏本作“使”)乎河。(竺将炎共支谦译《法句经》卷下,4/568c)

(58) 其水流行,亦不迟不駃(元本、明本作“驶”)。(三国失译《阿弥陀三耶三佛萨楼佛檀过度人道经》卷上,12/304b)

(59) 如五河流,昼夜无息。人命驶(三本、圣语藏本作“驰”)疾,亦复如是。于是世尊即说偈言:“如河驶流,往而不返;人命如是,逝者不还。”(西晋法炬共法立译《法句譬喻经》卷1,4/575c)

(60) 宣王为泰会,使尚书钟繇调泰:“君释褐登宰府,三十六日拥麾盖,守兵马郡,乞儿乘小车,一何驶乎!”泰曰:“诚有此。君,名公之子,少有文采,故守吏职,猕猴骑土牛,又何迟也!”(《三国志·魏志·邓艾传》注引《世语》,3/783)

(61) 嘲祇曰:“君马何驶?”祇曰:“故吏马不敢驶,但明府未著鞭耳。”(又《蜀志·杨洪传》注引《益部耆旧杂记》,4/1014)

(62) 感此还期淹,叹彼年往驶。(潘岳《在怀县作诗二首》之二,《晋诗》卷4,上/634)

在汉魏文献尤其是早期翻译佛经中,“驶”和“駃”常常构成异文。两字意义相同,字形又近,极易致混,难以判断孰是孰非。

东晋以后的南朝文人诗中,"驶"字极为常用,而且只用"驶"而不用"快(駃)";北朝诗中则相对用得较少。下面也酌举一部分例子:

(63) 蕤宾五月中,清朝起南飔。不驶亦不迟,飘飘吹我衣。(陶渊明《和胡西曹示顾贼曹诗》,《晋诗》卷16,中/980)

(64) 倾家持作乐,竟此岁月驶。(又《杂诗十二首》之六,又卷17,中/1007)

(65) 闲居执荡志,时驶不可稽。(又之十)

(66) 荧荧条上花,零落何乃驶。(《子夜变歌三首》之二,又卷19,中/1049)

(67) 驶风何曜曜,帆上牛渚矶。(《欢闻变歌六首》之六,又1051)

(68) 威摧三山峭,瀄汩两江驶。(谢灵运《游岭门山诗》,《宋诗》卷2,中/1163)

(69) 活活夕流驶,噭噭夜猿啼。(谢灵运《登石门最高顶诗》,又1166)

(70) 既及泠风善,又即秋水驶。(又《初往新安至桐庐口诗》,又卷3,1179)

(71) 何言年月驶,寒衣已捣治。(鲍照《绍古辞七首》之二,又卷9,1297)

(72) 天明坐当散,琴酒驶弦酌。(又《夜听妓诗二首》之一,1305)

(73) 流驶巨石转,湍回急沫上。(又《望水诗》,1309)

(74) 走马织悬帘,薄情奈当驶。(《读曲歌八十九首》之六十一,又卷11,1344)

(75) 燕陵平而远,易河清且驶。(沈约《豫章行》,《梁诗》卷6,1615)

(76) 羡明月之驰光,顾征禽之驶(《玉台新咏》作"骋")翼。(沈约《晨征听晓鸿》,又卷7,1667)

(77) 我为浔阳客,戒旦乃西游。君随春水驶,鸡鸣亦动舟。(何逊《与沈助教同宿湓口夜别诗》,又卷8,1688)

(78) 祈祈寒枝动,濛濛秋雨驶。(又《从主移西州寓直斋内霖雨不晴怀郡中游聚诗》,又卷9,1698)比较:箭飞如疾雨,城崩似坏云。(庾信《同卢记室从军诗》,《北周诗》卷2,下/2361)

(79) 答言海路长,风驶(《玉台新咏》作"多",《诗纪》云:一作"多")飞无力。(吴均《赠杜容成诗》,《梁诗》卷10,1733)

(80) 飘飘晓云驶,瀁瀁旦潮平。(王僧孺《送殷何两记室诗》,又卷12,1767)

(81) 摘叶惊开驶,攀条恨久离。(刘邈《折杨柳》,又卷19,下/1889)

(82) 月光临户驶(《文苑英华》作"映"),荷花依浪舒。(梁简文帝萧纲《怨歌行》,又卷20,1907)

(83) 香车云母幰,驶马黄金羁。(又《春日想上林诗》,又卷21,1944)

(84) 日暮敞凫舟,曾冰合驶流。(庾肩吾《舟中寒望诗》,又卷23,2003)

(85) 川澄光自动,流驶影难圆。(鲍泉《江上望月诗》,又卷24,2027)

(86) 雾浓光若昼,云驶影疑流。(萧纶《咏新月诗》,2029)

(87) 风多前归(《类聚》作"鸟",《诗纪》同,《文苑英华》作"乌"。今按,作"归"恐误)驶,云暗后群迷。(梁元帝萧

绎《咏晚栖乌诗》,又卷25,2048)

(88) 鸣珂随蹋驶,轻尘逐影移。(又《后园看骑马诗》,2050)

(89) 摘驶笼行满,攀高腕欲疲。(沈君攸《采桑》,又卷28,2109)

(90) 高台朔风驶(《类聚》作"驰"),绝野寒云生。(裴让之《从北征诗》,《北齐诗》卷1,2262)

(91) 渡云光忽驶,中天影更迟。(王褒《咏月赠人诗》,《北周诗》卷1,2340)

(92) 一随年月衰,摧颓落毛驶。(周弘正《咏老败斗鸡诗》,《陈诗》卷2,2463)

(93) 龙媒蹑影驶,玉辇御云轻。(张正见《上之回》,2476)

(94) 湍高飞转驶,涧浅荡还迟。(又《陇头水二首》之一,2478)

(95) 康衢飞驶羽,大海滴微涓。(又《御幸乐游苑侍宴诗》,又卷3,2485)

(96) 入窗轻落粉,拂柳驶飞绵。(又《咏雪应衡阳王教诗》,2492)

(97) 鹫岭寒风驶。(释慧英《一三五七九言诗》,《隋诗》卷10,2778)

小说和佛教著作中也常用"驶"字,如:

(98) 自捉出户外,其去甚驶,逐之不及,遂便入水。(《搜神记》卷14,356/176)

(99) 无笠,雨驶,可入船就避雨。(又卷19,443/233)

(100) 年十岁,从南临归,经青草湖,时正帆风驶,序出塞郭,忽落水。(《搜神后记》卷3,28/18)

(101) 复问驭人牛所以驶,驭人云:"牛本不迟,由将车人不

及,制之尔。急时听偏辕,则驶矣。"(《世说·汰侈5》)

(102) 堪即以所乘牛易而取之。行至零陵溪,牛忽骏驶非常。(《广记》卷360引《幽明录》,2850;《钩沉》387)

(103) 俄见有铁轮,轮上有铁爪,从西转来,无持引者,而转驶如风。(《珠林》卷7引《冥祥记》,53/331b;《钩沉》570)按:"转驶如风"应该理解为"转得快如风"。

(104) 其后天甚旱燥,风起亦驶,少年辈密共束炬,掷其屋上。(《珠林》卷23引《冥祥记》,459a-b;《钩沉》576)比较:到后夜风急,少年以火投屋,四投皆灭。(《辨正论》卷8注引《冥祥记》,《钩沉》647)

(105) 日已向暮,天大阴暗,风雨甚驶,不知所向。(《珠林》卷65引《冥祥记》,785a;《钩沉》588)

(106) 时城中有盲婆罗门,坐街道边,闻多人众行步驶疾。(慧觉等译《贤愚经》卷6,390b)

(107) 譬如驶水流,日月不常住。人命疾于彼,去者不复还。(《出三藏记集》卷11载释道安《比丘大戒序》,414)

(108) 投身江中,水齐至膝,以杖刺水,水深流驶。(又卷14《求那跋陀罗传》,549)按:《高僧传》卷3"求那跋陀罗"作"水流深驶"(132)。

(109) 试改向得道墓所,于是四人舆之,行驶如风,遂得窆葬。(又卷15《智严法师传》,577)

"快(駃)"和"驶"在用法上大体相同,两者都常作定语和谓语,都可作状语[①];形容动物跑得快,既可说"骏(俊)快",也可说"骏驶"。

① 例如:又于江津路值一人,忽以杖打之,语云:"可驶归去,看汝家若为。"(《高僧传》卷10"释慧通",393)但"驶"作状语很少见。

不过也存在着一些差别：

1)“驶”多用于“风、雨、雪、河流”一类的自然现象，着重强调它们流动的急骤猛烈；“快”则多用于动物，词义侧重于跑的速度快。“驶河、驶流、驶水、驶雨、驶风、驶雪”和“快马、快牛、快犬、快狗”这些习惯搭配的经常使用就是这种区别的反映[①]。形容时光流逝迅速多用“驶”而少用“快”。以上差别跟这两个词的本义有关：表“迅速”义的“快”本字当作“駃”[②]，最初可能就是指马跑得快；“驶”的“快速”义则应该从动词“行驶”义引申而来，因此它在作形容词时，也还常常带有一些动词的意味，在有些例句中，看作动词和形容词似乎都可以。

2)“驶”多见于诗赋等典雅的文学作品中，而“快”则多用于小说等口语色彩较强的文体里。如上文提到的东晋以后的南朝文人诗中“快”几乎一例也见不到，而小说中“快”字就比较常见，但也经常用“驶”。看来“快”比“驶”具有更强的口语色彩。

这些差别可能跟“驶”在后来的竞争中终于被淘汰而“快”一直沿用到今天这一事实存在着某种内在的联系：风、雨、雪等的急骤猛烈后世多用“急、紧、猛”等词语来形容，“驶”就让位给了它们；而在描摹动物的速度快方面，“驶”也没能在竞争中取胜，它原先所占的地盘后来都让给了“快”。就在魏晋南北朝时期，“驶”在口语中的势力可能已经没有“快”大，或者说，“快”正处在上升扩展时期，而“驶”却在走下坡路。这些仿佛都预示着两个词以后的发展命运。

---

① “駃河”“駃水”偶见，不过有些有异文作“驶”；“駃流”则似未见；“驶马”偶见，“驶牛、驶犬、驶狗”似未见。但有“驶翼，驶羽”而无“快翼，快羽”。“快风、快雨、快雪”的“快”大多仍是“畅快、痛快”的“快”，跟“驶风、驶雨、驶雪”的意义不一样。如《三国志·魏志·管辂传》：“时天旱，……到鼓一中，星月皆没，风云并起，竟成快雨。”(3/825—826)王羲之有“快雪时晴帖”：“快雪时晴佳，想安善。”(《全晋文》卷26王羲之《杂帖》)

② 曹广顺(1987)认为：“‘快’字的‘迅速’义可能是从‘駃’字来的。”

小结:表示“速度快”,在东汉魏晋南北朝有两个常用的口语词“快(駃)”和“驶”。“驶”的产生可能略早于“快”,在这一时期的出现频率也高于“快”。在组合关系上,两者有较明确的分工;从各自出现的文体看,“快”可能比“驶”具有更浓厚的口语色彩。这些都表明这两个词在这一时期还处于竞争之中。文言词“迅、速、疾”等则已在口语中退居次要地位。

7. 广/阔、宽[①]

现代汉语说“宽窄”,上古汉语说“广隘”(也说“广狭”),中古汉语则说“阔狭”。这是关于宽度的一对反义词在汉语历史上的大概情况。这里我们讨论“广、阔、宽”。

在表示“宽度大”这一义位上,“广、阔、宽”是同义词,现代汉语双音词“广阔”“宽广”“宽阔”就是新旧同义成分的并列组合。

上古用“广”[②],例如:

(1) 谁谓河广?一苇杭之。(《诗·卫风·河广》)

“阔”本是“疏远”的意思,《说文·门部》:“阔,疏也。”《尔雅·释诂上》:“阔,远也。”《诗·邶风·击鼓》:“于嗟阔兮,不我活兮。”郑玄笺:“离散相远。”孔颖达疏:“与我相疏远。”先秦“阔”字用得很少,多为此义。“宽阔”的“阔”始见于战国末期,例如:

(2) 阔大渊深,不可测也。(《吕氏春秋·论人》)

但就目前所知,先秦文献中仅此一见而已。西汉仍然少见,如:

(3) 广厦阔屋,连闼通房,人之所安也,鸟入之而忧。(《淮南子·齐俗》)

---

① 参看王凤阳(1993/2011)“宽 敞 广 旷 阔 博”条(页906—907)。

② 也用“博”,这里暂不讨论。

“阔狭”连用始见于《史记》：

(4) 故紫宫、房心、权衡、咸池、虚危列宿部星，此天之五官坐位也，为经，不移徙，大小有差，阔狭有常。(《天官书》，4/1350)

(5) 广讷口少言，与人居则画地为军陈，射阔狭以饮。(《李将军列传》，9/2872)《集解》引如淳曰：“射戏求疏密，持酒以饮不胜者。”

但《史记》中表示“宽”的意思仍以用“广”为常，“阔”只有 3 例，另 1 例是：

(6) 怀生之类，沾濡浸润。协气横流，武节飘逝。迩陕(《文选》作“陿”)游原，迥(《文选》作“遐”)阔泳沫。(《司马相如列传》载其《封禅文》，9/3065)

晚汉魏晋时期“阔”字才开始逐渐多见起来：

(7) 阎浮提地广七千由延，北阔南狭。(东汉失译《未曾有经》，16/781b)

(8) 可以晷仪验其长短，然其巨阔不可度量也。(赵爽《周髀算经序》，《全后汉文》卷 62，816a)

(9) 因问蜀中阔狭，兵器府库人马众寡，及诸要害道里远近。(《三国志·蜀志·先主传》注引《吴书》，4/881)①

(10) 游宦久不归，山川修且阔。(陆机《为顾彦先赠妇诗二首》之二，《晋诗》卷 5，上/682)

(11) 未体江湖悠，安识南溟阔。(庾阐《衡山诗》，又卷 12，中/874)

(12) 吴中细布，阔幅长度。(《安平东》，又卷 19，中/1063)

---

① 此类“阔狭”犹言“就里；详情”，是一种抽象用法。

《广雅·释诂二》:"阔,广也。"可见当时"阔"已是"广"的同义词。奇怪的是东汉三国佛经中几乎都用"广"而"阔"罕见。

刘宋以后,"阔"的用例明显增多,"阔"成为"狭"最常用的反义词。但例子多见于文人诗中,在小说等其他文体中并不常见。下面酌举部分用例:

(13) 极目睐左阔,回顾眺右狭。(谢灵运《登上戍石鼓山诗》,《宋诗》卷2,中/1164)

(14) 缘路初入,行于竹迳,半路阔,以竹渠涧。(《宋书·谢灵运传》载其《山居赋》自注,6/1767)

(15) 又以长江险阔,风波难期,王者尚不乘危,况乃泛不测之水。(又《竟陵王诞传》,7/2036)

(16) 人言荆江狭,荆江定自阔。(鲍照《吴歌三首》之三,《宋诗》卷7,1270)

(17) 阔面行负情,诈我言端的。(《读曲歌八十九首》之五十二,又卷11,1343)

(18) 杨德祖为魏武主簿,时作相国门,始构榱桷,魏武自出看,使人题门作"活"字,便去。杨见,即令坏之,既竟,曰:"'门'中'活','阔'字,王正嫌门大也。"(《世说·捷悟1》)按:此例是当时口语说"阔"的生动反映。

(19) 雷奔石鲸动,水阔牵牛遥。(刘孝威《奉和六月壬午应令诗》,《梁诗》卷18,下/1876)

(20) 高翔惮阔海,下去怯虞机。雾暗早相失,沙明还共飞。(梁简文帝萧纲《赋得陇坻雁初飞诗》,又卷21,1950)

(21) 麟洲一海阔,玄圃半天高。(庾信《道士步虚词十首》之十,《北周诗》卷2,2351)

(22) 关外山川阔,城隅尘雾浮。(张正见《游龙首城诗》,《陈诗》

卷3,2490)

(23) 岸阔莲香远,流清云影深。(祖孙登《咏水诗》,又卷6,2544)

(24) 野静重阴阔(《文苑》作"阁"[①]),淮秋水气凉。(江总《秋日侍宴娄苑湖应诏诗》,又卷8,2578)

(25) 深目表兹称,阔臆斯为美。(隋炀帝杨广《咏鹰诗》,《隋诗》卷3,2671)

(26) 濯缨升博望,阔(《文苑英华》《诗纪》并云:一作"飞")步入崇贤。(虞世基《秋日赠王中舍诗》,又卷6,2712)

(27)《述征记》曰:"盟津河津恒浊,方江为狭,比淮、济为阔。"(《水经注》卷1"河水一",10)

(28) 汉水又东,右会洋水,川流漫阔,广几里许。(又卷27"沔水上",2327—2328)

(29) 以土覆之,蒜科横阔而大,形容殊别。(《齐民要术》卷3"种蒜第十九",191)

(30) 旱种者,重耧耩地,使垄深阔。(又"种苜蓿第二十九",224)

(31) 百里之物,数万相连,阔狭从斜,常不盈缩。(《颜氏家训·归心》,373)

上面例子中的"阔"都是形容词,且一般都用于强调其宽阔的场合,描写的对象多为天宇、山川、江河、湖海等自然界,像例(12)(17)(18)(25)(26)用来指布的幅度、面、门、鹰的胸部及步子(此例还有异文)等的还不多。名词"宽度"的意思仍说"广",如例(7)(28)"地广七千由延""广几里许"。"阔"用作名词偶见个别例子,如:

---

① 今按,作"阁"非。《文苑英华》的异文往往是错的。

（32）绶者，有所承受也。长一丈二尺，法十二月；阔三尺，法天地人。（《书钞》卷131引《汉官》，522b）[①]

（33）石高丈四，阔二丈许，一边平。（《法显传·乌苌国》，33）章巽校云：阔，东本、开本、石本、镰本作"长"。

（34）发源成潭，阔七十步，而不测其深。（《水经注》卷6"汾水"，547）

这说明"阔"取代"广"的过程此时至多还只完成了一半。"广""阔""宽"在10卷《陈诗》中的出现次数是2∶5∶0，在9卷《隋诗》中[②]为1∶2∶1。可见作形容词用时到六朝后期"阔"已占据主导地位。

现代吴语、闽语、客家话等仍说"阔狭"而不说"宽窄"，跟普通话不同，"阔"既可作形容词，也可作名词，且不论事物本身的大小，只要是强调其宽度大或指事物的宽度，都说"阔"。这当是中古汉语"阔"字进一步发展的结果。

下面说说"宽"。

《说文·宀部》："宽，屋宽大也。"可见"宽"本是房屋宽敞的意思，"宽窄"的"宽"就是从"屋宽大"的本义引申而来。此义的文献用例始见于东汉[③]：

（35）是以景帝六年诏郡国，令人得去硗狭就宽肥。……今宜复遵故事，徙贫人不能自业者于宽地。（崔寔《政论》，

---

① 胡道静云：《北堂书钞》"因其成于隋世，故书中避隋讳，如'坚'作'牢'、'固'、'至'、'刚'或作'永固'，'广'作'阔'、'大'、'博'、'开'等。"（《中国古代的类书》，中华书局，1982，页65）这样看来，此例的"阔"也有可能是《书钞》因避讳而改。

② 《隋诗》共10卷，卷9（郊庙歌辞、燕射歌辞等）未统计在内。

③ 《大词典》"宽"字条所引的首例书证是三国魏嵇康《幽愤诗》："恢恢六合间，四海一何宽。"（3/1579）按，嵇康《幽愤诗》系四言诗，见逯钦立辑校《先秦汉魏晋南北朝诗·魏诗》卷9，页480—481。这两句诗实出欧阳坚《临终诗》，见《文选》卷二十三、《先秦汉魏晋南北朝诗·魏诗》卷4，《大词典》误题作者和诗题。始见书证时代尚可提前。

《全后汉文》卷46,727a)[①]

但在整个魏晋南北朝用例并不多,远不能跟“阔”相比,且用法单纯,均为形容词,没有作名词用的,如:

(36) 行数十里,穴宽,亦有微明。(《珠林》卷31等引《幽明录》,53/520c;《钩沉》369)

(37) 还,上言:“冀土宽广,界去州六七百里,负海险远,宜分置一州,镇遏海曲。”(《魏书·昭成子孙列传·元洪超》,2/384)

(38) 又东迳陈台南。台甚宽广,今上[②]阳台屯居之。(《水经注》卷10“浊漳水”,981)

(39) 又西迳石窟南。窟内宽广,行者依焉。(又卷14“溧余水”,1220)

(40) 墓不甚高,而内极宽大。(又卷29“湍水”,2466)

(41) 桃熟时,于墙南阳中暖处,深宽为坑。(《齐民要术》卷4“种桃柰第三十四”,268)

(42) 墒中宽狭,正似葱垄。(又卷5“种槐、柳、楸、梓、梧、柞第五十”,344)

(43) 畜白欲重,底欲平宽而圆。(又卷8“八和齑第七十三”,567)

(44) 有雾疑川广,无风见水宽。(孔德绍《赋得涉江采芙蓉诗》,《隋诗》卷6,下/2722)

这说明“宽”作为一个新成分在魏晋南北朝才刚刚开始兴起[③]。同时

① 《论衡·恢国》:“然则纣恶微而周诛之痛,秦、莽罪重而汉伐之轻,宽狭谁也?”此例“宽”“狭”相对,江蓝生先生谓系指执法的宽松与严紧(私人通信)。

② 全祖望云:下有脱文。

③ 圆仁《入唐求法巡礼行记》卷1:“从戌亥会直流南方,其宽廿余里。”(页4)此“宽”为名词,可见晚唐口语已如此。

值得注意的是,上引例子大多出现在北方文献中,很可能"宽"在当时还是个方言词。

小结:上古汉语最常用的"广",刘宋以后其形容词功能大体上已被"阔"所取代,但"阔"作名词用的例子还很少见。现代汉语常用的"宽"从东汉起也已见使用,但六朝例子不多,主要出现在北方文献中,其发展当在唐以后。

8. 坚、刚/硬[①](鞕、鞕、鞕)[②]

"坚""刚"和"硬(鞕、鞕、鞕)是一组有历时替换关系的形容词。上古汉语说"坚",也说"刚",现代汉语口语一般只说"硬",又有双音词"坚硬""刚硬",是新旧成分的合璧词。

"硬"又写作"鞕"[③],《广雅·释诂一》:"鞕,曁也。"王念孙疏证:"各本曁下俱脱坚字。"《玉篇·革部》:"鞕,坚也。亦作硬。"又《石部》:"硬,坚硬。"此词最早见于文献当在东汉,集中出现在医籍中[④],尤以《伤寒论》为多见。例如:

(1) 其脉沉而迟,不能食,身体重,大便反鞕,名曰阴结也。

---

① "硬"有多种写法,下文在不需要区分字形的场合统一写作"硬"。

② 参看王力(1958/1980)页578—579;任学良(1987)"硬"条(页81);王凤阳(1993/2011)"坚 刚 硬"条(页945)。任先生认为《楚辞·橘颂》"淑离不淫,梗其有理兮"的"梗"就是"硬"的另一写法,恐未确。

③ 参看方一新《玄应〈一切经音义〉卷一二〈生经〉音义札记》(《古汉语研究》2006年第3期)。

④ 《大词典》"硬"下首引《齐民要术》,虽比《大字典》引的始见书证(唐诗)早,但仍嫌晚;而"二典""鞕"字下均仅引唐义净《南海寄归内法传》一例,更是太晚,也太少。下面引用的两种医籍虽然确切的时代尚难断定,但从《广雅》著录了此词来看,"鞕"在东汉已经使用是毫无疑问的。任学良(1987)引东汉服虔的《通俗文》:"坚硬不消曰礠砎。""物坚鞕曰硗确。"也可证明。另外,《齐民要术》中有两例"硬"系引《氾胜之书》,见下文例(31)(32),氾胜之西汉成帝(公元前32—前7年在位)时为议郎,如果贾思勰引此书时未加改动,则可证明此词在西汉文献中就已经出现。

(《伤寒论》卷1“辨脉法第一”,205a)按:此篇“大便鞕”常见。

(2) 脉浮而大,心下反鞕。(同上,208b)

(3) 毛发长迟则阴气盛,骨髓生,血满,肌肉紧薄鲜鞕。(“平脉法第二”,216b)

(4) 趺阳脉不出,脾不上,下身冷,肤鞕。(同上,218a)

(5) 或腹中痛,或胁下痞鞕。(卷3“辨太阳病脉证并治法中第六”,245a)按:“痞鞕”连文极常见。比较:心下苦痞坚。(卷9“辨不可下病脉证并治法第十二”,300b)但全书这样的“坚”字少用,而多用“鞕”。

(6) 太阳病六七日表证仍在、脉微而沉、反不结胸、其人发狂者,以热在下焦,少腹当鞕满,小便自利者,下血乃愈。(卷3“辨太阳病脉证并治法中第六”,251b—252a)

(7) 阳气内陷,心下因鞕,则为结胸。(卷4“辨太阳病脉证并治法下第七”,255b)

(8) 伤寒六七日,结胸热,实脉沉而紧,心下痛,按之石鞕者,大陷胸汤主之。(同上,256a)按:“石鞕”意为如石头般坚硬,可比较:小腹肿大,鞆[①]如石。(隋巢元方《诸病源候论·石水候》)今天宁波话仍有“石硬”一词。

(9) 若心下满而鞕痛者,此为结胸也。(同上,259b)

(10) 此欲作固瘕,必大便初鞕后溏。(卷5“辨阳明病脉证并治法第八”,267b)

(11) 当热时急作,冷则鞕。(同上,273b)比较:踡而苦满,腹中复坚。(卷7“辨不可发汗病脉证并治法第十五”,

---

① “鞆”即“鞕(硬)”的俗讹体,说见下。《外台秘要方·石水方四首》引作“硬”。

297a)

(12) 腹满痛不可忍名蛟龙病治之方：硬糖(二三升)。右一味，日两三度服，吐出如蜥蜴三五枚，瘥。(《金匮要略论》卷24,199a)[①]

又写作“鞕[②]”，唐慧琳《一切经音义》卷十三“不鞕”条：“额更反。《韵英》云：‘坚也。’俗作硬，或作鞕，同也。”先唐翻译佛经中“鞕”字颇为常见，最早的例子见于西晋竺法护译经。常有异文作“鞭[③]”或“鞭[④]”。下面酌引部分例子：

(13) 弃捐自大，谦下恭顺，卑身逊辞，伏心下意。性不刚鞕(宋元明三本及宫本作“鞭”)，不为卒暴。(西晋竺法护译《度世品经》卷5,10/646c)

(14) 已都[⑤]斯缘，细滑鞕䩕[⑥]无所适住，亦无所著。(又《佛说普门品经》,11/771b)

(15) 第二十七日，在其胞里于母腹藏，自然化风名鞕䩕，吹小儿体。(又《佛说胞胎经》,11/888b)

(16) 择言徐语，舒缓时出，辞章粲丽，滋味具足，无有犷鞕(宋元明三本及宫本作“鞭”)。(又《大哀经》卷6,13/437c)

---

① 此卷似非汉人手笔，语言颇晚俗。

② 又有俗讹体作“鞠”，参看：黄征《敦煌俗字典》(上海教育出版社，2005，页507)；杨宝忠《疑难字续考》(中华书局，2011，页320　321)。

③ 写作“鞭”的例子先唐佛经中也颇常见，最早的例子见于西晋竺法护和安法钦的译经。

④ “鞭”为“鞭”的俗字(与“鞭子”的“鞭”同形)，“二典”“鞭”字条均失收此音此义。

⑤ 同样的话在另一处写作“覩”(778a)，应是。

⑥ 䩕即“刚”的俗字，“二典”均失收。承张涌泉教授惠告：李维琦《佛经续释词》(岳麓书社，1999，页158)和郑贤章《龙龛手镜研究》(湖南师范大学出版社，2004，页328)已论证过这个字。谨致谢忱。

(17) 有三十二事口辞清净。何谓三十二?……无靴鞕(宋本作“言无误”,元本、明本作“言无鞕”)说(八)……。(又《宝女所问经》卷1,13/454a)

(18) 复有三事常在隐(宋元明三本及宫本作“安隐”)处。何等三?不刚不鞕而不谀谄,除诸贪嫉,见人得供代其欢喜——是为三。(又《佛说海龙王经》卷1,15/133a)

(19) 其心刚鞕,难可调伏。(又卷4,15/151c)

(20) 我欲得坚鞕(宋元明三本及宫本作“鞭”,下同),反与柔软;时复须软,反与我鞕。(姚秦竺佛念译《菩萨处胎经》卷7,12/1054a)

(21) 堕诸恶池、身分血洋、入刀叶林、入大火中、堕在灰河、行火燃地、受火烧苦,坚鞕(宋元明三本及宫本作“鞭”)相似无量种恶,苦恼所逼,不可忍耐。(元魏瞿昙般若流支译《正法念处经》卷4,17/18b)

(22) 而心甚坚鞕,受苦不厌惓。(卷41,又244a)按:此经“坚鞕”共14见,不备引。

(23) 犹如野狸之皮极修治之,以手拳加之,亦无声响,无坚鞕(宋元明三本作“鞭”)处。(东晋瞿昙僧伽提婆译《增壹阿含经》卷39,2/761a)

(24) 复见佛土火灾充满,文殊师利从中而过,是火触人,如以坚鞕(宋元明三本及宫本作“鞭”)栴檀涂身、卧迦尸衣,柔软和适,甚为快乐。(刘宋求那跋陀罗译《大方广宝箧经》卷上,14/471a)

(25) 譬如有药,其质坚鞕(宋元明三本及宫本作“硬”,知本作“鞭”),不可斫刺(明本作“削”),以石磨取,用之涂鼓。

（刘宋功德直译《菩萨念佛三昧经》卷4,13/821a)

（26）食之不已,其身转粗,肌肉坚鞕(宋元明三本作"鞭"),失天妙色,无复神足。(后秦佛陀耶舍共竺佛念译《佛说长阿含经》卷6,1/37b)

（27）肉段生坚鞕(宋元明三本作"鞭",下同),从鞕生五胞。(失译附秦录《别译杂阿含经》卷15,2/476b)

（28）能破能开,能劈能斩,射不虚落,挽鞕(宋元明三本及圣本作"鞭")无双,遥闻响声,射即悬著,所放之处,箭入甚深。(隋阇那崛多译《佛本行集经》卷11,3/704c)按:"挽鞕"指挽硬弓,"鞕弓"见同经卷28(3/785a)。可比较杜甫诗"挽弓当挽强"。

（29）彼心决定,如是刚鞕(宋元明三本作"硬",圣本作"鞭"),若舍我等,入于空山闲静林野。我心亦然,坚固不转,如石无异,最牢最实。(又卷19,3/741c)

从上面的例子可以看出,"鞭"和"鞕"是早期写法,"硬"则是晚起的字形,后来通作"硬",并沿用至今。据唐慧琳《一切经音义》,在唐代"鞭"还是正体,"硬"和"鞕"是俗体。佛经用例有几点值得注意:一是可以用来形容风、心、苦、性格、语言、声音等,词义已经抽象化,这说明"硬"这个词在口语中行用已久;二是常常与"坚""刚"连文,这跟当时的词汇双音化有密切关系,不过例(20)(27)都是前说"坚鞕",后说"鞕",反映出口语里单说的词是"硬","坚"和"刚"大概只是书面语中的同义词,可比较:譬如医占病,看病腹鞭软。(姚秦鸠摩罗什译《大庄严论经》卷7,4/295a)跟"软"相对的反义词是"鞭",可见"鞭"是口语词。

在北魏的《齐民要术》里,"硬"字已经用得相当普遍了,全书共见到31例,“坚”则有77例,其中“坚硬”连文有8例。① 值得注意的是,31例“硬”中出自引书的仅5例,而77例“坚”中,出自引书的达20例。也就是说,在贾思勰笔下,“硬”和“坚”的实际出现次数是26:57,接近1:2。“硬”主要用作谓语,偶尔也作定语,对象很广,但都是实物,没有抽象用法;“硬”不用作状语,“坚”则有一例:以瓦瓶盛热汤,坚塞口。(卷7,“造神麴并酒第六十四”,页498)从用例看,“坚”和“硬”的词义没有什么差别:既有“地硬”,也有“地坚”;既有“枣性硬”;也有“枣性坚强”“李性坚”;既有“坚实”,也有“硬实”;既有“坚强”“强坚”,也有“硬强”“强硬”;“皮、肉、木、纸”等既可说“硬”,也可说“坚”,只有“米”只说“坚”而不说“硬”。

下面举《齐民要术》中一部分“硬”和“坚”的用例:

(30) 湿劳令地硬。(卷1“耕田第一”,38)

(31) 春地气通,可耕坚硬强地黑垆土。(同上引《氾胜之书》,49)

(32) 不如此而旱耕,块硬,苗、秽同孔出,不可锄治,反为败田。(同上)

(33) 必欲挞者,宜须待白背,湿挞令地坚硬故也。(又“种谷第三”,66)

(34) 其不剪早生者,虽高数尺,柯叶坚硬,全不中食。(卷3“种葵第十七”,177)

---

① 《要术》中“硬”的同义词主要是“坚”,此外还有“刚”和“强”。“刚”共18例,“强”共48例,组成的同义连文有:坚强(6)、刚强(5)、坚刚、刚坚、强坚、强硬、硬强(以上各1例)。坚、刚、强、硬四个词的词义和用法同中有异,比如“刚”和“强”有“水分少;干;稠”义,可用于“饭、麴、面、墨”等,此时其反义词是“弱、泽、淖、软”,“坚”和“硬”极少这样用;“强粥”(指稠的粥)的组合为“坚、刚、硬”所无。参看汪维辉《〈齐民要术〉词汇语法研究》“强粥”条及下编“刚”“强”条(上海教育出版社,2007,页33—34,206,274—275)。

（35）若待秋，子成而落，茎既坚硬，叶又枯燥也。（又"荏、蓼第二十六"，216）

（36）书有毁裂，劚方纸而补者，率皆挛拳，瘢疮硬厚。（又"杂说第三十"，227）

（37）凡点书、记事，多用绯缝，缯体硬强，费人齿力，俞污染书，又多零落。（同上，164）

（38）先于青硬石上，水磨雌黄令熟。（同上）

（39）枣性硬，故生晚。（卷4"种枣第三十三"，263）

（40）全赤久不收，则皮硬，复有乌鸟之患。（同上）

（41）蹄欲厚三寸，硬如石，下欲深而明，其后开如鷂翼，能久走。（卷6"养牛、马、驴、骡第五十六"，391）

（42）一日一走，令其肉热，马则硬实，而耐寒苦也。（同上，406）

（43）膝上缚肉欲得硬。（同上，417）

（44）以砖瓦刮疥令赤，若强硬痂厚者，亦可以汤洗之，去痂，拭燥，以药汁涂之。（又"养羊第五十七"，439）

（45）酒尽出时，冰硬糟脆，欲似石灰。（卷7"笨麴并酒第六十六"，512）

（46）若十石米酒，炒三升小麦，令甚黑，以绛帛再重为袋，用盛之，周筑令硬如石，安在瓮底。（又"法酒第六十七"，526）

（47）以檀木为齑杵臼，檀木硬而不染汗。（卷8"八和齑第七十三"，567）

（48）五升齑，用十枚栗。用黄软者；硬黑者，即不中使用也。（同上，568）

（49）脍鱼肉，里长一尺者第一好；大则皮厚肉硬，不任食，止

可作鲊鱼耳。(同上,569)

(50) 肉长尺半以上,皮骨坚硬,不任为脍者,皆堪为鲊也。(又“作鱼鲊第七十四”,573)

(51) 若待熟始翻,杖刺作孔者,泄其润气,坚硬不好。(卷9“饼法第八十二”,635)

(52) 折米坚实,必须弱炊故也,不停则硬。(又“飧、饭第八十六”,648)

(53) 剖其上皮,煮其肤,熟而贯之,硬如干枣。(卷10“五谷、果蓏、菜茹非中国物产者·槟榔三三”引《异物志》,738)

(54) 东向一衢,木威,叶似楝,子如橄榄而硬,削去皮,南人以为糁。(同上“橄榄三七”引《南越志》,747)

(55) 蒸则易舂,米坚,香气经夏不歇也。(卷2“黍穄第四”,102)

(56) 早刈米青而不坚,晚刈零落而损收。(又“水稻第十一”,138)

到了唐代,“硬”的词义更加丰富,用法也更灵活,例如:

(57) 促舞跳趫筋节硬,繁辞变乱名字讹。(元稹《骠乐国》)

(58) 羡君齿牙牢且洁,大肉硬饼如刀截。(韩愈《赠刘师服》)

(59) 横空盘硬语,妥帖力排奡。(又《荐士》)按:这是指话硬。

(60) 如此硬穷汉,村村一两枚。(《王梵志诗·贫穷田舍汉》,651)

(61) 医云:“天寒膏硬。”公笑曰:“韩皋实是硬。”(《唐语林·雅量》)按:以上二例是指人的精神、骨气硬。

(62) 不怕骑生马,犹能挽硬弓。(张籍《老将》)按:这是“强劲”义。参看上文例(28)。

(63) 苦县光和尚骨立,书贵瘦硬方通神。(杜甫《李潮八分小篆歌》)按:这是形容书法遒劲有力。

(64) 我能旋笏于厅前,硬努眼眶,衡揖使君,唱喏走出。(《广记》卷496引《乾䁔子》)按:这是作副词,"尽力,极力"义。

可以肯定,口语中"硬"替换"坚""刚"的过程至迟到唐代就完成了,此后一直沿用到现代汉语。

小结:上古汉语说"坚""刚",现代汉语说"硬","硬"对"坚""刚"的替换发生在东汉魏晋南北朝。据目前所知,"硬(鞕、鞭、靮)"见诸文献始于东汉,但有可能在西汉已经产生。西晋以后的先唐翻译佛经中"硬"字颇为常见,是个口语词,而且词义已经抽象化。在北魏贾思勰的笔下,"硬"和"坚"的实际出现次数是26∶57,接近1∶2,两者在词义上没有什么明显的差别,反映出北朝后期口语成分较多的文献中这对词的使用情况。至晚到唐代,"硬"替换"坚、刚"的过程已经完成,此后"硬"一直沿用到今天。

9. 甘/甜(甛)[①]

古称"甘",今称"甜",双音词"甘甜"也是新旧成分的合璧词。

《说文·甘部》:"甘,美也。""甛,美也。从甘,从舌。舌,知甘者。"可见二者是同义词。不过"甘"的义域比"甜"宽,王凤阳先生(1993/2011)说:"'甘'最初主要指味道好,吃来有滋味,不限于'甜'。"(页928)这是对的。这里只讨论二者在表示"甘甜"这一义位上的更替过程。

---

① 参看:王凤阳(1993/2011)"甘 甜 旨"条(页928);殷晓杰、何意超《"甘""甜"历时替换考》,《汉语学报》2013年第1期。

先秦只说“甘”,例如:

(1) 谁谓荼苦?其甘如荠。(《诗·邶风·谷风》)

(2) 南有樛木,甘瓠累之。(《诗·小雅·南有嘉鱼》)

(3) 直木先伐,甘井先竭。(《庄子·山木》)

(4) 今有人于此,少见黑曰黑,多见黑曰白,则以此人不知白黑之辩矣;少尝苦曰苦,多尝苦曰甘,则必以此人为不知甘苦之辩矣。(《墨子·非攻上》)

(5) 口辨酸咸甘苦。(《荀子·荣辱》)

“甜”的用例据目前所知始见于西汉:

(6) 乃使有伊之徒,调夫五味,甘甜之和,勺药之羹。(扬雄《蜀都赋》,《全汉文》卷51,403a)[①]

东汉例子略有增加,如:

(7) 俗好高古而称所闻,前人之业,菜果甘甜;后人新造,蜜酪辛苦。(《论衡·超奇》)

(8) 若此,儒者之言醴泉从地中出,又言甘露其味甚甜,未可然也。(又《是应》)

(9) 酸甜滋味,百种千名。(张衡《南都赋》)

(10) 呕家不可用建中汤,以甜故也。(《伤寒论》卷3“辨太阳病脉证并治中第六”,247a)

魏晋南北朝时期例子时有所见。在北魏的《齐民要术》中,“甘”和“甜”的使用情况如下:

甜59例;甘共100见,但当“甜”讲的仅49例。“甘”多用作植物名,有甘橘、甘蔗、甘草、甘石榴、甘棠、甘松香、甘瓠、甘藷、甘柤、甘

① 此例承浙江大学史光辉博士检示,谨致谢忱。此外《孔子家语》中也有用例,如《致思》篇:“楚王渡江得萍实,大如斗,赤如日,剖而食之甜如蜜。”但传世的《孔子家语》一般认为是三国时王肃所伪造,所以未必可以看作可靠的西汉用例。

瓜、余甘、甘蕉(焦)、甘获等,大概都是因其果实味甜而得名;但没有用“甜”字命名的[①]。“甜”的词义单一,只有“像糖或蜜那样的味道”一义;“甘”则除指今天所说的“甜”外,还含有“味道好”的意思,例如:

(11) 饥之于食,不待甘旨。(《齐民要术·序》引晁错语,2)

“甘旨”是同义连文,不一定指甜,但也可以包括甜。除此之外,二者在词义和用法上没有什么区别。

《齐民要术》中“甜”的用量已略超过“甘”,而且“甘”大部分出自引书(“甜”也有一部分是出自引书,但没有“甘”多)。据此可以推断,在贾思勰时代的口语里已经以说“甜”为主。

下面列举此书中出自贾思勰笔下的“甜”和“甘”的部分用例:

(12) 干而蒸食,既甜且美,自可藉口,何必饥馑?(卷3“蔓菁第十八”,187)

(13) 白软地,蒜甜美而科大。(又“种蒜第十九”,191)

(14) 性并易繁茂,而甜脆胜野生者。(又“种蘘荷、芹、苣第二十八”,221)

(15) 以方寸匕投一碗水中,酸甜味足,即成好浆。(卷4“种枣第三十三”,264)

(16) 梅实小而酸,核有细文,杏实大而甜,核无文采。(又“种梅杏第三十六”,279)

(17) 凡醋梨,易水熟煮,则甜美而不损人也。(又“插梨第三十七”,288)

(18) 甜酸得所,芳香非常也。(又“柰、林檎第三十九”,298)

(19) 滤乳讫,以先成甜酪为酵。(卷6“养羊第五十七”,433)

---

① “甘酒”和“甜酒”各1见。

(20) 甜酵伤多,酪亦醋。(同上)

(21) 世人云:"米过酒甜。"此乃不解法候。(卷 7"造神麴并酒第六十四",492)

(22) 合滓餐之,甘、辛、滑如甜酒味,不能醉人。(又"笨麴并酒第六十六",511)

(23) 酒色漂漂与银光一体,姜辛、桂辣、蜜甜、胆苦,悉在其中。(同上,512)

(24) 橘皮多则不美,故加栗黄,取其金色,又益味甜。(卷八"八和齑第七十三",568)

(25) 取肥鸭肉一斤,羊肉一斤,猪肉半斤,合锉,作臛,下蜜令甜。(又"羹臛法第七十六",585)

(26) 凡榆,荚味甘,甘者春时将煮卖,是以须别也。(卷 5"种榆、白杨第四十六",341)

(27) 远河者取极甘井水,小咸则不佳。(卷 7"造神麴并酒第六十四",492)

(28) 肥豚一头十五斤,水三斗,甘酒三升,合煮令熟。(卷 8"蒸缹法第七十七",600)

在口语性很强的南朝齐求那毗地所译《百喻经》中,"甘"只有 1 例,而"甜"有 3 例:

(29) 时二人中,一者念言:"甘蔗极甜,若压取汁,还灌甘蔗树,甘美必甚,得胜于彼。"(灌甘蔗喻)

(30) 昔有国王,有一好树,高广极大,常有好果,香而甜美。(斫树取果喻)

(31) 昔有一长者,遣人持钱至他园中买庵婆罗果而欲食之,而敕之言:"好甜美者,汝当买来。"(尝庵婆罗果喻)

"甘美"和"甜美"一为文言,一为口语;从"甘蔗极甜"一例来看,在译者的口语中单用时应该是说“甜”的。

唐代以后,“甘”与“甜”在词义和用法上有了明确的分工:指味道甜一般只说“甜”,例如:

(32) 平泽中逐獐,数肋射之,渴饮其血,饥食其肉,甜如甘露浆。(《梁书·曹景宗传》引其语,1/181)

(33) 京中旧见无颜色,红果酸甜只自知。(杜甫《解闷》十二首之十)

(34) 人生几何春已夏,不放香醪如蜜甜。(杜甫《绝句漫兴》九首之八)

(35) 已得餐霞味,应嗤食蓼甜。(元稹《开元观闲居酬吴士矩侍御三十韵》)

(36) 草木不复抽,百味失苦甜。(韩愈《苦寒》)按:“苦甜”正统文言得说“甘苦”。

“甘”则常用作“甘心”义,作为“甜”的同义词主要见于一些成词或较文的场合。例如:

(37) 颜色转光净,饮食亦甘馨。(元稹《估客乐》)

可以肯定地说,口语中表示“味道甜”的意思,至晚到唐代就说“甜”了。

小结:上古汉语说“甘”,现代汉语说“甜”,不过“甘”的义域比“甜”宽。在“甘甜”这一义位上,“甜”替换“甘”的过程也发生在东汉魏晋南北朝。“甜”字《说文解字》已著录,文献用例始见于西汉后期。在北魏的《齐民要术》中,“甜”的用量已略超过“甘”,而且“甘”大部分出自引书,说明在贾思勰时代的口语里已经以说“甜”为主。在南朝齐的《百喻经》中,“甜”取代“甘”的倾向已明显可见。至迟到唐代,口语中表示“像糖或蜜那样的味道”一般就只说“甜”了。

10. 寡/少[①]

表示数量大小,现代汉语说“多少”,上古汉语则多说“众寡”“多寡”。“众→多”“寡→少”曾经发生过历时替换,不过两者的情况并不全同,替换的时间也不同步,前者要早于后者。这里我们讨论“少”对“寡”的替换过程。

“寡”和“少”都见于上古汉语,不过“少”的产生要晚于“寡”。据目前所知,“少”始见于《诗经·邶风》,见下引例(6)[②];而“寡”则早在《书》《易》中就出现了。“寡”和“少”在上古就是同义词,它们都经常用作形容词,表示“数量小”;也可用作动词,表示“缺少”。下面是同样的语境中或用“寡”或用“少”的例子:

(1) 吉人之辞寡,躁人之辞多。(《周易·系辞下》)

(2) 天下之善人少而不善人多,则圣人之利天下也少,而害天下也多。(《庄子·胠箧》)

(3) 五谷多寡同则贾相若。(《孟子·滕文公上》)

(4) 天下有王,分地建国,置都立邑,设庙祧坛墠而祭之,乃为亲疏多少之数。(《礼记·祭法》)

(5) 吾地不浅,吾民不寡,战而不胜,是吾德薄而教不善也。(《吕氏春秋·先己》)

(6) 觏闵既多,受侮不少。(《诗·邶风·柏舟》)

(7) 故其受禄不诬,其受罪益寡。(《礼记·表记》)

---

① 参看王力主编《古代汉语》“常用词”104.“寡”、105.“少”两条(修订本第1册,页149—150);王凤阳(1993/2011)“众 多 寡 少”条(页966—967)。“少”在文言里还有几个同义词:稀(希)、罕、鲜(尟、尠;音 xiǎn)。它们一般都用于强调数量小的场合,相当于今天的“很少”或“极少”,而不大用来跟“众”“多”相对待,在词义和用法上与“少”都有差别,所以这里暂不论及。

② 整部《诗经》仅此一例。

(8) 其出弥远，其知弥少。(《老子》第四十七章)

(9) 宫有垩，器有涤，则洁矣。行身亦然，无涤垩之地者，则寡非矣。(《韩非子·说林下》)

(10) 民农则重，重则少私义，少私义则公法立，力专一。(《吕氏春秋·上农》)

(11) 得道者多助，失道者寡助。(《孟子·公孙丑下》)

(12) 众人之用神也躁，躁则多费，多费之谓侈。圣人之用神也静，静则少费，少费之谓啬。(《韩非子·解老》)

(13) 君子以裒多益寡，称物平施。(《周易·谦卦·象传》)

(14) 故绳直而枉木斲，准夷而高科削，权衡县而重益轻，斗石设而多益少。(《韩非子·有度》)

(15) 见素抱朴，少私寡欲。(《老子》第十九章)

(16) 其为人也，坚中而廉外，少欲而多信。(《韩非子·十过》)

(17) 天子杀殉，众者数百，寡者数十；将军大夫杀殉，众者数十，寡者数人。(《墨子·节葬下》)

(18) 又况乎义兵，多者数万，少者数千。(《吕氏春秋·论威》)

(19) 且民者固服于势，寡能怀于义。(《韩非子·五蠹》)

(20) 以一人之力禁一国者，少能胜之。(《韩非子·难三》)

(21) 众人多而圣人寡，寡之不胜众，数也。(《韩非子·解老》)

(22) 有知小之愈于大、少之贤于多者，则知无敌矣。(《吕氏春秋·慎势》)

两者在词义和用法上也存在着一些细微的差别，我们目前发现的有如下几点：

1)“寡”常常和“众”对举,用作名词,表示“数量少的人”,如先秦古籍中经常见到的“以众暴寡”“众不暴寡”等;而“少”则很少这样用,像下面的例子在先秦不多见:

(23) 今文公问“以少遇众”,而对曰“后必无复”,此非所以应也。(《韩非子·难一》)按:上文晋文公问舅犯和雍季,均作“彼众我寡”。

2)“少”可用作状语,表示“少许地,不多地”,“寡”则几乎不这样用。如下面的“少”一般不能换成“寡”:

(24) 市丘之鼎以烹鸡,多洎之则淡而不可食,少洎之则焦而不熟。(《吕氏春秋·应言》)

(25) 今有人于此,少见黑曰黑,多见黑曰白,则以此人不知白黑之辩矣;少尝苦曰苦,多尝苦曰甘,则必以此人为不知甘苦之辩矣。(《墨子·非攻上》)

(26) 人臣易言事者,少索资,以事诬主。(《韩非子·南面》)

3)表示“减少”这个意思,通常用“少”而不大用“寡”,如:

(27) 邻国之民不加少,寡人之民不加多,何也?(《孟子·梁惠王上》)

(28) 不临深而为高,不加少而为多。(《礼记·儒行》)

但是上述这些差别都不是主流。那么“寡”和“少”的主要差别在什么地方呢?王力先生主编的《古代汉语》说:“‘寡’和‘少’是同义词。可能是方言的差别。《论语》《左传》于多寡的意义说‘寡’不说‘少’。”(页150)[①]王凤阳先生(1993/2011)则认为:“‘少’和‘寡’比,只有习惯用法上的不同,……这种习惯的区别表现在:上古多用‘寡’

---

① 维辉按,《左传》于多寡的意义也说“少”,如:九月,晋侯逆秦师,使韩简视师。复曰:“师少于我,斗士倍我。”(僖公十五年)阳虎曰:“我车少,以兵车之旆与罕、驷车先陈。……”(哀公二年)《古代汉语》的说法不确。

而少用'少'，后来'少'的应用逐渐多起来，此其一；第二，因为补语系统是较后发展起来的，所以'寡'作谓语时一般不带补语，也不做补语，'少'则可以带补语或作补语。《后汉书·章帝纪》'垦田减少'，'少'不能换成'寡'；王维《九月九日忆山东兄弟》'遍插茱萸少一人'，同样不能说'寡一人'。"（页964）这两种解释都有道理。因为"上古多用'寡'而少用'少'"，这是事实，不过这一事实同时也表明，"少"最初可能来源于上古时期的某种方言，而"寡"则是上古汉语的通语词。后来"少"的势力不断增强，终于取代了"寡"。这一过程在口语中的完成大概是在两汉之交。

下面是几部上古典籍中这对词的使用频率统计表[①]：

	礼记	左传	孟子	公羊传	老子	庄子	荀子	吕氏春秋	韩非子
寡	20	10	11	2	3	15	24	21	47
少	7	5	3	4	4	17	31	23	58

在传世的儒家经典"十三经"中，只用"寡"而不用"少"的有《周易》（6例）、《尚书》（1）、《周礼》（19）、《论语》（10）、《尔雅》（2）、《孝经》（1），只用"少"而不用"寡"的则有《诗经》（1）、《仪礼》（1）、《谷梁传》（3）。

从上述这些数据中可以清楚地看出，随着时间的推移，"寡"的用量逐渐减少，而"少"的用量则渐次递增。在上古汉语早期，有许多文献根本不用"少"；而从战国起"少"开始多用起来，大约到战国后期，两者的出现频率已经基本持平或"少"略多于"寡"，如《老子》《庄子》《荀子》《吕氏春秋》《韩非子》《公羊传》这几部书。

汉代以后，"少"继续增多，"寡"继续减少。下面是两汉魏晋南北

---

① "少"有时也写作"小"，如《韩非子·饬令》："朝廷之事，小者不毁。"王先慎集解："《商子》'小'作'少'。"但这样的例子只是偶见，故下面统计出现次数时暂未计入。

朝时期几种古籍中这对词的使用频率统计表：

	史记	论衡	法显传	世说新语	齐民要术
寡	25	34	0	6	0
少	112	94	5	31	164

在《史记》和《论衡》中，“少”都已占据压倒多数；而到了《法显传》和《齐民要术》，“寡”就根本不出现了。另外，东汉三国时期的翻译佛经已几乎一律用“少”而不再用“寡”，即使像康僧会所译的《六度集经》这样比较求雅的佛经也只用“少”而未见到“寡”。这说明口语中“少”彻底取代“寡”不会晚于公元2世纪中叶。

汉代以后，随着使用频率的提高，“少”在用法上也有了新的发展，除上文所引王凤阳(1993/2011)指出的“‘少’可以带补语或作补语”之外，还有一点是“少”可以用作定语修饰名词，意为“不多的，少量的”，这是“寡”字所不具备的。“少”的这一用法在汉魏六朝时期用例多见，但现代汉语没有保存下来。例如：

(29) 子玉固请，乃与之少师而去。(《史记·楚世家》，5/1698)

(30) 韩不说，以其少卒夜去。(《史记·魏世家》，6/1843)

(31) 黯褊心，不能无少望。(《史记·汲黯列传》，10/3109)按：望，怨恨。

(32) 贫人以少华投中便满；有大富者，欲以多华而供养，正复百千万斛，终不能满。(《法显传·弗楼沙国》)

(33) 下官希见盛德，渊源始至，犹贪与少日周旋。(《世说新语·企羡4》)

(34) 有人遗其双鹤，少时，翅长欲飞，支意惜之，乃铩其翮。(《世说新语·言语76》)

(35) 市枲者,口含少时,颜色如旧者佳;如变黑者,衰。(《齐民要术》卷2"种麻第八",117)[①]

(36) 有人少谷往,而取杏多,即有五虎逐之。(又卷4"种梅杏第三十六"引《神仙传》,282)

(37) 与少胡荽子著中,以辟,得不生虫。(又卷8"作酢法第七十一",558)

(38) 若解离不成,与少面。(又卷9"炙法第八十"引《食次》,622)

(39) 若无,用鸡子黄,加少朱,助赤色。(同上,623)

在跟新成分的结合上也只用"少"而不用"寡",如"少许"不说"寡许"。这些都说明"寡"作为一个单词已经基本退出了口语,而让位给了"少"。

如上所述,魏晋以后,表示"数量小"这个意思已经很少再用"寡"而基本上成了"少"的一统天下。只有在文学语言中偶尔还用到"寡",如《世说新语》一书,"寡"和"少"的出现次数为6∶31。6例"寡"中,有1例系引用《周易》(吉人之辞寡,躁人之辞多),有1例是沿用先秦的成词(寡欲),其余4例是:

(40) 仆生出边垂,寡见大义,若不一叩洪钟、伐雷鼓,则不识其音响也。(《言语9》)

(41) 何晏、邓飏有为而躁,博而寡要,外好利而内无关籥,贵同恶异,多言而妒前。(《识鉴3》)

(42) 非为简选,直致言处自寡耳。(《赏誉83》)

(43) 兄伯萧索寡会,遇酒则酣畅忘反,乃自可矜。(又151)

---

① "少(shǎo)时"意为"时间不长",《世说新语》《齐民要术》等魏晋南北朝著作中常见;而《史记》中的"少(shào)时"则一律指"年轻(幼)时"。两者不是一个词。

这 4 例“寡”都出现在对话中，反映的应该是当时知识分子的“雅言”。不过即使是在《世说新语》的对话部分，“少”的用例也要多于“寡”，可见“寡”在文学语言中也已经是强弩之末了。

小结：“多”的反义词春秋以前基本上是“寡”，战国开始逐渐多用“少”，至战国后期“少”的用量已经超过“寡”；到了《史记》和《论衡》中，“少”的使用频率就占据了压倒优势，东汉翻译佛经则一律用“少”而不用“寡”。据此推测，至晚到 2 世纪中叶，口语中已经是“少”的一统天下。这个局面一直维持到今天。

第五章　结语

第一节　常用词演变的若干问题

常用词演变有其自身的规律[①]，但对这些规律的探求现在才刚刚起步。通过对上述41组常用词在中古汉语时期递嬗变迁情况的考察，结合自己平时的思考和跟师友的讨论，下面就跟常用词演变相关的若干问题提出一些初步的看法。

一、汉语常用词历时演变的基本类型[②]

如果从汉语历史发展的全过程着眼，自上古汉语一直到现代汉语始终未变的常用词只是少数，如天、地、山、水、人、手、马、风、大、小、苦等；大部分都发生过变化。变化主要表现在两个方面：第一，词还是原来的词，但意义发生了变化，包括通常所说的词义扩大、词义缩小和词义转移等；第二，同一个指称对象（或说义位）在不同时期用不同的词汇形式来表示，换言之，同一个所指，在不同的历史阶段能指不同[③]，而这些能指之间存在着历时替换关系。我们现在的研究重点是后者，下面着重讨论这一类变化的一些主要类型。由于词汇现象至为纷繁复杂，划分类型很不容易，有时是几种类型交织在一

---

① 马提索夫〔James Matisoff〕曾说："所以常用词的行为方式与非常用词、文学词不同。说词汇以同样的速度变化，这是不确实的。"见徐通锵(1984)，页217。

② 这部分内容曾跟李宗江先生用通信方式讨论过，受到李先生的启发甚多；同时参考了他的《汉语常用词演变研究》一书中的"交替性演变"节。在此一并致谢。

③ 参看王力(1958/1980)"词是怎样变了意义的"和"概念是怎样变了名称的"两节。

起,所以这里提出的分类方案还是很初步的,有待于日后逐步完善。

1. 单一的线性替换

这是常用词历时演变中相对来说比较单纯的一种类型。参与这种替换的通常是两个(有时是三个,三个以上的罕见)产生时间有先后的同义词。如果从古到今只经历一次更替过程,可以把更替前后的两个时期分别称为“阶段 A”和“阶段 B”,阶段 A 用 a 词(本书一般称为“旧词”),阶段 B 用 b 词(通称“新词”)。在更替过程中,新旧两词并存,相互竞争,此消彼长,最终新词取代旧词,如“足—脚、舟—船、木—树、入—进、曝—晒”等。如果经历过两次更替,就有阶段 A、阶段 B、阶段 C 和相应的 a 词、b 词跟 c 词。更替过程因之也有两个,第一个更替过程是 a、b 两词的共存和替换,第二个则发生在 b、c 两词之间。如“他人—旁(傍)人—别人、侧—旁(傍)—边、广—阔—宽”等。余可类推。

这一类型的特点是词的单一性,即各个阶段代表此义位的都只有一个词而不是多个[①],把前后阶段连接起来就是一个单一的线性替换链。事实上词汇现象难以如此单纯,因此真正属于这种类型的例子并不太多。

2. 各阶段代表词之间的更替

大部分常用词的新旧更替虽然也能像上面第一种类型那样分出几个阶段,但各个阶段中词的个数却并不那样单纯,不是只有一个,而是有多个,有时甚至是个数不小的一组。但在这一组词中,通常有一个是义域最大、出现频率最高的主导词,我们不妨称之为“代表词”。比如表示“用目光接触事物”这一概念的词,古代汉语有二十多

---

① 新旧成分组成的同义并列复合词(如“进入”“树木”“宽阔”等)和新词取代旧词以后旧词仍在某些场合使用的情况暂不考虑在内。

个，现代汉语有十多个，前者的代表词是“视”，后者的代表词是“看”[①]。我们可以集中考察从“视”到“看”的替换过程。又如表示“兴建建筑物”这一概念，上古汉语有“建、筑、作、立、为”等，中古汉语除此之外还有“起”，现代汉语有“建、造、盖”等，三个时期的代表词分别是“筑”“起”和“盖”[②]。不过实际情形往往很复杂，阶段有时候不易划清。

3. 同义义场的古今演变

除了上述两种比较简单的类型外，更复杂也更常见的情形是：同一个最小子语义场，内部成员古今发生了变化，就“古今词”而言，它们不是单纯的一对一关系。有多对多的关系，如“言、云、曰—说、道”“宜、当—应、合、须、该”等；有多对一的关系，如“还、返(反)、归—回”“居、止、处—住”“憩、休、息—歇”“畏、惧、恐、怖—怕”“误、谬、差、忒、爽、……—错”等；也有一对多的关系，如“父—爷(耶)、爹、爸”“肆—店、铺、行”“拭—揩、抹、擦”等。

4. 一组同义词内部的此消彼长

一组同义词，最初在意义和用法上有一定的差别，但产生时间没有明显的先后差异，在以后的发展中，其中一个逐渐占据优势，而其他几个则基本被淘汰出口语，这就是同义词的此消彼长。此消彼长的过程又各有不同。比如“生、活、穀[③]”这组词，在“生命存在”这一义位上是同义词，都见于先秦早期典籍《诗经》，从现有文献资料难以看出它们产生时间的先后。在后来的竞争中，“穀”始终处于次要地

---

① 参看蒋绍愚(1989)，页278—279；吕东兰《从〈史记〉、〈金瓶梅〉等看汉语“观看”语义场的历史演变》，《语言学论丛》第二十一辑，商务印书馆，1998。

② 现代汉语的代表词主要是就普通话口语而言。

③ 《尔雅·释言》：“穀，鞠，生也。”《诗·王风·大车》：“穀则异室，死则同穴。”毛传：“穀，生。”“穀”字此义在先秦和后代都用得很少。

位,可能很早就被挤出口语了,“活”和“生”的竞争则经历了漫长的阶段。又如“卧、眠、睡”这组表“睡眠”义的同义词,都始见于战国,此后大体上经历了从“卧”到“眠”再到“睡”这样一个轮流坐庄式的过程。

5. 由于概念一般化而引起的同义词简化

跟“洗”有关的词,上古汉语有“沐、浴、盥、濯、浣(澣)、澡、洒[①]、洗[②]、沬(颒、湏、靧)、洮、涤、荡(盪)、漱”等,各自所洗的对象不同,后来“洗”的词义范围扩大,可泛指洗一切东西,成了这个语义场中的上位词,其他词就逐渐被淘汰了。这就是由概念一般化而引起的同义词简化。又如王力先生(1958/1980)谈到过的有关“叫”的一组词,古代有“鸣、雊、吠、唬(哮)、嗥、嘶”等,分别代表各种不同动物的叫,后来由于概念的一般化而统一叫作“叫”。

6. 同源词的内部更替

有些旧词和新词有同源关系,最初可能只是一个词在不同方言中的语音变体,用文字记录下来就写得不一样。从文献资料看,一组同源词内的各个成分产生时间往往有先后,如“监—鉴—镜”“痛—疼”[③],因此也可以看作是一种历时更替,但跟其他类型相比,参与更替的成分之间因为有同源关系,性质是不一样的,所以把它独立作为一类。不过对同源词的确定是一个比较复杂的问题,具体操作时以谨慎为好。

7. 特殊原因造成的词汇更替

如在许多情况下“国”代替了“邦”,“代”代替了“世”,“野鸡”代替了“雉”,这是由于避讳;“帽”替换了“冠”,则跟古代服饰礼俗有关。王力先生(1958/1980)说过:“避讳和禁忌,是概念变更名称的原因之

---

① 上古音相当于 xǐ,后代写作“洗”,在“洗涤”义上,“洒”和“洗”是一对古今字。

② 上古音相当于 xiǎn,义为“洒足”(《说文》),即洗脚。

③ 参看王力《同源字典》,商务印书馆,1982,页 380—381。

一。”(页 584)不过此类的例子看来不会太多。这一类型的划分是从更替原因着眼的，跟上面各种类型似乎不是一个层次上的东西，但不好归入哪一类，暂且让它独立为一类。

上述七种类型未必能将汉语常用词历时演变的所有情况都包括在内，这个分类肯定是不完备的。事实上词汇的演变极其复杂，尤其是像汉语这样有着悠久历史的语言。有的新词只是昙花一现，过了不久就退出竞争了；有的新词和旧词长期“和平共处”，谁也没能取代谁，可能成了一种“地域同义词”，如“干”和“燥”、“路”和“道”等等。这些情况就暂时没有考虑在内。

二、关于更替次数

从通史的角度看，历史上经历过一次更替的常用词占多数，如“视→看，击→打，悬→挂，闭→关，覆→盖，释→放，书→写，易、更→换，寒→冷”等；经历过两次更替的也有一部分，如“他人→旁(傍)人→别人”“衣、冠、服→著(着)→穿、戴，使、令→教(交、叫)→让”等；发生过三次以上更替的则比较少见，如“求、索→寻→觅→找，呼→唤→叫→喊，宜、当→应→合→该”等。

下面这一类词究竟应该看作经过几次更替值得讨论，如“目→眼→眼睛，涕、泣→泪→眼泪，翼→翅→翅膀，鉴→镜→镜子”等。表面上看起来它们似乎有过两次更替，但我觉得从词汇史的立场看，还是把它们看作经过一次更替比较妥当，因为“眼”和“眼睛”、“泪”和“眼泪”、“翅”和“翅膀”、“镜”和“镜子”等都只是单音词和双音词的区别，作为一个词的核心因素的词根并没有改变，在词汇发展史上不具备独立划分阶段的意义。这种变化至多只能看作阶段内部的差异，是低一层次的问题，不能同“目→眼”“涕→泪”这样的变化相提并论。

三、新词和旧词的关系

旧词和新词产生的时间一般有先后。就本书所论及的 41 组词而言,旧词几乎都是上古前期就有的古词;新词则大都始见于战国两汉,个别的要晚到魏晋。至于唐以后出现的一批新词,产生时间就更晚了。但也有一些新词看来跟旧词差不多同样古老,如"说""道""活"等,当然这种情况只是少数;而且我们现在判断新词和旧词的产生时间只能限于现有的文献,如果能把汉语书面语的历史再往上推,这些词的产生时间可能还是有先后之别的,因为有种种迹象表明,即使是新词和旧词同时出现于最早的文献中,它们的"表现"却是不一样的,比如新词的使用频率要远远低于旧词,组合能力也弱于旧词,等等。至于经历过两次以上更替的常用词,所谓"新词"和"旧词"就只能是一个相对的时间概念。

四、新词的来源

就中古汉语而言,旧词一般都是承自上古汉语的固有的词。新词的来源则大概有这么几种途径:

1)来自方言。这是新词最主要的一个来源。如"眼、泪、脚、翅、船、著(着)、看、觅、眠、唤、打、抄(钞)、晒、换、痴、瘦、疼、冷"等。虽然由于资料的匮乏,有些词究竟是否来自方言或来自哪一种方言常常难以证明,但我们可以推测它们最初大概都是方言词,因为这些词与下面第二类明显不同,它们跟旧词往往在某一义位上一开始就是等义关系[①],是旧词的方言同义词,而不是由其他词引申而来的。从某种意义上说,汉语常用词在历史上的新旧更替,就是方言词跟方言词或方言词跟通语词之间此消彼长的结果。

2)新词是由其他词引申而来的一个新义[②]。比如"树"可能是由

---

① 当然这并不排斥新词在同旧词的竞争中词义又有所丰富和发展。

② 这种引申最初可能也是首先发生在某些方言里,但跟第一类一开始就是方言同义词的不同。

动词引申为名词的,“戴”由“头上顶东西”缩小为专指戴帽子,“挂”由“挂住”引申为“悬挂”,“关”由名词“门闩”用为动词“上门闩”,再引申为“关门”等。本书曾论及的“边、里、教(交)、写、回、进、住、合、错、快、阔、宽”等大概都属于这一类。有个别新词的产生可能有特殊原因,如“应该”的“应”,跟“应”字在先秦时期的其他义项看不出有什么引申关系,助动词“应”的来源还有待解释。

3)来自其他语言。如唐宋以后“哥”替代了“兄”,“哥”可能就是一个外族词①。

五、新词替换旧词的过程和所需时间

上述第二种来源的新词在替换旧词时大体有这样一个过程:侵入旧词的义域→义域扩大并逐步与旧词的义域重合→新词与旧词在某一个或几个义位上完全同义,竞争达到高潮→旧词被新词挤出词汇系统或以文言词的身份保留在词汇系统中(也有的是作为语素保留在合成词或成语中),更替过程完成。在新词侵入旧词义域的初始阶段,一般都有一个对词义发生不同理解的过程,经过不断增强的“触发经验”(triggering experience)对几代人的刺激,新词最终淘汰旧词。如“住”由“停留”义引申出“居住”义的过程中有不少可作两解的例子,正是对词义发生了不同理解的反映。这种情况越来越多,一个新义也就诞生了。许多来自方言的新词在替换旧词时也有类似的过程,因为这类新词开始时往往义域比较狭窄,用法较为单一,在跟旧词的竞争中,它们在词义和用法方面不断地“壮大”自己,使自己逐步具备取代旧词的“实力”。也就是说,随着频繁的使用,新词的词义

① 张清常先生说:“哥、哥哥作为亲属称谓,可能借自鲜卑语 agān。”参看张清常《〈尔雅·释亲〉札记——论“姐”、“哥”词义的演变》,《中国语文》1998 年第 2 期,页 139。又参看胡双宝《说哥》,蒋绍愚(1989)页 270。

不断丰富和抽象化。如“觅”“换”“打”“冷”等词都是如此。特殊原因造成的词汇更替(如避讳)则大多属于突变性质,所以一般不会有这种过程。

常用词的新旧更替是一个比较缓慢的渐变过程。新词替换旧词所需要的时间各组词之间有一定的差异。由于唐以前文献反映实际口语的滞后和不充分,一般来说,新词在口语中的产生都要早于始见于文献的时代,因此实际替换过程应该比我们现在考察所得的结论更长一些。通常情况下,从新词在文献中露头到基本取代旧词,大约需要三四百年的时间。像“木→树”“舟→船”“目→眼”“涕、泣→泪”“翼→翅”“服→著”“视→看”“呼→唤”“曝→晒”“还、归、返(反)→回”“瘠、癯→瘦”等基本上都是如此。时间较短的如“住”替换“居”,大约用了二百年左右;“痴”替换“愚”大概也只用了二百多年。较长的如“脚”替换“足”、“盖”替换“覆”等。那些分阶段替换的古今词,延续的时间自然就特别长,如“说”替换“言、云、曰”、“写”替换“书”、“活”替换“生”等。在轮流坐庄式的同义词此消彼长类型中,情形也要特别一些,如“寝—卧、眠、睡”这组词。“卧”“眠”“睡”都是战国时代出现的新词,此后经历了一个依次更替的过程,其中“卧”取代“寝”、“眠”取代“卧”大体上也是各用了三四百年的时间。

有一种观点认为,汉语的常用词自古以来就有文言词和口语词的区别,仿佛每一个文言常用词在上古都有一个相对应的口语词,后世行用的口语词个个都可以在上古汉语中找到源头。这实际上等于否认汉语口语在历史上有过演变发展,是有失偏颇的。虽然有许多后世常用的口语词可以上溯到先秦汉语,但也不能否认这样一个事实,即秦以后历代都有新的口语常用词产生(实际上可能是方言词进入了通语)。我们要研究的汉语词汇史正是汉语口语词汇发展演变的历史。假如我们所调查的文献语料有一个足够大的范围,那么对新词出现于书面之前在口语中已经有过多长的存在历史还是可以作出大致推测的。比如“看”字，西汉几乎见不到用例，要不是《韩非子》中有过一个例子，我们也许很难知道这个词先秦就已经存在。但是根据“看”在东汉六朝时期的种种“表现”，我们还是可以大体推定这个词在之前的口语中一定已经有过相当长的发展历史。与此形成对比的是“打”字，从它在这一历史时期的使用情况推测，尽管它在口语中的产生肯定要早于东汉中期，但估计不大可能早到先秦①。类似的还有“觅”“唤”等，产生时间也不应该早到先秦，“觅”甚至不大可能早到西汉。这是因为口语词或多或少总会在书面文献中有所反映，而词汇发展是有其规律可循的。

六、判断新词替换旧词的标准

在什么样的情况下，我们可以说新词已经完成了替换旧词的过程呢？能不能找出一些行之有效的标准来帮助我们判断新旧替换过程已经完成了呢？一般而言，判断的标准主要有三个：1. 统计数据，2. 组合关系，3. 新旧词在典型语料中的使用情况。下面对这三个标准逐项加以讨论。

1. 统计数据

一般地说，根据统计数据来推定完成时间是比较可靠和便捷的一个办法。不过，统计法也有不足之处，一是假如所研究的词本身出现频率不太高，统计数据往往就说明不了什么问题；二是统计数据反映实际语言的准确程度取决于语料的性质，因此在缺少优质语料的情况下，用这种方法就有局限，所得结论往往有滞后性。就本书所考察的隋以前这一时段而言，由于能利用的语料大多是文白夹杂的，真正反映实际口语的材料很少，文中虽然也常常用到统计法，但就准确

---

① 参看第三章“8. 击/打”组“小结”。

推定新词替换旧词的时间这一点来说,它一般只能作为一种辅助手段。“入/进”是一个典型的例子。据我的考察,表示“进入建筑物”这个意思,在梁初的金陵一带口语里“进”肯定已经替换了“入”,理由是,在梁初任昉(460—508)《奏弹刘整》所录的诉状供词部分,4 处讲到进屋,都用“进”而不用“入”,这是当时口语在这种场合说“进”而不说“入”的铁证。文章开头说:“臣闻马援奉嫂,不冠不入。”全文进屋用“入”仅此一例,从中不难看出口语和书面语的差别。此外,在诉状供词部分还出现了 3 个“入众”,反映出口语中“进”取代了“入”的一部分功能后两者各有分工的真实情况①。但统计数据却并不支持我的上述结论:在两位梁代史学家沈约(441—513)和萧子显(约 489—538)所撰的《宋书》和《南齐书》里,这种“进”字用得较多,但若就出现频率而言,则“进”仍大大低于“入”;梁初陶弘景(456—536)整理加注的《周氏冥通记》四卷,当“进入”讲的“进”共 7 例,“进”的主语都是人,对象都是房屋;“入”共 34 例,其中当“进入(房屋)”讲的有 10 例,除此之外的其他组合都是“进”所没有的。尽管《周氏冥通记》反映当时口语的程度也相当高,但毕竟不能跟几近于实录的狱词相比,所以在表达“进屋”这一概念时尽管此书“进”的出现频率已经不低,但还是略少于“入”。应该说,书中用“进”的这些例子是代表当时口语的。在这种情况下,我们仅据统计数据就无法得出合乎实际的结论,必须借助其他方法,如下文将要谈到的根据典型语料中新旧词的使用情况来考察等。

2. 组合关系

新词和旧词的组合能力是不一样的。一般地说,新词组合能力强,旧词组合能力弱;新词常常跟新成分组合,而旧词跟新成分组合

---

① “入众”直到今天也不能说成“进众”,就像“入土”不说“进土”一样。

就比较困难；旧词的组合关系多为承用前代的一些固定搭配。根据这一特点，通过考察新旧词的组合关系也可以帮助我们推断替换过程是否已经完成。比如“木/树”这组词，在《论衡》里“木”的数量还是远多于“树”，在组合关系上看不出两者有什么明显的差异，既有“桃树”也有“桃木”，既有“珠树”也有“扶桑木”，既有“巨树”，又有“大木”。据此推测，在王充的书面语里，“树”和“木”还处于混用状态。到了东汉佛经，情形就大不相同了，不仅在数量上“树”与“木”相比占了绝对优势，而且在组合关系上“树”也表现出活跃的生命力：一是有关树木本身的名词几乎都用“树”来作限定语；二是“某某树”的格式被推而广之，几乎所有的树名后面都可以加上一个“树”字，凡是翻译外来树名，一律称“树”而不称“木”；三是修饰“树”的词语多而自由，构成的词语很丰富。依据这些事实，我们可以有把握地说，此时“树”替换“木”的过程在口语里肯定早已完成。

在考察组合关系时，有一个问题需要注意，就是有些旧词被新词替换后，作为构词成分仍很活跃，甚至到现代汉语中还是如此，新词反倒缺乏构词能力，如“电视”“舟桥部队”，这里的“视”和“舟”不能换成“看”和“船”，等等。对这种情况应该作恰如其分的分析，既不能否认这些事实的客观存在，也不宜夸大。要注意区分词和构词语素。我们所说的“组合关系”是就“词”而言的，不包括“构词语素”。汉语中确实存在着这样的现象：作为构词语素，旧成分有时比新成分具有更强的生命力和能产性；但是作为一个独立使用的词，口语里已经是只说新词而不说旧词了，这一基本事实也是无法否认的。从这个意义上看，我们说替换过程已经完成是符合实际的。

3. 典型语料中的用词情况

一些高度口语化的语料可以作为我们推定替换过程完成与否的有效依据，如上文提到的《奏弹刘整》中的“进”字例。这种作品是最能说明问题的宝贵材料。只是可惜在隋以前的传世文献中像这样的典型语料太少。因此运用这个标准要掌握好“度”,即不能绝对化,仅凭少数例子就匆忙地下结论。不然很可能以偏概全,把完成时间提得过早。假如我们研究唐以后的常用词演变,这条标准就可以作为确定替换完成与否的一个主要手段。

要准确地推定新旧替换过程完成的时间不是一件容易的事情,问题的复杂性在于:很难拿出一个过硬的判断标准。既要避免仅据典型语料的使用情况以偏概全,又要注意不宜只看统计数据而把时间定得过晚。在实际操作过程中,上述三项标准往往是结合起来使用的。有时是以其中的一项标准为主,参考其他两项。要尽可能全面地、综合地考虑问题,以使得出的结论尽量接近实际。

我们说新旧替换过程已经完成,是指大势而言,而不是说旧词就从此销声匿迹,不再使用。房德里耶斯(1992)说过:“但是新词不一定都把原存者赶走,人的心理会适应同义词和对似词的存在,一般给它们派上不同的用途。”(页 215)又说:“新词的创造不一定要毁灭旧词,但往往把它放逐到词汇中的一个特殊的部分。”(又 251)事实确实如此。替换过程完成后,旧词不妨仍在某些场合使用,主要是书面语中,但有时也会在口语中出现。另外,一些固定搭配一般是很难被替换的,如“击剑”不说“打剑”,“入土”不说“进土”,等等。

七、口语词与书面语词的关系

口语词进入书面文学语言大都也有一个过程。开始时口语词汇在高雅文体中总显得有点格格不入,慢慢地,也就习惯了。也就是说,口语词汇有一个被人们特别是文人们在心理上接受的过程。这里可以看出活的口语对文学语言的影响。一开始多数文人会极力抵制那些口语中的“俗词”,但它们却具有顽强的生命力,随着时间的推移,它们在人们(包括文人们)口中生了根,文人们也渐渐放松了对它们的警惕，开始让它们零星地出现在自己的笔下。而一个词一旦在有影响的作家诗人们笔下用开了之后，可能就会迅速地在高雅文体中扩展开来，跟旧词并存并逐渐取代它。但是汉语的文言词汇系统有着极大的保守性，即使新词实际上已经取代了旧词，旧词往往也不会轻易退出词汇系统，而是采取“和平共处”的方式跟新词长期并存。这是书面语词汇系统的一个特点，一般来说，在口语中这种情况是不大可能存在的。口语常常采取“非此即彼”的方式，老百姓口头说的实际上往往只是一组同义词中的某一个，如“泪”取代“涕”以后，很难想象在日常口语中还有人会管眼泪叫“涕”，但在书面语中，这却是常见的现象。

八、关于早期的个别孤例问题

探讨常用词新旧替换，少不了追寻新词的来源。在给新词溯源的过程中，有时会碰到早期的个别孤例问题：这种例子在较早的时候往往只是偶尔见到一两个，此后要过几百年才在文献中重新出现，中间隔着很大一段空白带。

“看”是一个典型的例子。先秦时期，“看”字仅在《韩非子》中见到一例，此后要到东汉初年的《易林》里才重新出现，整个西汉至今没有发现用例。对于这个早期孤例应该怎么看呢？有的学者认为中间隔了二百多年，就这么一个例子，这不符合语言发展的一般规律，而且《韩非子》的“看”字是“看望”义，就词义发展的通例来说，“看”的本义应该是“用视线接触事物”，“看望”该是它的引申义。因此这个例子是很可怀疑的。这种怀疑自然不无道理，但是我们也可以试着从反面来论证这个例子的真实性。首先，《韩非子》的这个“看”字没有异文，历来学者也没有对它提出过疑问，怀疑它出自后人所改缺乏版本上的依据。其次，《说文解字》收了“看”字，还有异文作“𥄫”，说明它一定是个有来历的字，而不属于许慎所不屑收录的“俗字”之列。

第三,根据我的考察,从佛经和中土文献的用例综合分析可以推定,在汉末三国时期,“看”在口语里必定已经取代了“视”。“看”不仅大量出现在风格较俗的佛经里(像“观看”已成为佛经中的常语),而且散见于诗赋奏章等典雅的文体中,就是有力的证据。因为一般说来,口语、俗语词要进入书面文学语言是需要经过一个较长的过程的。“看”既然在先秦已见露头,那么在汉末三国时期发育成熟并替代了文言词“视”,前后相距约四百年,正是符合常用词新旧更替的一般规律的。假定我们不承认《韩非子》的例子,那么就得把“看”的始见时间定在东汉初[1],这样一来,“看”从出现到成熟的时间就显得短了些,它的发展过程反而不好解释。至于“看”的最早用例是“看望”义而不是“观看”义,原因何在尚须作进一步的研究。

表使令义的“教”是一个更不好解释的例子。“二典”都认为“教”在先秦已有“使令”义,所举的几个例子并不可靠,本书已一一加以驳正(参看该条)。任学良(1987)所举的《国语》“不教鱼长”一例,确实是“使令”义,但先秦仅此一个孤例,据本人的考察,此后要到东汉文献里才有同类的用例出现,而且“教”从实义动词向“使令”义的变化过程在东汉佛经材料中可以找到不少实例,按理说表“使令”的“教”正是在这一时期产生的。可是几百年前有这么一个例子放在那儿,说它在这个时候才产生就发生了困难。从“教”在汉魏六朝时期的种种“表现”来看,它的“使令”义的产生好像不应该早到先秦,它跟“看”的情况很不相同。对于这个例子,本书只好暂时存疑。

类似的例子还有一些,如本书讨论到的“翅”“著”“放”“换”“住”“阔”等。我的总体看法是,对待早期孤例宜持谨慎态度,在没有确凿

① 其实所谓“东汉初”也只有《易林》的一个例子,而《易林》的成书时代还是一个有争议的问题。此后就要到所谓的“后汉失译”佛经里例子才稍微多一些。

证据的情况下，最好不要轻易怀疑例子的真实性，有些暂时解释不了的问题可以先存疑。因为传世的先秦载籍数量有限，这些有限的文献反映当时实际口语的程度究竟如何还是一个有待深入研究的问题。文献中没有见到用例未必就意味着口语中不存在这个词，而文献中偶尔一见的例子也许恰恰是透露了口语的真实消息。这样的事例在以往的汉语史研究中并不鲜见。例如系词"是"，《公羊传》和《史记》中有少量例子，王力先生曾说："例子少到这个程度，令人怀疑是后人改写过的。"[①]现在已有众多的出土文献资料可以证明，这个怀疑是缺乏根据的[②]。

九、常用词演变中的方言问题

常用词是词汇的一部分，当然也会有方言差别，这只要看一下今天的活方言就不难明白。但古代汉语的方言问题向来是汉语史研究中的一个老大难问题，在常用词演变研究中也不例外。历史上每个时期的常用词都存在着方言差别，这一点应该是可以肯定的；但这种差别具体表现在什么地方，一个词在某一时期流行的地域究竟有多广，它的消长情况又是怎样的，这些都是不好回答的问题[③]。因为根据现有的文献要想精确地证明常用词的方言差别几乎是不可能的，至少本书考察的隋以前的情况是这样。本书也试着在这方面作了一些探索，到目前为止，能大概看出一些方言差异的常用词只有"进"，但是也仅限于笼统地说在南北朝时期它多见于南方文献而在北方用得很少，据此大体推测它可能是当时的南方方言词。此外"宽"有可

---

① 王力《汉语语法史》，商务印书馆，1989，页195注。

② 参看汪维辉《系词"是"发展成熟的时代》，《中国语文》1998年第2期。

③ 王国维《书郭注方言后》曾把汉代到晋代方言词汇的演变归纳为四种情况，参看蒋绍愚(1989)页12。王氏的概括虽然还是初步的，但已经足以证明方言词汇历时演变的复杂性。

能是一个北方方言词。这个问题的深入有赖于现代汉语方言研究和汉语方言史研究的全面推进。

十、常用词演变的原因

常用词演变的研究跟研究其他语言现象一样，也可以分为两个层次：一是描写，二是解释。本书第二章的工作主要是描写。描写既属不易，解释的难度更大。为什么有些常用词历经几千年而不变，而大部分常用词从先秦到今天都发生了新旧更替，有的还不止一次？为什么性质相类的词，有的变得快，有的变得慢？是什么因素在暗中操纵着变或者不变、变得快或者慢？发生常用词新旧词更替的内部机制究竟是什么？这些问题都很诱人，但也很难回答[①]。这里只能结合我的实践，先谈一点初步的想法。

常用词新旧更替的原因应该是多方面的，而非单一的。就具体的一组组词而言，原因也各不相同，有些可能以甲原因为主，有些则以乙原因为主。从大的方面说，导致常用词发生新旧更替的原因不外乎内部的和外部的两个[②]。

外部原因对语言的变化有相当大的影响。凡是社会动荡、思想解放的时代，语言的变化就快，反之则相对较慢。就唐以前的汉语来说，有两个时期语言的变化比较剧烈，一个是战国，一个是魏晋南北朝。许多研究者已经指出这一点，本书对41组常用词新旧更替的考

---

① 房德里耶斯(1921/1992)曾说："总之，任何领域的现象的演变原因都没有这么(指词汇演变)复杂多样。"(页215)

② 房德里耶斯(1921/1992)指出："在研究已被我们掌握了历史的各种语言的词汇时，我们很容易把这一类事实搜集在一起，因为任何词汇都或多或少有过更换。更换的原因是很复杂的，有时一点也摸不着边儿。词汇的事实都是单个儿的，它取决于一些偶然条件。我们事前既无法预料，事后没有历史所提供的证据也无法设想。但词汇的更换却有一些一般的原因能说明大多数的事实，这些原因可以从两方面来考虑：一是说话者个人的心理方面，一是使用语言的社会环境的社会方面。"(页238—239)

察也印证了这个事实。

在外部原因中，某些方言地位的升降是一个重要的因素；而方言地位的高低又往往跟一个时期政治、经济、文化中心的确立或迁移有着直接的关系。不难想象，随着公元317年晋室南渡，北方少数民族入主中原，汉语曾经历了怎样巨大的变化。一方面是北方广大地区的汉语受到外族语言的影响和内部各次方言之间的相互影响；另一方面是大量北方移民来到江南，与土著居民杂处，方言之间的相互影响和融合究竟达到怎样的程度，还需要好好研究。《颜氏家训·音辞篇》指出："而南染吴越，北杂夷虏，皆有深弊，不可具论。"反映的正是这一事实。同时随着政治中心的南移，金陵（今南京）成为东晋迄陈五朝首都，原金陵一带的吴方言的地位较前提高了。尽管开始时南渡的北人们顽固地坚持说北方话而不屑于说吴语，但有时为了政治上的需要也不得不向吴语妥协，东晋中兴名相王导就曾在某些场合说吴语，如《世说新语·排调13》记载："刘真长始见王丞相，时盛暑之月，丞相以腹熨弹棋局，曰：'何乃渹！'刘既出，人问见王公云何，刘曰：'未见他异，唯闻作吴语耳。'"刘孝标注："吴人以冷为'渹'。"[①]王导是一位有深谋远虑的杰出政治家，他在渡江之初大部分北人还瞧不起吴语的情况下带头学说吴语，显然有着亲近和笼络吴人的深层用意，不过当时许多人并不一定理解。随着时间的推移，早期渡江南下的北人们渐习吴俗，反而瞧不起那些"晚渡北人"，《宋书·杜骥传》就有这样的记载："晚度北人，朝廷常以荒伧遇之。虽复人才可施，每为清途所隔。"这中间也应该包含着语言方面的因素。周一良先生指

① 参看张永言先生《语源探索三例·说渹》，《中国语言学报》第3期（1988），又收入《语文学论集》（增订本），复旦大学出版社，2015。

出:“此种情况,自东晋南朝之初已如此。”[①]到了隋朝初年,颜之推就把金陵话和洛阳话并称为天下两大正音了[②]。可见几百年间受到吴语深刻影响的金陵士大夫们所说的北方话的地位已空前提升,不仅成为南朝的通语,并且可以跟北方正音相提并论了[③]。要是没有东晋以降长达二百多年的南北分裂,吴语对“雅言”要发生如此巨大的影响是无法想象的。我们今天看到的东晋南朝文献,它的语言实际上已带有浓重的吴方言色彩,特别是在词汇方面。这一时期的许多语言现象都跟南北分裂、吴语地位上升有着或多或少的联系。有一批新的常用词,看来最初是在吴语区先通行的,有的或许就是由吴方言词变成南方通语词然后再影响到北方话进而成为汉语全民通用词的,如“觅”“唤”“进”等。这样的例子目前能确指的虽然还不多,但这个事实的存在应该是毋庸置疑的。种种迹象表明,在南北朝时期,南方的文化要高于北方[④],在文学上和语言上,南方影响北方的多,而北方影响南方的少。如《北齐书·魏收传》载:“始收比温子升、邢邵稍为后进,邵既被疏出,子升以罪幽死,收遂大被任用,独步一时。议

① 参看周一良《魏晋南北朝史札记·〈宋书〉札记》“晚度北人”条,中华书局,1985,页190—192。

② 《颜氏家训·音辞篇》云:“自兹(按,指三国魏)厥后,音韵锋出,各有土风,递相非笑,指马之谕,未知孰是。共以帝王都邑,参校方俗,考核古今,为之折衷。榷而量之,独金陵与洛下耳。”

③ 关于南朝通语,鲁国尧先生曾作过精辟的论述,他指出:“在建康,百姓说吴语,而士族与官员则说南方通语。”参看鲁国尧《客、赣、通泰方言源于南朝通语说》,收入《鲁国尧自选集》,河南教育出版社,1994,页67—80。所谓“南方(朝)通语”,实际上就是几百年间在吴语影响下发生了变化的北方话。何大安先生的《六朝吴语的层次》一文(载《“中央研究院”历史语言研究所集刊》第六十四本第四分,1993)认为六朝吴语从来源上至少有四种层次:(1)非汉语层,(2)江东庶民层,(3)江东文读层,(4)北方士庶层。他说:“士人阶级也有北方士庶和江东文读两系统的并存。这两种系统的交融,产生了后来大部分为《切韵》所本而为唐人批评的‘吴音’。”(页872)

④ 参看周一良《魏晋南北朝史札记·〈魏书〉札记》“江氏世传家业与南北文化”条和“魏书袭用南朝史书”条。

论更相訾毁，各有朋党。收每议陋邢邵文。邵又云：‘江南任昉，文体本疏，魏收非直模拟，亦大偷窃。’收闻乃曰：‘伊常于《沈约集》中作贼，何意道我偷任昉！’任、沈俱有重名，邢、魏各有所好。”（2/491—492）高欢则曾明言吴儿老翁萧衍为北方士大夫所向往，目为衣冠礼乐所在之地[①]。所以我们看到，许多有时代特色的常用词在南方文献中的用例一般都要大大多于北方文献。这说明金陵不仅是南北朝时期事实上的全中国文化中心，在语言的变化方面也是领风气之先的。

从内部原因来看，词汇系统可能存在着一种自我调节机制，通过词义的分担来不断求得系统内新的平衡。一个词随着使用的频繁往往会引申出许多新的义项，词义负担不断加重，表义的明晰性受到影响，这时就会把某些义项卸给其他词。在常用词的新旧更替中，有一部分看来是属于这种类型的，比如“服→著”“书→写”“易、更→换”“生→活”等。

常用词似乎存在着一种内部更新机制，一个词用久了以后，常常会被一个新的同义词所取代，许多词看来是这样的。这也许跟语言使用者的喜新厌旧心理有关。按照语言年代学的观点，“任何语言中由根词、基本的日用的概念组成的那部分词汇变化的速度是比较固定的”，斯瓦迪士（M. Swadesh）曾得出结论说：“一切证据都说明语言词汇大致以一样的速率在变化。”李兹（Robert B. Lees）也曾得出一个普遍性的结论：“一切语言在任何时候，基本词根语素（basic-root-morphemes）在一千年后平均约有 81％的同源根（cognates）保留下来。”[②]李宗江先生在《汉语常用词演变研究》的“常用词演变问

① 参看周一良上引书“郦道元”条，页 382。

② 参看徐通锵（1991）页 413—415。

题存疑”一节中曾据此提出一个很有意思的“常用词寿命问题”:“词的使用会不会像生物一样,有自然的生命时限。……如果常用词存在平均寿命,那么一个词的‘年纪’大,就是它消亡的根本原因。”(页103—104)这是个饶有趣味的问题,值得深入探讨。不过从目前情况来看,说汉语的常用词存在着“平均寿命”似乎有困难,因为它解释不了一些最常用的基本词汇如“人、山、水、火、牛、一、二”等何以历经数千年而不变,而有些常用词却变得相当快。

内部原因还能再举出一些,但解释力都很有限。有些带根本性的问题目前还难以说清楚,也许是内因和外因共同作用的结果。总之,要准确地解释常用词演变的原因难度相当大,有待于今后继续深入研究。

第二节　从常用词看东汉魏晋南北朝汉语

通过考察一批常用词的历史变迁,我们对东汉魏晋南北朝(包括隋)汉语有了一些新的认识。

一、东汉汉语的归属问题

东汉和魏晋南北朝有着密不可分的联系。特别是东汉后期(我们把东汉分为前后两个阶段,大体以安世高等人译经为界——约相当于公元2世纪中叶),就常用词而言,更多的是表现出与魏晋南北朝的一致和与先秦西汉的歧异。汉语常用词新旧更替的现象自古就存在,但是首次发生大规模的显著变化是在魏晋南北朝,而这种变化的源头往往可以上推到东汉。对许多新词新义的研究证明,词汇方面的这些变化基本上是同步的。以前由于对东汉语言研究不够,多把它往上归入上古汉语,看来是欠妥当的;把它和魏晋南北朝联在一起恐怕更符合实际。从词汇角度看,把东汉—隋这一阶段作为汉语发展史上一个相对独立的时期,并把它称为“中古汉语”以对应于“上古汉语”和“近代汉语”，这样的分期法是合理的[①]。东汉是中古汉语的滥觞，唐是其尾闾。“中古汉语”具有承前启后的意义，是上古汉语演变为近代汉语的过渡阶段。从先秦以来所形成的传统文言，在这一时期开始发生显著的变化。就词汇而言，近代汉语乃至现代汉语常用词的基本格局，在此期已初具雏形。

二、中古汉语（东汉—隋）内部的分段问题

从东汉到隋末（25—618）将近六百年，是一个不算短的历史时期，汉语在这一时段里发生了许多重大的变化。在外部，它足以跟上古汉语和近代汉语相并列，鼎足而三；而在内部，实际上又可以细分为几个阶段。我们只要把东汉初年的语言和隋末的语言作一个比较，就很容易发现面貌已经大不一样了。这说明内部再分段是有根据的，也是必要的。笔者认为大体可以先粗略地分为这样三段：

1）东汉三国。约公元25年—280年。三国只有六十年，实际上只是东汉的一个尾巴。不过由于社会动荡，语言的变化也很剧烈。许多东汉或更早产生的口语词，经过三国时期的推波助澜，得到推广，并被文人们所接受从而进入文言词汇系统。

2）晋宋。约281—479年。基本上是一个过渡时期。

3）齐梁陈隋。约480—618年。许多常用词的最后发育成熟是在这一时期。齐梁以后诗风大变，为许多新的常用词进入文言词汇系统大开了方便之门。这一时期的语言跟唐代已经相当接近了。

汉语史的分期应该把词汇史跟语音史、语法史结合起来进行，虽

---

① 王云路、方一新合著的《中古汉语语词例释·前言》把汉语史分为三个时期：先秦、秦汉为“上古汉语”，西汉是上古汉语向中古汉语演变的过渡阶段；东汉魏晋南北朝隋为“中古汉语”，初唐、中唐是中古汉语向近代汉语演变的过渡阶段；晚唐五代以后为“近代汉语”。中古汉语“以自东汉到隋末约四、五百年间含有较多口语成分的典籍的语言为代表”。（参看页6—8）本人比较同意这一分期法。

然以一人之身要兼通三者不是易事,但全面考察、综合研究应该成为今后的努力方向。自我封闭、画地为牢是不可取的。语言内部语音、词汇和语法三个要素的发展变化不一定是同步的,但三者之间有着密切的联系,演变的大势往往是一致的。就东汉至隋这一历史阶段而论,语音史专家和语法史专家的研究结论跟我们从常用词方面考察所得的结果有着某种一致性,可以相互印证。比如柳士镇先生曾对魏晋南北朝语法作过断代研究,指出"同先秦两汉语法相比,此期的总体特征是新旧语法形式的交替"①。可见从语法史的角度把魏晋南北朝看作一个相对独立的阶段是可行的。周祖谟先生对魏晋南北朝时期的语音变化作过深入细致的考察,指出:"从三国到陈亡(公元220—589),三百七十年之间音韵的变迁可以齐梁作界限,秦汉以前为一阶段,齐梁以后为一阶段。大略说来,三世纪之初到五世纪末是一种情形,五世纪末到六世纪末又是一种情形。如果利用朝代的名称来说,魏晋宋包括北魏为一种格局,齐梁陈隋包括北齐、北周是另外一种格局。"②周先生从语音史角度把魏晋南北朝内部分为两个阶段,这跟我们从常用词的角度提出的内部分段很接近,特别是他认为齐梁是个分界,把齐梁陈隋作为一个阶段,我们的意见跟周先生的结论完全一致。这说明语言内部三要素的演变也存在着相通之处,把三方面的情况综合起来加以分析,汉语史的分期就可以建立在更加坚实科学的基础之上。

---

① 柳士镇《魏晋南北朝历史语法》,南京大学出版社,1992,页3。

② 周祖谟《魏晋音与齐梁音》,《周祖谟学术论著自选集》,北京师范学院出版社,1993,页162。

参考文献

北京大学中国语言文学系语言学教研室编 1995《汉语方言词汇》(第二版),语文出版社。

蔡镜浩 1990《魏晋南北朝词语例释》,江苏古籍出版社。

曹志耘主编 2008《汉语方言地图集》(词汇卷),商务印书馆。

程湘清等编 1994《论衡索引》,中华书局。

董志翘 1997/2000《〈入唐求法巡礼行记〉词汇研究》,四川大学博士学位论文/中国社会科学出版社。

方一新、王云路编著 1993/2006(修订本)《中古汉语读本》,吉林教育出版社/上海教育出版社。

房德里耶斯(J. Vendryes) 1921/1992《语言》(*Le langage: Introduction linguistique à l'histoire*),岑麒祥、叶蜚声译,商务印书馆。

符淮青 1996a《词义的分析和描写》,语文出版社。

符淮青 1996b《汉语词汇学史》,安徽教育出版社。

高桥清编 1959《世说新语索引》,日本广岛大学文学部中国文学研究室《中文研究丛刊》。

顾颉刚主编 1982《尚书通检》,书目文献出版社。

管锡华 1998/2000《〈史记〉单音词研究》,四川大学博士学位论文/巴蜀书社。

郭在贻 1992《郭在贻语言文学论稿》,浙江古籍出版社。

郭在贻 2002《郭在贻文集》(全四卷),中华书局。

洪　诚 1984《训诂学》,江苏古籍出版社。

洪　业等编纂 1986《毛诗引得》,上海古籍出版社重印。

洪　业等编纂 1986《周易引得》,上海古籍出版社重印。

洪　业等编纂 1986《孝经引得》,上海古籍出版社重印。

洪　业等编纂 1986《尔雅引得》,上海古籍出版社重印。

洪　业等编纂 1986《论语引得》,上海古籍出版社重印。

洪　业等编纂 1986《孟子引得》,上海古籍出版社重印。

洪　业等编纂 1986《荀子引得》,上海古籍出版社重印。

洪　业等编纂 1983《春秋经传引得》,上海古籍出版社重印。

洪　业等编纂 1988《礼记引得》,上海古籍出版社重印。
洪　业等编纂 1988《墨子引得》,上海古籍出版社重印。
黄金贵 1995/2016(新一版)《古代文化词义集类辨考》,上海教育出版社/商务印书馆。
贾彦德 1992《汉语语义学》,北京大学出版社。
江蓝生 1988《魏晋南北朝小说词语汇释》,语文出版社。
蒋绍愚 1989《古汉语词汇纲要》,北京大学出版社。
蒋绍愚 1994a《蒋绍愚自选集》,河南教育出版社。
蒋绍愚 1994b《近代汉语研究概况》,北京大学出版社。
蒋绍愚 2000《汉语词汇语法史论文集》,商务印书馆。
蒋绍愚 2005《近代汉语研究概要》,北京大学出版社。
蒋绍愚 2015《汉语历史词汇学概要》,商务印书馆。
李　波等主编 1997《十三经新索引》,中国广播电视出版社。
李　荣主编 2002《现代汉语方言大词典》(全六卷),江苏教育出版社。
李如龙主编 2002《汉语方言特征词研究》,厦门大学出版社。
李晓光、李　波主编 1989《史记索引》,中国广播电视出版社。
李宗江 1999《汉语常用词演变研究》,汉语大词典出版社。
刘殿爵、陈方正主编 1993《周礼逐字索引》,香港商务印书馆。
刘殿爵、陈方正主编 1993《礼记逐字索引》,香港商务印书馆。
刘殿爵、陈方正主编 1993《晏子春秋逐字索引》,香港商务印书馆。
刘殿爵、陈方正主编 1993《商君书逐字索引》,香港商务印书馆。
刘殿爵、陈方正主编 1993《战国策逐字索引》,香港商务印书馆。
刘殿爵、陈方正主编 1993《兵书四种(孙子、尉缭子、吴子、司马法)逐字索引》,香港商务印书馆。
刘殿爵、陈方正主编 1993《淮南子逐字索引》,香港商务印书馆。
刘殿爵、陈方正主编 1993《韩诗外传逐字索引》,香港商务印书馆。
刘殿爵、陈方正主编 1993《新序逐字索引》,香港商务印书馆。
刘殿爵、陈方正主编 1993《说苑逐字索引》,香港商务印书馆。
刘殿爵、陈方正主编 1993《越绝书逐字索引》,香港商务印书馆。
刘殿爵、陈方正主编 1993《吴越春秋逐字索引》,香港商务印书馆。
刘殿爵、陈方正主编 1993《汉官六种逐字索引》,香港商务印书馆。
刘殿爵、陈方正主编 1994《仪礼逐字索引》,香港商务印书馆。
刘殿爵、陈方正主编 1994《穆天子传逐字索引》,香港商务印书馆。
刘殿爵、陈方正主编 1994《山海经逐字索引》,香港商务印书馆。
刘殿爵、陈方正主编 1994《贾谊新书逐字索引》,香港商务印书馆。

刘殿爵、陈方正主编 1994《尚书大传逐字索引》,香港商务印书馆。

刘殿爵、陈方正主编 1994《盐铁论逐字索引》,香港商务印书馆。

柳士镇 1992《魏晋南北朝历史语法》,南京大学出版社。

鲁国尧 1994《鲁国尧自选集》,河南教育出版社。

鲁国尧 2003《鲁国尧语言学论文集》,江苏教育出版社。

吕 澂 1980《新编汉文大藏经目录》,齐鲁书社。

吕叔湘 1992a《近代汉语指代词》,《吕叔湘文集》第三卷,商务印书馆。

吕叔湘 1992b《吕叔湘文集》(第四卷),商务印书馆。

吕叔湘主编 1980/1999(增订本)《现代汉语八百词》,商务印书馆。

任学良 1987《〈古代汉语·常用词〉订正》,浙江大学出版社。

〔日〕太田辰夫 1958/2003(修订译本)《中国语历史文法》(蒋绍愚、徐昌华译),日本江南书院/北京大学出版社。

田 炜 2016《西周金文字词关系研究》,上海古籍出版社。

王凤阳 1993/2011(增订本)《古辞辨》,吉林文史出版社/中华书局。

王 力 1958/1980《汉语史稿》(下册),科学出版社/中华书局。

王 力主编 1981《古代汉语》(修订本),中华书局。

王世舜、韩慕君编著 1995《老庄词典》,山东教育出版社。

王云路、方一新 1992《中古汉语语词例释》,吉林教育出版社。

王政白 1992《古汉语同义词辨析》,黄山书社。

魏德胜 1995《〈韩非子〉语言研究》,北京语言学院出版社。

吴金华 1990《三国志校诂》,江苏古籍出版社。

吴金华 1995《古文献研究丛稿》,江苏教育出版社。

向 熹编 1987/1997(修订本)《诗经词典》,四川人民出版社。

徐通锵整理 1984 美国语言学家谈历史语言学,《语言学论丛》第十三辑,商务印书馆。

徐通锵 1991《历史语言学》,商务印书馆。

杨伯峻、徐 提编 1985《春秋左传词典》,中华书局。

俞理明 1993《佛经文献语言》,巴蜀书社。

张双棣 1989《吕氏春秋词汇研究》,山东教育出版社。

张双棣等编 1993《吕氏春秋词典》,山东教育出版社。

张万起编 1993《世说新语词典》,商务印书馆。

张永言 1982/2015(增订本)《词汇学简论》,华中工学院出版社/复旦大学出版社。

张永言 1985/2015(增订本)《训诂学简论》,华中工学院出版社/复旦大学出版社。

张永言 1991/2006 从词汇史看《列子》的撰写时代，载《季羡林教授八十华诞纪念论文集》(上卷)，江西人民出版社 1991 年/修订稿载《汉语史学报》第六辑，上海教育出版社 2006 年。

张永言 1999(增补本)/2015(增订本)《语文学论集》，语文出版社/复旦大学出版社。

张永言主编 1992《世说新语辞典》，四川人民出版社。

张永言、汪维辉 1995 关于汉语词汇史研究的一点思考，《中国语文》第 6 期。

郑　奠 1959 汉语词汇史随笔(二)，《中国语文》7 月号。

周一良 1985《魏晋南北朝史札记》，中华书局。

周一良 1995《周一良学术论著自选集》，首都师范大学出版社。

周钟灵等主编 1982《韩非子索引》，中华书局。

朱庆之 1992《佛典与中古汉语词汇研究》，台湾文津出版社。

引用书目[①]

诸子集成(全八册)　国学整理社原辑,中华书局,1988。

睡虎地秦墓竹简　睡虎地秦墓竹简整理小组,文物出版社,1990。

全上古三代秦汉三国六朝文(全四册)[②]　〔清〕严可均校辑,中华书局,1991。

先秦汉魏晋南北朝诗(全三册)　逯钦立辑校,中华书局,1984。

山海经校注(增补修订本)　袁珂校注,巴蜀书社,1993。

淮南鸿烈集解　〔西汉〕刘安等撰,刘文典集解,中华书局,1989。

易林注(16 卷)　《四部丛刊初编》本(69、70)。

焦氏易林(4 卷)　《丛书集成初编》本(0703—0705)。

论衡校释(附刘盼遂集解)　〔东汉〕王充撰,黄晖校释,中华书局,1990。

方言笺疏　〔西汉〕扬雄撰,〔清〕钱绎笺疏,上海古籍出版社,1984。

释名疏证补　〔东汉〕刘熙撰,〔清〕毕沅疏证,王先谦撰集,上海古籍出版社,1984。

素问注释汇粹　程士德主编,人民卫生出版社,1982。

黄帝素问灵枢经　《四部丛刊初编》本(64)。

金匮要略论注　〔东汉〕张机撰,〔清〕徐彬注,《四库医学丛书》本,上海古籍出版社,1994。

伤寒论注释　〔东汉〕张机撰,〔晋〕王叔和编,〔金〕成无己注,同上。

肘后备急方　〔晋〕葛洪撰,〔梁〕陶弘景补,同上。

太平经正读　〔东汉〕佚名撰,俞理明正读,巴蜀书社,2001。

法显传校注　〔晋〕法显撰,章巽校注,上海古籍出版社,1985。

高僧传　〔梁〕释慧皎撰,汤用彤校注,中华书局,1992。

出三藏记集　〔梁〕释僧佑撰,苏晋仁、萧炼子点校,中华书局,1995。

水经注疏　无名氏撰,〔北魏〕郦道元注,杨守敬、熊会贞疏,段熙仲点校,陈桥驿复校,江苏古籍出版社,1989。

洛阳伽蓝记校注　〔北魏〕杨衒之撰,范祥雍校注,上海古籍出版社,1982。

---

① 下加横线者为简称。

② 此书较特殊,正文中简称为“全汉文”“全晋文”等。

齐民要术校释(第二版) 〔北魏〕贾思勰撰,缪启愉校释,农业出版社,1998。
周氏冥通记 〔梁〕陶弘景撰,《丛书集成初编》本,明《正统道藏》本。
颜氏家训集解(增补本) 〔北齐〕颜之推撰,王利器集解,中华书局,1993。
史记 〔西汉〕司马迁撰,顾颉刚等校点,中华书局,1985。
汉书 〔东汉〕班固撰,西北大学历史系标点,中华书局,1987。
三国志 〔晋〕陈寿撰,〔刘宋〕裴松之注,陈乃乾校点,中华书局,1982。
晋书 〔唐〕房玄龄等撰,吴则虞等点校,中华书局,1987。
宋书 〔梁〕沈约撰,王仲荦点校,中华书局,1993。
南齐书 〔梁〕萧子显撰,王仲荦点校,中华书局,1987。
魏书 〔北齐〕魏收撰,唐长孺点校,中华书局,1992。
华阳国志校补图注 〔晋〕常璩撰,任乃强校注,上海古籍出版社,1987。
古小说钩沉 鲁迅辑,《鲁迅全集》第八卷,人民文学出版社,1973。
会稽郡故书杂集 鲁迅辑,《鲁迅全集》第八卷,人民文学出版社,1973。
搜神记 〔晋〕干宝撰,汪绍楹校注,中华书局,1985。
燕丹子 无名氏撰,程毅中点校,中华书局,1985。
西京杂记 旧题〔晋〕葛洪撰,中华书局,1985。
搜神后记(附稗海本搜神记) 旧题〔晋〕陶潜撰,汪绍楹校注,中华书局,1981。
拾遗记 〔晋〕王嘉撰,〔梁〕萧绮录,齐治平校注,中华书局,1988。
世说新语校笺 〔刘宋〕刘义庆撰,〔梁〕刘孝标注,徐震堮校笺,中华书局,1984。
世说新语笺疏(修订本) 〔刘宋〕刘义庆撰,〔梁〕刘孝标注,余嘉锡笺疏,上海古籍出版社,1993。
异苑 〔刘宋〕刘敬叔撰,范宁校点,中华书局,1996。
观世音应验记(三种) 〔刘宋〕傅亮、张演,〔齐〕陆杲撰,孙昌武点校,中华书局,1994。
《观世音应验记三种》译注 〔刘宋〕傅亮、张演,〔齐〕陆杲撰,董志翘译注,江苏古籍出版社,2002。
殷芸小说 〔梁〕殷芸编纂,周楞伽辑注,上海古籍出版社,1984。

初学记 〔唐〕徐坚等编,中华书局,1962。
北堂书钞 〔唐〕虞世南编撰,中国书店,1989。
艺文类聚 〔唐〕欧阳询撰,汪绍楹校,上海古籍出版社,1982。
太平御览 〔宋〕李昉等撰,中华书局,1985。
太平广记 〔宋〕李昉等编辑,中华书局,1981。
法苑珠林 〔唐〕释道世编,《大正藏》卷53。

王梵志诗校注 〔唐〕王梵志著，项楚校注，上海古籍出版社，1991。

入唐求法巡礼行记校注 〔唐〕〔日本〕圆仁撰，白化文等校注，花山文艺出版社，1992。

长阿含十报法经 〔东汉〕安世高译，〔日本〕大正新修大藏经，第1卷。

人本欲生经 〔东汉〕安世高译，〔日本〕大正新修大藏经，第1卷。

一切流摄守因经 〔东汉〕安世高译，〔日本〕大正新修大藏经，第1卷。

四谛经 〔东汉〕安世高译，〔日本〕大正新修大藏经，第1卷。

本相猗致经 〔东汉〕安世高译，〔日本〕大正新修大藏经，第1卷。

是法非法经 〔东汉〕安世高译，〔日本〕大正新修大藏经，第1卷。

漏分布经 〔东汉〕安世高译，〔日本〕大正新修大藏经，第1卷。

普法义经 〔东汉〕安世高译，〔日本〕大正新修大藏经，第1卷。

五阴譬喻经 〔东汉〕安世高译，〔日本〕大正新修大藏经，第2卷。

转法轮经 〔东汉〕安世高译，〔日本〕大正新修大藏经，第2卷。

八正道经 〔东汉〕安世高译，〔日本〕大正新修大藏经，第2卷。

七处三观经 〔东汉〕安世高译，〔日本〕大正新修大藏经，第2卷。

九横经 〔东汉〕安世高译，〔日本〕大正新修大藏经，第2卷。

积骨经(在《七处三观经》中) 〔东汉〕安世高译，〔日本〕大正新修大藏经，第2卷。

五十校计经 〔东汉〕安世高译，〔日本〕大正新修大藏经，第13卷。

安般守意经 〔东汉〕安世高译，〔日本〕大正新修大藏经，第15卷。

阴持入经 〔东汉〕安世高译，〔日本〕大正新修大藏经，第15卷。

禅行法想经 〔东汉〕安世高译，〔日本〕大正新修大藏经，第15卷。

道地经 〔东汉〕安世高译，〔日本〕大正新修大藏经，第15卷。

法受尘经 〔东汉〕安世高译，〔日本〕大正新修大藏经，第17卷。

阿毗昙五法行经 〔东汉〕安世高译，〔日本〕大正新修大藏经，第28卷。

道行般若经 〔东汉〕支娄迦谶译，〔日本〕大正新修大藏经，第8卷。

兜沙经 〔东汉〕支娄迦谶译，〔日本〕大正新修大藏经，第10卷。

阿閦佛国经 〔东汉〕支娄迦谶译，〔日本〕大正新修大藏经，第11卷。

遗日摩尼宝经 〔东汉〕支娄迦谶译，〔日本〕大正新修大藏经，第12卷。

文殊问菩萨署经 〔东汉〕支娄迦谶译，〔日本〕大正新修大藏经，第14卷。

屯真陀罗所问如来三昧经 〔东汉〕支娄迦谶译，〔日本〕大正新修大藏经，第15卷。

阿阇世王经 〔东汉〕支娄迦谶译，〔日本〕大正新修大藏经，第15卷。

内藏百宝经 〔东汉〕支娄迦谶译，〔日本〕大正新修大藏经，第17卷。

成具光明定意经 〔东汉〕支曜译,〔日本〕大正新修大藏经,第15卷。
中本起经 〔东汉〕昙果共康孟详译,〔日本〕大正新修大藏经,第4卷。
修行本起经 〔东汉〕昙果共竺大力译,〔日本〕大正新修大藏经,第3卷。
法镜经 〔东汉〕安玄共严佛调译,〔日本〕大正新修大藏经,第12卷。
阿含口解十二因缘经 〔东汉〕安玄共严佛调译,〔日本〕大正新修大藏经,第25卷。
苦阴经 〔东汉〕失译,〔日本〕大正新修大藏经,第1卷。
大方便佛报恩经 〔东汉〕失译,〔日本〕大正新修大藏经,第3卷。
杂譬喻经 〔东汉〕失译,〔日本〕大正新修大藏经,第4卷。
后出阿弥陀佛偈 〔东汉〕失译,〔日本〕大正新修大藏经,第12卷。
拔陂菩萨经 〔东汉〕失译,〔日本〕大正新修大藏经,第13卷。
六菩萨名经 〔东汉〕失译,〔日本〕大正新修大藏经,第14卷。
阿鸠留经 〔东汉〕失译,〔日本〕大正新修大藏经,第14卷。
禅要经 〔东汉〕失译,〔日本〕大正新修大藏经,第15卷。
内身观章经 〔东汉〕失译,〔日本〕大正新修大藏经,第15卷。
未曾有经 〔东汉〕失译,〔日本〕大正新修大藏经,第16卷。
作佛形像经 〔东汉〕失译,〔日本〕大正新修大藏经,第16卷。
四十二章经 〔东汉〕失译,〔日本〕大正新修大藏经,第17卷。
栴檀树经 〔东汉〕失译,〔日本〕大正新修大藏经,第17卷。
沙弥尼戒经 〔东汉〕失译,〔日本〕大正新修大藏经,第24卷。
受十善戒经 〔东汉〕失译,〔日本〕大正新修大藏经,第24卷。
分别功德论 〔东汉〕失译,〔日本〕大正新修大藏经,第25卷。
释摩男经 〔三国·吴〕支谦译,〔日本〕大正新修大藏经,第1卷。
赖吒和罗经 〔三国·吴〕支谦译,〔日本〕大正新修大藏经,第1卷。
梵摩渝经 〔三国·吴〕支谦译,〔日本〕大正新修大藏经,第1卷。
斋经 〔三国·吴〕支谦译,〔日本〕大正新修大藏经,第1卷。
菩萨本缘经 旧题〔三国·吴〕支谦译,〔日本〕大正新修大藏经,第3卷。
月明童子经 〔三国·吴〕支谦译,〔日本〕大正新修大藏经,第3卷。
瑞应本起经 〔三国·吴〕支谦译,〔日本〕大正新修大藏经,第3卷。
义足经 〔三国·吴〕支谦译,〔日本〕大正新修大藏经,第4卷。
撰集百缘经 旧题〔三国·吴〕支谦译,〔日本〕大正新修大藏经,第4卷。
大明度无极经 〔三国·吴〕支谦译,〔日本〕大正新修大藏经,第8卷。
菩萨本业经 〔三国·吴〕支谦译,〔日本〕大正新修大藏经,第10卷。
须赖经 〔三国·吴〕支谦译,〔日本〕大正新修大藏经,第12卷。
维摩诘经 〔三国·吴〕支谦译,〔日本〕大正新修大藏经,第14卷。

阿难四事经 〔三国·吴〕支谦译,〔日本〕大正新修大藏经,第 14 卷。
私诃昧经 〔三国·吴〕支谦译,〔日本〕大正新修大藏经,第 14 卷。
差摩竭经(菩萨生地经) 〔三国·吴〕支谦译,〔日本〕大正新修大藏经,第 14 卷。
七女经 〔三国·吴〕支谦译,〔日本〕大正新修大藏经,第 14 卷。
龙施女经 〔三国·吴〕支谦译,〔日本〕大正新修大藏经,第 14 卷。
老女人经 〔三国·吴〕支谦译,〔日本〕大正新修大藏经,第 14 卷。
八师经 〔三国·吴〕支谦译,〔日本〕大正新修大藏经,第 14 卷。
慧印三昧经 〔三国·吴〕支谦译,〔日本〕大正新修大藏经,第 15 卷。
了本生死经 〔三国·吴〕支谦译,〔日本〕大正新修大藏经,第 16 卷。
四愿经 〔三国·吴〕支谦译,〔日本〕大正新修大藏经,第 17 卷。
孛经抄 〔三国·吴〕支谦译,〔日本〕大正新修大藏经,第 17 卷。
无量门微密持经 〔三国·吴〕支谦译,〔日本〕大正新修大藏经,第 19 卷。
六度集经 旧题〔三国·吴〕康僧会译,〔日本〕大正新修大藏经,第 3 卷。
三摩竭经 〔三国·吴〕竺律炎译,〔日本〕大正新修大藏经,第 2 卷。
法句经 〔三国·吴〕竺将炎共支谦译,〔日本〕大正新修大藏经,第 4 卷。
佛医经 〔三国·吴〕竺将炎共支谦译,〔日本〕大正新修大藏经,第 17 卷。
郁伽长者经 〔三国·魏〕康僧铠译,〔日本〕大正新修大藏经,第 11 卷。
七佛父母姓字经 〔三国〕失译,〔日本〕大正新修大藏经,第 1 卷。
弊魔试目连经 〔三国〕失译,〔日本〕大正新修大藏经,第 1 卷。
梵志頞波罗延问种尊经 〔三国〕失译,〔日本〕大正新修大藏经,第 1 卷。
杂阿含经 〔三国〕失译,〔日本〕大正新修大藏经,第 2 卷。
水沫所漂经 〔三国〕失译,〔日本〕大正新修大藏经,第 2 卷。
不自守意经 〔三国〕失译,〔日本〕大正新修大藏经,第 2 卷。
善马有三相经 〔三国〕失译,〔日本〕大正新修大藏经,第 2 卷。
马有八态〔譬人〕经 〔三国〕失译,〔日本〕大正新修大藏经,第 2 卷。
阿弥陀三耶三佛萨楼佛檀过度人道经 〔三国〕失译,〔日本〕大正新修大藏经,第 12 卷。
不思议功德经 〔三国〕失译,〔日本〕大正新修大藏经,第 14 卷。
阿毗昙甘露味论 〔三国〕失译,〔日本〕大正新修大藏经,第 28 卷。
百喻经 〔南朝齐〕求那毗地译,〔日本〕大正新修大藏经,第 4 卷。
贤愚经 〔元魏〕慧觉等译,〔日本〕大正新修大藏经,第 4 卷。

附录一　41 组常用词历时更替简表

说明：

1. 依据本书的研究并辅以其他资料制成本表。表中分时段列出 41 组常用词在隋以前口语中的大概用词情况，并非绝对准确，仅供参考；情况不明的则空缺。

2. 时代名称与公元纪年对应如下：商(前 1300—前 1027)，西周(前 1027—前 770)，春秋(前 770—前 480)，战国(含秦，前 480—前 206)，西汉(含新，前 206—25)，东汉 A(25—150)，东汉 B(150—220)，三国(220—280)，晋宋(280—479)，齐梁陈隋(479—618)。其中东汉分为前、后两期，大致以汉译佛经(约 2 世纪中叶)为界，之前的称为“东汉 A”，之后的称为“东汉 B”；“晋宋”和“齐梁陈隋”以南方朝代名赅北方。

3. 为免烦琐，词目一般只列通行写法，不括注异体字和繁体字，只保留少量必要的古今字。

4. 顿号表示并列关系，>表示数量多于。

5. “新词来源”只是初步推断，不是结论。

6. “简注”栏对相关信息作简要说明。

	商	西周	春秋	战国	西汉	东汉 A	东汉 B	三国	晋宋	齐梁陈隋	新词来源	简注
目/眼	目	目	目	目>眼	目>眼	目>眼	眼>目	眼	眼	眼	方言	西汉以前"眼"多指眼球。"眼睛"到唐初才出现。
涕、泣/泪		涕>泣	涕>泣	涕>泣>泪	涕>泣>泪	涕>泣>泪	泪>涕>泣	泪	泪	泪	方言	主要是"涕→泪"的替换，"泣"始终处于次要地位。
足/脚	止	止（趾）、足	止（趾）、足	足>脚	足>脚	足>脚	脚、足	脚>足	脚	脚	方言	这组词的所指具有模糊性。"脚"本指小腿，后可泛指下肢，也可特指脚掌。"足"本指脚掌，但也可以泛指下肢。在统指下肢义上中古时期"脚"已取代"足"。"脚"专指脚掌并完全取代"足"则发生在近代汉语阶段。
他人、异人/旁人/别人		他人、异人	他人、异人	他人	他人>旁人	他人>旁人	他人>旁人	旁人、他人	旁人、他人	旁人、他人>别人	引申	"旁人"既可指"旁边的人"，也可指"别人"。在"别人"义上，"旁人"并未取代"他人"。"别人"中古晚期始见。此外还有"余人"，本书未作讨论。
翼/翅		翼	翼	翼>翅	翼>翅	翼>翅	翅>翼	翅	翅	翅	方言	"翅膀"大约晚至明代才见到。至今南部许多方言仍说"翼"或"翼X"，未经历"翼→翅"的替换。

（续表）

	商	西周	春秋	战国	西汉	东汉 A	东汉 B	三国	晋宋	齐梁陈隋	新词来源	简注
囊/袋		囊、橐	囊、橐	囊、橐	囊、橐	囊、橐	囊、橐	囊	囊	袋	方言	上古有“囊”也有“橐”，两者形制有别。到晚汉可能已通称“囊”。“袋”见于文献应不晚于梁，隋以前已取代“囊”。
舟/船	舟	舟	舟	舟>船	船>舟	船	船	船	船	船	方言	“船”在口语中替换“舟”大概不晚于西汉末。
木/树	木	木	木	木>树	树>木	树	树	树	树	树	引申	“树”由动词“种植”引申为名词“树木”，替换“木”应不晚于两汉之交。
侧、畔、旁/边		侧	侧	侧、旁>畔	旁>侧>边	边、旁>侧	边>旁	边	边	边	引申	主要是“侧→旁→边”的更替，都由名词虚化为方位词。“畔”用例很少。
中、内/里		中>内	中>内	中>内	中>内>里	中>内>里	中>内>里	里、中>内	里、中	里、中	引申	主要是“中→里”的更替，也是由名词虚化为方位词。“内”是次要成分。
衣、冠、服/著、戴		衣、服	衣、服、冠	衣、冠、服>戴>著	衣、冠、服>著、戴	衣、冠、服>著、戴	著>戴>衣、冠、服	著>戴	著>戴	著>戴	引申	“著”是中古最常见的“穿戴”义通用动词，“戴帽子”义用“著”多于用“戴”。“穿”在南北朝已见露头。

（续表）

	商	西周	春秋	战国	西汉	东汉 A	东汉 B	三国	晋宋	齐梁陈隋	新词来源	简 注
视/看		视	视	视>看	视>看	视>看	视、看	看	看	看	方言	“看”从《韩非子》一见，到汉末用例逐渐增多，中间有一段空白，原因待详。
求、索/寻、觅		求	求	求、索	求、索	求、索>寻	求、索>寻	求、索、寻>觅	觅、寻	觅>寻	寻：引申。觅：方言。	“寻”先秦已见，但当“寻找”讲始于东汉初。“寻”、“觅”在“寻找”义上存在细微差别。
寝、寐/卧、眠、睡		寝>寐	寝>寐	寝>寐>卧>睡、眠	卧>寝>睡、眠	卧>寝>睡、眠	卧、眠、睡	卧、眠>睡	眠>卧、睡	眠>卧、睡	卧、眠、睡均来自方言。	“寐”指睡着（zháo），也可指睡觉，与“寝”有所不同。“睡”最初指“坐寐”，后泛指睡觉。这组词大致经历了三次更替：寝（战国以前）—卧（战国两汉）—眠（魏晋南北朝）—睡（近现代汉语）。
言、云、曰/说、道	曰	言、云、曰	言、云、曰	言、云、曰>道>说	言、云、曰>道、说	言、云、曰>说、道	云、曰>言、说、道	云、曰>言、说、道	云、曰>说、道>言	云、曰>说、道>言	说、道均为引申。	言说动词数量众多，用法复杂。“叙说；说话”义在中古后期已经主要用“说”“道”；“说道”义则主要还是用“言、云、曰”，替换过程尚未完成。

(续表)

	商	西周	春秋	战国	西汉	东汉 A	东汉 B	三国	晋宋	齐梁陈隋	新词来源	简　注
呼/唤、叫		呼＞叫	呼＞叫	呼＞叫	呼＞叫	呼＞叫、唤	呼＞叫、唤	呼＞叫、唤	唤、呼＞叫	唤＞呼＞叫	唤来自方言。	表示“呼叫(鸣叫)”和“招呼;召请”义,大致经历了“呼→唤→叫”两次更替。“叫”的发展在唐以后。
使、令/教(交)		使、令	使、令	使、令＞教	使、令＞教	使、令＞教	使、令＞教	使、令＞教	教、使、令	教、使、令	引申	晋代以后“教(交)”才有较多用例,但在中古时期它并未取代“使、令”。
击/打		击	击	击	击	击	击＞打	击＞打	打、击	打	方言	“打”晚汉始见,隋以前取代了“击”的“击打”义,唐以后意义和用法又有大发展。
悬(县)/挂		悬	悬	悬＞挂	悬＞挂	悬＞挂	悬＞挂	悬＞挂	挂＞悬	挂	方言	“挂”战国已见,但普遍使用是在晋代以后。先唐佛经“挂”字少见,原因待详。
闭/关		闭	闭	闭	闭＞关	闭＞关	闭＞关	闭＞关	关＞闭	关＞闭	引申	在“关门”义上中古后期“关”大概已替代“闭”;同时“关”的义域还在扩展,与“闭”处于进一步竞争之中。
覆/盖		覆	覆	覆＞盖	覆＞盖	覆＞盖	覆＞盖	覆＞盖	覆＞盖	覆＞盖	引申	直到六朝后期,“盖”和“覆”仍处于竞争之中,两者的组合关系有分工。

（续表）

	商	西周	春秋	战国	西汉	东汉 A	东汉 B	三国	晋宋	齐梁陈隋	新词来源	简注
释/放		释	释	释>放	释>放	释>放	释>放	释>放	放、释	放	引申	晚汉以前“放”一直少见，到中古后期口语里“放”大概已经取代了“释”。
书/写、抄、腾(誊)			书	书>写	书>写	书>写	书>写	书>写>抄	写、书>抄>腾(誊)	写>抄>腾(誊)	写：引申。抄、腾(誊)：方言。	“书”义域宽于“写、抄、腾(誊)”。在“抄写”义上，中古后期“写”基本替换了“书”(同时泛指“书写”义也已开始出现)，“抄”没有“写”常见，“腾(誊)”只是偶见。
曝(暴)/晒				曝(暴)	曝(暴)>晒	曝(暴)>晒	曝(暴)>晒	晒、曝(暴)	晒>曝(暴)	晒	方言	至迟到两晋之交(4世纪初)，口语里“晒”大概已经取代了“曝”。
易、更/换	易?①	易	易、更	易、更	易、更>换	易、更>换	易、更>换	换、易、更	换>易、更	换	方言	“换”最早见于《墨子·备城门》，时代难于确定，姑从保守计暂定为西汉。

① 《甲骨文字典》“易”字条[释义]：“五、疑为更易之义。‘齿易’犹言换牙。(参见杨树达《积微居甲文说·释易》)”(页1046)崔恒昇《简明甲骨文词典》(增订本，安徽教育出版社，2001年第2版，页346)“易”字条所列第一义为“换”。

（续表）

	商	西周	春秋	战国	西汉	东汉 A	东汉 B	三国	晋宋	齐梁陈隋	新词来源	简注
建、筑、作、立、为/起、盖、戴、架	作	建、筑、作、为	建、筑、作、为	建、筑、作、为、立＞起、盖	建、筑、作、为、立＞起、盖、架	建、筑、作、为＞起＞盖＞架、立	起、建、筑、作、为＞盖＞架	起＞建、筑、作、为＞盖＞架	起＞盖＞建、筑、作、为＞架	起＞盖＞架＞戴	起：引申。盖、架、戴：方言。	关于兴建建筑物，从古到今有一组数量不小的同义词。中古最常用的是“起”，可以泛指各种土木工程。“戴”仅见于《周氏冥通记》，当为中古方言词。
还、返（反）、归/回		还、返（反）、归	还、返（反）、归	还、返（反）、归	还、返（反）、归	还、返（反）、归＞回	还、返（反）、归＞回	还、返（反）、归＞回	回＞还、返（反）、归	回	引申	“回”的始见年代可追溯至东汉初，中古后期口语中大概已经取代“还、返（反）、归”。
入/进	入	入	入	入	入	入＞进	入＞进	入＞进	入、进	入、进	引申	中古“进”尚处于跟“入”竞争的初级阶段，至迟在梁初的金陵一带口语里，在“进入建筑物”义上已经取代了“入”。
居、处、止/住		居、处、止	居、处、止	居、处、止	居、处、止	居、处、止	居、处、止＞住	居、处、止＞住	住＞居、处、止	住	引申	“住”的早期情况不明。至迟到东晋末，“居住”义已经只说“住”了，“住”已完成从“站立；停留”向“居住”义的转移。

（续表）

	商	西周	春秋	战国	西汉	东汉 A	东汉 B	三国	晋宋	齐梁陈隋	新词来源	简　　注
生/活	生	生＞活	生＞活	生＞活	生＞活	生＞活	活＞生	活	活	活	方言？	“生”产生早于“活”。“活”取代“生”分两步完成：先是替换它的动词用法，大概到汉末已完成，六朝又有所发展；唐以后又替换了“生”的形容词用法，但在中古已见端倪。
宜、当/应、合		宜、当	宜、当	宜、当	宜、当＞合	宜、当＞应＞合	当、应＞合	应、当＞合	应、当＞合	应、当＞合	方言	“当”寿命最长，从西周一直沿用至今。在魏晋南北朝，“当”和“应”并存，可能实际口语中已经以说“应”为主。
愚/痴		愚	愚	愚	愚＞痴	愚＞痴	痴＞愚	痴	痴	痴	方言	从佛经看，“痴”取代“愚”当不晚于东汉中期。“痴”的感情色彩近于今天的“傻”而不同于“笨”。
瘠、癯/瘦			棘？	瘠＞癯、瘦	瘠＞瘦、癯	瘠＞瘦、癯	瘦	瘦	瘦	瘦	方言	“瘠”始见于《左传》，早于战国末才出现的“臞”和“瘦”。先秦通用“瘠”，汉以后通用“瘦”。
痛/疼				痛	痛＞疼	痛＞疼	痛＞疼	痛＞疼	痛＞疼	痛＞疼	同源词	“痛”战国始见，“疼”更晚，可能是“痛”的方言变体。之后两者长期并存。

（续表）

	商	西周	春秋	战国	西汉	东汉 A	东汉 B	三国	晋宋	齐梁陈隋	新词来源	简　　注
误、谬、差、忒、爽/错		误、谬、差、忒	误、谬、差、忒、爽	误、谬、差、忒、爽	误、谬、差、忒、爽	误、谬、差、忒、爽	误、谬＞错	误＞错	误＞错	错、误	引申	“错”始见于晚汉，中古用例多见，但用法有局限，不能作定语和补语，说明口语中“错”取代“误”的过程尚未完成。
寒/冷		寒	寒	寒	寒＞冷	寒＞冷	寒＞冷	寒、冷	冷＞寒	冷＞寒	方言	直到隋末，“冷”取代“寒”的过程尚未彻底完成。
速、迅、疾/快、驶			速、迅	速、迅、疾＞驶	速、迅、疾＞驶、快	疾、迅、速＞驶、快	疾、迅、速＞驶＞快	疾、迅、速、驶＞快	驶＞快＞疾、迅、速	驶＞快＞疾、迅、速	引申	“快(駃)”和“驶”是中古表“快速”义的两个常用词，“驶”产生略早，用例也多于“快”，但“快”的口语性可能更强。两者在组合关系上有较明确的分工，在中古时期还处于竞争之中。
广/阔、宽			广	广、博＞阔	广、博＞阔	广、博＞阔	广、博＞阔＞宽	广＞阔＞宽	阔＞广＞宽	阔＞广＞宽	引申	刘宋以后“广”的形容词功能大体已被“阔”所取代，但“阔”作名词用的例子还很少见。“宽”用例不多，用法单纯，可能是一个北方方言词，它的发展在唐以后。

（续表）

	商	西周	春秋	战国	西汉	东汉 A	东汉 B	三国	晋宋	齐梁陈隋	新词来源	简　　注
坚、刚/硬		坚、刚	坚、刚	坚、刚	坚、刚	坚、刚	坚、刚>硬	坚、刚>硬	硬>坚、刚	硬>坚、刚	方言	“硬（鞕、鞭、[illegible]）”东汉始见于文献，至晚到唐代已替换“坚、刚”。
甘/甜			甘	甘	甘	甘>甜	甘>甜	甘>甜	甘>甜	甜>甘	方言	“甘”的义域比“甜”宽。表示“甘甜”义，至晚到唐代“甜”已替换“甘”。
寡/少		寡	寡>少	少>寡	少>寡	少	少	少	少	少	方言	春秋以前“多”的反义词是“寡”，东汉以后变成了“少”。两者的更替约在两汉之交。

附录二　关于汉语词汇史研究的一点思考

张永言　汪维辉

在汉语史诸部门中，词汇史向来比较落后，而中古（晚汉—隋）时期汉语词汇史的研究尤为薄弱①。近二十年来，经过郭在贻等先生的大力倡导和身体力行，中古词汇研究已经由冷落而繁荣，取得了一批重要的成果，专著如林，各擅胜场，单篇文章多至难以胜数。这些成果是应当充分肯定的，它们对古籍整理、辞书编纂等工作都具有不可低估的价值，也为建立汉语词汇史积累了许多有用的材料。但是，这些论著大多偏重疑难词语的考释，研究的对象集中在从张相到郭在贻一贯强调的"字面生涩而义晦"和"字面普通而义别"的这两类词；也就是说，主要还是训诂学的研究，是传统训诂学的延伸和扩展。至于作为语言词汇的核心的"常语"，向来是训诂学者认为可以存而不论或者无烦深究的。然而，要探明词汇发展的轨迹，特别是从上古汉语到近代汉语词汇的基本格局的过渡，即后者逐步形成的渐变过

---

① 吕叔湘先生曾指出："汉语史研究中最薄弱的部分应该说是词汇的研究。"（见《汉语研究工作者的当前任务》，《中国语文》1961 年第 4 期，页 4）吕先生还说："汉语的历史词汇学是比较薄弱的部门，从事这方面研究的力量跟这项工作的繁重程度很不相称。"（见《新版〈敦煌变文字义通释〉读后》，《中国语文》1982 年第 3 期，页 235。又分见《吕叔湘文集》第 4 卷，商务印书馆，1992，页 38、228）郭在贻先生也说过："关于汉语词汇史的研究，魏晋南北朝这一段向来是最薄弱的环节。"（见《读江蓝生〈魏晋南北朝小说词语汇释〉》，《中国语文》1989 年第 3 期，页 227）

程，则常用词的衍变递嬗更加值得我们下功夫进行探讨。而这正是汉语史异于训诂学之处。因为不对常用词作史的研究，就无从窥见一个时期的词汇面貌，也无从阐明不同时期之间词汇的发展变化，无从为词汇史分期提供科学的依据。

训诂学与词汇史有密切的联系，又有本质的区别。训诂的目的是"明古"，训诂学的出发点是为了读古书——读懂古书或准确地理解古书。因此，那些不必解释就能理解无误的词语，对训诂学来说就没有多少研究价值。词汇史则颇异其趣，它的目的是为了阐明某一种语言的词汇的发展历史及其演变规律，而不是为了读古书，尽管不排除客观上会有这种功用。所以，在训诂学看来没有研究意义的词汇现象，从词汇史的立场去看可能恰恰是极为重要的问题。目前在语言学界还存在着一种模糊认识，有意无意地把训诂学和词汇史混为一谈，以为考释疑难词语和抉发新词新义就是词汇史研究的全部内容。这种认识对词汇史研究的开展是不利的。因此，我们想要强调的是，这两门学问各有其彼此不可替代的价值，由于研究目的不同，看问题的角度、所用的方法和材料等等都有所不同。在目前词汇史研究还很薄弱的情况下，有必要分清两者的关系，尤其是它们的区别。

早在四十年代初王力先生就撰文指出："古语的死亡，大约有四种原因：……第二是今字替代了古字。例如'怕'字替代了'惧'，'绔'字替代了'裈'。第三是同义的两字竞争，结果是甲字战胜了乙字。例如'狗'战胜了'犬'，'猪'战胜了'豕'。第四是由综合变为分析，即由一个字变为几个字。例如由'渔'变为'打鱼'，由'汲'变为'打水'，由'驹'变为'小马'，由'犊'变为'小牛'。"[①]又说："无论怎样'俗'的

① 《古语的死亡残留和转生》，原载《国文月刊》第9期，1941年7月；收入《龙虫并雕斋文集》第1册，中华书局，1981，页414。

一个字,只要它在社会上占了势力,也值得我们追求它的历史。例如'松紧'的'松(鬆)'字和'大腿'的'腿'字,《说文》里没有,因此,一般以《说文》为根据的训诂学著作也就不肯收它(例如《说文通训定声》)。我们现在要追究,像这一类在现代汉语里占重要地位的字,它是什么时候产生的。至于'脖子'的'脖','膀子'的'膀',比'松'字的时代恐怕更晚,但是我们也应该追究它的来源。总之,我们对于每一个语义,都应该研究它在何时产生,何时死亡。虽然古今书籍有限,不能十分确定某一个语义必系产生在它首次出现的书的著作时代,但至少我们可以断定它的出世不晚于某时期;关于它的死亡,亦同此理。……我们必须打破小学为经学附庸的旧观念,然后新训诂学才真正成为语史学的一个部门。"①王先生所说的"新训诂学"实际上就是词汇史。后来他又在《汉语史稿》第四章"词汇的发展"中勾勒了若干组常用词变迁更替的轮廓。此后陆续有学者对王先生论及的各个新词出现的时代上限提出修正,但讨论对象基本上没有超出他举例的范围,且仅以溯源(找出更早的书证)为满足。溯源当然是词汇史研究的一个方面,而且是相当重要的一环,因为不明"源"就无从探讨"流",但是仅仅溯源是远远不够的。蒋绍愚先生曾经设想,"可以根据一些常用词语的更替来考察词汇发展的阶段"②。在新近出版的《蒋绍愚自选集》中,又多次论及这一问题,还有专文《白居易诗中与"口"有关的动词》③,分析探讨了与"口"有关的四组动词从《世说新语》到白居易诗到《祖堂集》的发展演变情况,并运用了判别旧词与新词的两种基本方法——统计使用频率和考察词的组合关系。蒋先生

① 《新训诂学》,原载《开明书店二十周年纪念文集》(1947),又收入同上书同册,页321。

② 1991年9月13日就《从词汇史看〈列子〉的撰写时代》一文致张永言信。

③ 原载《语言研究》1993年第1期。

从理论和实践两方面所作的探索，无疑将对推进汉语词汇史的研究产生重要影响。本文作者之一也曾经试图通过考察个别词语的消长与更替（如：言一说，他人一旁人，有疾一得病）来探讨作品语言的时代特征①。但这是一项难度很大的工作，不是少数人在较短的时间内能做到相当程度的。现在我们打算抛砖引玉，试从若干组同义词语在中古时期的变迁交替入手，作一初步的探索，希望能为汉语词汇史的发展理出一点线索，或者说寻找一种方法或途径，以期改变目前有关研究工作中畸轻畸重的局面，使疑难词语考释与常用词语发展演变的研究齐头并进，相辅相成，从而逐步建立科学的汉语词汇史。

1. 目/眼

王力先生说："《说文》：'眼，目也。'《释名》：'眼，限也。'可见汉代已有'眼'字。但战国以前是没有'眼'字的。战国时代也还少见，汉代以后才渐渐多见。'眼'在最初的时候，只是指眼球。……这样，它是和'目'有分别的。后来由于词义的转移，'眼'就在口语里代替了'目'。"②

就目前所掌握的材料看，秦以前典籍中"眼"共5见，除王力先生所引的《战国策》《庄子》《周易》各一例外，另两例是：《韩非子·外储说右下》："赵王游于圃中，左右以兔与虎而辍，眄然环其眼。王曰：'可恶哉，虎目也！'左右曰：'平阳君之目可恶过此。见此未有害也。见平阳君之目如此者，则必死矣。'"《吕氏春秋·遇合》："陈有恶人焉，曰敦洽雠糜，椎颡广颜，色如浃赪，垂眼临鼻。"用例确实

① 张永言《从词汇史看〈列子〉的撰写时代》，《季羡林教授八十华诞纪念论文集》上卷，江西人民出版社，1991。

② 王力《汉语史稿》下册，科学出版社，1958，页499。

不多。

方一新曾列举约二十条书证证明“眼”字在汉魏六朝文献中就常作“目”讲,并非如王力先生在两篇文章中所讲的那样到了唐代“眼”才成为“目”的同义词[①]。方文所举“眼”当“目”讲的最早一条书证是《史记·孔子世家》的“眼如望羊”,其实这个例子还不够典型,因为字书多释此“眼”为“眼光”;《史记》中还有一例“眼”是确凿无疑等于“目”的,即《大宛列传》:“其人皆深眼,多须髯。”[②]《吕氏春秋》“垂眼”的“眼”也是指“眼睛”[③]。如此看来,“眼”当“目”讲在汉代以前就已经有了。由此我们甚至怀疑“眼”从一开始就等于“目”,把它解释成“眼球”可能是后人强生分别。因为仅仅根据“抉眼”“白眼”这些用例就断定“眼”是指“眼球”似乎不够全面。我们认为,古人在一般情况下并不细分整个眼睛和眼球,正像“目”有时也可指“眼球”一样,“眼”也是通指的。(现代汉语仍然如此,如“眼睛布满血丝”,不必说成“眼球布满血丝”。)如上引《韩非子·外储说右下》例,上文用“眼”,下文用“目”,所指无别。又如《洛阳伽蓝记》卷5:“雪有白光,照耀人眼,令人闭目,茫然无见。”似乎“眼”指“眼球”,“目”指“眼睛”,是有分别的;但是比较一下出于同卷的下面两个例子就不难看出,“眼”和“目”是浑然无别的:“林泉婉丽,花彩曜目。”“通身金箔,眩耀人目。”“眼”在具体的上下文中有时专指“眼球”,那不过是它的义位变体而已。虽然在先秦两汉典籍中一般说“抉眼”,但《说苑·杂言》:“今欲明事情,恐有抉目剖心之祸。”应劭《风俗通义》(《匡谬正俗》卷8引):“吴

① 方一新《“眼”当“目”讲始于唐代吗?》,《语文研究》1987年第3期;又王云路、方一新《中古汉语语词例释》“眼”条,吉林教育出版社,1992,页425—427。

② 《汉书·西域传上·大宛国》作“其人皆深目,多须髯”。此或为班固改俗为雅。“深眼”跟《世说新语·排调》所说“康僧渊目深而鼻高”的“目深”指的是一回事。《高僧传》卷4“康僧渊”正作“鼻高眼深”。

③ 张双棣等编《吕氏春秋词典》就释作“眼睛”。山东教育出版社,1993。

王夫差……诛子胥，……抉其目东门。”《旧唐书·太宗纪下》有“抉目剖心”，“抉目”的说法在文人笔下一直常用①。又，《说文》：“目，人眼也。”“眼，目也。”说得清清楚楚。这些都说明古人就是如此理解“眼”和“目”的。表示“眼球”的概念古代有一个专门的词“目朕（字又作眹）”。如《周礼·春官·序官》“瞽矇”郑玄注引郑司农曰：“无目朕谓之瞽，有目朕而无见谓之矇。”《新序·杂事一》：“晋平公闲居，师旷侍坐，平公曰：‘子生无目朕，甚矣，子之墨墨也！’”附带说一下，王力先生的说法可能是本于元代的戴侗。徐灏《说文解字注笺》“眼”字下引戴侗曰：“眼，目中黑白也，《易》曰：‘为多白眼。’合黑白与匡谓之目。”

从东汉起“眼”用例渐多。如张衡《思玄赋》：“咸姣丽以蛊媚兮，增嫮眼而蛾眉。”②古诗（《艺文类聚》卷56引）：“两头纤纤月初生，半白半黑眼中睛。”魏文帝曹丕诗（《文选》卷25陆云《答张士然》诗李注引）：“回头四向望，眼中无故人。”陆云《答张士然》诗：“感念桑梓城，仿佛眼中人。”《释名·释形体》：“睫，插也，插于眼眶而相接也。”皇甫谧《高士传》卷中“老商氏”：“眼耳都融，弃幹忘机。”葛洪《神仙传》（《太平广记》卷5引）：“能令弟子举眼见千里。”郭璞《山海经图赞·犛兽》：“犛兽大眼。”（《山海经》原文作“大目”）东晋佛陀跋陀罗译《观佛三昧海经》卷2：“观相品第三之二”：“入眼为泪，入鼻为涕。”姚秦鸠摩罗什译《大智度论》卷5：“于眼，得色界四大造清净色，是名天眼。”晋代以后，例子就难以数计了。从以下两个方面观察，在当时的实际口语中，“眼”应该已经战胜了“目”并逐步取而代之：1）使用范围。“眼”不仅大量出现在口语色彩较强的小说、民歌、翻译佛典等文

---

① 参看《汉语大词典》“抉目吴门”条。
② 按，“嫮眼”即《楚辞·大招》“嫮目宜笑，蛾眉曼只”的“嫮目”。

体中,而且进入了诗文、史书等高文典册。《高僧传》卷1“康僧会”:“[支亮]眼多白而睛黄,时人为之语曰:‘支郎眼中黄,形躯虽细是智囊。’”史书人名有“傅竖眼”“杨大眼”等,这些都是当时口语的实录。此外,指称动物的眼睛往往用“眼”,如:龙眼(植物名)、鹅眼(钱名)、鱼眼[①]、蛇眼、龟眼、鳖眼、鹰眼、牛眼、兽眼等等。2)构词和搭配能力。“眼”表现出强大的构词和搭配能力,这正是基本词汇最显著的特征之一。例如:慧眼、肉眼、天眼、青白眼、满眼、碧眼、娉眼、耀眼、晃眼、举眼、眩眼、懒眼、明媚眼、清明眼、道眼、眼分、眼色、眼境、眼界、眼根、眼患、眼医、眼明(眼明袋、眼明囊)、眼前、眼笑、眼花、眼中、眼中人、眼识、眼眶、眼膜、眼语、眼精(睛)、眼泣、眼光、眼耳、眼角。其中有许多是不能用“目”来代替的,如:肉眼、青白眼、懒眼、晃眼、明媚眼、眼境、眼界、眼根、眼医、眼花、眼膜、眼耳、眼角等。此外还有“眼目”“目眼”同义连文的,这种由新旧两个同义语素构成的并列式复合词在词汇发展中是常见的。

下面我们再来具体考察一下《世说新语》一书中“眼”和“目”的使用情况(据高桥清编《世说新语索引》统计):全书“眼”共15见,当“眼睛”讲的“目”17见,出现频率大体持平;在用法上,“眼”的自由度要大于“目”。“眼”除组成“眼光”“眼耳”“白眼”“青白眼”外,都单独使用;而“目”则主要出现于承用前代的一些固定搭配中,如耳目、蜂目、举目、属目、触目、目精、瞋目(4见)等,只有少数能独立使用。“目”的“眼睛”义被“眼”挤占后,它在《世说新语》中更多地是用作“品评”义(共46见);此外,当动词“看”讲和“节目”之类的用法也是“眼”所没有的。

---

① “鱼眼”东方朔《七谏·谬谏》已见:“玉与石其同匮兮,贯鱼眼与珠玑。”魏晋南北朝用例多见,不备引。

2. 足/脚

王力先生指出:"《说文》:'脚,胫也';《释名》:'脚,却也,以其坐时却在后也'。可见'脚'的本义是小腿。……但是,到了中古,'脚'在基本词汇中已经代替了'足',这里有一个典型的例子:'潜无履,王弘顾左右为之造履。左右请履度,潜便于坐伸脚令度焉。'(晋书·陶潜传)"[①]"脚"有"足"义的始见时代,经过学者们的考订,已经把它提前到了三国[②]。

我们认为,"脚"从最初指"胫"到后来转而指"足",中间应该有一个指"整个膝盖以下部分"的过渡阶段,即先从小腿扩大到包括脚掌在内,然后再缩小到脚掌。在汉末魏晋南北朝时期它正处在这个过渡阶段之中,而一直到隋末这个过程似乎尚未完成。下面这些例子中的"脚"都不易断定是专指小腿抑或专指脚掌,只能看作是笼统地指"整个膝盖以下部分"。(在具体的上下文中有时仅指这个整体中的某一部分,这是义位与义位变体的关系,二者并不矛盾。)例如《金匮要略·中风历节》:"乌头汤方,治脚气疼痛、不可屈伸。"《西京杂记》卷6:"左右遂击之,不能得,伤其左脚。其夕,王梦一丈夫,须眉尽白,来谓王曰:'何故伤吾左脚?'乃以杖扣王左脚。王觉,脚肿痛生疮,至死不差。"《晋书·皇甫谧传》载谧上晋武帝书:"臣久婴笃疾,躯半不仁,右脚偏小。"《晋书·陶侃传》:"[王]贡初横脚马上,侃言讫,贡敛容下脚,辞色甚顺。"《魏书·儒林陈奇传》:"……梦星压脚,必无

---

① 《汉语史稿》下册,页500。

② 参看董志翘《"脚"有"足"义始于何时?》,《中国语文》1985年第5期;吴金华《"脚"有"足"义始于汉末》,《中国语文》1986年第4期。吴文所举后汉康孟详译《兴起行经》二例不可靠(此经译者和时代均不详,参看吕澂《新编汉文大藏经目录》,齐鲁书社,1980,页68)因此只能根据他所引的《汉书》如淳注和三国吴支谦译《撰集百缘经》二例,把始见书证的时代暂定在三国。

善征。”此外像“跛脚、损脚、动脚、患脚、脚患、脚疾、脚弱、脚痛、脚挛”等等,其中的“脚”究竟是指哪个部位都很难确定。王力先生曾举《释名》“脚,却也,以其坐时却在后也”为例,证明“脚”的本义是“小腿”,但出自同书的下面几个例子却表明,在刘熙的口语中“脚”已经并非专指小腿。如《释衣服》:“裈,贯也,贯两脚上系要中也。”又:“袜,末也,在脚末也。”《释姿容》:“超,卓也,举脚有所卓越也。”

“脚”有时甚至可以指包括大腿在内的整条腿。例如《世说新语·贤媛》:“庾玉台常因人,脚短三寸,当复能作贼否?”《魏书·灵皇后胡氏传》:“崇乃伤腰,融至损脚。时人为之语曰:‘陈留、章武,伤腰折股。’”《梁书·何胤传》:“昔荷圣王眄识,今又蒙旌贲,甚愿诣阙谢恩;但比腰脚大恶,此心不遂耳。”当然,这样的例子是少数,但这跟“脚”用于指动物和器物的脚时是指它们的整条腿这一用法又是一致的[①]。指动物和器物的脚时,既可用“足”,也可用“脚”,虽有文白之别,但指的都是整条腿。例如《太平广记》卷320引《续搜神记》:“四人各捉马一足,倏然便到河上。……遂复捉马脚,涉河而渡。”这样的语言现象值得我们注意。

专指“脚掌”的“脚”晋代以后渐渐多见起来。例如《抱朴子·外篇·刺骄》:“或濯脚于稠众,或溲便于人前。”《世说新语·雅量》:“羊了不眄,唯委脚几上,咏瞩自若。”《太平御览》卷1、《太平广记》卷118引《幽明录》:“仰头看室而复俯指陛下脚者,脚,足也,愿陛下宫室足于此也。”殷芸《小说》卷1:“左右巧者潜以脚画神形,神怒曰:‘速去!’”《水经注》卷19“渭水”:“班于是以脚画地,忖留觉之,便还没水。”《法苑珠林》卷17、《太平广记》卷110引《冥祥记》:“身既浮涌,

① “脚”指动物的腿的用法起源颇早,如《淮南子·俶真》:“飞鸟铩翼,走兽挤脚。”郭璞注《尔雅》,用了不少此类的“脚”,大多指整条腿。指器物的“脚”则似乎是魏晋时期产生的新用法,最常见的是“床脚”,还有“鼎脚”“车脚”“楼脚”“箭脚”等。

脚以(已)履地。"又《珠林》卷17引《冥祥记》:"于夜梦一沙门以脚踏之(《广记》卷110引作'以足蹑之')。"《太平御览》卷499引《笑林》:"赞者曰'履著脚',坚亦曰'履著脚'也。"《说文》:"袜,足衣也。"《玉篇》作"脚衣"。此外,像"脚跟""脚指""脚迹""脚腕"等,由于有另一个语素的限定,"脚"指"脚掌"也是确定无疑的。但是如果没有其他语素或上下文的限定,或限定不够明确,有时仍难以断定"脚"是否就专指"脚掌",这种疑似的例子在这一时期是很多的。由此我们推测,"脚"在一定的上下文中专指"脚掌",开始时也是作为"膝盖以下部分"的一个义位变体而出现的,后来这个义位变体用得多了,就渐渐地独立为一个固定的义位了。这个过程的最终完成,恐怕是要在"腿"取代了"股""胫"以后,这时候原先由"股""胫""足"三个词构成的一个最小子语义场就变成了由"腿"(大腿、小腿)和"脚"两个词构成的了。

上面的简单描述表明,"脚"在魏晋南北朝时期使用频繁,词义发生变化:先是义域扩大,侵入"足"的义域,有时还侵入"股"的义域,但最常用的还是指"膝盖以下部分";然后停止后一发展趋势,并逐步失去指"小腿"部分的功能,词义趋向于固定在"脚掌"上。这一过程的最终完成当在唐以后。但在某些方言中,至今仍保留着"脚"在汉魏六朝时期的这一古义,如吴方言"脚"就既可以指脚掌,也可以指整条腿[①]。

3. 侧、畔、旁(傍)/边

表示"在某物的旁边"这个意思[②],先秦主要用"侧",偶尔也用

① 关于"脚"的词义变化,参看江蓝生《魏晋南北朝小说词语汇释》,语文出版社,1988,页98—99。

② 本文所讨论的仅限于这一组词直接放在名词后面的用法,放在动词、介词和"之""其""一""两""四"等字之后的均除外。

“旁”和“畔”,如《韩非子·外储说右上》:“齐尝大饥,道旁饿死者不可胜数也。”《墨子·备突》:“门旁为橐。”《楚辞·渔父》:“游于江潭,行吟泽畔。”(“畔”字用法非常有限,例子也极少。)在先秦典籍中,这类“旁”用得最多的是《吕氏春秋》,共5次;而“侧”全书一共才4见,直接放在名词后面的仅2次。用“旁”多于用“侧”的现象在《史记》中有了进一步的发展,全书“旁”共113见,用作此义的有48次,“傍”16见,用作此义的6次;搭配范围也有所扩大,可用在“江、河、海、冢、石、右”以及表示建筑物、人、天体(如北斗、日)等名词的后面。而“侧”全书仅37见,且如此用的仅5次(均为“帝侧”,用法单一)。“边”在先秦基本上不如此用。《韩非子·外储说右下》:“令王良、造父共车,人操一边辔而出门闾,驾必败而道不至也。”似可看作此种用法的雏形。

到了汉末魏晋南北朝时期,“边”开始出现并迅速增多。《广雅·释诂四》:“边,方也。”(王念孙疏证:“《士丧礼》注云:‘今文旁为方。’”)《玉篇》:“边,畔也。”都记录了这一事实。早期的用例如:《后汉书·赵壹传》载壹《刺世疾邪赋》:“伊优北堂上,抗脏倚门边。”蔡琰《悲愤诗》:“马边县男头,车后载妇女。”曹丕《于玄武陂作》诗:“柳垂重荫绿,向我池边生。”王粲诗(《艺文类聚》卷92引):“鸷鸟化为鸠,远窜江汉边。”左思《娇女诗》:“轻妆喜楼边,临镜忘纺绩。”束皙《贫家赋》:“悲风噭于左侧,小儿啼于右边。”《三国志·魏志·张辽传》:“太祖征张鲁,教与护军薛悌,署函边曰:‘贼至乃发。’”又《华佗传》:“向来道边有卖饼家蒜齑大酢,从取三升饮之,病自当去。”又:“似逢我公,车边病是也。”西晋竺法护译《无量清净平等觉经》卷1:“佛语阿难:‘如世间贫穷乞丐人,令在帝王边住者,其人面目形貌何等类乎?’”《法显传·蓝莫国》:“塔边有池,池中有龙。”又《自师子国到耶婆提国》:“如是大风昼夜十三日,到一岛边。”郭璞《山海经图赞·寻木》:“渺渺寻木,生于河边。”[①]这一时期“边、侧、旁”[②]都很常用,在大多数场合可以互相替换;在诗和骈文中,这三个词常常构成同义互文;还有“旁边”“傍边”“旁侧”同义连文的。“畔”则用得较少,使用范围也小得多[③]。“边”作为一个新兴的词汇成分,从两个方面表现出它的特点:一是使用频率迅速提高,到了《世说新语》里,它已经远远超过了“旁”和“侧”(“边”13 次,“傍”1 次,“侧”7 次);二是用法灵活多样,“旁”和“侧”所有的用法它几乎都具有,还出现了“左边、右边、颊边、耳边、烛边”这样一些说法;有些用法则是“旁”和“侧”所没有的,如:天边、东边、西边、北边[④],这无疑跟“边”的本义有关。往这个方向再虚化,就有了“前边、后边、里边、外边、上边、下边”这些用法,而“旁”和“侧”直到今天都没有虚化到这个地步[⑤]。这意味着在这一组同义词的竞争中,“边”已经表现出优势,又经过唐以后的发展,它终于在口语中吞并了“旁”和“侧”,成为现代汉语表示这一概念的唯一的口语词。

4. 视/看

表示“用眼睛看”这一行为,先秦两汉一般说“视”。就目前所知,

---

① 《汉语大词典》和太田辰夫《中国语历史文法》都引陶渊明《五柳先生传》为始见书证,嫌太晚。

② 先秦一般用“旁”,汉魏六朝则多用“傍”。下文以“旁”赅“傍”,不再一一说明。

③ 基本上只限于一些表示地理概念的名词。“星畔、耳畔、窗畔、酒畔、樽畔、琴畔、鬓畔、炉畔、灯影畔、兰烛畔、画图畔”一类说法大多要到唐代才产生,而且带有明显的文学修辞意味,恐怕不是地道的口语词。

④ 如何逊《晓发》诗:“水底见行云,天边看远树。”班昭《东征赋》:“遂进道而少前兮,得平丘之北边。入匡郭而追远兮,念夫子之厄勤。”《西京杂记》卷 3:“树下有石麒麟二枚,……东边者前左脚折,折处有赤如血。”

⑤ 关于“边”的虚化,参看太田辰夫《中国语历史文法》11.5.9 节,蒋绍愚、徐昌华译,北京大学出版社,1987,页 92。他把“宅边”的“边”称为“后助名词”,而把“外边”“里边”“旁边”的“边”称作“接尾词”,认为“这种接尾词‘边’从唐代开始有”。其实时代还应提前。

“看”最早见于《韩非子·外储说左下》:“梁车为邺令,其姊往看之。”但先秦典籍中仅此一见而已。《说文》著录了“看”字,并且有异体作“輡”,但在两汉文献中“看”字仍然难得见到。直至魏晋以后“看”才逐渐多起来。《广雅·释诂一》:“看,视也。”这可能是对当时实际使用情况的记录。这里举一些较早的用例。王延寿《鲁灵光殿赋》:“高径华盖,仰看天庭。”古诗《十五从军征》:“遥看是君家,松柏冢累累。”三国吴支谦译《撰集百缘经》卷6:“时频婆娑罗王及臣民闻佛世尊调化毒蛇,盛钵中来,合国人民皆共往看。”三国吴康僧会译《六度集经》卷2:“仰看苍天,不睹云雨。”西晋法炬共法立译《法句譬喻经》卷4:“看树上,有雀,小儿欲射。”《三国志·吴志·周鲂传》:“今此郡民虽外名降首,而故在山草,看伺空隙,欲复为乱。”《搜神记》卷17:“朝炊,釜不沸。举甑看之,忽有一白头公从釜中出。”《法显传·伽耶城》:“狱中奇怪,愿王往看。”陶渊明《乙巳岁三月为建威参军使都经钱溪》诗:“晨夕看山川,事事悉如昔。”晋《子夜歌》四十二首之十六:“若不信侬语,但看霜下草。”晋《江陵乐》四曲之三:“逢人驻步看,扬声皆言好。”晋《孟珠》八曲之一:“暂出后湖看,蒲菰如许长。”

在这一时期的翻译佛经中,“看”字极为常见,而且用法繁多,朱庆之曾细分为15个义项:1)视,瞻。视线接触人或物。如三国吴支谦译《撰集百缘经》卷5:“遥见祇桓赤如血色,怪其所以,寻即往看,见一饿鬼。”2)观察,考察。如西晋无罗叉译《放光般若经》卷20:“时释提桓因意念言:‘今是菩萨以般若波罗蜜故欲供养法上菩萨,我今试往看其人,为用法故,颇有谀谄?’”3)检查、治疗(疾病)。如东晋佛陀跋陀罗共法显译《摩诃僧祇律》卷32:“佛言:‘汝不能到耆旧医看病耶?’”4)表示提示。如失译《兴起行经》卷上:“王闻是语,嗔恚大唤,语诸大臣:‘看是道士,行于非法,应当尔耶?’”5)试探。如《摩诃僧祇律》卷9:“其家有机,让比丘坐:‘即坐小待。’复起,以指内釜中,看汤热不。"6)助词。如同上卷19:"精舍中庭前沙地有众长寿。'借我弓箭,试我手看。'答言:'可尔。'"[①] 7)任凭。如同上卷34:"若床、褥、枕,拘执垢腻破坏者,不得看置,应浣染补治。""看置"犹今语"眼睁睁看着不管"。8)难看的"看"。如隋僧就合《大方等大集经》卷14高齐那连提耶舍译《日藏分》卷39:"如是恶露,臭处难看。"9)看望。如三国吴支谦译《撰集百缘经》卷10:"时聚落主闻王欲来看孙陀利。"10)照看,照顾。如同上卷6:"我唯一子,今舍我去,谁当看我?"11)看护(病人)。如《摩诃僧祇律》卷28:"若弟子病,应自看,使人看。"12)看管。如东晋僧伽提婆译《中阿含经》卷37:"犹如放牛人,不能看牛者则便失利。"13)监视。如同上卷29:"我复忆昔时,看田作人,止息田上。"14)看待,对待。如姚秦佛陀耶舍译《四分律》卷33:"和尚看弟子当如儿意看,弟子看和尚当如父意。"15)接待。如《中阿含经》卷23:"与我好饮食,好看视我。"又失译《杂譬喻经》:"昔北天竺有一木师,作一木女,端正无双,衣带严饰,与世女无异,亦来亦去,亦能行酒看客,唯不能语耳。"[②]上述义项大多在中土文献中也能见到用例。

在《世说新语》里,"看"字也已用得十分频繁(全书凡53见),而且"阅读"也常常说"看"了(用作此义共14次)。例如《文学》:"殷中军被废东阳,始看佛经。"还有"看杀卫玠"(《容止》)这样的说法。"看杀""打杀"的"杀"是这时期兴起的一种新用法。在陈代的诗里,还有了重叠式"看看"。例如江总《奉和东宫经故妃旧殿》:"故殿看看冷,空阶步步悲。"陆琼《长相思》:"容貌朝朝改,书字看看灭。"可以说,现代汉语中"看"字的所有义项和用法,这时都已基本齐备。这标志着

① 按,《齐民要术》有"尝看",石声汉注:"'尝看'是本书常用的一句话,即今日口语中的'尝尝看'。"又,《洛阳伽蓝记》卷5"闻义里":"婆罗门不信是粪,以手探看。"

② 朱庆之《佛典与中古汉语词汇研究》,台湾文津出版社,1992,页180—184。

"看"在六朝已经是个发育成熟的词,在当时的实际口语里应当已经取代了"视",而且还侵入了"观、省、察、读"等词的义域。只有在少数场合"视"不能换成"看",如"虎视、熟视、高视"等固定搭配。

"看"从《韩非子》始见到六朝发育成熟,这中间理应有一个漫长的渐变过程,也就是说,在这段时间里,"看"一定是活在口语中的(也许开始只是一个方言词,后来发展成为全民通语),到了魏晋以后,它又得到了迅速的发展。只是现存两汉文献没有充分反映口语的实际使用情况,使我们难以窥见它在当时演变发展的过程罢了。

5. 居/住

表示"居住"这个概念,上古用"居"(偶尔也用"止"等),现代汉语用"住"。这个交替过程也发生在魏晋南北朝时期。

"住"本是"停留,停止"义。如西晋竺法护译《无量清净平等觉经》卷1:"佛语阿难:'如世间贫穷乞丐人,令在帝王边住者,其人面目形貌何等类乎?'"《搜神记》卷1:"见者呼之曰:'蓟先生小住。'""住"当与"驻"同源。如《东观汉记·桓帝记》:"以京师水旱疫病,帑藏空虚,虎贲、羽林不任事者住寺,减半奉。"《后汉书·邓禹传》:"禹所止辄停车住节,以劳来之。"均用同"驻"[①]。由此"住"引申为"居住"义。《战国策·齐策六》:"先是齐为之歌曰:'松邪,柏邪?住建共者客邪?'"这个"住"应该就是"居住"的住,这里用作使动,"住建共"是"使建居住在共"的意思。这是目前所能见到的表示"居住"义的"住"的最早用例。此外《易林》卷4"井之颐"有一例,也应作"居住"讲:"乾作圣男,坤为智女,配合成就,长住乐所。"《风俗通义·过誉》:

① 《说文》说解中"住"字3见,而正文无"住"字。清代学者有以为是"驻"或"逗(侸)"之俗字者,详见《说文解字诂林》。

“汝南戴幼起，三年服竟，让财与兄，将妻子出客舍中住，官池田以耕种。”“住”指“居住”是无疑的了。

晋代以后，“居住”义的“住”就很常见了。例如晋《长干曲》：“妾家扬子住，便弄广陵潮。”陶渊明《拟古》诗九首之五：“愿留就君住，从今至岁寒。”《搜神记》卷17：“乃遣人与曹公相闻：欲修故庙，地衰不中居，欲寄住。”《世说新语・赏誉》：“蔡司徒在洛，见陆机兄弟住参佐廨中；三间瓦屋，士龙住东头，士衡住西头。”《洛阳伽蓝记》卷5：“朝士住其中。”《太平御览》卷469引《俗说》：“王孝伯起事，王东亭殊忧惧，时住在慕士桥下。”《太平广记》卷320引《荀氏灵鬼志》：“至嘉兴郡，暂住逆旅。”《御览》卷930、《广记》卷425引《续搜神记》：“长沙有人，忘其姓名，家住江边。”“居住”“住居”连文亦已见，例如《搜神记》卷10：“石有弟子戴本、王思二人，居住海盐。”《魏书・杨椿传》：“吾今日不为贫贱，然居住舍宅不作壮丽华饰者，正虑汝等后世不贤，不能保守之。”《洛阳伽蓝记》卷2：“吴人之鬼，住居建康。”

“住”用作“居住”义，在开始时并不完全等于“居”，用法上跟“居”有一定的互补性。“住”的词义有一个从具体到抽象的发展过程，也就是说，“住”是一步一步地侵入“居”的义域然后取而代之的。通过比较这两个词在魏晋南北朝时期的用法差异，我们能够把“住”的演变轨迹大体上探寻出来。比如“暂住”“寄住”就多用“住”而少用“居”，这说明“住”跟“居”相比有一种时间上的短暂性，这种暂时性直接来源于它的本义。住在某地(一个行政区划)则多说“居”而较少用“住”，如“居某州(郡、县、城)、居京师”的说法很常见；与此相反，“住”的对象多为表示具体住所的名称，如“房、宅、舍、瓦屋、田舍、斋中、西厢中、某某家、廨、寺、亭、土窟、岩石间、墓下(侧、边)”等，或者比较具体的某个地点，如“村、某山、山中”等。下面这个例子很有代表性。

《世说新语·栖逸》:“居在临海,住兄侍中墓下。”[①]“与某人同住”一般也用“居”不用“住”。如《世说新语·德行》:“与嵇康居二十年,未尝见其喜愠之色。”又《贤媛》:“陶公少有大志,家酷贫,与母湛氏同居。”“居人”(名词)不说“住人”。如《搜神后记》卷10:“武昌虬山有龙穴,居人每见虬龙出入。”“居”的“处”(chǔ)义更是“住”所没有的(直到今天都如此)。如《搜神记》卷6:“贤者居明夷之世。”又:“贱人将居贵显。”这说明“住”所表达的“居住”概念比较具体,这也跟它的本义密切相关;而“居”经过几千年的使用,含义已经比较抽象,用法也比较灵活。不过从总体上看,这一时期“住”从“暂住”到“久住”义的演变过程已经基本完成;表“居住在某地”的用法也在逐渐增多。例如《搜神记》卷1:“训不乐住洛,遂遁去。”用法上的这种扩展完成以后,“住”取代“居”的条件也就成熟了。在构词上,“住处”“住所”等现代汉语常用的词语也已经出现。如《论语·雍也》“非公事,未尝至于偃之室也”梁皇侃疏:“偃之室,谓子游所住邑之廨舍也……若非常公税之事,则不尝无事至偃住处也。”这是用当时的通用语来解释古书。《魏书·袁翻传》载翻表:“那瑰住所,非所经见,其中事势,不敢辄陈。”又如以前说“居止”,而此时可说“住止”(均为同义连文)。例如南齐求那毗地译《百喻经》卷4“效其祖先急速食喻”:“昔人一人,从北天竺至南天竺,住止既久,即聘其女,共为夫妇。”这些都表明,在当时的实际口语中“住”大概已经取代了“居”。

6. 击/打

“打”是后汉时期出现的一个新词,最早见于字书著录的是《广

① 在《世说新语》中,“居”和“住”大体上是这么分工的:全书“居”当“居住”讲的16见,其中对象是具体住所的4次;作“居住”讲的“住”13见,对象全部为具体住所。

雅》,《释诂三》:“打,击也。”又《释言》:“打,棓也。”[①]早期的用例如:东汉王延寿《梦赋》:“捎魍魉,拂诸渠,撞纵目,打三颅。”失译《兴起行经》卷上“孙陀利宿缘经第一”:“树神人现出半身,语众人曰:‘莫拷打此人。’众臣曰:‘何以不打?’”又“头痛宿缘经第三”:“时谷贵饥馑,人皆拾取白骨,打煮饮汁,掘百草根,以续微命。”晋《子夜歌》四十二首之二十:“打金侧玳瑁,外艳里怀薄。”《晋书·邓攸传》载吴人歌:“紞如打五鼓,鸡鸣天欲曙。”又《桓豁传》:“初,豁闻苻坚国中有谣曰:‘谁谓尔坚石打碎。’”《搜神记》卷15:“婢无故犯我,我打其脊,使婢当时闷绝。”宋《读曲歌》八十九首之六:“打坏木栖床,谁能坐相思!”又五十五:“打杀长鸣鸡,弹去乌臼鸟。”《世说新语·方正》:“伊便能捉杖打人,不易。”《太平广记》卷320引《续搜神记》:“逊便大呼云:‘奴载我船,不与我牵,不得痛手!方便借公甘罗,今欲击我。我今日即打坏奴甘罗!’”宋齐以后,用例迅速增多,凡古来用“击”的地方,有许多可以用“打”。上古的习惯用法“击鼓”,这时候已经以说“打鼓”居多了。还有“打击”“击打”连文的。例如《抱朴子·内篇·登涉》:“岩石无故而自堕落,打击煞人。”《魏书·张彝传》:“以瓦石击打公门。”[②]在组合关系上,“打”多出现在比较口语化的上下文中,并常跟新兴的语言成分相结合。例如《高僧传》卷10“释慧通”:“又于江津路值一人,忽以杖打之,语云:‘可驶归去,看汝家若为?’”这里的“打”“驶”“看”“若为”都是地道的六朝口语词。《太平广记》卷319引《幽明录》:“鬼语云:‘勿为骂我,当打汝口破。’”“勿为”“骂”是此时的口语词,而“打汝口破”是此时的新兴句法。又如《北齐书·尉景传》:“景

① 《说文新附·手部》:“打,击也。”唐玄应《一切经音义》卷6引《说文》:“打,以杖击之也。”又卷3引《通俗文》:“撞出曰打。”钮树玉和郑珍两家的《说文新附考》都认为“打”即《说文·木部》“朾”的俗字。

② 《汉语大词典》“打击”条首引《水浒传》,太晚。

有果下马,文襄求之,景不与。……神武对景及常山君责文襄而杖之,常山君泣救之,景曰:'小儿惯去,放使作心腹,何须干啼湿哭不听打耶!'"《南史·陈本纪上》:"侯景登石头城,望官军之盛,不悦,曰:'一把子人,何足可打!'"又《任忠传》:"明日欻然曰:'腹烦杀人,唤萧郎作一打。'"又《高爽传》:"取笔书鼓云:'……面皮如许厚,受打未讵央。'"这些应当都是当时口语的实录,如果把"打"换成"击",就失去口语的生动性了。此外,史书引"时谣"、"童谣"之类,一般都用"打"。又如"打杀(煞)、打死、打坏、打折、打拍、打揲(争斗)、打毬、打虎、打胸、打稽(时人称拦路杀人抢劫)、打簇(北朝时的一种游戏,又称"打竹簇")、殴打、痛打、相打、极打、扑打、拷打、捶打、拳打、鞭打"等,也都是新生的口语说法。在数量上,就逯钦立所辑的六朝民歌考察,几乎全用"打","击"仅 1 见;《世说新语》中"击"5 见,"打"4 见。这些事实说明,在当时的口语中"击"已退居次要地位,逐渐为"打"所代替,二词已有明显的文白之分。

"打"的词义在近代汉语阶段又得到了空前的丰富和发展。到了现代汉语,"打"共有 24 个义项(据《现代汉语词典》),词义的丰富和用法的灵活恐怕没有哪个单音词能够同它相比。"打"在用法上的灵活性,在魏晋南北朝时期已经有所表现,不过总的来看,这一时期"打"的词义还比较实在,基本上都是指敲击性的动作,对象大都是具体的人或物。像《梁书·侯景传》:"我在北打贺拔胜,破葛荣,扬名河朔。"《颜氏家训·音辞》:"打破人军曰败。""打"用作"攻打,进攻"义,已显露出向抽象方向引申的迹象。

7. 疾、速、迅/快(駃)、驶

表示"迅速"这个意思,上古汉语用"疾""速""迅"等,现代汉语用"快"。中古时期除承用"疾、速、迅"之外,口语中常用的是"快"(字又作“駃”)和“驶”。

在中古时期,“疾、速、迅”都仍很常用;特别是“迅”,出现频率非常高。但这三个词大体上有个分工:“迅”主要用于修饰名词,作定语,如“迅羽、迅足、迅风、迅雨、迅雷、迅电、迅流、迅翼”等;“速”主要修饰动词,作状语,如“速决、速殄、速达、速装、速熟、速断”等,除个别情况外(如“速藻”——指速成的词藻),基本上不修饰名词;“疾”则适用范围最广,修饰名词、动词均可,如“疾雨、疾风、疾雷、疾霆、疾流、疾马,疾行、疾走、疾进、疾驱、疾驰、疾战”等。从使用习惯看,这三个词主要用于书面语,在当时都属于较文的词语。

“快”原指一种心理活动,《说文》:“快,喜也。”大约在东汉,“快”除沿用旧义外(此义一直沿用至今),开始有了“急速”的意思[①]。扬雄《方言》卷2:“逞、苦、了,快也。”蒋绍愚先生认为这个“快”就是“快急”之“快”[②]。文献用例如:后汉安世高译《大安般守意经》卷上:“何等为十六胜?即时自知喘息长,即自知喘息短;即自知喘息快,即自知喘息不快;即自知喘息止,即自知喘息不止。”三国吴康僧会译《六度集经》卷7:“何谓十六?喘息长短即自知,……喘息快不快即自知,喘息止走即自知。”这两段文字文意相同,译者不同,但都用“快”表“急速”义,可见当时此义已在口语中行用[③]。魏晋以后,用例多见。如《三国志·吴志·吕岱传》载张承与岱书:“又知上马辄自超乘,不由跨蹑,如此足下过廉颇也,何其事事快也。”《博物志》卷4“物

① 曹广顺认为:“‘快’字的‘迅速’义可能是从‘駃’字来的。”又说:“根据我们目前所见的材料,‘快’获得‘迅速’义,可能不迟于魏晋南北朝。”见《试说“快”和“就”在宋代的使用及有关的断代问题》,《中国语文》1987年第4期。现在看来,时代还可提前。又,江蓝生也有类似说法,参看上引书,页117—118。

② 《从“反训”看古汉语词汇的研究》,原载《语文导报》1985年第7、8期;又收入《蒋绍愚自选集》,河南教育出版社,1994,页23。

③ 《汉语大词典》“快”字此义下所引始见书证为《史记·项羽本纪》“今日固决死,愿为诸君快战”,似欠妥,此“快”仍当为“畅快”义。

性”:“蛴螬以背行,快于用足。”《搜神记》卷4:“君可快去,我当缓行。”“快”与“缓”反义对文。《抱朴子·内篇·杂应》:“若欲服金丹大药,先不食百许日为快;若不能者,正尔服之,但得仙小迟耳。”“快”与“迟”亦对文。《太平广记》卷324引《幽明灵》:“卿下手极快,但于古法未合。”《太平御览》卷644引《语林》:“嵇中散夜弹琴,忽见一鬼著械来,叹其手快,曰:‘君一弦不调。’”《艺文类聚》卷60、《北堂书钞》卷124、《御览》卷354引《荀氏灵鬼志》:“[陈安]常乘一赤马,俊快非常。”《周书·姚僧垣传》:“梁武帝尝因发热,欲服大黄,僧垣曰:‘大黄乃是快药,然至尊年高,不宜轻用。’”《晋书·王湛传》:“此马虽快,然力薄,不堪苦行。”最常见的是作定语修饰指动物的名词,如“快马、快牛、快犬、快狗”等。也有“快疾”连文的,例如《拾遗记》卷6:“帝于辇上,觉其行快疾。”字又写作“駃”,《说文·马部》“駃”下徐铉曰:“今俗与‘快’同用。”例子如:杨孚《异物志》:“日南多駃牛,日行数百里。”崔豹《古今注·杂注》:“曹真有駃马,名为‘惊帆’,言其驰骤如烈风之举帆疾也。”王僧孺《礼佛唱导发愿文》:“夫三相雷奔,八苦电激,或方火宅,乍拟駃河,故以尺波寸景,大力所不能驻。”《太平御览》卷345引《祖台之志怪》:“道中有土墙,见一小儿,裸身,正赤,手持刀,长五六寸,坐墙上磨甚駃。”《齐民要术》卷6“养牛马驴骡”:“牛歧胡有寿,眼去角近,行駃。”

“驶”也是魏晋南北朝时期的一个常用词[①],它的“快速”义在战国西汉时就已有了,《尉缭子·制谈》:“天下诸国助我战,犹良骥騄駬之驶,彼驽马鬐兴角逐,何能绍吾气哉!”“驶”一本作“駃”。《诗·秦风·晨风》“鴥彼晨风,郁彼北林”毛传:“先君招贤人,贤人往之,駃疾如晨风之飞入北林。”《释文》:“駃,所吏反。”阮元《校勘记》云:“相台本駃作‘駛’,小字本作‘驶’,案‘驶’字是也。”唐慧琳《一切经音

① 参看江蓝生上引书,页177—178。

义》卷66引《苍颉篇》："驶，马行疾也。"又卷61引《苍颉篇》："驶，疾也。"魏晋以后，它的使用频率不低于"快"，这里举一些例子。《三国志·魏志·邓艾传》裴注引郭颁《世语》："宣王为周泰会，使尚书钟毓谓泰曰：'君释褐登宰府，三十六日拥麾盖守兵马郡。乞儿乘小车，一何驶乎！'"又《蜀志·杨洪传》裴注引陈寿《益部耆旧传》："每朝会，祗次洪坐。嘲祗曰：'君马何驶？'祗曰：'故吏马不敢驶，但明府未著鞭耳。'"潘岳《在怀县作》诗二首之二："感此还期淹，叹彼年往驶。"《搜神记》卷14："[鳖]自捉出户外，其去甚驶，逐之不及，遂便入水。"又卷19："福曰：'汝何姓，作此轻行？无笠，雨驶，可入船就避雨。'"《太平御览》卷769引《续搜神记》："年十岁，从南临归，经青草湖，时正帆风驶，[荀]序出塞郭，忽落水。"陶渊明《和胡西曹示顾贼曹》诗："蕤宾五月中，清朝起南飔，不驶亦不迟，飘飘吹我衣。"又《杂诗》十二首之六："倾家持作乐，竟此岁月驶。"谢灵运《初往新安至桐庐口》诗："既及泠风善，又即秋水驶。"沈约《豫章行》："燕陵平而远，易河清且驶。"刘铄《寿阳乐》："辞家远行去，空为君，明知岁月驶。"王僧孺《为韦雍州致仕表》："菌蟪夕阴，倏驶无几。"萧统《七契》："逸足骤反，游云移驶。"梁元帝萧绎《咏晚栖乌》诗："风多前鸟驶，云暗后群迷。"张正见《陇头水》诗二首之一："湍高飞转驶，涧浅荡还迟。""驶"又多用作定语修饰名词，组成下面这样一些词组：驶雨、驶风、驶雪、驶河、驶流、驶马、驶牛、驶翼等。

"快"(駃)和"驶"在用法上大体相同，两者都常作定语和谓语，不过也有一些细微差别：1)"驶"更多地用于"风、雨、雪"一类自然现象，着重强调它们的急骤猛烈；"快"则更多地用于动物，词义侧重于速度快[①]。

---

① "快风、快雨、快雪"的"快"大多仍是"畅快，痛快"的意思，跟"驶风、驶雨、驶雪"的意义不一样。例如《三国志·魏志·管辂传》："时天旱，……到鼓一中，星月皆没，风云并起，竟成快雨。"王羲之《杂贴》："快雪时晴佳，想安善。"

2)“驶”多见于诗赋等典雅的文学作品中,而“快”在这种场合很少出现。这些细微差别似乎跟“驶”在后来的同义词竞争中终于被淘汰而“快”一直沿用到现代汉语这一事实存在着某种内在的联系:风、雨、雪等的急骤猛烈后世多用“急、紧、猛”等词语来形容,“驶”就让位给了它们,而在描摹动物行动的速度快方面,“驶”也没能在竞争中取胜,它原先所占的地盘后来都让给了“快”;“驶”在用法上的局限性使它在竞争中处于不利地位;就在魏晋南北朝时期,“驶”在口语中的势力可能已经没有“快”大,或者说,“快”正处在上升扩展时期,而“驶”却在走下坡路。这些仿佛都预示着两个词以后的发展命运。

8. 寒/冷

这组词本文作者之一曾在一篇文章中讨论过[①],这里我们再作两点补充:

一、魏晋以后,“冷”已用得十分普遍,它不仅“成为‘热’的通用反义词”,而且常跟“暖”“温”对用,例如《艺文类聚》卷76引支僧载《外国事》:“昔太子生时,有二龙王,一吐冷水,一吐暖水。”傅咸《神泉赋序》:“余所居庭前有涌泉,在夏则冷,涉冬而温。”《初学记》卷7引《幽明录》:“艾县辅山有温冷二泉。……热泉可煮鸡豚,冰(疑当作‘冷’)泉常若冰生。”《世说新语·文学》:“左右进食,冷而复暖者数四。”又《任诞》:“桓为设酒。不能冷饮,频语左右,令‘温酒来’。”

二、在这一时期“冷”虽然已是“热、暖、温”的反义词,又是“可以与‘寒’连文或互用的同义词”,但“寒”和“冷”在意义和用法上还是有区别的,这主要表现在以下几个方面:1)“寒”所指的寒冷程度比“冷”

① 见张永言《语源探索三例·说“渹”》,《中国语言学报》第3期(1988),又收入《语文学论集》,语文出版社,1992。

所指的要深，表现为“寒”常和“冰、霜、雪”等词联系在一起，例如晋《子夜四时歌·冬歌》十七首之七：“寒云浮天凝，积雪冰川波。”又九：“天寒岁欲暮，朔风舞飞雪。”又十五：“欲知千里寒，但看井水冰。”又十六：“经霜不堕地，岁寒无异心。”而“冷”则很少这样用。用现代人的区分标准来看，“寒”大多是指零度以下，而“冷”则一般指零度以上；“冷”的程度大概介于“寒”和“凉”(今义)之间。《后汉书·戴就传》：“就语狱卒：‘可熟烧斧，勿令冷。’”后魏吉迦夜共昙曜译《付法藏因缘传》卷四：“以香乳糜而用与之，语令待冷然后可食。比丘口吹，糜即寻冷。”这个“冷”指冷却，不能换成“寒”，就很能说明两者程度上的差别。当然这种区别不是绝对的，比如王献之《杂贴》：“极冷，不审尊体复何如?”沈约《白马篇》：“冰生肌里冷，风起骨中寒。”萧统《锦带书十二月启·黄钟十一月》：“酌醇酒而据切骨之寒，温兽炭而祛透心之冷。”“冰”“霜”也可以说“冷”，例如《晋书·王沉传》：“冰炭不言而冷热之质自明者，以其有实也。”隋炀帝杨广《手书召徐则》：“霜风已冷，海气将寒。”不过数量都还比较少。但后世“冷”终于取代“寒”从这里已经可以看出端倪。2)“冷”多用于表示具体物质或物体的感觉上的冷，而“寒”则多用于抽象的事物或用来概括某类事物的特点。比如“天寒、岁寒、寒暑、寒衣、寒服”都是指比较抽象的气候寒冷，一般不能换成“冷”①；“冷”可以描绘的具体对象范围很广，比如“水、火、风、月、雨、霜、露、冰、山气、朔气、身、体、体中、胃中、手、足、背、齿、心、心下、肠、髓、乳、衣袖、气、茶、酒、粥、浆、炙、药性、物性、枕席、簟、器、殿、堂、猿、牛角、卵、竹、葭、榆、石、涧、泉”等等。其中“心冷”“肠冷”等已是相当抽象的引申用法，为后世“冷”继续朝这个方向引

① “天冷”的说法当时还很少见，《洛阳伽蓝记》卷5：“是时八月，天气已冷。”“冷”一本作“寒”。

申(如“冷面”“冷眼”等)开了先河。3)“冷”可以修饰动词作状语,如上文所举的《世说新语·任诞》“不能冷饮”。又如晋陆翙《邺中记》:“邺俗,冬至一百五日为介子推断火,冷食三日。”隋巢元方《诸病源候论》卷6“寒食散发候篇”引晋皇甫谧《论》:“坐衣裳犯热,宜科头冷洗之。”《北史·崔赡传》:“何容读国士议文,直此冷笑?”这是“寒”所没有的。这种用法在后世得到了进一步的发展,这可能也是在口语里“冷”最终淘汰了“寒”的一个原因。

以上我们讨论了8组常用词在中古时期变迁递嬗的大概情况。由于掌握的材料有限,研究的方法也在探索之中,观察和分析都还是很粗浅的,所得的结论不一定确切,有的甚至难免错误,这都有待于今后继续探讨和修正。本来,我们写作本文的主旨也不过是想通过分析一些实例来提倡一下词汇史领域中长期被忽视的常用词演变的研究。经过初步的实践,我们感到常用词的历史的研究是很有意义的,而且是大有可为的,但迄今尚未引起词汇史研究者的普遍重视。除上面提到的少数几篇文章外,还很少有人问津,大家的兴趣和功夫几乎都集中到考释疑难词语上头去了。这种情况看来亟须改变,要不然,再过一二十年,词汇史的研究将仍然会远远落在语音史和语法史的后面。因为常用词大都属于基本词汇,是整个词汇系统的核心部分,它的变化对语言史的价值无异于音韵系统和语法结构的改变。词汇史的研究不但不应该撇开常用词,而且应该把它放在中心的位置,只有这样才有可能把汉语词汇从古到今发展变化的主线理清楚,也才谈得上科学的词汇史的建立。这项工作也许需要几代学人的共同努力,但是可以肯定研究前景是十分广阔的。现在我们不揣浅陋,把这一点不成熟的思考贡献出来,恳切希望得到同行专家的批评指正。

(原载《中国语文》1995年第6期)

附录三　汉语史研究领域的新拓展

——评汪维辉《东汉—隋常用词演变研究》

王云路　方一新

近来读到汪维辉同志《东汉—隋常用词演变研究》(以下简称《研究》)[①],这是作者在博士论文的基础上完成的一部著作。和博士论文相比,所讨论的常用词由38组增加到41组,字数也从原先的20余万增加到36万,考证和结论更趋严密。该书讨论了先秦两汉魏晋南北朝时期产生又流传至今的部分常用词的更替演变,既提供了进行这一难度很大的研究工作的范例,又清晰地呈现出东汉至隋阶段常用词演变的基本面貌,为"中古汉语"这一汉语史分期主张提供了新的科学依据。因而有理由相信,《研究》将会对中古汉语研究乃至整个汉语词汇史研究产生推动作用。

一

该书是首次对中古(东汉魏晋南北朝隋)时期的常用词作集中研究的专著,具有开创意义。[②]

90年代中期,张永言先生与该书作者合写的《关于汉语词汇史研究的一点思考》一文提出了加强汉语词汇史研究特别是常用词研

---

① 南京大学出版社,2000年5月第1版。

② 不久前,李宗江教授的《汉语常用词演变研究》(汉语大词典出版社,1999年)已经出版,这是国内第一部以汉语常用词为研究对象的专著。并请参看《研究》5—6页。

究的主张,指出:“不对常用词作史的研究,就无从窥见一个时期的词汇的面貌,也无从阐明不同时期之间词汇的发展变化,无从为词汇史分期提供科学的依据。”①令人耳目一新。《研究》则是对这一观点的具体实践。

该书有不少优点和特色,兹就其荦荦大者举述如下。

特色之一是方法比较科学,始终贯穿“(词汇)史”这条主线。譬如:

注重以义位为单位进行研究,求实严谨。《研究》对一组组的历时更替常用词进行比较研究,这些“新旧常用词大都不是一对一的关系,而是一对多、多对一,异常错综复杂。”(16页)故作者明确提出:“我们所说的常用词更替,一般是就义位而言,而不是以词为单位。”②

采用定性分析与定量分析相结合的方法,使研究结论稳妥可靠。中古时期的语料文白相间,情况错综复杂,需要作认真的鉴别和分析。故本书采用典型例句和统计数据相配合的方法来研究,在每组词下都列举较多的典型例句,并对一些重要的著作和词语用法作了调查统计,从数据中见差异,考察演变轨迹。

注重语义分析和词性、句法分析相结合,多角度地研究常用词。在进行语义分析的同时,《研究》常常能从语法的角度来考察替换的过程及差异。如:“跟‘误’同义的‘错’始见于东汉,在魏晋南北朝时期用例多见,但用法还有一定的局限,不能作定语和补语,反映出口语中‘错’取代‘误’的过程可能尚未彻底完成。”(348页)

---

① 张永言、汪维辉《关于汉语词汇史研究的一点思考》,载《中国语文》1995年第6期;又见《研究》附录。

② 在古汉语学界,蒋绍愚先生是较早引进义位的概念来分析词义变化的学者。参看蒋著《古汉语词汇纲要》。

该书在研究中始终贯穿着"(词汇)史"这条主线。表现为:注意分辨古今词义的异同,探讨词义的细微差别,上考源头,下探流变,联系现代方言。

研究古代词汇需要具备历史观点,这从清代的段玉裁、王念孙到现代的王力先生等都有论述,十分正确。在进行词汇史研究时,要防止两种倾向:一种是以今律古,望文生训。例如:作者考证说,"脚"原先泛指人体及动物下肢,《墨子·明鬼下》:"羊起而触之,折其脚。""脚"指小腿。《汉语大词典》"脚"的第一个义项是"人与动物腿的下端,接触地面、支持身体和行走的部分",视同为今天所说的"脚掌",举《墨子》等例,误。另一种是不明源流,孤立释义。《研究》每研究一个(组)常用词,必定依据传世文献,追溯它的源头,寻找最早的用例;然后重点描写它在中古时期的发展和演变。但并不以此为满足,在此基础上,还常常征引现代方言来看在后代的演变,印证古义。《研究》引用较多的是吴方言特别是作者的家乡话——宁波话,此外还有徽州话、陕西话、泰州话、四川话等。把文献材料和现代方言结合起来得出的结论,比起单纯的文献求证自然要来得可靠。

特色之二是研究深入细致,能够从纷繁的古书用例中找出线索,总结提炼规律。

善于考察、比较组合关系。例如,口语中"树"取代"木"不晚于两汉之交,其中以"某某树"这样一种小名冠大名形式出现的"梧树"、"棠树"等首见于先秦西汉,到东汉中后期使用就相当普遍了。而较少用"木"来构成这种格式。(81—86 页)"边"本为名词,后来多用来组合为岸边、水边、河边、池边、海边、道边、路边等,再后来佛经中常用在表方位的词的后边,构成"某某边"式结构(如东边、上边等),"边"已经开始虚化。(88—92 页)

《研究》对常用词的辨析是深入而细致的,常能在隐约不明之处有可贵的发现。例如:“错”有“错误”义,王力先生认为是从其“交错”义引申而来;作者认为这个说法还有待补充完善,“更确切地说,从‘交错’引申为‘错误’还应该经历过‘错杂;错乱’这一个中间环节,引申的步骤是:交错—错杂、错乱—错误。”(345 页)补上了“错杂,错乱”这个中间环节,从“交错”到“错误”就不显得突兀了。

该书在探讨常用词替换过程的同时,还注意其在时间及空间(地域)上的变化。如“舟/船”一组,作者指出早期二者只是地域方言的差别,词义相同。《史记》中用“船”的数量已大大超过“舟”。东汉、三国译经基本上只用“船”而罕用“舟”,而东汉三国的文人赋中则几乎还都用“舟”而很少用“船”,和佛经形成鲜明对比。至迟在东汉中期,“舟”已经被淘汰出口语,而成了一个文言词;南北各地口头上都只说“船”了(东汉安世高、支娄迦谶的译经代表当时洛阳方言;三国吴康僧会、支谦的译经代表建康一带方言)。原先的方言差别变成了文白差别。(77—79 页)此例从空间上说,考虑地域方言差异;从文体上说,考虑口语与雅言的区别;从时间上说,考虑不同时代的更替。分析全面,言之有据。

在描写的同时,作者也不忘解释,对相关的规律性问题多所思考,作出理论上的阐述。如果说第二、三、四章侧重于描写的话,作者专辟第五章进行解释,论述了“常用词演变的若干问题”。其中诸如把常用词历时演变的基本类型概括为“单一的线性替换”、“各阶段代表词之间的更替”等七种,(396—399 页)讨论了“统计数据”、“组合关系”、“新旧词在典型语料中的使用情况”等判断新词替换旧词的三个标准,(403—406 页)探讨常用词演变的内部和外部两大原因(410—414 页)等等,都给读者不少启示。

实际上,前几章也有类似的论述,如在谈到“住”从“停留”义向“居住”义引申的过程中,产生了不少有歧义的例子,“此类可作两解的例子正是词义变化的关键。一旦词义可以被听、读等接受它的人作不同的理解，就意味着一个新的意义开始产生了。而随着时间的推移，这种情况越来越多，它就给一代一代的新人造成了一种不断增强的'触发经验'(triggering experience)，使他们逐步接受这一新义，词义的演变就这样完成了。"(296 页，又 401 页)较早的"还"和后起的"回"连用，既可组合成"回还"，又可组合成"还回"，说明"常用词历时更替过程中，在新词和旧词并存的阶段，一般都会出现新旧成分的同义连文，而且词序是比较自由的"。(275 页)总结了常用词的历时替换规律。

特色之三是治学态度严谨，精选第一手语料，细心爬梳，严加鉴别。

征引广博，例句丰富，是《研究》的又一个显著特色。众所周知，确定常用词的词义绝非易事，《研究》从语言事实出发，通过翔实的文献材料来立论。据笔者粗略统计，其中例句最少的是 19 条，最多的有 144 条，总计 2767 条，平均每组约 67 条半例句。① 正因为作者掌握了大量的材料，②故能烛隐发微，纠正前贤和《汉语大词典》《汉语大字典》等辞书在溯源、探流方面的阙失。

《研究》的例证都来自第一手材料，这从该书在例句后面注明页码就可以知道。书后所附《引用书目》，共收古籍 145 种，包括《诸子集成》《全上古三代秦代三国六朝文》等大部头的典籍。往往是材料百余条，结论只是高度概括的寥寥数句而已，主要通过语料本身来说话。作者写作该书，语料的收集、分析还是手工操作，其中的甘苦可

① 这个统计只根据有数字编码的例句，其他论述中的引文没有计算在内。

② 需要指出的是，引例并非多多益善。《研究》有些地方引例过多，如列举"著"所带的宾语，从"著衣"到"著袜"，共举了 143 个之多，仅"著某某衣"式的动宾词组就有几十个(111 页)，似无必要。

想而知。

该书的注释也以资料丰赡而独具特色,“包含了很大的学术信息量,可以说是正文的有机组成部分。”①

在语料的选择和甄别上,作者也比较谨慎。例如,东汉以来有许多失译而附“后汉录”的佛经,如《大方便佛报恩经》《分别功德论》等。作者数次在正文或注释中对这类佛经的翻译年代提出了疑问(见178、292、317等页),反映了严谨的学风。

二

自然,一部数十万字的著作,不可能做到完善无缺,该书也存在一些值得进一步探讨或尚可斟酌之处,故胪举管见如次,未必有当,聊供作者和读者参考。

首先,《研究》进行的是中古常用词的更替演变研究,涉及一系列理论问题。而作者在这方面的建树还不太多,有些问题没有涉及,有的虽已涉及,但尚未谈深谈透。例如:什么是“常用词”?读完该书,对这一点仍然感到比较模糊。与此相关的是“常用词”和“基本词”的异同区别。该书所称的“常用词”和现代词汇学所说的“常用词”并不相同,后者可以根据使用频率来定,而该书的三条标准较为含糊,有一定的主观因素和随意性。作者说,“(常用词)其核心就是基本词”,(11页)那为什么不叫基本词?又如,常用词和普通词(非常用词)、疑难词之间的关系,在什么条件下可以转化,等等。常用词研究是一个刚刚起步的新领域,说这些有些苛求作者,但是,这些问题解决好了,将会把常用词研究引向深入,笔者愿意和作者及有志之士一起努力。

其次,作者在首章《概论》中对训诂学和词汇史作了明确的界定,

---

①　江蓝生先生语,参看《研究》序(2页)。

指出:“训诂学的出发点是为了读古书——读懂古书或准确地理解古书。因此,那些不必解释就能理解无误的词语,对训诂学来说就没有多少研究价值。词汇史则颇异其趣,它的目的是为了阐明一种语言的词汇的发展历史及其演变规律。”“目前在语言学界还存在着一种模糊认识,有意无意地将训诂学和词汇史混为一谈,以为考释疑难词语和抉发新词新义就是词汇史研究的全部内容。这种认识对词汇史研究的开展是不利的。”(4 页)的确,迄今为止的中古词汇研究集中在疑难词语的考释和新义的抉发上,忽略了常用词研究,造成很大的偏颇。《研究》的这些话击中要害,笔者深表赞同。不过,作者认为从张相前辈的《诗词曲语辞汇释》,到蒋礼鸿先生的《敦煌变文字义通释》,再到近二十年来郭在贻等先生的魏晋南北朝词汇研究“基本上还是属于训诂学的范畴,是传统训诂学的延伸和扩展。从严格意义上说,还称不上‘词汇史’。”(2—3 页)在回顾词汇史研究史时除了列举王力先生的《汉语史稿》外,只涉及了少数几位学者的论著,并说“令人遗憾的是,除了上述这些零星的补充修正以外,王力先生所倡导的‘词汇史’构想实际上并没有得到应有的响应和积极的实施。”(6—10 页)对此,笔者有些不同的理解,谨遵“各言尔志”的古训,略作申说。

笔者以为,把蒋礼鸿、郭在贻等先生的中古、近代汉语词汇研究都排除在“严格意义上”的词汇史研究之外,或许还可以讨论。从本质上看,词汇史和训诂学两个门类没有高低之分,现代训诂学也早已摆脱了“经学附庸”的地位,从专家学者的书斋中走出来,有自己的理论体系和研究对象,在学习研究古典文献、继承祖国优秀的文化遗产等方面发挥着日益重要的作用。这个问题事关对词汇史以往研究的评价和未来的走向,值得探讨。诚然,蒋、郭两位的著作以疑难词语的考释见长,但是,以“俗语词”为中心的疑难词语也应该属于词汇史要研究的范围。王力先生说:“无论怎样‘俗’的一个字,只要它在社会上占了势力,也值得我们追求它的历史。”“总之,我们对于每个语义,都应该研究它在何时产生,何时死亡。……我们必须打破小学为经学附庸的旧观念,然后新训诂学才真正成为语史学的一个部门。”(《新训诂学》,《王力文集》第十九卷)以蒋先生的《敦煌变文字义通释》为例,正如作者所说,“研究对象则主要为唐宋时期的俗语词,并注意在精密考释的同时对俗语词的来龙去脉作史的探讨。”(3 页)则已经“把语词的断代研究纳入词汇史和语言学史的范畴”。(《训诂丛稿》142 页)《中国大百科全书·语言文字》卷把“《敦煌变文字义通释》”列为专条,周祖谟先生撰评说,《通释》“对研究唐五代民间文学和汉语词汇发展史都大有帮助”。

“抉发新词新义”也应该属于词汇史研究的范畴。笔者明白作者的意思,通常所说的“新词新义”都是指一般词语,不包括常用词。但一般词语在整个词汇系统中占的比重相当大,如果把这一块研究从词汇史当中剥离出去,是难以想象的。本书研究常用词的更替演变,假设 A 词被 B 词所替代,相对于 A 词而言,B 词就是新词。虽然它是属于常用词方面的新词,但就其词汇性质而言,与一般的新词没有什么不同。疑难词语与新词新义也时常有重叠交叉的现象,许多疑难词语就是新词。是不是说,只要是需要考释的词语,哪怕追溯了它的源头、考察了它的发展演变,直至消亡,也算不上是“真正意义上”的词汇史研究呢?

作者指出,词汇史的目的是为了“阐明词汇的发展历史及其演变规律”。这无疑是正确的。但任何语言的词汇都由基本词汇和非基本词汇组成,汉语也不例外。要阐明词汇发展史和演变规律,光靠基本词汇(常用词的核心)是不够的,还需要对尽可能多的词汇(最好是所有词汇)作详尽的描写和研究。何况有些“俗语词”在历史上曾经是常用词。蒋礼鸿先生曾经提出，研究古代语言“应该从纵横两方面做起”，并把“解疑”“通文”“探源”“证俗”“博引”当作“俗语词”研究的五大要旨，这早就突破了传统训诂学的藩篱，而使历史词汇研究走上了科学的道路。[①] 笔者认为，上述这些研究，有交叉，有重合，难以一刀两断，截然分开，应该都属于汉语词汇史研究的范围，或者像蒋绍愚先生所提出的，属于汉语历史词汇学研究的范围。

总之，一个完整的词汇史，既需要对常用词作细致的描写和研究，也需要对以“俗语词”为中心的其他口语词汇（包括疑难词语、新词新义）作全面研究，缺一不可。在以往偏重于疑难词语和新词新义的考释研究而严重忽略常用词研究的前提下，强调常用词研究的重要性，矫正偏颇，是十分必要的，也是理所当然的。但最好避免把词语考释和词汇史研究截然分开，把常用词研究和疑难词语、新词新义研究对立起来，它们都属于词汇史研究的范畴。[②] 合则双美，殊途同归，不知作者以为然否？

再次，该书进行的是常用词的更替研究，所讨论的41组常用词莫不如此，因此，书名宜改为“东汉—隋常用词更替演变研究”，这样更切合全书的内容。另外，该书所选的常用词，除了“他人/旁（傍）

① 郭在贻先生也有过类似的意见，“笔者有一个想法，就是语词考释一类的工作，必须具备四个程序，方能称得上是高层次的研究。这四个程序是：求证、溯源、祛惑、通文。”参看《读江蓝生〈魏晋南北朝小说词语汇释〉》，《中国语文》1989年第3期。当然，很少有学者能达到像蒋、郭两位先生所倡导的高度，以往的许多研究仅仅以释义或溯源为满足，不作史的贯通，不探究词义的来龙去脉。这些都是值得我们深刻反省的。今后的疑难词语和新词新义研究应在注重词汇系统方面下大功夫，在释义的同时，着重解释演变原因，探求词汇发展规律，以提高研究的科学性。

② 张永言、汪维辉《关于汉语词汇史研究的一点思考》一文说：“现在我们打算抛砖引玉，试从若干组同义词语在中古时期的变迁交替入手，作一初步的探索……以期改变目前有关研究工作中畸轻畸重的局面，使疑难词语考释与常用词语发展演变的研究齐头并进，相辅相成，从而逐步建立科学的汉语词汇史。”说得非常好，这也正是笔者所期望的。

人”是双音词外，其余均为单音词。虽然个中缘由作者有解释，(参看16页)但这容易造成一种误解，即“常用词”都是单音词。我们希望作者今后能够把双音节甚至多音节的常用词也纳入考察的范围，毕竟有相当数量的常用词是复音节的。

除了上面提到的几个问题外，还有一些具体的问题需要讨论。

语料方面。《研究》已经做到了博览群书，但对出土文献注意不够，在“引用书目”中只列有《睡虎地秦墓竹简》一种。诸如《敦煌汉简》《吐鲁番出土文书》《武威汉简》《银雀山汉简》等均未利用。比较而言，地下出土文献属于太田辰夫先生所说的“同时文献”，未经后人改动，是相对可靠的书面材料，应该给予足够的重视。

词义的印证和比较方面。尽管作者已经在部分条目下征引了方言的材料，但我国幅员辽阔，方言众多，已有的研究成果也相当多，如《现代汉语方言大词典》(系列，41种)、《汉语方言大词典》等，都可以充分利用。《研究》在这方面还值得作进一步的努力和拓展。

该书的考证大抵可信，但可商榷之处也是有的。例如：谈到“愚/痴”二词时，作者说：“粗略地说，上古多说‘愚’，东汉魏晋南北朝主要说‘痴’。”(325页)“在东汉佛经里，‘痴’字用得极多，……‘愚’单用的已不多。”(326页)“‘痴’从在文献中出现到取代‘愚’大约用了二百年左右的时间。”(330页)按：“愚”和“痴”的变化未必如《研究》所说。整个魏晋南北朝，“愚”都活跃在口语色彩浓厚的作品中，并未退出历史舞台。笔者以日本《大正藏》第3、4两卷为随机抽查对象，利用陕西师大历史系袁林先生的检索软件(据袁先生说明，该电子本《大正藏》原始文本来自中华电子佛典协会)作了检索，现将结果报告如下：

愚　第3卷，命中132篇，总共454次；第4卷，命中113篇，总共1113次。

痴　第 3 卷，命中 145 篇，总共 519 次；第 4 卷，命中 103 篇，总共 536 次。

仅就第 3、4 两卷统计结果来看，"痴"并未取代"愚"，相反，"愚"的使用频率还稍高些。以上统计数字容或有误差，但出入应该不会太大。这样看来，《研究》的结论尚可商榷。

与此类似的是"囊/袋"一组词，《研究》小结说："'袋'全面取代'囊'不会晚于隋；唐代以后，口语中就一律说'袋'了。"（76 页）这个结论也值得怀疑。我们依据尹小林先生编制的古籍语料库《国学宝典》对此作了初步的调查：共出现"囊"2289 次，"袋"911 次；即使考虑到"括囊"的"囊"不应计入的因素，"囊"的使用频率还是远远超过了"袋"。唐宋以后"囊"出现的频率仍然相当高，有 1874 次，占了总数的 81.87%。可见两词并行不悖，并非后世口语中"一律说'袋'了"。

（原载《中国语文》2002 年第 2 期）

初版后记

1995 年 2 月，春寒料峭。我大病初愈后，从东海之滨的家乡宁波来到锦江之畔的四川大学，师从张永言先生研习汉语词汇史。

到校后不久，张先生即赴京出席全国人代会。我开始按先生的布置读书。此前数月，张先生应《中国语文》编辑部之约，答应为“中国社会科学院语言研究所建所 45 周年纪念刊”撰文，并开了个头，论题是“想通过分析一些实例来提倡一下词汇史领域中长期被忽视的常用词演变的研究”。3 月中旬，先生自京返蓉，身体不适。他让我跟他合写这篇文章。除了健康原因外，先生这样安排，也是想让我通过实践来探一下路，如果顺利，我的博士论文选题就可以确定在这个方向上。对当时的我来说，常用词演变研究是一个全新的课题。入学前我虽然写过一些涉及汉语历史词汇的文章，但基本上都属于词语考释性质。先生向我扼要地讲述了他多年来对这个问题的思考，并把平时积累的一些例句卡片和几页手稿交给我。时间很紧，我立即投入了工作，边查资料边写初稿，写一段就学着输入电脑（那时我还是个电脑盲，是伍民同志把我教会的）。写出一部分就拿给先生看，由先生提出修改意见。写作过程异常艰苦。析证一组常用词的新旧更替常常需要花上几天时间。有时面对一大堆材料简直一点头绪也理不出来，只好硬着头皮去寻找突破口。除了吃饭和睡觉，我几乎所有时间都坐在川大汉语史研究所做这件工作。经过一个多月的努力，总算写出了 12 组词的初稿（发表时因篇幅太长，遵照编辑部的意见删去了 4 组），然后再加上一个头和尾。全文初稿出来后，张先生又一字一句地推敲,一个例句一个例句地核实。核查例句的工作量非常大,时间在翻书中不知不觉地流逝而去。当时最常见的一个情景是,先生推门进来,第一句话就是:“有问题啊!”这就是说他又发现了若干个需要更正的地方。后来为了节省时间,先生干脆也待在汉语史研究所和我一起工作。从这里我知道了什么叫作一丝不苟,什么叫作学识渊博。《荀子·劝学篇》云:“学莫便乎近其人。”《世说新语·赏誉篇》云:“闲习礼度,不如式瞻仪形;讽味遗言,不如亲承音旨。”古人之言信然!到五一节前夕,我们终于完成了全稿的修改工作,将打印好的清稿用特快专递寄往北京。稿子寄走后,一下子轻松下来,结果我们师弟两人都病了一场。

过了半年,这篇题为《关于汉语词汇史研究的一点思考》的文章在《中国语文》1995 年第 6 期上以显著位置刊出。文章发表后,我们得到各方朋友的热情鼓励,我的博士论文选题也定了下来——《东汉魏晋南北朝常用词演变研究》。尽管在先生的建议下,《思考》一文的主要内容后来都已吸收进我的博士论文,但征得先生同意,我还是把这篇文章作为附录收入本书,一来明其渊源,二来也留作永久的纪念。

博士论文的写作同样非常艰苦。我在阅读语料、搜集例句上花费了大量时间,常常是几个月足不出校门。好在川大汉语史研究所条件很不错,所里的电脑和丰富的藏书为我的论文写作提供了极大的便利,大大提高了我的工作效率。电脑出了问题,伍民同志总是有求必应,不厌其烦地帮我修理,抢救出已经丢失的文件。文章撰写过程中,不管是宏观方面还是微观方面,张先生都给予了精心指导。这些教导使我受益无穷,难以忘怀。后来由于时间紧迫,分析和成文略嫌仓促,所以当年提交答辩的论文实际上还是比较粗糙的。两年多来,我对文章又作了较大的修改,所做的主要工作有:

1. 遵照鲁国尧先生的建议,全书由原来的三章改为五章,即把原第二章分成三章。每章在讨论具体词条前都加了个简短的引语,分别介绍名词、动词、形容词在历时更替方面的一些特点。

2. 遵照祝鸿熹先生的意见,删去“有疾/得病、得疾、生病(生疾)”一组。又新增补了四组:名词增入“囊/袋”组,形容词增入“坚/硬(鞕)”“甘/甜”“寡/少”三组。

3. 对全书所讨论的41组词又打磨了几遍,其中有11组已经以5篇单篇论文的形式分别发表在《汉语史研究集刊》《语言研究》《南京大学中文学报》《古汉语研究》和《古典文献与文化论丛》(第二辑)上。

4. 随时吸收补充了近年来新发表的有关研究成果。

5. 对“结语”一章作了较大的改写。

6. 遵照张振德先生的意见,将题目改为今题,这样在时段的表述上更准确简明些。

在论文送审和答辩过程中,我有幸得到许多前辈学者和同行专家的鼓励与指教,他们是:刘坚、向熹、赵振铎、鲁国尧、蒋绍愚、江蓝生、祝鸿熹、徐文堪、张振德、经本植、吴金华、蒋冀骋、宋永培、方一新、王云路、朱庆之。谨向上述各位先生致以诚挚的谢意。王继如先生古道热肠,是正本文缺失多处,高谊感人;好友李宗江教授、何亚南博士眼明心细,提出过不少中肯的修改意见;雷汉卿博士担任我的答辩秘书,付出了辛勤的劳动。在此表示衷心的感谢。

饮水思源。此时此刻,我想起了我的硕士导师、领我进入汉语史研究大门的杨潜斋教授。杨先生熟谙古籍,精研古文字和古声韵,使我懂得了什么是根柢之学。他教给我们的治学三原则——让语言本身说话、全面不矛盾、经济(指行文简洁、没有废话)——使我这些年来得益极大,而且将受用终身。

1997年9月至1999年5月，我在南京大学中文系做博士后。联系导师鲁国尧先生对我既严格要求，又从各个方面给予支持和帮助，使我又一次深刻地感受到前辈学者耿介无私、奖掖后学的高尚情怀和学术上精益求精、永不满足的可贵品质。鲁先生对本书的修改和出版十分关心，倾注了许多心血，我是不会忘记的。柳士镇先生对我的学业也非常关心，给了我许多切实的帮助。本书得以出版，多赖柳先生的热心促成。

南京大学出版社资助出版“博士文库丛书”，为繁荣学术事业办实事，惠及我辈学人。对他们的这一义举本人表示由衷的钦佩和崇高的敬意。

这些年来我得以顺利完成学业，稍有长进，离不开家人对我的理解和全力支持。我入蜀求学近三年，离家数千里，除两个假期外，平时无法回家，爱妻石方红和我父母承担了全部家事以及抚养教育儿子的重任；我岳父母和三个妹妹、妹夫也在物质上与精神上给予我很大的支持。如果没有这个强有力的大后方作靠山，我要在求学道路上走到今天这一步是无法想象的。

衷心感谢著名语言学家、中国社科院副院长江蓝生先生在百忙中为本书作序，奖掖之辞，愧不敢当，愿以此自勉。

最后，我想把原博士论文“弁言”中的两段话抄在这里来结束这篇“后记”：

> 魏晋南北朝时期，随着新词新义的大量涌现，一批常用词也在悄悄地发生着变化更替，这种变化大都早在东汉（有的甚至更早）就已经开始了。应该说，这是一种意义深刻的变化。但是由于种种原因，这一重要的词汇演变现象以前并没有引起人们的充分注意。这一类变化对汉语词汇的历史发展意味着什么？每一组常用词的更替从何时开始，到何时完成？更替的过程又是怎样的？演

变的背后有些什么规律性的东西?这就是本文所要回答的主要问题。

要回答好上述问题,难度是相当大的。这不仅因为问题本身的复杂和工作的繁重,也是由于研究经验的缺乏,从收集材料到分析论证都没有一套可供利用的现成方法。我们的工作带有探索的性质。由于时间和水平的双重限制,本文在采集语料上可能会有重要的遗漏,分析论证难免粗略,所得结论也未必都可靠;但我相信我们的探索是有益的,我们期待着在不远的将来常用词的历史变迁会成为汉语词汇史学科的中心议题。

作　者

1999 年 11 月 18 日于南京大学华龙楼 205 室

2000 年 1 月 7 日改定

修订本后记

这本小书2000年由南京大学出版社出版，转眼已经16年过去了，前后两次印刷的四千册早已售罄。为应读者之需，三年前开始着手修订，准备重版，现在终于杀青了。下面向读者交代一下修订的情况。

十多年来，汉语词汇史的研究取得了长足的进展，新资料和新成果层出不穷，已经"今非昔比"了。拙著如果要"大修"，那差不多等于重写，既不现实，也无必要。这本小书就是世纪之交常用词演变研究重新起步阶段的一个产物，还是保存历史真实比较合适。所以这次修订总体定位是"小修"。像第一章最后一段谈到的"此项工作的研究手段亟待改进"的问题，现在已经基本解决，缺乏现实针对性了，但为了存真，还是让它留着，没有删去。至于新的看法，这些年我陆续写过一些相关的文章，也基本上没有吸纳进来，有兴趣的读者不妨自行参看。

这次修订主要做了以下一些工作。

一是利用电子语料库对语料进行了必要的检索，尽量使论断更符合语言事实。在语料使用方面，近二十年来有了突飞猛进的发展，利用电子语料库进行检索已经成为获取语料的基本手段，与当年依靠"逐字索引"一类的工具书和手工搜集例句不可同日而语了。

二是改正了一些明显的错误，对于初版中少数不确切的论断加以修正，论证不充分的有所补充。其中"他人、异人/旁(傍)人/别人""求、索/寻、觅""呼(謼)/唤、叫(嗷、嘂)""愚/痴(癡)""坚、刚/硬(鞕、鞭、鞕)"等组都有较多的增补改写。

三是补充了一些必要的材料和信息。比如第一章第二节，增补了一些中古时期有过变化或更替的词目;有些经常引用的参考文献(如《古辞辨》、《古代文化词义集类辨考》)更换了新的版本,并逐一核对了引用的内容。

四是采纳友生高玉蕾博士的建议,增加了附录一"41 组常用词历时更替简表",所列的信息虽然难以做到准确,但是可供读者快速查找到每组词在唐以前的更替简况。这个表花了不少时间,主要是增补了上古汉语的信息,胡波博士多有献替。

王云路、方一新教授伉俪在书评中提出"书名宜改为'东汉—隋常用词更替演变研究'",这是完全正确的,本书所讨论的实际上只是常用词演变当中的一类——常用词的历时更替,这个书名无疑更准确。不过考虑到原来的书名学界已经比较熟悉,而且已经够长够拗口的了,所以还是一仍其旧。也曾考虑过把"东汉—隋"改为"中古汉语",最终也因为同样的理由而放弃了。

王云路、方一新教授慨允将《汉语史研究领域的新拓展》一文作为附录收入本书;友生王盛婷、殷晓杰、陈练军、史文磊、高玉蕾、赵川兵、胡波、真大成博士等提供了很好的建议,有的还就具体问题提出有针对性的修改意见,胡波博士惠赠了许多有用的资料;浙大竺可桢学院本科生于冰清同学帮助核对了初版与修订本的全部差别,为全书的改定提供了便利。在此一并表示诚挚的谢意。

感谢周洪波总编辑,使拙著有机会在商务印书馆重版。感谢责任编辑龚英女士为本书付出的辛勤劳动。

期待读者诸君不吝指正。

作　者

2016 年 5 月 31 日于浙江大学西溪校区

2016 年 7 月 31 日改定

图书在版编目(CIP)数据

东汉—隋常用词演变研究/汪维辉著.—修订本.
—北京:商务印书馆,2017
ISBN 978-7-100-12954-1

Ⅰ.①东… Ⅱ.①汪… Ⅲ.①古汉语—古词语—
语言演变—研究 Ⅳ.①H131

中国版本图书馆CIP数据核字(2017)第030174号

DŌNGHÀN-SUÍ CHÁNGYÒNGCÍ YǍNBIÀN YÁNJIŪ
东汉—隋常用词演变研究
(修订本)
汪维辉 著

商 务 印 书 馆 出 版
(北京王府井大街36号 邮政编码100710)
商 务 印 书 馆 发 行
北京市艺辉印刷有限公司印刷
ISBN 978-7-100-12954-1

2017年5月第1版　开本880×1230 1/32
2017年5月北京第1次印刷　印张15½

定价:42.00元